곰브리치의 불교 강의

붓다 사유의 기원과 위대한 독창성

불광출판사

곰브리치의 불교 강의

붓다 사유의 기원과 위대한 독창성

2018년 10월 22일 초판 1쇄 발행
2022년 2월 18일 초판 2쇄 발행

지은이 리처드 곰브리치 • 옮긴이 송남주
발행인 박상근(至弘) • 편집인 류지호 • 편집이사 양동민
편집 이상근, 김재호, 양민호, 김소영, 권순범
디자인 쿠담디자인 • 제작 김명환 • 마케팅 김대현, 정승채, 이선호 • 관리 윤정안
펴낸 곳 불광출판사 (03150) 서울시 종로구 우정국로 45-13, 3층
대표전화 02) 420-3200 편집부 02) 420-3300 팩시밀리 02) 420-3400
출판등록 제300-2009-130호(1979. 10. 10.)

ISBN 978-89-7479-472-9 (93220)

값 25,000원

곰브리치의 불교 강의

붓다 사유의 기원과 위대한 독창성

리처드 곰브리치 지음
송남주 옮김

목차

•
일러두기

- 경전은『 』, 경전 소제목은「 」로 구분했고, 영문 책과 학술지 명은 이탤릭으로 표기했다.
- 참고 문헌 표기는 원서를 그대로 따랐다.
- 한국 독자들을 위해 필요한 경우 역자주를 달았다.

제프 뱀포드(Geoff Bamford)와 사라 노먼(Sarah Norman)
그리고 친애하는 나의 동료들에게

머리말

이 책은 붓다가 모든 시대를 망라하여 가장 뛰어나고 독창적인 사상가 중 한 명이었다는 사실을 주장하고 있다.

원래 이 책의 기획 의도는 붓다의 사상과 불교에 관해 다루는 개론서였지만 집필하면서 더 큰 목표를 갖게 되었다. 그 목표란 기존에 알려진 붓다에 관한 이야기보다 더 많은 내용을 소개하고, 그의 사상이 무엇보다도 논리적이며 합리적이라는 근거를 제시하는 것이다. 고대와 현대를 막론하고 해석자들은 붓다의 가르침에 관한 역사적 맥락을 거의 고려하지 않았다. 그러나 붓다의 가르침을 초기 브라만교 문헌 및 고대 자이나교와 연관 지어 고찰하고, 특히 붓다의 풍자와 반어법이 지닌 진의를 알아보면 훨씬 더 다채롭게 이해할 수 있다. 그런데 붓다의 여러 암시는 현존하는 문헌 중 오직 빨리어본(本)에서만 추적 가능하므로 이 책은 '빨리어 정전(正典, cannon)'에 근거하여 그 사실을 규명한다.

붓다가 광범위하게 비유를 사용했던 것은 사실이나, 자신의 논거를 비유에 두지는 않았다. 붓다의 추상 능력은 지적 도약이었다. 윤회와 인간의 행위(karma, 業)에 대한 오래 묵은 사유를 윤리화한 것 또한 인류 문명의 위대한 발전이었다. 붓다의 업설(業說)은 논리 측면에서 붓다 사상의 중심이다. 업은 작용이지 존재가 아니다. 나아가 업은 우연적인 것도, 완전히 결정된 것도 아니다. 붓다는 업에 대한 이러한 사유를 의식적 경험의 모든 요소에 보편적으로 적용하였다. 다만, 이러한 경험의 연쇄로부터 해방된 상태인 열반은 예외였다. 도덕적으로 업(業)은 개인화의 원칙을 제공하고 동시에 자기 운명에 대한 개개인의 책임성을 강조한다.

이 책은 2006년 가을, 런던대학교 동양·아프리카연구원(SOAS, School of Oriental and African Studies)의 초청으로 열렸던 '누마타 불교강연'의 내용을 토대로 하고 있다. 그때 나는 '붓다 사유의 기원과 위대함(The Origin and greatness of the Buddha's ideas)'이라는 제목으로 열 번의 강의를 진행했다. 이 강연을 재정적으로 지원한 일본 불교전도협회 누마타 재단에 진심으로 감사드린다. 이 재단은 세계 불교학 연구에 있어서 단연코 가장 위대한 후원 단체이다. 나를 초대해 준 타데우시 스코룹스키(Tadeusz Skorupski) 박사와 케이트 크로스비(Kate Crosby) 박사에게도 감사드린다. 또한 이 강연은 공개 강연이었기에 먼 길을 찾아와주고, 훌륭한 질문을 던져준 청중 모두에게 특히 감사드린다. 질문 중 일부는 나의 연구를 개선하는 데 도움이 되었다.

강연과 마찬가지로 이 책은 야심 차게도 두 부류의 독자 모두를 대상으로 하고 있다. 새로운 내용도 다량 포함되어 있으므로 해당 분야 전문가들의 흥미를 끌고, 심지어는 그들에게 자극을 주길 감히 희망한다. 그러나 이 책은 대중에게도 좀 더 다가갈 수 있도록 썼다. 붓다의 가르침에 대해 아무것도 모르는 사람까지 완전히 만족시킬 수는 없을지라도, 불교에 관심이 있는 모든 이에게 이 책이 닿을 수 있기를 바란다. 나는 월폴라 라훌라(Walpola Rahula) 스님의 *What the Buddha Taught*나 사닷티싸(H. Saddhatissa) 스님의 *The Buddha's Way*와 같은 참고서들에서 찾을 수 있는 기초적 지식을 전달하는 데 지면을 할애하지는 않았다. 반면 더 손쉬운 참고자료로, 강의에서 나누어준 수업자료를 '배경 지식'이라는 제목으로 포함하였다. 아래에서 좀 더 자세히 설명하겠지만, 정말 필요한 경우만 제외하고는 외국어를 사용하지 않음으로써 책이 쉽게 읽히도록 노력하였다. 그러나 빨리어 단어를 상세히 논하지 않고서는 나의 뜻을 전달할 수 없는 부분 또한 있다. 그러한 논의들은 일반인들에게 어려울 수 있지만 낙담할 필요는 전혀 없다.

이 책에는 다소 복잡한 내용이 포함되어 있으며, 붓다가 사상가로서 합리적이고 탁월하다는 주장을 내세우기 위해 점증적으로 논의하고 있다. 따라서 중요한 부분만 골라 읽는 것보다 처음부터 끝까지 통독하기를 권한다. 간략한 내용 소개는 독자들에게 도움이 될 것이다.

머리말 뒤 첫 두 장은 주로 업을 다루고 있다. 3장과 4장은 각각 붓다의 사상적 배경으로서 브라만교와 자이나교를 다룬다. 5장은 붓다의 핵심 개념 중 일부가 우빠니샤드와 연관된 방식을 설명하고, 우빠니샤드와 붓다의 사상 간의 관계를 보여준다.

6장은 매우 중요한 주제로, 붓다의 자비와 연민에 관한 사례연구를 다루었다. 이 장에서는 사상사 연구자로서의 나의 접근법을 통해 붓다의 사유가 얼마나 신선한지 예를 들어 보여주고자 한다. 7장에서는 6장에서 설명한 나의 방법을 논의하고, 그 주장을 뒷받침하는 증거자료에 관해 설명한다. 책 중반에 이르기까지 자신의 접근법을 설명 안 한 경우는 드문 일임을 알지만, 독자들이 계속해서 읽어나가길 바랄 뿐이다.

다음의 세 장은 내가 생각하기에 붓다 가르침의 토대를 이루는 주요 사유들을 제시한다. 혹자는 이를 붓다의 '철학'이라고 부를지도 모른다. 그러나 그 철학에 대한 접근이 용이하다면 좋겠지만 적어도 여기서는 실패한 것 같다. 왜냐하면 나는 세련되지만 낯선 사상들을 다루어야 하기 때문이다. 낙담하여 책을 내려놓고 싶은 독자들이 있더라도, 인내심을 갖고 책의 나머지 내용을 읽어나가길 바란다. 왜냐하면 나머지 내용은 흥미진진할 뿐 아니라, 특히 11장은 붓다의 비범한 정신과 개성을 이해하는 데 중요하기 때문이다. 붓다의 사유에 있어서 업이라는 주제의 중요성은 마지막 장에서 간략하게 검토할 것이다.

나만의 독창적 사유에 이르기까지, 나는 그 누구보다도 요안나 유레비치(Joanna Jurewicz)와 수 해밀턴(Sue Hamilton)에게 큰 지적인 빚을 졌다. 책에서는 수 해밀턴의 통찰에 내가 얼마나 크게 의지했는지가 충분히 전달되지 못함을 알고 있다. 특히 10장에서 인식에 대해 좀 더 지면을 할애할 수 있었다면 그녀의 글을 상세히 인용했을 것이다. 그녀는 붓다가 항상 경험에 관해 논하고 있음을 입증했는데, 이는 『리그베다(Ṛg Veda)』의 '창조송가'에 대한 요안나 유레비치의 초기 연구와 아름답게 조화된다. 유레비

치의 이 연구는 기록에 전해오는 인도 사유의 시초부터 존재와 의식이 밀접하게 결합하여 있었다는 사실을 밝혀내고 있다. 비록 붓다가 그러한 결합을 풀어냈지만, 혹자는 경험의 철학이라 부르는 이러한 사유는 붓다에게 깊은 영향을 주었다. 유레비치의 다른 연구 또한 이에 못지않게 중요하다. 그녀는 연기의 원래 의미를 해명했을 뿐만 아니라, 『리그베다』에서 재생에 대한 믿음을 발견하여 초기 인도 종교사 전체를 훨씬 더 타당하고 정합적으로 만들었다. 지난 백 년간 해당 분야에 이토록 중요한 기여를 한 학자가 또 있을지 의문이 들 정도다.

나는 최근의 지도 학생인 노아 론킨(Noa Gal Ronkin)과 알렉산더 와인(Alexander Wynne)을 특히 언급하고 싶다. 지도 교수로서 학생들이 나보다 더 발전하는 모습을 지켜보는 것처럼 훌륭한 보상은 없을 것이다. 이는 내가 연구 활동을 하면서 앞으로 나아갈 수 있는 핵심적이고도 유일한 이유이다.

이 부분은 본문을 읽을 때 참고 자료로 활용하기 바란다.

언어

산스끄리뜨어(S): 인도의 토착어로, 인도유럽어족에 속하며, 따라서 영어와 친척 관계에 있다.
산스끄리뜨어로 작성된 가장 오래된 텍스트는 기원전 2,000년까지 거슬러 올라가지만, 모두 구전을 통해 전해졌기 때문에 시대를 확정하기 매우 어렵다. 인도에서 문자가 처음으로 사용된 것은 기원전 3세기였다. 가장 오래된 텍스트는 베다(Vedas)라 불리며 사제 집단의 상속자인 남성들에 의해 신성한 텍스트로 보존되었다.

쁘라끄리뜨어: 산스끄리뜨어로부터 직접 파생된 언어를 가리키는 인도의 용어이다. 가장 오래된 인도의 비문(碑文)은 기원전 3세기 중반 아소까왕의 명으로 세워진 것으로, 쁘라끄리뜨어로 쓰여 있다. 쁘라끄리뜨어의 일부 단어는 산스끄리뜨어와 완전히 일치한다.

빨리어(P): 쁘라끄리뜨어의 하나이다. 정확히는 붓다가 사용한 언어가 아니지만 그에 상당히 가까운 언어이다. 남방불교로도 알려진 상좌부 전통의 성전이 빨리어 정전(正典)이다. 시간이 흐름에 따라 변화를 겪지 않을 수 없었으나, 이 중 일부 텍스트는 불교의 가장 오래된 증거임이 틀림없다. 빨리어에 대해 더 알고 싶다면 빌헬름 가이거(Wilhelm Geiger)의 *Pali Grammar*(1994)에 실린 나의 소개 글 "What is Pali?"를 참고하라.

불교에 관한 기본 정보

삼보(三寶): 불교는 불(佛)·법(法)·승(僧) '삼보', 즉 붓다·법·승단으로 이루어져 있다. 삼보는 또한 '삼귀의'로도 알려져 있는데, 불교도들이 이 세 가지에 의지하고 믿음을 둔다는 의미이다. 불교를 '믿음'이라 부르는 데 반감을 품는 사람이 많지만 불교도가 삼보를 믿는다는 말은 틀린 말이 아니다.

붓다(Buddha S/P.): 엄격히 말하자면 칭호의 하나이다. 문자 그대로는 '깨어난'을 의미하나 보통 '깨달은'이라는 표현이 선호된다. 붓다의 성은 고따마(P. Gotama)였다.
비불교도들은 단순히 붓다가 불교의 창시자라 여긴다. 불교도들은 우리가 사는 세계에서 붓다가 그 특정한 지역과 시대에 불교를 재성립했다고 생각한다. 즉, 불교가 멸한 장소나 시대에 또 다른 비슷한 붓다들이 나타나 불교를 다시 성립한다는 의미이다.

법(法, P. Dhamma, S. Dharma): 붓다가(불교도에 따르면 모든 붓다가) 불교도들에게 가르친 내용이다. 이 용어는 맥락에 따른 다양한 용례와 번역이 가능하다. 기술(記述)적 그리고 동시에 규범적 의미로 법은 우주의 법칙이다.
불교가 사유 체계를 의미할 경우, 법은 '불교'를 설명하는 것이다. 불교도가 역사적, 경험적 현상으로서의 불교를 가리킬 때는 sāsana(P), 혹은 śāsana(S)라 부른다. 이 단어는 '가르침'을 뜻하지만 '섭리'라는 의미에서 그 요지를 더 잘 드러낸다. 따라서 붓다는 sāsana를 발견한 것이며, 법(dhamma)은 일련의 영원한 진리지만 가끔은 잊혀버린다.

승단(僧團, 혹은 僧伽, S/P. Saṅgha): '공동체'를 의미한다. 이 용어 또한 다양한 용례가 있으나 구별해내기는 어렵다. 원래는 붓다가 영적 발전의 첫 단계에 이른 자신의 제자들을 가리키는 데 이 단어를 사용했을지도 모른다. 그러나 가장 흔한 용례는 계를 받은 비구와 비구니, 사미와 사미니를 지칭할 때이다. 다만 정통 상좌부에서 여성 승단은 더 이상 존재하지 않는다. 이 용어는 수행자 집단 전체를 가리킬 수도 있고, 특정 지역의 집단을 가리킬 수도 있다.
승단은 규칙에 따라 운영되며 이 규칙을 통틀어 율(律, Vinaya S/P), 즉 '억제'라고 부른다. 율은 규칙 및 규칙이 담긴 문헌을 가리키기도 한다.

주요 문헌

빨리어 정전은 Tipiṭaka, 즉 '세 바구니'라 불리며 다음과 같다. 순서에도 의미가 있다.

1. 율장(Vinaya Piṭaka): 승단 전체 및 각 구성원을 위한 규칙이다. 각 구성원을 위한 두 종류는 바라제목차(波羅提木叉, P. pātimokkha, S. prātimokṣa)라 불린다. 율장의 상당 부분은 규칙들에 관한 주석으로, 규칙이 주석에 삽

입되어 있는 형태이다. 엄격히 말하자면 율장은 정전에 속하지 않으면서도 최고의 지위를 갖는다. 왜냐하면 바라제목차를 완전히 암기할 수 없는 사람은 적어도 이론적으로 구족계를 받을 수 없기 때문이다.

2. **경장(經藏, Sutta Piṭaka)**: 경전(P. sutta S. sūtra)은 산문과 운문, 혹은 둘 다로 이루어진 문헌으로 가르침을 담고 있다. 그중 다수는 이야기 구조로 되어 있다. 붓다의 설법을 모은 주요 부분은 네 가지 니까야(Nikāya)에 담겨 있다. 설법의 모음은 주로 형식 기준에 따라 배열되어 있다.

3. **논장(論藏, Abhidhamma Piṭaka)**: '한층 높은 가르침'으로, 가르침을 분석하여 체계적이면서도 완전히 직설적인 방식으로 재배열되어 있다. 초기 학파들은 공통으로 앞의 두 장을 주요 텍스트로 삼았으나 아비담마(S. Abhidharma)에 대해서는 의견을 달리하였다. '초기 정전 텍스트'라고 말할 때는 일반적으로 율장의 대부분, 네 가지 니까야 그리고 경장에서 게송으로 된 몇 가지의 텍스트를 지칭하는 것이다.

역사·문화적 배경

시대

붓다는 인도에서 글자가 사용되기 한참 이전에 살았기 때문에 다양한 불교 전통이 붓다의 연대에 대해 현저한 이견을 보이는 것은 당연한 일이다. 정전(正典)에서는 붓다가 80세의 나이로 입멸했다고 한다. 현대 학계는 이를 기원전 483년 전후로 추정하며, 이러한 추정은 여러 참고 자료에서 여전히 발견된다. 그러나 이는 너무나 이른 시기이다. 붓다는 기원전 405년 전후에 죽은 것이 틀림없다. 이 내용에 대해 더 많은 정보를 얻으려면 나의 글 'Dating the Buddha: a red herring revealed'(*The Dating of the Historical Buddha/Die Datierung des historischen Buddha*, Part 2, Symposien zur Buddhismusforschung, Ⅳ, 2), Heinz Bechert, editor (Göttingen: Vandenhoeck and Ruprecht, 1992, pp. 237-259)를 참고하라. 좀 덜 전문적인 설명을 보려면 나의 글 'Discovering the Buddha's date' (Lakshman S. Perera (ed.), Buddhism for the New Millennium, London: World Buddhist Foundation, 2000, pp. 9-25)를 보라.

불교 전파에 크게 기여한 것으로 알려진 아

소까 대왕은 기원전 269년부터 기원전 231년까지 통치하였다.

장소

붓다는 지금의 인도와 네팔 사이의 국경 근처, 샤끼야(Shakya)라는 부족에서 태어났다. 그가 일생을 보낸 지역은 다음과 같다. 인도 북동부 지역, 지금은 비하르라고 알려져 있다. 이 이름은 '수도원'을 가리키는 불교 용어로부터 유래했다. 동부의 베나레스(인도어로는 Varanasi)는 붓다 시대에도 이미 존재하던 도시이다. 아소까가 이후에 수도로 삼았던 파트나(Patna, 고대명 Pataliputra)는 붓다 시대 직후에 건설되었다.

사회적 환경

붓다가 살았던 시대는 선사시대 인더스 문명을 제외하면 인도에서 최초의 도시들이 생겨나고 있을 때였다. 더욱 거대해지고 잘 정비된, 대부분 왕정인 국가들이 생겨났고 무역이 급증하였으며, 그 결과 인도를 벗어난 세계와의 접촉으로 이어졌다.

당시는 브라만들에 의해 복잡한 종교 및 문화 체계가 이미 성립된 후였다. 그러나 그들의 지도력은 새로운 정치 및 상업 계층의 반발에 직면했는데 이 새로운 계층은 이교(異敎)의 종교 지도자를 지원하는 경향이 있었다. 여기서 '이교'란 베다의 권위를 인정하지 않는 것이고, 따라서 베다를 해석하는 브라만들의 권위도 인정하지 않음을 의미한다. 붓다와 동시대에 살았던 마하비라(Mahāvīra)는 그러한 이교의 스승 중 한 명이었다. 마하비라는 자신이 발견한 것은 아니나 자이나교를 가르쳤고, 자이나교는 오늘날까지 여전히 살아있는 종교이다. 나의 책, *Theravada Buddhism: A Social History*, 2nd edition. London: Routledge, 2006, Chapters 2 and 3을 참고하라.

브라만교와 그 사회

브라만교 이념은 '카스트 제도'라 불리는 수직적 사회구조를 상정하였다. 이에 따르면 사회에는 네 계층이 있는데 '색깔들(S. varṇa)'이라 불린다. 브라만(S. brāhmaṇa)이 최상층이며 그다음은 귀족 계층인 끄샤뜨리야(S. kṣatriya or rājanya), 그다음은 와이샤(S. vaiśya)인데 이들은 원래 가축을 키우거나 농부였으나 붓다의 시대에 이르러서 등장한 최초의 상인들도 여기에 포함되었다. 마지막은 수드라(S. śūdra)로 목수 등의 장인이거나 노동자였다. 이 네 계급보다도 아래에는 불가촉천민이 있는데, 이들은 장례를 치르는 등의 부정한 직업에 종사한다. 브라만교의 이러한 계급론은 『리그베다』 10권에 처음으로 언급된다. 이 계급론에 따르면 왕들은 그 규칙들을 시행해야 했으나, 사실 규칙의 시행은 잘 이뤄지지 않았다.

초기 브라만교 문학은 상당한 양을 자랑한다. 이들 모두는 '지식'을 의미하는 '베다(Veda)'라는 이름으로 불리며, 통일된 형태는 아니지만 고대 산스끄리뜨어로 쓰여 있다. 베다는 장르에 따라 내적으로도 계층화되며, 또한 어느 정도까지는 시대에 따라 장르가 구별되기도 한다. 가장 오래된 장르는 서구에서 보통 베다라고 알려진 것이기에 사실 혼동되기 쉽다. 1,028개 게송의 모음인 『리그베다』는 이 장르 중 가장 오래 된 것이다. 제일 나중의 장르·계층은 바로 '우빠니샤드(Upaniṣad)'이다. 우빠니샤드는 몇 세기에 걸쳐 작성되었다. 그중 가장 오래되었으며 또한 가장 긴 것은 『브리하드 아란야까 우빠니샤드(Bṛhad-āraṇyaka Upaniṣad)』로, 붓다가 정확히 현재의 형태로 알고 있었다고는 말할 수 없지만, 이 우빠니샤드에 대해 알고 있었던 것은 확실하다. 따라서 그 작성 시기는 분명 기원전 500년보다 이전일 것이다.

불교의 종류

오늘날 주류 불교 전통은 두 가지가 있다. 즉, 상좌부(Theravāda)불교와 대승(Mahayāna)불교이다. Theravāda는 빨리어로 '장로들의 교리'를 의미한다. Mahayāna는 산스끄리뜨어로 '위대한 길', 혹은 '위대한 탈 것'을 의미하는데 어느 쪽인지는 분명치 않다. 상좌부는 오직 빨리어 정전만 그 권위를 인정하고, 대승은 서력기원과 비슷한 시기에 일어났으며 여러 다양한 문헌을 숭배한다. 상좌부는 남아시아 및 동남아시아 대부분 지역에서 지배적이며, 대승은 동아시아 및 중앙아시아에서 우세하다. 이와 관련한 세부사항은 이 책의 주제와 관련이 없다.

약어

AN	Aṅguttara Nikāya
BĀU	Bṛhad-Āraṇyaka Upaniṣad
Ch. Up.	Chāndogya Upaniṣad
Dhp.	Dhammapada
Dhs.	Dhammasaṅgaṇī
DN	Dīgha Nikāya
J	Jātaka
MLD	Middle Length Discourses
MN	Majjhima Nikāya
PED	Pali-English Dictionary
RV	Ṛg Veda
Ś. Br.	Śatapatha Brāhmaṇa
SN	Saṃyutta Nikāya
Snip.	Suttanipāta
Thg.	Therīgāthā
Ud.	Udāna
Vin.	Vinaya Piṭaka
Vism.	Visuddhimagga

제1장

붓다는 왜
위대한
사상가인가

내가 이 책을 쓰게 된 동기는 주로 두 가지 감정에서 비롯되었다. 그 감정이란 존경과 격분이다.

존경심은 내가 인류 역사상 가장 위대한 사상가이자 가장 위대한 인물 중 하나로 여기는 붓다를 향한 것이다. 나는 붓다가 서양철학 전통을 창시한 플라톤과 아리스토텔레스와 동등한 수준이라고 감히 주장한다. 붓다의 사상이 전 세계 아동 교육에 포함되어야 하고, 그로써 세상은 좀 더 온화하면서도 지적이고 문명적인 곳이 될 것으로 생각한다.

붓다의 사상이 전적으로 옳다고 생각한다는 의미는 아니다. 붓다와 나 사이에 놓인 시공간적 간격을 고려한다면 내가 그의 사상이 모두 다 옳다고 생각하는 것이 오히려 더 이상할 것이다. 나는 그의 이론들 중 일부는 동의하지 않으며, 그의 가치관을 전적으로 받아들이는 것도 아니다. 그러므로 나는 스스로 불교도라 하지 않는다. 그러나 그 사상을 이해하는 과정에서 생긴 존경심은 적어도 자신을 불교도로 여기는 많은 사람과 비견할 만하다. 나아가 나의 존경심은 불교 전통 내의 인물들의 사유와 행위에까지 미쳐있다. 내가 생각하기에 불교 전통의 이렇듯 존경스러운 부분은 결국 붓다라는 인물로 소급된다.

2,500년이 넘는 시간과 지리적으로도 막대한 영역에 걸쳐 확장되

어 온 불교 전통들은 너무나 다양해졌기에 어떤 학자들은 하나의 '불교'에 대해 논할 수 있다는 생각 자체에 조소를 날리며 오히려 '불교'라는 단어는 그 존재 자체를 부정하기 위해서만 사용되어야 한다고 주장하기도 한다. 나는 이에 동의하지 않는다. 불교 자체도 인간이 만들어낸 현상이기에 '구성된 것들은 모두 무상하다(諸法無常)'**001**는 붓다의 선언을 피할 수 없다. 그토록 긴 시간 동안 다양한 지역과 문화권으로 전파되는 동안 막대한 변화를 겪지 않았다면 오히려 놀라운 일일 것이다. 인류의 모든 전통은 변해왔다. 그러나 역사가는 전통의 한 가지로부터 다른 가지로 추적하여 마침내 나무의 몸통과 뿌리인 붓다에 도달할 때까지 나아갈 수 있다. 비유를 나무에서 강으로 바꿔 본다면, 불교 전통의 다양한 물줄기는 다른 문화들의 물줄기를 만나 뒤섞여왔기 때문에 이 영향도 마찬가지로 분석되어야 한다. 그러나 내가 생각하기에 대부분의 전통에서, 혹은 적어도 인류사 형성에 핵심적 역할을 한 문헌 전통에서 가장 큰 비중을 차지하는 것은 고대 불교에 기원을 둔 것들이다.

많은 이들은 여전히 회의적일 것이다. 그들은 비구와 비구니의 불교 교단, 즉 승단(saṅgha)이 역사상 가장 오래된 조직이라는 점 그리고 여러 다양한 시대와 국가를 막론하고 승단은 동일 조직임을 쉽게 알아볼 수 있다는 점은 인정할지 몰라도, 오늘날 불교 신앙들이 지나칠 정도로 상이하다고 반박하며 그 이유를 물을 수도 있다. 나는 이에 대한 답변이 있다. 붓다는 놀라울 정도로 독창적이었다. 그의 사상 중 상당 부분은 당대의 다

001_ sabbe saṃkhārā aniccā. 여기에서 saṃkhārā는 리스 데이비즈(T. W. Rhys Davids)를 따라 '구성된 것들'이 통상적 번역이 되었다. 해당 용어는 9장에서 상세히 다룰 예정이다.

른 사상들을 논박하기 위해 고안된 것들이었다. 그러나 붓다는 그의 사상을 이해시키기 위해 상대방의 언어를 사용할 수밖에 없었다. 그 외엔 다른 언어가 없었던 것이다. 앞으로 자세히 설명하겠지만 붓다는 기존 단어에 새로운 의미를 부여했다. 이로 인해 불가피한 오해가 빚어졌고, 그의 가르침을 피상적인 부분만 알았던 이들에게 특히 그러했다.

가장 두드러진 예를 들어보자. 현대 인도의 대학 교육과 출판물을 살펴보면 붓다가 브라만교의 성전(聖典)인 우빠니샤드와 사실상 동일한 가르침을 전했을 뿐이며, 붓다가 다른 점은 카스트 제도를 부정했다는 것뿐이라는 관점이 늘 선전된다. 이러한 주장이 제기되는 이유는 붓다의 주 논적이 우빠니샤드적 관점을 지닌 브라만들이었기에 브라만들을 비판하는 데 그들의 용어를 차용했기 때문이다. 더욱이 붓다는 상상력이 부족한 이들은 이해할 수 없는 비유**002**와 반어법을 주로 활용했기 때문에 더욱 오해받곤 했다. 이에 대한 설명이 이 책의 주제 중 하나가 될 것이다.

그뿐만이 아니다. 많은 경우 철학이나 체계적 사고를 규정하는 암묵적 규칙들을 항상 지켰던 것도 아니다. 자연히 붓다 사후 오해들이 빚어졌고, 이는 불교가 인도 외 다른 나라에 뿌리내리기 한참 전이었다. 또 다른 좋은 예를 들어보겠다. 전통 종교인 베다 사상은 존재론적 의문을 푸는 데 집착했다. "무엇이 존재하는가?" 붓다는 이 질문이 잘못되었다고 주장했다. 그러나 이는 그의 제자들과 추종자들이 감당하기엔 벅찬 것이었다.

002_ 역주: 저자 곰브리치는 메타포(metaphor)라는 단어를 비유, 은유, 상징 등을 모두 포괄하는 상위 개념으로 사용하는 것으로 보인다. 이러한 문학 기법의 분류와 그 용어에 대한 논의는 해당 영역을 벗어나므로 단순히 '비유'라 번역한다.

불교의 주요 학파 중 하나인 아비달마(Abhidharma) 학파는 붓다의 사상에 실재론적 해석을 가하였으며, 다른 주요 학파인 유식학파(Vijñānavāda)는 관념론적 해석을 가하였다. 특정 문헌만 강조하고 나머지를 무시한다면 초기의 정전(正典, Canon)**003**에서도 두 가지 해석 모두를 끌어낼 수 있다. 사실 어떤 문헌들은 따로 떼어서 볼 경우 이 문제에 대해 모호하게 보이기도 한다.

불과 몇 세기도 지나지 않아 상황은 더 심각해졌다. 불교가 중국에 전파되었을 때 인도 텍스트를 한문으로 번역하는 일은 극도로 어려웠다. 언어의 차이뿐 아니라 두 문화 간의 엄청난 괴리에서 비롯된 어려움으로 인하여 불교는 신비주의로 나아가게 되었다. 여기서 신비주의란 붓다의 가르침이 합리성을 초월하였으며, 언어로 표현될 수 없다고 여기는 것이다. 동북아시아 불교에서는 이것이 유일한 관점이었던 것은 아니나 지배적이었으며, 선종(禪宗)에서 특히 그러했다. 붓다가 종교적 삶의 목표를 언어로 표현할 수 없는 어떤 경험으로 여겼다는 점에는 나 또한 동의한다. 그러나 나는 분명히 언어로 표현된 붓다의 가르침을 일상적 논리에 반하는 저열한 신비주의로 해석하는 데 강력히 반대한다.

따라서 나는 붓다의 사상에 대한 올바른 해석이란 붓다가 펼친 사상들뿐 아니라 역사적으로 검증되는 다양한 해석이 그 사상으로부터 어떻게 도출되는지를 명확히 밝히는 것이라고 생각한다. 그렇게 함으로써 붓다는 자신으로부터 이어진 사상사의 원천으로 정립될 것이다. 물

003_ 역주: 원문에서 'Canon'은 주로 빨리어 초기경전을 의미한다. 7장의 각주 200번을 참고하라.

론 그러한 역사를 구성하는 일은 그 윤곽을 그려내는 것만으로도 한 명의 학자가 감당할 능력을 넘어서는 것이며 이 책이 다룰 범위 또한 넘어서는 일이다.

붓다는 종교가이자 사상가

앞의 글을 읽은 독자라면 내가 이 글을 쓰게 된 동기 중 하나가 어째서 격분이었는지 조금은 이해할 수 있을 것이다. 그러나 또 다른 관점을 통해 이 문제를 오히려 더 분명히 할 수도 있다. 나는 붓다의 사유가 천재의 업적이라 할 만큼 강력하면서도 지적이라고 생각한다. 그리고 그 강력한 사유가 제대로 이해되기만 한다면 지나치게 복잡하거나 파악하기 어려운 것이라고 생각하지 않는다. 하지만 불교도는 물론이고 비불교도도 붓다의 사상이 복잡하다는 점에서 대단히 '심오한' 것이며 따라서 이해하기 어렵다고 여긴다. 그러나 나는 이에 동의하지 않는다.

4복음서(四福音書)에 대한 전통적 해석이 예수의 유대적 배경을 크게 고려하지 않았던 것과 같이 붓다에 대한 전통적 해석은 그 역사적 배경을 거의 무시한 채 해석해왔다. 어쨌거나 붓다가 설한 것이 불변의 진리라면 그의 역사적 맥락이 큰 의미가 있는 것으로 보이진 않는다. 그러나 그것이 초기 주석가들이 보인 편협한 접근 방식을 용인하는 구실이 될 수는 있을지라도 현대 학자들에게는 해당하지 않는다. 명제의 의미가 대부분 맥락으로부터 나온다는 것은 자명하다. 따라서 어떤 이가 말하려는 바를 이해하려면, 특히 그것이 구태를 넘어서는 것이라면 우리는 그 역사적 맥락을 재구성할 필요가 있다.

이러한 목표로 나는 나의 책 *Theravada Buddhism: A Social History*의 앞부분에서 그 작업에 착수하였고 다음 책이었던 *How Buddhism Began*에서는 논의를 더 진전시켰다. 나는 이 책에서도 같은 목표를 향해 갈 것이다. 비록 어느 정도 반복적이기는 하지만 지나치지 않기를 바랄 뿐이다. 따라서 나의 방식은 역사학적이다.

나도 학자이지만, 학자들은 대부분 책의 서두에서 방법론을 다루어야 한다고 생각한다. 방법론이란 그 책이 나아갈 방향에 관한 것이다. 보통 역사학자들이 생각하는 유의미한 논거와 그것을 어떻게 다루는가를 의미한다. 나는 푸딩을 증명하는 것은 푸딩을 먹는 데 있다고 생각한다. 실재를 목격하기도 전에 어떤 것이 이론적으로 어떻게 가능한지, 혹은 가능할 수 있는지에 대해 읽는 것은 내게는 매우 지루한 일이고 도움도 되지 않는다. 그러므로 나는 독자들이 책의 절반쯤에 이르러 나의 방식이 어떻게 가능한지 본 후에야 나의 방식, 즉 내가 논거를 제시하는 방식을 논의할 것이다.

나는 어째서 붓다의 사상이 그토록 저평가되었다고 생각하는 것일까? 붓다에 대한 저평가와 경외심이 비례한다고까지 말하려는 것은 아니다. 그럼에도 불구하고 여기에는 일말의 진실이 있다. 나는 불교가 대체로 인류 역사를 좋은 방향으로 교화하는 데 큰 영향력을 끼쳐왔다고 생각한다. 그러나 붓다를 오로지 종교적 지도자로만 여기는 것은 무익하다. 물론 우리가 종교라 부르는 무언가를 붓다가 창시한 것은 사실이며, 붓다 또한 자신이 구원에 이르는 길을 가르친다고 생각했던 것도 사실이다. 그러나 이에 대한 지나친 강조는 오늘날 불교를 이해하는 데 있어서 오히려 장애가 될 수도 있다. 붓다가 모세나 예수, 혹은 마호메트와 마찬가지로 한 종교의 창시자로 분류됨에 이의를 제기하려는 것은 물론 아니다. 다만 그렇게 함으로써 플라톤, 아리스토텔레스, 흄과 같은 사상가의 범주로부터 붓다를 배제해서는 안 된다는 것이다.

불교 용어를 이해하려면

나의 스승 중 한 분이었던 스님 라훌라 박사는 불교도가 아닌 사람들에게 생소한 용어를 전혀 사용하지 않고 그들의 언어만으로 불교를 가르칠 수 있다고 말하곤 했다. 나도 이에 동의한다. 그러나 동시에 나는 어떤 불교 경전의 의미를 완전히 파악하려면 원전 언어로 읽어야만 한다고 생각한다. 어째서일까?

다른 사상 체계도 마찬가지이겠지만 불교의 주요 용어들은 코, 나무, 컵 등과 같은 외부 사물을 가리키지 않는다. 주요 용어들은 추상개념들이다. 언어학자들은 어족(語族)상 가까운 언어의 경우를 제외하면 다른 언어에 완전한 번역어가 존재하는 경우는 극히 드물다고 여긴다. 'cup'이라는 단어의 완전한 번역어는 중국어에 없다. 중국인들은 영어권과는 다른 종류의 식기구를 사용하기 때문이다. 이에 가장 근접한 중국어는 'cup'보다는 좀 더 좁은, 혹은 더 넓은 범위를 지칭할 것이다. 그럼에도 불구하고 'cup'이라는 단어가 어떤 맥락에서 사용되었을 때, 그것이 지칭하는 바를 의사소통의 목적으로 정확하게 전달하는 데 큰 어려움이 없다.

추상개념의 번역은 한 층 더 문제가 복잡하다. 이는 단지 그 개념어들의 정확한 번역어가 외국어에 없기 때문만은 아니다. 물론 추상개념의 경우, 한 용어의 의미 범위와 그 모호함은 번역자들 및 그 번역에 의존하는 이들까지도 난처하게 할 만하다. 간단한 두 가지 예를 들어보도록 하자. 이탈리아어로 conscienza는 영어로 'conscience(양심)'가 될 수도 있고 'consciousness(의식)'가 될 수도 있다. 독일어 Geist는 영어로 'soul(영혼)', 'spirit(정신)', 'ghost(귀신)', 'mind(마음)', 혹은 'wit(재치, 분별)'도 될 수 있다. 이해하려는 개념들이 원어로 서로 연관되어 표현되거나 심지어 다른 개념을 빌어 한 개념을 설명할 경우, 문제는 더욱 심각해진다.**004**

붓다 사유를 뒷받침하는 가장 오래되고 광범위한 증거는 텍스트의 방대한 집대성인 빨리어 정전에서 상당히 많이 발견된다.**005** 빨리어는 고전기(古典期) 이전의 산스끄리뜨어에서 파생된 방언으로, 산스끄리뜨어와 밀접한 관련이 있다. 그 관련성은 라틴어와 이탈리아어의 관계보다도 더 긴밀하다. 또한 빨리어는 붓다가 사용했던 언어와도 밀접하다. 그리고 붓다가 사용한 언어 역시 빨리어와 마찬가지로 산스끄리뜨어에서 파생되었다. 적어도 우리가 아는 한 붓다가 활동하던 시기의 인도에서 문자는 사용되지 않았으므로 직접적 기록은 전해지지 않는다. (단, 숫자 체계는 제외다.) 인도 불교를 이해하기 위해서는 산스끄리뜨어 용어를 사용하든 그에 상응하는 빨리어를 사용하든 문제가 없다. 여기에도 예외가 있기는 하나, 이 책의 내용과는 거의 무관한 것들이다. 한편 산스끄리뜨어는 매우 오랜 역사를 지니고 있고 텍스트의 종류 또한 매우 다양하다. 그러므로 빨리어 단어의 의미를 간파하기 위해서라면 산스끄리뜨어 일반과 비교할 것이 아

004_ 이러한 의미론적 문제에 대한 부가 정보는 나의 논문 'Understanding early Buddhist terminology in its context', pp. 74-101을 참고하길 바란다.

005_ 빨리어로는 Tipiṭaka로, 문자 그대로의 의미는 '세 바구니로 이루어진 것'이다.

니라 붓다 생존 시의 산스끄리뜨어를 참고해야 한다.

앞으로 이 책에서는 오직 산스끄리뜨어(S)와 빨리어(P) 용어만 사용할 것이다. 반면에, 이 맥락에서 산스끄리뜨어나 빨리어 중 하나만을 고집하는 방식은 유용하지 않다.[006]

붓다의 비유법

붓다의 설교와 대화를 담은 경전에 기록된 설법은 주로 pariyāya[007]라는 방식으로 전달된다. 이 단어는 '에움길', 혹은 '우회로' 등을 의미하지만, 실은 '설명하는 방식'을 의미한다. 번역어인 '완곡어법'은 지루하다든가 애매하다는 느낌을 주므로 정확하지 않다. pariyāya는 비유, 상징(비유적 이야기), 우화 등 문자 그대로 받아들여서는 안 되는 모든 종류의 발화(發話)를 지칭한다. 'pariyāya'로 전해진 텍스트는 pariyāya가 없는 텍스트, 즉 문자 그대로 받아들여져야 하는 텍스트와는 대조된다. 초기 정전 중 아비달마의 텍스트만이 'pariyāya를 사용하지 않는' 텍스트이며, 따라서 붓다의 뜻을 문자 그대로 전달함을 표방한다.[008]

006_ 역주: 원문에서는 저자 곰브리치가 밝힌 대로 산스끄리뜨어와 빨리어 용어 및 표현만을 다루고 있다. 그러나 한국 독자들을 위해 가능한 상응하는 한문 역어를 병기하는 쪽을 택했다.

007_ 아소까왕이 백성들로 하여금 널리 알려진 불교 문헌 중 특정 문헌을 배울 것을 촉구하는 바브라(Bhabra) 칙령 비문에서는 불교 텍스트를 dhamma-paliyāna, 즉 pariyāya라 언급하고 있다.

008_ 해당 초기 용어는 오히려 후기의 구분인 산스끄리뜨어 sūtra와 śāstra에 밀접하게 호응하지만, 후기의 용어들은 문헌 장르를 지칭하는 것이다.

이것은 무슨 의미가 있을까? 나를 포함한 현대 해석자들에게 있어 일차적인 과제는 붓다의 의도를 왜곡 없이 우리의 언어로 제시하는 것이다. 붓다의 담화를 가득 채우고 생동감을 주는 비유의 활용을 제거해버리면 그의 말들은 덜 선명해지고 덜 흥미로워질 것이다. 게다가 특히 그 주제가 종교적일 때, 비유적으로 표현된 것을 직역하면 그 내용이 얼마나 전달될 수 있는지의 문제는 언제나 논쟁의 여지가 있다. 물론 나 또한 자신만의 비유를 제시할 수 있을 것이다.

그러나 전달 내용을 왜곡하지 않기 위해 매우 주의해야 한다. 특히 현대 서구 세계에서는 고대 인도에 비해 비유를 훨씬 적게 사용하기 때문이다. 나는 붓다의 말을 해석하는 데 있어서 비유적으로 말한 부분을 확인하고, 되도록 그 이유를 파악하는 방식에 전력하는 편이 낫다고 생각한다. 그렇지 않고 비유를 단순히 무시하는 것은 그 의미의 본질을 놓치는 것이다.

방편(方便)의 지혜

붓다가 비유를 사용한 것은 후일 '방편(skill in means)'이라는 개념으로 연결된다. 대승 전통에서 방편(upāya kauśalya)은 전문 용어의 지위에 오른다. 초기 빨리어 경전에서 이 특정 용어는 발견되지 않지만, 방편을 의미하는 내용은 어디서든 찾을 수 있다.**009** 방편은 붓다가 지닌 대화의 능력을 뜻

009_ 내용을 추가하자면, 대승에서 방편은 초기의 대승이 아닌 가르침을 가리키는데, 그 가르침은 완전한 진리에 미치지 못한다고 여겨졌다.

한다. 이는 붓다가 편견을 갖고 있는 청자들을 이해시키기 위해 그들의 근기에 맞춰 표현하는 능력으로 드러난다. 비불교도를 만났을 때 붓다가 먼저 논쟁을 시작하거나 자신의 의견을 내세우는 경우는 거의 없다. 이는 한 세기 전, 리스 데이비즈(T. W. Rhys Davids)가 지적한 것처럼 소크라테스를 연상시킨다.**010** 소크라테스는 언제나 상대방의 의견을 묻는 것으로 논의를 진행하였다. 붓다는 상대방이 먼저 말한 뒤 우선 상대방의 의견에 동의하고서 이야기를 풀어나가는 것이 통상적인 기술이었다. 붓다는 말한다. "그러하다. ~ 그리고 ~"

이는 누구나 배울 수 있는 훌륭한 협상이자 외교 전략이다. 붓다는 적대적인 입장을 취하는 것을 피한다. 붓다는 먼저 상대방에 동의한 뒤, 명백히 동의한 사항을 받아들고서는 그것을 뒤집어버린다. 그가 주로 사용하는 방식은 상대방이 사용한 단어를 완전히 다른 의미로 사용하는 것이다.

붓다가 기존 단어에 새로운 의미를 불어넣는 방식은 굉장히 과감하여 몇몇 경우는 당치 않게 보일 수도 있다. 'karma'라는 단어 자체가 그 완벽한 예이다. 'karma'는 산스끄리뜨어의 가장 흔한 어원 중 하나인 'kṛ'로부터 파생된 것으로 'kṛ'는 '하다', '만들다'의 의미가 있다. 그러므로 산스끄리뜨어 'karman'과 빨리어 'kamma'는 '행동, 동작, 행위'의 뜻이 된다. 그 단어가 지칭하는 행위가 어떤 것이든 간에 행위는 물리적 세계에서 일어난다. 그러므로 붓다가 "내가 '행위(karma)'라고 부르는 것은 '의도(inten-

---

010_ 리스 데이비즈의 *Dialogues of the Buddha* Part 1, pp. 206-207에 수록된 'Introduction to the Kassapa-Sīhanāda Sutta'. 나는 *How Buddhism Began: The Conditioned Genesis of the Early Teachings*, pp. 17-18에서 해당 단락 전체를 인용한 바 있다.

tion)'이다"[011]라고 한 것은 검은색을 '흰색'이라 부르거나 왼쪽을 '오른쪽'이라고 부르는 것과 논리적으로 유사한 것이다. 상대방이 글자 그대로 의미한 바를 붓다는 비유적으로 사용했다는 것을 적절히 설명하기에 이 예는 너무 극단적일 수 있다. 그러나 이 책의 후반에 많은 사례가 나온다. 브라만들이 문자 그대로 사용했던 희생제라는 용어를 붓다가 비유로 재해석하는 사례는 우리에게 더욱 친숙할 것이다. 불교도들이 자신들의 전통을 바라보는 관점에서는 이미 고대부터 이 문제가 명시적으로 드러나고 있었다. 모든 붓다는 모든 덕목을 갖춘 도덕적 완성자로 여겨졌으나, 무엇보다도 중요한 두 가지 덕목은 바로 자비와 지혜였다. 우리에게는 이상하게 들릴지 몰라도, 붓다가 자비를 보이는 가장 근본적 사례는 바로 설법이었다. 붓다는 설법할 필요가 없었다. 그러나 설법을 통해 모든 생명체에게 윤회로부터의 해탈의 길을 보여 줄 만큼 자비로웠다. 개인적 책임성에 관한 붓다의 생각과도 일치하듯, 붓다의 자비는 그 무엇보다도 중생들이 스스로 자신을 돕도록 도와주는 것이었다. 그리고 설법을 그토록 효과적으로 만들었던 '방편'은 바로 붓다의 지혜 덕분이었다.

사유 구조의 분석

불교 경전은 문자 그대로 직역한 내용만 읽거나 그러한 직역을 엄격히 고수한 해설서만을 고집한다면 절대 그 의미가 분명해지지 않는다. 붓다의 기본 가르침 중 하나에서 전형적인 예를 들어보겠다. "붓다는 생명(living

011_ AN Ⅲ,415.

beings)에는 아(我, self)가 없으며 우리가 자아라고 생각하는 것은 사실 5온(蘊)**012**으로 이루어졌다고 가르쳤다." 이런 문장들은 지나치게 모호한 나머지 무의미하게 보일 정도인데도 많은 이들은 이에 너무 익숙하여 불평불만 없이 읽고 듣는다. 심지어 어떤 이들은 그 심오함을 이해하지 못하는 것이 자신들의 잘못이라 생각할 정도이다.

이렇게 가르치는 사람은 여기서 '아'란 S. ātman(P. attā)에 해당하고, 아뜨만은 '아' 외에도 '영혼(soul)'으로 번역할 수 있으며, '집합체(aggregates, 蘊)'란 산스끄리뜨어 skandhāḥ(P. khandhā)의 번역이라는 것 또한 당연히 설명했을 것이다. 그러나 이는 붓다의 가르침에 대한 설명으로는 부적절하다.

영어가 모국어인 사람에게 완벽히 설명하는 유일한 방법은 명확하고 일상적인 영어를 사용하는 것이다. 이는 개념어나 개념어를 포함한 문장들을 그저 번역하는 것만으로는 불가능하다.

'온'은 잠시 미뤄두고 우선 '자아'부터 얘기해보자. 고대의 불교 문화권에서 불교의 핵심적 교리이자 가장 두드러지는 특색은 무아(No Self)론, 혹은 무영혼(No Soul)론으로 간주되었다. 두 용어 모두 S. anātman, P. anatta/anattā의 번역이다. 불교가 19세기 처음 서구에 소개되었을 때는 주로 기독교인이 기독교적인 시각으로 해석했으며 불교가 최상의 창조주를 부정한 것은 그들에게 굉장한 충격이었다. 그러나 자아, 혹은 영혼에 대

012_ 역주: 원문에서는 일상적 표현에 가까운 five aggregates라고 표현하나 이를 직역할 경우 오히려 오해의 소지가 있으므로, aggregate를 온으로 번역하고 맥락에 따라 의미를 살려야 할 경우 '더미', 혹은 '집합체' 등으로 번역했다.

한 부정은 근대 이후 학자들에게도 불교 및 붓다의 것으로 여겨지는 가르침의 가장 충격적인 특징이다.

곧장 본론으로 들어가자면, 영어 번역에 '불변의(unchanging)'라는 단어를 삽입함으로써 '불변의 자아는 없음(no unchanging self)', '불변의 영혼은 없음(no unchaning soul)'으로 바꾸면 모든 논란과 오해를 피할 수 있다고 과감하게 말하는 편이 나의 주장을 이해하기가 가장 쉬울 것이다. 차후에 자세히 논하겠지만 붓다가 설법하던 당시의 ātman/attā란 그 정의 자체가 고정불변의 실체를 의미하였다. 그러한 언어 환경 속에서 '불변의'라는 단어를 덧붙이는 것은 동어반복이 되었을 것이다. 그러므로 이 교리를 영어로 명료하고 정확하게 표현하는 방법은 여러 가지가 있다. 예를 들어, "살아 있는 존재에게 고정불변하는 것은 아무것도 없다", 혹은 "살아 있는 존재에게 어떠한 고정불변의 본질이 있는 것은 아니다"라고 표현할 수 있다. 주 관심사는 인간이기에 '살아 있는 존재'를 '사람'이나 '인간'으로 대체하는 것이 유용할 수도 있다.

여기까지의 논의에는 큰 문제가 없다. 불교가 단지 구원을 위한 가르침일 뿐이라면, 이 교의가 우리 인간에게 적용됨을 아는 것만으로 충분해 보인다. 그러나 사실 불교의 교리는 구원의 길 이상이다. 그 가르침은 우리의 일상적 경험 내의 모든 것에 적용된다. 이러한 확장된 맥락에서는 '영혼'이라는 단어가 적절하지 않으며 오히려 '본질'과 같은 의미가 적합하다. 따라서 붓다의 핵심적 가르침은 "이 세상에서 고정불변의 본질을 지닌 것은 없다." 혹은 "우리의 일상적 경험 내에서 변하지 않는 것은 없다"가 될 것이다.

이러한 가르침들은 한편으로는 단순하고 명료한 주장들이다. 그러나 다른 한편으로는 '이 세상에서'가 '우리의 일반적 경험 내에서'와 같은 의미로 쓰이고 있다. 그러므로 각 교리의 주장들은 우리를 또 다른 문제로 이끈다. 이 문제는 내 논의의 가장 근간을 이루는 것인데, 다시 말해 우리가 다루고 있는 이 체계는 내적으로 일관성 있을 뿐 아니라 서로 맞물려 있다는 것이다. 이 점은 충분히 이해할 만하다. 그러나 정확한 이해를 위해서 핵심 용어들이 전체적으로 어떻게 사용되는지를 알아야만 한다. 따라서 붓다에게 '세상'이란 '우리가 일상적으로 경험하는 것'과 동의어인 것이다.

이제는 '일상적'이라는 말이 무슨 의미인지 알아보자. 그러나 관련된 의미 하나하나를 전부 좇아가자면 서론만으로도 책 한 권을 지을 것이다. 그러므로 지금은 붓다의 본래 관심사가 '무엇이 존재하는가'가 아니라 '우리가 무엇을 경험할 수 있는가'라고 하는 '의식의 내용'이었음을 지적하는 것으로 충분하다. 사실 붓다는 '무엇이 존재하는가'의 문제는 논점에서 벗어나는 것이라고 생각하였다. 그에게는 존재란 경험의 내용과 같은 것이다. 이 지점에서 분류하자면 붓다의 교리는 실용주의적 경험론에 가깝게 보인다.

논의를 확장해보면, 이는 첫 번째 성스러운 진리로 알려진 '고성제(苦聖諦)'에 부합한다. 고성제는 전통적으로 dukkha(苦, S. duḥkha) 한 단어로 표현된다. 이 '진리[諦]'는 문장이 아닌 한 단어로 표현되기에 명제라기보다는 오히려 감탄사처럼 들린다. 물론 dukkha라는 단어를 번역하는 데도 온갖 논의가 있었으며, 이 경우 또한 주로 그 맥락에 따라 번역어가 결정되어야 한다. 그러나 그 요지는 '우리가 일상적으로 경험하는 삶은 만족스럽지 못하다'는 것이다.

그리하여 우리는 빨리어로 ti-lakkhaṇa인 3상(三相)에 이르게 된다. 무엇의 모습[相]이란 말인가? 우리가 일상적으로 경험하는 삶의 모습이다. 이 세 가지는 anicca, dukkha, anatta, 즉 '영구적이지 않은(無常, 즉 늘 변화하는**013**), 만족스럽지 못한(苦), 자아·본질이 없는/아닌(無我)'이다. 이미 '자아'의 정의가 '불변의 어떤 것'임을 확인하였으므로 무상과 무아는 중복된다. 5장에서는 고(苦) 또한 중복임을 보일 것이다. 붓다가 사유하고 설법한 바에 따르면, 영구적이지 않은 그 어떤 것도 완전히 만족스러울 수 없다. 이 점은 우리에겐 이해하기 어려울 수도 있다. 그러나 앞으로 확인하게 되겠지만, 붓다에게는 가장 근본적인 전제이다.

여기서는 대략 짚고 넘어가는 것으로 만족해야 할 또 한 가지 문제가 있다. 그것은 '자아', 혹은 '본질'인 것과 '자아', 혹은 '본질을 가지는 것' 사이의 모호함이다. 이 장의 목적은 간략한 개요이므로 그 모호함은 큰 문제가 아니며 5장에서 다시 다루게 될 것이다.

여기까지 살펴본바, 붓다의 가르침 중 가장 근본이 되는 것은 우리 삶의 모든 것이 변화한다는 것이다. 우리 중 대부분이 경험하는 그 어떤 것도 변하지 않는 것은 없다. 나아가 이러한 세계관에서는 '존재'하는 것은 변하지 않는 것이다. 존재와 변화는 서로 정반대로 정의되기 때문이다. 그러나 변화란 우연적인 것일까? 그렇지 않다. 우리와 우리를 둘러싼 모든 것들이 언제나 변화한다고 하여도, 우리가 매 순간 연속성을 인식하지 않

013_ 물론 '무상'이라는 용어가 반드시 '언제나 변화하는 것'을 의미하지는 않으나, 붓다가 어떤 맥락에서는 이 용어에 이렇듯 강력한 의미를 부여하려던 것은 아니었다고 생각한다. 그러나 주석들은 이 문제를 얼버무린다. 또한 아비달마에서는 해당 교리가 부단한 변화를 의미하도록 체계화되었으며, 심지어 변화의 속도를 구체화하려는 시도도 있었다.

는다면 삶은 지속될 수 없다. 다시 말해 변화란 우연적인 것이 아니다. 붓다는 그 무엇도 원인 없이 존재하지 않는다는 명제를 통해 이를 공리화(公理化) 하였다.

모든 현상이 우연적이지 않은 변화를 보인다는 것을 좀 더 쉽게 말하면 '모든 것은 작용'이라고 할 수 있다. 내가 보기에 이것이야말로 붓다의 견해이다. 그렇다면 이제는 다음과 같은 질문을 던져야 한다. 만약 붓다가 그토록 간단명료한 것을 설하였다면 — 물론 모든 함의가 간단명료하다는 뜻은 아니지만 — 우리가 불교에 관한 온갖 책에서 발견하는 내용은 어째서 이와 같지 않을까? 나는 빨리어나 산스끄리뜨어에 '작용(process)'이라는 개념에 밀접히 상응하는 단어가 없었기에 비유적으로 설명해야 했던 것이 그 이유라고 생각한다. 또한 놀라울 정도로 다양한 다른 뜻으로 번역할 수 있는 saṃkhārā라는 단어가 알려진 것 이상으로 '작용'이라는 뜻에 더 가깝기 때문이라고 생각한다.

자기 연속성으로서의 업

이 개요의 시작을 환기해 보겠다. 고통받는 개인, 끊임없이 변화할 수밖에 없는 운명을 지닌 채 자신뿐 아니라 사랑하는 모든 이들이 죽음에 이르는 삶의 거대한 변화에서 벗어날 수 없는 인간에게로 돌아가 보자. 이제는 업(karma)에 대해 더 논해야 할 시점이다. 업은 붓다의 세계관에 입문하는 데 내가 제일 선호하는 시작점이다. 무아에 대한 일반적 이해가 매우 불완전함을 증명할 때 해체 작업으로 시작한 것과는 달리, 업은 긍정적 교리로 소개할 수 있다. 업은 삶에 대한 붓다의 전체적 조망에 근본적일 뿐 아니라,

나머지 기본 교의들의 의미에 관한 완벽한 예를 제공함으로써 그 교리들을 논리적으로 일관되게 하는 핵심이라고 생각한다.

무아의 교리가 개개인의 연속성이 없음을 의미한다면 이는 도덕적 책임의 부재라는 우려할 만한 결과를 낳게 된다. 그러나 어떤 형태든지 불교를 조금이라도 알게 된다면 이것이 옳은 해석이 될 수 없음을 알 수 있다. 왜냐하면 불교는 사람들, 혹은 다른 생명들이 죽을 때 그들의 도덕적 공과(功過)에 따라 윤회한다고 가르치기 때문이다. 영혼이 개인의 선과 악의 근원이라고 여기는 이들에게는 불교가 이해할 수 없을 정도로 앞뒤가 맞지 않게 보일 것이다. 그토록 비논리적인 종교가 많은 사람의 호응을 얻기는커녕, 살아남을 수나 있었을까?

물론 해답은 불교가 개개인의 연속성을 부정하지 않는다는 사실이다. 개개인의 연속성에 대해 불교는 다른 어떤 종교나 사상보다도 더 강력한 입장을 갖고 있다. 예를 들어 기독교인들이 믿는 개개인의 연속성은 우리가 이 세상에서 사는 한 번의 삶 동안 그리고 아마도 상벌의 장소인 천국과 지옥에서의 두 번째 삶까지일 것이다. 그러나 여기에서 두 번째 삶은 주로 '시간의 바깥(outside time)'으로 간주되며 '연속성'이라는 용어가 그곳에서 어떻게 적용될 수 있는지는 명확하지 않다. 대조적으로 불교는 삶의 무한한 연속에 걸친 개인의 연속성을 믿는다.

무한? 사실 그 연속에는 시작이 없을 수도 있다. 붓다는 그 어떤 것도 원인 없이 존재할 수 없음을 주장했기 때문이다. 그러므로 삶 또한 세상과 같이 시작이 있을 수 없다. 붓다는 이 문제를 고민하는 데 매몰되지 말 것을 권고했다. 우리는 모두 이미 무한히 많은 삶을 살았다. 그러나 그 연속에 끝은 있을 수 있다. 열반을 얻음으로써 가능해진다. 붓다에 따르면 열반에 이른 자는 다시 태어나지 않는다.

따라서 우리는 무한한 수의 삶을 걸친 자신의 행위의 상속자인 것이다. 불교에서 가장 잘 기록된 삶의 연속은 그 마지막 삶이 고따마 붓다인 붓다의 것이다. 그는 이미 아주 오래전에 붓다가 되기로 결심하였다. 불교에서는 이러한 결심을 하는 사람을 보살이라 부른다. 500개가 넘는 붓다의 전생담(Jātaka)은 경전**014**과 설법을 통해 꾸준히 설해지며 사찰 벽에 그려지고 암송되거나 재현된다. 이는 불교문화를 이루는 필수 요소가 되었다.

업이 우리 삶의 연속성을 가능케 하는 요소 중 유일한 것은 아니다. 우리의 삶은 다섯 가지의 요소로 이루어지는데, 각 요소는 앞서 '온(蘊)'이라 번역한 용어로 지칭된다. 사실 이 단어[khandha]는 원래 빨리어 합성어인 upādāna-khandha에서 앞 단어로부터 분리되어서는 안 된다. 이 까다로운 합성어는 언어유희의 하나로, '불타는 연료 덩어리'라는 의미도 있기 때문이다. 이 의미에서는 열반(P. nibbāna)과 동일한 비유 구조에 있다. 열반 또한 불길에서 벗어난다는 의미가 있는 것이다. 이 비유에 관해서는 8장에서 자세히 다룰 예정이니, 지금은 이 다섯 가지의 불타는 연료 덩어리가 우리의 삶을 구성하는 다섯 가지 작용(process)을 비유한다는 점만 유념하는 것으로 충분하다. 이 다섯 가지는 전통적 순서에 따르면, 오감을 통한 물리적 세계와의 상호 작용[色], 감정[受, 기쁨 혹은 고통], 분별 작용[想, 대상의 파악에 기여하는 지각 작용], saṃkhārā(行) 그리고 식(識)이다.

014_ 상좌부 빨리어 전통에서 이 이야기들은 550가지라고 전해진다. 그중 일부는 불교의 모든 주요 경전에서 발견된다.

나는 네 번째를 번역하지 않은 채로 두었다. 보통은 '심적 형성(mental formations)', 혹은 '의지 작용(volitions)'으로 번역된다. 이 맥락의 saṃkhārā는 2, 3, 5온에서 발견되지 않는 정신적 작용을 가리키는데, 실제로 감정과 의지 작용이다. 이 작용의 가장 중요한 부분은 의지이다. 어떤 의지들은 도덕적 중립으로 여겨지는 경우도 있지만, 여기에서 초점은 도덕적으로 선하거나 악한 의지들에 있다.

붓다는 모든 생각, 말, 행위에서 긍정적이든 부정적이든 그 도덕적 가치는 의지로부터 비롯된다고 가르쳤다. 행위가 미치는 영향력이 무의미하다는 뜻은 아니다. 부주의로 인한 과실의 문제에 있어서 불교는 현대적 법률 못지않다. 그러나 도덕성에 대한 기본적인 기준은 의지에 있다. 도덕성과 부도덕성은 개개인의 심적 특성이다. 비유적으로는 순수함과 불순함으로 표현된다. 각각의 선한 행위는 개인을 더욱 순수하게 만들며 그 결과 선한 행위를 되풀이하는 것이 조금은 쉬워진다. 예를 들어 내가 처음에는 기부 행위를 아깝게 느낄지라도, 기부할 때마다 베풂이 조금씩 쉬워질 것이다. 잔인함과 같은 부정적 특성도 동일하게 작용한다. 어떠한 의지가 일단 행동으로 옮겨진 뒤에는 성향이 된다. 데미언 키온의 *A Very Short Introduction*[015]에서 인용한 속담은 이를 멋지게 표현한다. "행동을 씨 뿌리면 버릇을 거두고, 버릇을 씨 뿌리면 성격을 거두며, 성격을 씨 뿌리면 운명을 거둔다."

업과 윤리적 의지는 한 개인의 삶 그리고 그 너머까지의 연속성을 이루는 여러 요소 중 하나일 뿐이지만, 이는 종교적 관점에서 매우 중대하

015_ p.40.

다. 더욱이 이 의지라는 것은 작용으로 드러난다. 의지란 우연성과 대조되고, 부분적으로는 이전의 의지에 의해 조건 지어진 것이지만 전적으로 결정되는 것은 아니다. 전적으로 결정된다면 의지란 그 주인의 책임이 아니게 되고, 의지가 빚어낸 결과를 그 주인이 감당하는 것은 완전히 불공평할 것이며, 또한 의지를 사유, 혹은 정신 작용의 한 항목으로 구분하는 것도 불합리할 것이다. 업과 결정론에 대해서는 이후에 좀 더 논의할 것이다. 업이란 한편으로는 조건 지어지나 다른 한편으로는 절대적으로 결정되지는 않는다는 명제가 불교 사상 전체를 뒷받침하고 있음을 밝히는 것으로 지금은 충분하다.

개인의 자율성과 책임성

윤리적 기준이 개인의 의지에 있으므로 개인은 자율성을 가지며, 최종 결정권은 양심이라 부르는 것이 된다. 신과 같이 우리의 결정에 대한 책임을 대신 떠안는 어떠한 외적 원인도 없다. 우리는 자유 의지를 갖고 우리 자신에게 완전한 책임을 가진다. 나아가 책임은 이번 생을 훨씬 넘어서까지 확장된다. 따라서 우리는 자신의 도덕적 상태와 그 상태를 어떻게 생각하는지에 대해 전적인 책임이 있다.

일반적으로 비구는 스스로 인정하지 않은 죄에 대해서는 벌 받지 않았다. 이와 유사하게 도덕 규칙들은 승단에 더욱 강력히 적용되지만, 평신도에게도 적용되어 개인적 결의·약속으로 표현된다. 불교도는 "나는 생명을 빼앗는 일을 중단할 것을 약속한다." 등을 선언함으로써 개인적 양심을 표명한다. 적어도 이론적으로는 스스로 그 선언의 의미에 동의하지 않는다면 선언의 낭송은 아무런 의미가 없다.

제의의 중요성은 의지가 아닌 행위에 있다. 그러므로 불교도에게 제의는 윤리적으로 중립적이다. 제의 자체는 도덕성이 없기 때문에 어떠한 구원적 가치도 없다. 제의에 살생과 같은 비윤리적 행위가 수반되지 않는다면 금지되지는 않지만, 그렇다고 권해지지도 않는다. 붓다는 기존의 언어에 새로운 의미를 불어넣는 방식을 고수하며 추종자들에게 제의적 행위를 도덕적 행위로 대체할 것을 자주 요구했다. 제의의 몰두는 행위에 깃든 정신보다 문자에 집착하는 것으로, 인간을 이 세상에서 윤회하는 존재로 묶어 두는 3결(三結) 중 하나로 선고되었다.**016**

붓다는 '제의'를 뜻하던 브라만교 단어를 가져와, '윤리적 의지'라는 의미로 사용하였다. 이 단순한 조치는 카스트에 기반한 브라만적 윤리를 전복시킨다. 브라만의 의지가 불가촉천민의 의지와 윤리적으로 다른 종류의 것이라고 주장할 수 없게 되기 때문이다. 의지는 오직 선하거나 악할 뿐이다. 각자의 고유한 의무를 가리키는 sva-dharma라는 산스끄리뜨어의 개념은 불교 경전에서 찾을 수 없다. 불교도의 이생과 후생에 복을 가져오는 것은 '정화의 행위(puñña kamma)'일 뿐이다. 그러나 행위는 사실 정신적인 것이기에 선한 행위는 오히려 마음의 상태를 정화하는 것이다. 명상에서는 어떠한 행위를 동반하지 않고도 그와 같은 정화가 직접 이루어진다. 따라서 세인의 윤리적 행위와 수행자의 명상 사이에는 논리적 연속이 존재한다. 이는 불교도들이 명상의 전제 조건으로 도덕성을 주장하는 이

016_ P. sīla-bbata-parāmāso, 戒禁取

유를 보여 준다. 불교의 체계는 내내 일관적이다.[017]

현대 교육과 심리 치료는 사람들이 스스로 책임이 있다는 것을 일깨우는 데 상당 부분을 할애하고 있다. 실제로 우리가 '성숙한 인간'이라 부르는 것의 의미 중 큰 부분도 이에 해당한다. 기원전 5세기에 이러한 사상을 전파했다는 것은 정말 놀라운 일이며, 그를 따르는 추종자들이 있었다는 것 또한 그만큼이나 대단한 일이다. 나는 2장에서 이 사상의 태동을 가능케 한 사회 경제적 조건을 제시할 것이나, 그 조건이 필연적이었던 것은 전혀 아니었다.

서양인을 위한 불교 개론서들은 붓다가 깔라마(Kālāmas)라 불리는 사람들에게 해준 조언을 인용하는 것으로 시작하는 것이 보통이다.[018] 깔라마 사람들은 여러 스승들이 제각각의 가르침을 주었기에 무엇을 따라야 할지 모르겠다고 붓다에게 불평했다. 그러자 붓다는 그러한 문제에 대해서는 각자 결정을 내려야 한다고 대답했다. 어떤 가르침이든 맹목적으로 믿거나 외부의 강요에 따라서는 안 되며 자신만의 경험을 기준으로 그 가르침을 검증해야 하는 것이다. 당연히 그 의미는, 각자의 경험에 따라 옳다고 판단되는 것이 바로 붓다의 가르침이라는 사실을 사람들이 스스로 깨닫게 된다는 뜻이다. 현대의 저자들이 이 가르침을 강조하는 것은 자연스럽고 적절한 일이다. 그 가르침이 전하는 관용과 평등주의는 적어도 지적 수준에서는 후기 계몽주의 사상과 공명하고 있다. 이러한 입장은 고대

017_ 마지막 네 단락의 대부분은 나의 책 *Theravada Buddhism: A Social History*, pp. 69-70의 인용이다.

018_ AN Ⅰ, 188-193.

세계에서 유일무이한 것은 아니었다. 동일한 조언은 플라톤은 아니더라도 소크라테스로부터는 유추할 수 있을 것이다. 그러나 계급 사회였던 인도에서 그러한 사상이 태동한 것은 놀라운 일이다.

붓다의 정치관은 매우 흥미로우나 내가 이전에 쓴 글에 덧붙일 것이 없기에**019** 이 책에서는 다루지 않기로 한다. 따라서 여기서는 붓다의 평등주의에 주목해보면, 사람의 순위를 매길 수 있는 유일한 기준은 도덕성이며 그 도덕성은 지적 능력과 밀접한 관련이 있다는 것이다. 첫 번째 주장은 기독교를 연상시키나 두 번째 주장은 그렇지 않다.

자신의 선택, 특히 어떤 가르침을 따를 것인지 결정하는 데 스스로 책임이 있다는 것은 인간의 지성을 매우 높이 평가하는 일이다. 도덕적으로 선한 행위를 지칭하는 데 붓다가 주로 사용했던 것으로 보이는 단어는 kusala인데 산스끄리뜨어로는**020** '건강한, 유익한', 혹은 '능숙한(skilful)' 등을 의미한다. 학자들은 셋 중 어느 것이 불교에서 가장 적합한 번역인지 토론해왔다. 그러나 그중 하나를 꼭 고를 필요는 없을지도 모른다. 모호함은 의도된 것일 수 있고, 문자 그대로의 의미뿐 아니라 함축적 의미 때문에 단어를 선택할 수도 있기 때문이다. 그러나 붓다에게 어떤 비유가 가장 중요한 것이었을지 묻는 것은 당연하다고 생각한다. 내 생각에 붓다는 kusala의 주된 의미를 '숙련된'으로 여겼을 것이다. 도덕적으로 선한 결정은 지적이며 교양 있는 결정이기 때문이다. 나는 '숙련된'이 가장 적합한

019_ Gombrich, *Theravada Buddhism*, pp. 83-88. 물론 붓다의 사유가 정치나 사회 문제에 적용될 수 있다거나, 적용되었다거나, 적용되어야 함을 부정하려는 것은 아니다.

020_ 해당 단어는 산스끄리뜨어로 kuśala이다.

번역이라고 생각한다.[021] 지적 자율성이 주어진다면, 잘 사용할 지능이 있는 편이 낫다. 붓다가 태어났던 사회를 포함한 전통 사회에서 교육은 스승이 말한 것을 그대로 따라 하는 것이 대부분이었다. 이후 어떤 불교도들이 '스승은 내가 스스로 생각해야만 한다고 말한다'라고 붓다의 말을 똑같이 따라 한다 해도 그것은 붓다의 잘못이 아니다. 심지어 붓다는 다음과 같은 사원의 규칙을 제정했다. 스승이 교리에 대해 틀릴 경우, 혹은 적절치 않은 이야기를 하려는 경우 스승의 잘못을 지적하는 것은 제자의 의무 중 하나이다.[022] 이는 전 세계에서 역사상 찾기 힘든 사례라 생각한다. 비록 붓다가 깔라마 사람들에게 한 조언이 업에 대한 붓다의 가르침과 논리적으로 상응하지 않을지라도 그 둘은 밀접하게 연관되어 있다고 생각한다. 모든 사람은 궁극적으로 자신에 대해 책임을 지며, 스스로 결정을 내리기 위해 자신의 지성을 활용해야만 한다.

무아와 업을 출발점으로

이 장에서 나는 붓다의 사상 중 가장 중요하다고 여기는 것들을 간략하지만 명쾌하게 요약했다. 나는 주요 개념들이 독립적으로 다루어질 경우 대부분 오해를 빚을 수밖에 없음을 보였다. 따라서 불교의 가장 독특한 가르침이라 여겨지는 '무아'와 같은 개념은 적어도 업설과 함께 다루어

021_ L. S. Cousins, 'Good or skilful? — *Kusala* in Canon and commentary' (1996), 그중 특히 pp. 143-148을 참고하라.

022_ Vin. Ⅰ, 49 para. 20, 46 para. 10.

져야 한다.

내가 주장하고자 하는 바는 붓다의 핵심적 가르침을 해설하려 할 때, 어디를 출발점으로 삼는가에 따라 많은 것들이 달라진다는 점이다. 나는 무아와 업(도덕적 인과)을 출발점으로 삼았다. 불교 전통에서는 붓다가 dukkha(괴로움, 苦)를 다루는 4성제부터 설법을 시작하였다는 데 이의가 없다. 나는 모든 살아있는 존재가 고통을 경험한다는 첫 번째 진리를 앞서 언급하였으나, 이는 논의의 출발점도 아니었으며 나머지 세 진리를 설명하지도 않았다.

왜냐하면 붓다가 설법하던 대상은 이미 일련의 기존 개념에 익숙하였으며, 그중 대부분은 우리가 지금 사용하는 개념들과는 매우 다르다. 당시 사람들은 환생을 당연히 여겼으며, 인간 각각은 그 안에 영속적인 실체가 있고 이 실체가 한 삶에서 다른 삶으로 환생한다고 믿었다. 아마도 그들 대부분은 이러한 환생의 고리가 언젠가는 끝날 수도 있지만 그 핵심인 영속적 실체는 어떻게든 영원히 존재한다고 믿었을 것이다. 또한 그들 중 일부는 이전 행위가 환생의 형태에 영향을 미친다고 믿었지만 그 여부와 방식에 대해서는 논쟁이 끊이지 않았다. 따라서 나는 이러한 기존 개념들을 그 유래부터 충분히 밝혀야 했다. 다음 장에서 업에 관한 붓다의 관점을 좀 더 자세히 살펴본 뒤, 이후의 두 장에서는 그러한 붓다의 관점에 이르기까지 업과 환생에 관한 다양한 기존 견해들을 다룰 것이다.

여태까지 쓴 내용 중 거의 전부가 더욱 상세한 설명을 필요로 하는 것들이다. 또한 열반, 붓다의 언어관 그리고 아마도 그중 가장 중요한 윤리적 가치와 같은 논제들에 대해서는 아직 언급조차 하지 못했다. 명상이나 승단의 문제 등은 붓다의 가르침과 수행에서 역시 중요한 특징들이지만

이 책의 범위를 완전히 벗어나 있다. 그러나 나는 여기에 제시된 사상들이 강력할 뿐 아니라 일관성 있는 체계를 이루고 있음을 충분히 보였다고 생각한다.

정말로 이 모든 것이 붓다에게서 나온 생각일까?

어떤 학자들은 '하나의 불교'에 관하여 그 존재를 부정하기 위한 경우를 제외하고는 논의 자체를 꺼린다는 점을 앞서 언급하였다. 적어도 미국에서는 붓다와 같은 역사적 인물이 실존했다 하여도 그 인물에 대해 우리는 아무것도 알 수 없다는 관점이 팽배하다. 이러한 '해체적' 관점의 포로가 된 학자들은 불교 경전의 내용을 그 경전보다 더 이전의 것으로 여기지 않으려 한다. 불멸 후 약 150년경, 기원전 3세기 중반 아소까 대왕의 통치 이전에 쓰인 경전은 없다고 봐도 무방하며 사실 우리에게 전해진 것 중 그 정도로 이른 시기에 쓰인 텍스트 자체가 거의 없다.**023** 따라서 앞의 회의론자들은 이미 여러 학파와 종파로 나뉘기 이전의 불교에 대해서 아무것도 알 수 없다고 주장한다. 이 주장은 불교뿐만 아니라 붓다나 그의 사상에 관해서도 알 수 없음을 의미한다. 이 관점이라면 불교는 칠흑 같은 어둠에서 갑자기 역사의 조명 아래로 등장한 것이 된다.

023_ 여기서는 텍스트가 최초로 글자로 쓰인 것을 의미한다. 그러나 대부분의 문헌 중 우리가 보유한 최고(最古)의 물리적 증거, 가장 오래된 사본도 그 정도로 오래되지 않았으며, 각 사본은 가필을 포함한 추가적 오류를 더하고 있다. 빨리어 정전의 근거에 대한 간략한 설명은 *A Pali Grammar*에 수록된 나의 글 'What is Pali?'를 참고하라.

물론 이는 상식을 위배한다. 첫째로 불교가 그것을 창시하고 그 사상과 제도를 제시한 역사적 인물 없이 발생했다고 추정하는 것은 이치에 맞지 않는다. (불교의 이념은 11장에서 더 논의될 것이다.) 이러한 사상들은 시간이 흐름에 따라 불교도들 사이에 축적된 것일 뿐이며 그 일관성은 역사의 흐름에 따라 일어난 일이라는 주장 또한 그만큼이나 비논리적이다. 기본 이념은 분명 어떤 하나의 천재적 지성이 초래한 것임이 틀림없다. 마땅히 그 지성의 소유자는 붓다라 알려진 '깨어난 자'이다.

나아가 나의 저서 *How Buddhism Began*에서 시작하여 이 책에서도 이어갈 작업은 그 천재적 지성이 특정 시공간의 사상적 흐름에 크게 영향을 받았다는 점을 증명하는 것이다. 그의 사유는 분명 독창적이고 명석하였으나 그 사유를 제대로 이해하기 위해서는 그에 선행하던 사유에 대한 이해가 필요하다. 왜냐하면 전통적 주석가들에겐 그러한 맥락에 대한 이해가 거의 없었기에 붓다의 사유는 종종 오해되었기 때문이다.

제2장

업설과
사회적 배경

붓다에게 있어서 업(業) 개념은 윤회의 개념과 분리될 수 없이 얽혀 있다. 붓다는 의도적 행위인 업을 인과(因果) 문제로 보았다. 선업(善業)은 행위 주체에게 좋은 결과를, 악업(惡業)은 나쁜 결과를 가져온다. 이를 상벌이라 부르는 것은 적절치 않을 것이다.[024] 왜냐하면 상을 주는 이와 벌하는 이가 존재하지 않기 때문이다. 그보다는 자연적 법칙, 즉 우리에겐 물리 법칙과 유사한 법칙에 따라 결과가 발생한다. 그러나 붓다 및 고대 인도인들에게 그 표본은 농업이었다. 씨를 뿌리면 일정 시간 동안 눈에 보이지 않는 어떤 신비로운 과정을 거친 후에야 싹이 자라고 추수할 수 있게 된다. 실로 의도적 행위의 결과는 보통 '열매'라 불린다.[025] 그 행위와 열매 사이의 시차는 예측할 수 없다.

세상의 모든 종교는 신학에서 '신정론(神正論, theodicy)', 즉 문자 그

024_ 내가 이전에 *How Buddhism Began* 에서 업 개념을 이와 같이 사용한 것에 대해 수 해밀턴(Sue Hamilton) 박사가 처음 비판한 바 있으며, 나는 그러한 비판을 수용하였다.

025_ 이를 가리키는 일반적인 단어는 '열매(phala)'이다. 그러나 때때로 동일한 뜻에서 '수확(P. apadāna, 말 그대로 '거둬들이는'을 의미)'으로 지칭되기도 한다. 후자는 산스끄리뜨어 avadāna로 변환되었고 본래 의미는 잊혀버렸다. 그러나 'Apadāna'라는 제목의 빨리어 작품과 같이, 본래 avadāna란 전생의 행위가 현생에서 그 결실을 보는 방식에 관한 이야기였다.

대로 '신의 정의(god's justice)'라고 불리는 문제에 직면하게 된다. 이는 고통의 문제로도 알려져 있는데, 분명 주된 관심사는 불공평한 고통이다. 악한 이들은 응당한 벌을 받지 않은 채 죽고, 아직 어떤 잘못을 저질렀을 리 없는 아기들은 불공평한 고통을 겪고 죽는 것처럼 보일 때도 있다. 이러한 일상적 경험은 업의 교리를 반박하는 증거로 보일 수도 있다. 그러나 이는 인간이 오직 한 번의 삶만 살게 된다는 가정하에서만 그러하다. 업은 일종의 신정론으로 작용하여 악인의 승리와 고통받는 아기들의 원인이 전생에 그들이 행한 행위에 기인한다고 여겨진다.

업이 윤리적 교리로 작동하려면 결정론과 우연론의 양극단을 피해야 한다. 우리에게 자유의지가 없다면, 우리의 행위가 변동 가능성 없이 결정 지워진 것이라면 우리는 윤리적 주체가 아니며 붓다의 나머지 가르침은 아무 의미도 없게 된다. 따라서 아지비까(Ājīvika)의 막칼리 고살라(Makkhali Gosāla)**026** 및 여타의 결정론적 교리에 대한 붓다의 비난이 빨리어 경전에 등장하는 것은 놀라운 일이 아니다. 반면 행위에 결과가 따르지 않는다 해도 역시 업의 가르침은 의미 없어진다.

결정론과 우연론의 중용을 택한 중요한 경이 『상윳다 니까야』에 등장한다.**027** 여기서 몰리야 시바까(Moliya Sīvaka)라는 비불교도 수행자는 기쁨이든 고통이든, 혹은 둘 다 아닌 중립적이든 어떤 이가 겪는 모든 것은 그 사람이 행한 것의 결과라는 관점에 대한 붓다의 생각을 묻는다. 붓다는 그 관점은 틀렸을 뿐 아니라 사람이 스스로 알 수 있는 것과 일반적으로

026_ DN Ⅰ, 53-4.

027_ SN Ⅳ, 230-1 = sutta xxxvi, 21.1. 동일한 경이 AN Ⅱ, 87에도 수록되어 있다.

진실로 받아들여지는 것을 넘어선다고 대답한다. 감정이 여덟 가지 원인으로부터 일어난다는 것은 스스로 알 수 있고, 일반적으로 받아들여지는 것이다. 붓다는 이 여덟 가지를 열거한다. 처음 다섯 가지는 완전히 명료한 것으로 당시의 의학적 지식을 거론하고 있다. 우선 세 가지 분비물인 담즙, 가래 그리고 호흡이 있다. 네 번째는 이 세 가지의 혼합이다. 다섯 번째는 계절의 변화이다. (다양한 기후를 고려한다면 날씨의 변화라고 할 수 있다.) 여섯 번째는 PED에 따르면 '역경에 처한'이라 번역된다.**028** 그러나 내가 생각하기에 그것이 지칭하는 바는 여전히 의학적이며, 부적절한, 혹은 불충분한 간호나 치료를 의미한다.**029** 일곱 번째는 '폭력 행위로부터 비롯됨'을 의미하는 것으로 보인다.**030** 붓다는 오직 여덟 번째 '업의 익음[業異熟]'만이 업의 결과라 말한다. 다시 말해서 붓다는 좋거나 나쁜 경험을 업의 탓으로 돌리는 것을 의학적, 혹은 상식적 설명이 불가능할 때만 적합하다고 여기는 것으로 보인다. 그러나 이것이 논리적으로 합당한가?

028_ 이는 주석(Sāratthа-ppakāsinī Ⅲ, 81-82)에서 수레에 치이는 것, 뱀에 물리는 것, 구덩이에 빠지는 것을 예로 들고 있기 때문이다.

029_ 이 점에 있어서 나는 PED의 동일 항목 'parihāra'를 따르고 있다. 다만 제시된 의미 중 첫 번째인 '주의, 보살핌'을 선택하였다. 예문의 목록 가장 처음에는 'gabbha-parihāra', 즉 '태아를 돌봄'이라는 표현이 등장한다.

030_ 그 예로 마가렛 콘(Margaret Cone)의 *A Dictionary of Pāli: Part* I (2001) 중 'opakkamika' 항목을 참조하라. 피터 하비(Peter Harvey)가 친절하게도 지적해준(사담을 통해) 바에 따르면 MN 11, 218에서 붓다는 자이나교도들에게 고행 수련에 관해 묻고 있다. 이를 냐나몰리(Ñāṇamoli)와 보디(Bodhi)는 다음과 같이 번역한다. "강렬한 노력이(tippo upakkamo), 강렬한 분투가 있을 때, 당신은 치열한 노력 때문에 강렬하고, 고통스럽고, 극렬하고, 날카로운 기분을 느끼는가(tippā tamhi samaye opakkamikā dukkhā tippā kaṭukā vedanā vedaniyatha)?" 이 내용은 철저한 고행 중에 스스로 자행되는 혹독한 폭력행위를 가리키고 있을 것이다. 주석(n. 5)에서는 이것이 도둑, 혹은 간음을 저지른 자가 현장에서 구타당하는 것을 가리킨다고 말한다. 이러한 주석은 터무니없을 정도로 과하게 구체적이지만 타인에 의해 자행된 폭력행위를 가리키고 있는 한 타당한 설명이기도 하다.

업에 관한 붓다의 가르침은 윤리적 권유였다. 따라서 그것은 미래를 향하여 '나는 어떻게 행동해야 하는가'라는 질문에 대한 대답으로 받아들여지도록 고안된 것이다. 사람들은 게으르고 '어쩌다 내가 이 지경에 이르렀지? 확실히 내 잘못은 아닌데'라고 말하고 싶어 하므로 동일한 교리를 거꾸로, 즉 역순으로 보는 경향은 붓다의 시대부터 오늘날에 이르기까지 늘 있어왔다. 따라서 업에 대한 믿음은 일종의 운명론이 되기 쉬우며, 이는 붓다의 의도와 정반대이다. 사람들은 업설을 그릇된 방식으로 취하여 '이것이 나의 업이다'라고 말하는데, 원래의 용법을 따르면 말하고자 하는 바는 '이것이 내 업의 결과이다'가 된다.

그럼에도 어떤 이는 "우리 스스로 자신의 미래를 만들어낸다 하여도, 우리에게 일어나는 일 중 어디까지를 현생, 혹은 전생에 우리가 지은 행위의 결과로 보아야 하는가?"라고 물을 수 있다. 붓다가 몰리야 시바까에게 대답한 내용에 따르면 의학적 문제는 업에 의지하지 않고 의학적 원인으로 설명되어야 한다. 그러나 언제나 그렇게 작동할까? 우리가 보통 신정론의 문제를 제기할 때, 불공평한 고통의 예로 가장 처음 떠오르는 것은 에이즈에 걸린 채 태어나는 아이들이다. 이 경우가 의학적 원인으로 이해해야 하는 경우라면 업의 인과에 해당하는 경우가 아니라는 의미인가? 그렇다면 신정론의 업은 어떤 소용이 있는가?

업은 보다 큰 규모에서 작동하는 것으로 보인다. 예를 들어 어떤 이가 어디서 태어나고 언제 죽는가 등을 결정하는 것이다. 얼핏 보기에는 에이즈에 걸린 채 태어난 아기의 예는 이와 모순되어 보인다. 그러나 그렇지 않다. 업은 특정한 원인들을 통해 작동된다는 것을 알아야 한다. 요컨대 원인들 배후의 원인이다. 그러한 의미에서 몰리야 시바까를 향한 붓다의 대답에는 오해를 불러일으킬 소지가 있다. 업은 언급된 여타 원인들과 동등하지 않기 때문이다.

다음 설명은 스리랑카의 불교 마을에서의 현장 연구를 바탕으로 한 나의 첫 저서의 내용으로, 업의 결과에 대한 불교적 시각이 어떻게 작동되어왔는가를 이해하는 데 도움이 될 것이다.

> 악업이란 어떤 이가 불행에 처하게 된다는 뜻이다. … 특정 불행은 신, 사람, 마귀 등, 자유의지의 주체로서 작동하는 다른 존재들에 의하여 초래되거나, 혹은 좋지 않은 음식을 먹는 등 자연적 원인으로부터 초래된 결과일 수도 있다. 이러한 원인들은 서로 맞물려 있어서 체계적으로 정확히 구별될 수 없다. 어떤 이가 병에 걸리면 처음에는 동네 병원에서 서구식 의술을 시도할 것이다. 그래도 병이 낫지 않으면 마을의 전문가로부터 아유르베다식 치료를 시도할 것이다. 이마저도 듣지 않을 때는 그 사람의 하위문화(sub-culture) 및 개인적 기질에 따라 다음 수단이 달라진다. 그는 병귀(病鬼) 탓을 하거나 별자리의 영향에 대해 욕할 수도 있고, 공들인 퇴마 의식을 통해 그들을 없애거나 달래려 할 수도 있다. 그는 신의 행위를 탓하거나, 혹은 신의 보호가 실패한 것이라 여기며 병에서 낫게 해준다면 그 신을 섬기겠다거나 공물을 올릴 것을 약속할 수도 있다. 치료법이 듣지 않는다면 잘못된 진단 때문일 수도 있지만 더 가능성 있는 것은 그 사람의 업이

너무나 나빠서 더 오랫동안 고통받을 처지라는 것이다.[031]

실제로 사람들은 업설을 반대로 적용하는 경향이 있다. 어떤 이가 병에 걸렸는데 어떠한 치료도 듣지 않는 것으로 보이면 그는 이것이 악업의 영향임이 틀림없다고 말하기 시작한다. 붓다는 생각하지 말아야 할 것 네 가지 중 하나로 업의 결과를 꼽았다. 왜냐하면 이에 대해 생각할수록 스스로 미쳐버리게 만들기 때문이다.[032] 아마도 이 경고는 깨닫지 못한 이들을 위한 것 같다. 왜냐하면 깨달음에 수반되는 세 가지 지혜 중 두 번째가 바로 행위의 도덕성에 따라(yathā-kammūpaga)[033] 존재가 어떻게 윤회하는지를 아는 능력이기 때문이다. 따라서 그는 업의 작용을 목격하였으나 우리는 그럴 수 없다. 그리고 그것을 목격한 붓다는 이 모든 과정을 멈추는 것보다 더 급박한 것은 없다고 확신하게 되었다.

인류 역사상 인간이 스스로 모든 책임이 있다는 사실을 받아들인 경우는 매우 흔치 않다. 대부분의 사람들은 이러한 가르침이 전혀 타당하게 들리지 않는 환경에서 살아왔다. 이 가르침은 식량의 공급이 날씨의 변덕에 따라 결정되는 이들에게는 타당하지 않다. 높은 질병 감염률 또한 사람들의 사기를 꺾어놓는다. 마찬가지로 중요한 점은, 권력이 불평등하게 분배되는 사회에서 권력이 매우 적거나 아예 없어서 지배자의 호의에 의

031_ Gombrich, *Precept and Practice* (1971), p. 150.

032_ AN Ⅱ, 80. 나머지 세 가지는 붓다의 범위, 명상수행자의 범위, 세계의 범위이다. 해당 경전은 더 이상의 설명을 제공하지 않는다. 따라서 이 세 가지가 정확히 의미하는 바는 명확하지 않다.

033_ DN Ⅰ, 82-3.

존하는 이들에게는 세상이 신, 혹은 신들에 의해 다스려진다고 믿는 것이 당연하다. 그렇다면 적어도 몇 세대 동안, 개인의 책임에 대한 붓다의 가르침이 사회의 큰 부분에 뿌리내리게 된 예외적 상황이란 무엇이었을까?

나는 붓다가 이러한 사상을 낳은 것이 당시 사회나 경제에 의해 결정되었다고 주장하려는 것이 아니다. 비범한 인재는 어떤 상황에서도 새로운 아이디어를 고안해낸다고 생각하기 때문이다. 그러나 우리는 붓다에게서 직접 들은 적이 없으며, 많은 이들이 그의 사상을 수용하지 않았더라면 지금의 불교도 존재하지 않았을 것이다. 나는 사람들이 그 가르침을 수용한 데는 물질적 환경이 뒷받침한 것일 수 있다고 생각한다.

사학자들에 따르면 불교는 인도의 두 번째 도시화 초기에 태동하였다. (이 책의 내용과는 무관하지만 첫 번째는 인더스 문명이다.) 도시화는 분명 잉여 농산물의 생산을 통해 발생하였을 것이다. 사회, 경제에 걸친 급격한 변화가 뒤따랐다. 현대 기준에 비하면 매우 작지만 당시의 비교적 큰 도시들은 왕궁, 귀족, 관리 계층을 갖춘 도시 국가로 발전했다. 잉여 농산물의 발생은 교역의 증가를 초래했고 그 결과 점점 더 먼 거리에 위치한 사회들과의 접촉 및 문화적 지평의 확장으로 이어졌다. 상인은 장부를 기록했고 왕은 법을 시행했다. 이에 관하여는 나의 책, *Theravada Buddhism* 2장에서 모두 설명하였고 다른 많은 학자들도 자세히 논한 바 있다.**034**

나는 이 시기 꽤 높은 비율의 인구가 압제로부터 비교적 자유로운

034_ Greg Bailey and Ian Mabbett, *The Sociology of Early Buddhism* (2003). 이 책에는 방대한 양의 정보가 실려 있다. 그러나 도시화와 불교의 융성 간의 관련성에 대한 그들의 해석에는 동의하지 않는다.

삶을 누렸다고 생각한다. 초기 텍스트뿐 아니라 이후의 고고학적 증거들에서도 명백하게 드러나듯, 불교는 특히 상인과 같은 새로운 사회 계층들로부터 호응을 얻었다. 대체로 자영업자였던 것은 상인뿐만이 아니었다. 코삼비(Kosambi)는 다음과 같이 주장한다.

> 기원전 6세기 갠지스 유역의 새로운 계층의 존재는 부정할 수 없다. 자유로운 소작농과 농민들이 그들 중 하나였다. 신 베다 시기(neo vedic) 부족 내 유목민 계층이었던 와이샤(vaiśya)들은 농민들로 대체되었고 그들에게는 부족 공동체라는 의식이 더 이상 존재하지 않았다. … 자유로운 소작농, 혹은 농지를 소유한 농부들의 존재는 … 텍스트에서도 분명히 발견된다. … 대규모의 노예 노동력은 더 이상 구할 수 없게 되었다.**035**

교역은 농부들로 하여금 잉여분을 생산할 의욕을 불어넣었으며 씨족 집단의 붕괴로 인하여 잉여분을 공유할 의무도 없어졌다. 농부들은 이제 '가축, 토지 그리고 그 생산물에 대한 사유 재산'**036**을 갖게 되었다.

정전의 문헌은 붓다를 따르던 평신도들의 사회 계층을 가늠케 한다. 꾸준히 반복되는 용어 gahapati는 문자 그대로 '한 집의 주인', 즉 장자(長者, 가장)를 의미한다. 지금까지도 인도 지방에서는 각각의 장자를 대표

035_ D. D. Kosambi, *The Culture and Civilisation of Ancient India in Historical Outline* (1965), pp. 100-101. 붓다의 연대에 관한 최근 연구에 따르면 '6세기'를 이제는 '5세기'라고 해야 한다.

036_ 같은 책.

로 하는 가족 집단, 혹은 '가구(家口)'의 관점으로 인구를 생각한다. 마을 사람에게 물어본다면 그 지역의 대략적 인구수보다는 대략 몇 가구가 있는지를 알아내기가 훨씬 더 쉽다. 마을 의회와 같은 조직들은 그러한 장자들로부터 회원을 모집하는 것이다. 한 가구는 가까운 친족뿐 아니라 하인들 및 여타 식솔을 포함한다. 고대 텍스트가 장자를 언급할 때는 상위 세 계급(varṇa)에 속하는 가구들의 장자를 언급하는 것이다. 다른 가구들은 사회적으로 인정받지 않는다. 게다가 브라만과 끄샤뜨리야(kṣatriya)들은 인구의 작은 부분만을 구성하기 때문에 이 용어(gahapati)는 주로 브라만교가 와이샤(vaiśa)로 규정하는 가구들의 장자를 가리키는 것이 틀림없다. 실로 와이샤라는 용어는 불교 경전에서는 찾기 힘들다. 오직 브라만교의 분류법을 논의할 때만 등장하며, 태생적 사회 계층에 대한 천부적 칭호로써는 사용되지 않는다. 경전의 장자(gahapati)는 좋은 가문의 가장인 것이 분명하나, 별도의 설명이 없다면 브라만이 아니다.

그들은 어떤 계층과 직업을 가진 이들이었을까? 경전에 따르면 대부분은 토지를 소유한 것이 분명했으나 보통은 육체노동을 하는 이들이었다. 또한 상업에 종사하는 이도 있었다. 사실 이 계층의 사람들은 일단 농업으로부터 생겨난 부(富)가 어떻게 사업 자본이 되는지를 보여주고 있다. 따라서 붓다와 승단을 물질적으로 지원한 장자들은 대개 '양반 농부(gentleman farmer)' 정도로, 도시에도 주택을 소유했던 계층이었던 것으로 보인다. 한편, 기원후 몇 세기 동안 불교가 융성했던 지역인 데칸(Deccan) 서부에서 발견된 비문에서는 장자라는 용어를 도시의 상인을 지칭하는 데 사용하고 있다. 우리는 지칭하는 바와 그 의미를 구별해야만 한다. 장자의 의미는 단순하고 고정된 것이지만 그것이 지칭하는 바는 사회적 맥락에 따라 달라진다.

반드시 덧붙여야 할 사실은 내가 불교 발생의 사회 경제학적 배경에 대해 처음 연구물을 쓰기 시작한 이래, 마이클 윌리스(Michael Willis) 박사와 줄리아 쇼(Julia Shaw) 박사가 이끄는 영국의 대규모 연구 프로젝트가 해당 인도 지역의 답사와 고고학 조사에 착수하였고, 그들의 연구 덕분에 내가 그려온 초안에 최신 정보가 보충되었다는 것이다. 윌리스 박사의 강의 요약에서 인용하자면, 무엇보다도 그들은 다음과 같은 결론을 내렸다. '인도에서의 불교 등장과 그 성물 신앙(relic cult)**037**은 거대한 수도 체계의 건설과 동시대에 일어났다. 수도 체계의 건설은 농업 생산과 자연환경 모두를 전면적으로 변화시켰다.' 그리고 '토지를 소유한 농부라는 새로운 사회 계층은 이 과정 전체에서 중요한 요인으로, 새로운 정치적 구성원이자 불교의 평신도 지지자 역할을 하였다.'**038**

나는 더 중요한 또 다른 해석적 측면을 인지하게 되었는데 이 책에서 충분히 다루기엔 너무 늦어버렸다. 그 내용은 화폐 주조에 대한 사람들의 인식에 끼친 급진적 영향이다. 리처드 시포드(Richard Seaford)는 나의 책 *Social History*를 읽고 친절하게도 다음과 같은 편지를 보냈다. "서구 '철학' 기원에 있어서 사회 경제학적 전제 조건들(대략 동시대적이었던)에 대한 나의 주장(나의 책, *Money and the Early Greek Mind*)과 놀랍도록 유사한 점이 있다." 그의 책은 굉장히 흥미로우며, 인도 사상에 대한 좀 더 폭넓은

037_ 역주: 사리 신앙을 의미하는 것으로 보인다.

038_ Michael Willis, 'From relics to rice: early Buddhism and the Buddhist landscape of central India', 런던대학교, 아시아·아프리카 학부(SOAS), 2007년 1월 23일 자 강의.

함의를 다른 곳에서 논의할 기회가 있기를 바란다. 여기에서 논의는 붓다의 업설에 가장 적절하다고 판단한 단락을 인용하는 것으로 대신하고자 한다. '돈의 형이상학'은 '기본적으로 우리가 개인적인 주체이며, 나아가 더 큰 사회적 실체의 구성원이라 하더라도 그것은 오직 부차적이라는 믿음'을 수반한다.**039**

> 돈을 가진 개인은 비록 집단적 희생제의 참여(재분배)만큼이나 친족 및 교우 관계(상호 호혜)를 유용하고 바람직한 것으로 여긴다 할지라도, 때때로 그들 없이도 돈의 비인격적 힘에 의지하여 견딜 수 있다. … 돈의 힘은 인간의 독립성을 증장시킬 수 있다. 심지어 신성으로부터도.**040**

이 주장은 불교의 업 이론에 완벽히 부합한다.

불교 승단이 부족 국가나 과두제의 조직을 본 떠 조직되었다는 사실은 경전에 명백히 기록되어 있기에**041** 널리 알려져 있다. 서열의 유일한 원칙은 연공(年功, seniority), 즉 구족계를 받은 이후의 햇수뿐이다. 동일 텍스트에 따르면 붓다는 승단의 장(長)을 임명하길 거부했고 승려들에게 외부의 권위가 아닌 자기 스스로에 의지하라 일렀다. 이는 분명 자유 의지의 교리와 일맥상통한다. 누구나 자기 자신에게 완전한 책임이 있음을 실천

039_ Richard Seaford, *Money and the Early Greek Mind*, p. 317.

040_ 같은 책, p. 293.

041_ 『대반열반경(Mahā Parinibbāna Sutta)』, DN, sutta xvi: DN II, 73-9.

하게끔 가르치고자 한 것이다. 그러나 오베이세케르(Gananath Obeyesekere)가 설명하였듯 불교의 업설은 승단만큼이나 평신도에게도 적용되는 것이다.

요컨대 이 가르침이 계승될 수 있었던 이유는 단지 너무나 많은 사람들이 이 가르침을 자신들의 경험에 반하지 않는 것으로 느꼈기 때문이라고 나는 생각한다. 현대 독자들을 위해 다시 짚고 넘어가야 할 점은 여기에서 '사람들'이란 기본적으로 장자들이었다는 것이다. 그들이 승단을 지원할 경제적 자원을 좌우하였고, 나머지 가족들의 종교적 경향도 좌우했음에는 의심의 여지가 없다.

사회와 우주론에 대한 업설의 영향

업이 완전히 윤리화(化) 된다면 전 우주는 윤리의 장(場)이 될 것이다. 모든 것들이 자신의 응보에 맞게 존재하기 때문이다. 상좌부불교 문화권에서 그래왔듯이 업이 세계관으로서 일반화된다면 궁극적으로 힘과 선(善, 좋음)은 언제나 완전한 상호 관계에 놓이게 되며, 어떤 이가 천계(天界)로 올라가면 두 가지 모두 증장될 것이다. 신들은 인간보다 훨씬 강력하나 그들의 지위는 자신의 공덕에 따른 것이므로 자신의 힘을 공정하게 행사해야만 한다. 다음으로 인간은, 마귀는 물론이고 동물보다도 더 우월하며 형편이 더 나은 존재이다. 나아가 심지어 마귀마저도 오직 합리적으로만 인간에게 벌을 내릴 수 있다. 즉, 마귀들은 인간들이 자신의 응보를 치르게 하는 매개가 될 수 있으나, 마치 과하게 의욕적인 경찰처럼 선을 넘어선다면 마귀들 또한 그로 인해 벌 받을 것이다. 이와 같이 잘 통제되는 세상은 한편으로는 위안을 주지만, 실제로 부당한 고통은 없다는 믿음 속에서는 무자비할 수 있다. 논리적으로는 신정론의 문제를 해결하지만 대가가 따르는 것이다. 많은 이들은 이 해결책으로 해결되는 상황만큼이나 이 해결책을 견딜 수 없어 한다. 따라서 불멸 후 불교가 발전함에 따라 종종 논리적 정합성을 희생하면서까지 그토록 비타협적인 우주의 법칙을 애매하게 하거나 회피하는 방법이 풍부해진 것은 놀랍지 않다.

오베이세케르는 또한 한 사회의 종말론(eschatology)의 윤리화는 논리적으로 보편론으로 나아갈 수밖에 없음을 보인 바 있다.**042** 일단 윤리가 옳고 그름의 단순한 가치에 제한되고 정신의 범주에 놓여 모든 인류에 공통된 것이 될 경우, 성·나이·사회 계층 등의 구분은 무관해진다. 더욱이 불교는 — 상업적 부와 유사하게 — 주어지는 것이 아닌 성취되는 것이다. 이런 점은 기존 브라만교 사상의 4계급 체계에 부합하지 않던 새로운 계층으로부터 큰 호응을 끌어냈다.

불교는 원래 인도의 사상 중 하나였으나 고대 세계의 절반 이상으로 퍼져나갔고 상당히 이질적인 문화권들에 뿌리를 내렸다. 중대한 위기들을 겪었음에도 불교는 여전히 새로운 곳으로 전파되고 있다. 나는 불교의 적응력이 우연히 얻어진 것이 아니라고 생각한다. 붓다는 지역적 풍습이 인간에 의해 만들어진 것임을 간파할 수 있었고, 브라만들은 타고난 본성으로 믿었던 것이 단지 인습이었음을 증명할 수 있었기 때문이다. 거의 동시대에(조금 일찍 시작되었기는 하지만) 그리스인들은 자연(phusis)과 인위(nomos)의 구별을 시작하였으며 유사한 결론에 이르렀다. 붓다는 베다 문화권의 가장 변방인 동북 인도에서 나고 자랐기에 아마도 좀 더 유리한 입

042_ 같은 책.

장에서 시작했을 것이다. 그러나 붓다가 가르침을 전파한 대상 중에는 사업상 여행을 통해 붓다와 같은 통찰을 얻은 이들도 있었다. 붓다는 어느 젊은 브라만과의 논쟁에서 극서북 지방이나 다른 먼 나라들에서는 오직 주인과 노예라는 두 계급밖에 없으며, 주인이 노예로 떨어지거나 노예가 주인이 되는 경우도 있음을 지적하였다.[043] 역사상 여러 번 밝혀졌듯이 타문화에 대한 인식은 실로 해방을 불러온다.

불교는 공동체나 지역, 혹은 성지(聖地)나 발상지에도 얽매이지 않고 그 추종자들의 마음속에 자리 잡았기에 쉽게 이동할 수 있었다. 불교는 마을에서 도시로 이사하든, 사업상 여행을 다니든 이곳저곳을 돌아다니는 사람들에게 적합했다. 따라서 불교는 무역 경로를 따라 전파되었다. 보통 우기 동안은 승려들의 여행이 금지되었지만 마차나 배를 탄 경우는 — 아마도 불교 신자인 상인을 동행하여 — 예외였다는 점은 매우 놀랍다.[044] 불교의 가치관은 다른 지역으로 이동하여 다른 문화에 적응할 수 있다. 한 예로 평신도는 '감각 욕망에 대해 잘못을 저지르지 않기'를 맹세한다. 이는 어떤 사회에서든 고유의 성적 풍습에 무관하게 적용될 수 있는 것이다. 다만 그 관습을 따르겠다는 약속일 뿐이기 때문이다.

개인적 양심에 최종 권한을 부여하는 것은 자유롭기도 하지만 위험하기도 한 조처이다. 어떤 이가 그릇된 도덕적 추론에 근거하여 행동한다면 큰 문제가 발생할 수 있다. 사회는 구속력을 필요로 한다. 그 때문에 도덕적 응보의 법칙은 전 우주를 통해 작용됨을, 선인은 보상받고 악인

043_ MN Ⅱ, 149.

044_ Vin. I, 152.

은 결국 처벌받게 됨을 끊임없이 강조하는 것이 붓다의 가르침과 불교 전통 전체에서 그토록 중요했던 것이다. 붓다가 업의 법칙을 열반에 이르는 8정도의 첫걸음으로 설정한 이유 또한 마찬가지라고 생각한다. 8정도의 첫 단계는 '정견(正見, sammā diṭṭhi)'이다. 이는 업설을 정확히 받아들이는 것을 의미한다.(P. kamma-vādin)

여기에는 붓다의 가르침이 지닌 흥미로운 모순이 있다. 스티브 콜린스(Steve Collins)가 논의한 바에 따르면**045** 어떤 맥락에서는 붓다가 종종 '정견'을 권하고 '잘못된 견해'를 비난하는 반면, 경전의 텍스트들에서 붓다는 자신이 어떠한 견해(diṭṭhi)도 갖지 않으며 오직 다른 이들만이 견해를 갖는다고 말한다. 후자의 견해는 형이상학적 고찰을 가리키는 것이며, 이 주장이 표리부동하다고 판단될지라도 붓다가 뜻하는 바를 이해하는 것은 어렵지 않다. 그러나 붓다가 대중을 위해 연설할 경우, 그들이 흥미를 갖게 하고 나아가 전향하도록 하기 위해서는 자신의 전체 체계를 무너뜨리지 않으면서도 하나의 '옳은 견해'가 있다고 명시해야만 했다. 그 옳은 견해란 업의 법칙이 세상에 정의가 있음을 보장한다는 것이다.

내가 실제로 그리했듯이, 오늘날 청중에게 붓다의 가르침을 소개하는 이들이 대개 처음부터 강조하는 바는 붓다가 사람들에게 스스로의 판단력에 의지하고 자신의 경험에 근거하되 그 어떤 것도 맹신하지 말 것을 요구했다는 점이다. 그러나 곧 덧붙여야 할 단서는 붓다 자신도 믿었고 그의 가르침의 근거가 된 한 가지 믿음, 즉 업의 법칙에 대한 믿음이 있었다는 것이다. 그리고 업설이 모든 유아 돌연사의 사례로 반박되지 않으려

045_ Steven Collins, *Selfish Persons* (1982), Chapter 4.

면 윤회에 대한 믿음을 수반해야 했다. 혹자는 약간의 변명조로, 업설과 윤회는 붓다 또한 쉽게 떨쳐낼 수 없었던 전통적 믿음이었다고 덧붙일 것이다. 이것이 실제와 완전 반대라는 것을 내가 충분히 입증했기를 바란다. 붓다 특유의 업설은 자신의 고유한 주장이었으나, 붓다는 모든 신도들에게 그것을 믿음으로 받아들일 것을 요구하였다.

제3장

브라만교에서
발견되는
업설의 선례

이 장 및 다음 장에서는 붓다의 가르침에 이르기까지의 초기 인도 사상의 윤회와 업에 관하여 개괄하고자 한다. 이 장에서는 브라만교를 다룰 것이나 윤회와 업이라는 주제와 관련 있는 부분에만 한정하고자 한다. 브라만교가 붓다에게 근본적 영향을 끼친 여타 면모에 대해서는 5장에서 다룰 것이다.

—

매우 최근까지도 학자들은 『리그베다』에서 윤회에 대한 믿음을 찾아볼 수 없다는 데 모두 동의해왔다. 학자들은 '장례 송가'(RVX.16)에 근거하여, 사람들이(명시적으로는 남자들만) 죽어서 화장되면 승천하여 '아버지들(pitaras)'이라 불리는 조상들을 만나 함께 하늘에서, 더 정확히는 태양에서 산다고 생각해왔다. 망자들에 대해 그 이상은 언급되지 않기에 그들은 그곳에서 머물며 즐겁게 지낸다고 여겨졌다. 조상들에게 매일 제주(祭酒)를 올리면 피할 수 있는 두 번째 죽음에 대한 사유는 『브라흐마나(Brāhmaṇas)』에서 발견된다. 『브라흐마나』는 일련의 종교적 텍스트로 보통 『리그베다』보다 몇 세기 이후의 것으로 여겨진다.

학자들 간에 합의된 주장에 따르면 윤회 사상은 초기 우빠니샤드에 처음 등장한다. 베다의 구성상 우빠니샤드는 『브라흐마나』를 뒤따른 텍스트들이다. 그러나 이 사상은 어디에서 온 것일까?

가장 오래된 우빠니샤드는 기원전 6~7세기까지 거슬러 올라간다. 업(karma)이라는 단어가 처음 언급되는 것은 『브리하드 아란야까 우빠니샤드(Bṛhad-āraṇyaka Upaniṣad)』로, 짤막한 두 단락에서 윤회와 관련되어 등장한다. 『브리하드 아란야까 우빠니샤드』가 최초의 우빠니샤드라 확언할 수는 없지만 적어도 가장 오래된 문헌 중 하나임은 확실하다. 텍스트의 마지막에 다다르면 '다섯 가지 불의 지혜(pañcāgni-vidyā)'라고 알려진 좀 더 긴 단락이 나오는데(아래 참고), 사람의 죽음 이후 세 가지 운명을 그려내고 있다. (여기서도 여자는 언급되지 않으며 여자도 포함되는지는 불확실하다.) 이 단락은 아주 조금만 변형된 채 다른 우빠니샤드인 『찬도기야(Chāndogya)』에 등장한다. 이 설명에 따르면 사람은 세 무리로 나뉘는데 최고 무리는 태양으로 올라가고 다시 태어나지 않는다. 중간 무리는 달을 거쳐 지상에 다시 태어나고, 마지막 무리는 거의 언급되지 않지만 분명 그들 또한 다시 태어난다.**046**

앞서 합의된 주장에 따르면, 어떻게 윤회라는 관념이 브라만 전통 내에서 갑자기 등장한 것인지는 수수께끼이다. 브라만들이 사제 역할을 하며 섬기던 왕족 계층 끄샤뜨리야로부터 배웠을 것이라는 가설이 있다. 이 가설은 『브리하드 아란야까』와 『찬도기야』에서 '다섯 가지 불의 지혜'

046_ Kauṣītakī Upaniṣad (I, 2)에 등장하는 같은 이야기는 미묘하게 다르며 망자를 두 무리로만 나누고 있다.

등 몇 가지 교의들이 왕들에 의해 브라만들에게 전수된 것이라는 기술에 근거한다. 그러나 어떻게 한 무리의 사람들이 그토록 종교적인 이론을 자신들의 사제들로부터도 숨겨가면서 발전시키고 전승해올 수 있었다고 생각한 것인지, 개인적으로는 절대 이해할 수 없다. 또 다른 가설은 윤회가 비(非)아리아계(non Arian)의 토착민들로부터 시작된 사상이라는 것이다. 그러나 이는 더욱 가망이 없는 추측인데, 그들의 종교에 대해서 우리가 아가 바가 전혀 없기 때문이다.

다행히도 우리는 그토록 무효한 억측과 불편할 정도의 인종 차별적 암시로부터 구원받았으니, 오베이세케르(Gananath Obeyesekere)와 유레비치(Joanna Jurewicz)의 뛰어난 최근 연구 덕분이다. 이 장에서는 저 합의된 주장이 틀렸으며, 베다의 장례 송가는 잘못 이해되어 왔고 실은 윤회를 언급하고 있다는 유레비치의 연구 결과를 우선 소개하고자 한다. 나는 그녀의 연구가 확정적이며 초기 인도 종교사를 한결 잘 설명한다고 생각한다.[047] 그다음으로는 업에 따른 윤회의 이론이 발전하며 거친 주요 단계들의 요점만 집중하여 살펴볼 것이다. 이 부분에서는 자이나교의 윤회 사상에 관한 간략한 소개 또한 포함할 것이다.

유레비치의 발견을 좀 더 확장된 관점으로 옮겨 이야기를 시작해보자. 오베이세케르가 밝힌 바에 따르면,[048] 윤회에 대한 믿음은 전 세계

047_ 그녀의 연구 결과는 내가 2006년에 *Theravada Buddhism: A Social History* 의 개정판을 낼 필요가 있다고 느낀 주요 이유였다.

048_ Gananath Obeyesekere, *Imagining Karma: Ethical Transformation in Amerindian, Buddhist and Greek Rebirth*

에 걸쳐 다양한 소규모 사회에서 발견되어 왔으나 보통은 일정한 패턴을 따른다. 오직 소수의 사회만이 단순한 수준의 믿음을 더 복잡한 것으로 발전시켰으니 인도가 아마도 가장 좋은 예일 것이다. 이 발전된 믿음의 특징은 윤리화이다. 이것이 의미하는 바는 정확히 무엇일까? 모든 사회가 윤리체계를 갖고 있음에도 불구하고, 서아프리카의 트로브리안드 군도(Trobriand Islands)와 캐나다 서북 지방과 같이 서로 아무리 멀리 떨어진 사회일지라도 대부분의 윤회 이론은 상벌이 오직 이생에서만 오는 것이고, 일반적으로 한 사람의 행위가 지닌 윤리적 가치는 그 사람의 다음 생에 아무런 영향을 미치지 않는다고 믿는다. 그러한 사회에서 윤회는 이 세계로부터 또 다른 매우 유사한 세계로 옮겨가는 문제에 지나지 않는다. 어떤 이는 여기서 죽으면 저기로 가고, 또한 어떤 이가 저기서 때가 되어 죽으면 여기서 다시 태어난다. 업설은 사회의 규모가 급격히 팽창하던 시기에 도입되어 윤회의 과정을 윤리화시켰고 그 결과 특히 윤회에서 벗어나는 방법에 대한 사유로 나아가게 되었다.

소규모 사회에서의 윤회론에 따르면 다음과 같다.

> 환생의 근본적 개념은 조상이나 가까운 친척이 죽음에 이르면 인간 세계에 다시 태어난다는 것이다. 존재(existence)의 또 다른 영역, 혹은 사후세계에서 중간적 체류 과정의 여부는 무관하다. 나는 죽거나 사후에 머무르는 어떤 곳으로 갈지도 모르지만 결국은 내가 떠난 세계로 돌아와 다시 태어난다.**049**

049_ 같은 책, p. 15.

보통 우리는 이 세계 그리고 매우 흡사한 어떤 다른 세계, 예를 들어 지평선 너머와 같은 어떤 곳 사이를 오가게 되는 것이다. 그 다른 세계는 가끔 '조상들의 세계'로도 여겨진다. 원칙적으로 그런 종류의 윤회는 영원히 계속될 수도 있다. 나아가 어떤 이가 이 세계로 돌아오면 그는 보통 같은 가족, 혹은 씨족으로 돌아가는 것으로 생각된다.

이런 종류의 이론에서 윤회는 윤리와 아무 관련이 없다. 그러한 소규모 사회에서는 서로의 선행과 악행 모두를 금세 알게 되기 마련이기에 상벌은 바로 이 세계 내에서 주어지게 되는 것이다.

> 조상들의 세계라는 사유(천국과 같은, 혹은 여타의)는 어디에나 있는 것이더라도 지옥, 혹은 그와 유사한 처벌의 장소에 대한 사유는 그렇지 않다. 이따금 금기를 어긴 자들과 근친상간이나 마술 등과 같은 극악무도한 범죄를 저지른 자들이 갇히는 곳은 존재하나 악인이 떨어지는 지옥과 같은 곳은 없다. 대부분 그런 이들은 인간으로의 환생이 허락되지 않는 것으로 처벌받는다. 다른 세계로의 이동이 이생에서 행한 행위의 윤리성에 좌우되는 경우는 거의 없다. 앞서 지적한 경우를 예외로 하면, 다른 세계로의 이동은 모두에게 허용되는 특권이며 이 이동은 장례 절차를 정확히 수행함으로써 이루어진다.**050**

오베이세케르는 사회가 일정 규모를 넘어서서 이 세계에서 정의가 이루

050_ 같은 책, p. 74.

어지는 것이 확인되지 않을 때, 강제적인 도덕 규범이 골칫거리가 된다고 주장한다. 그럴 때는 우주의 보이지 않는 어떤 힘이 '죄'지은 자가 처벌을 면하는 일이 절대 없도록 한다는 이론이 등장하게 된다. 이것이 그가 윤회의 윤리화라 부르는 것이다.

> 나는 도덕적으로 옳거나 그른 행동이 종교적으로 옳거나 그른 행동이 되어 그 결과 사후의 운명에 영향을 끼치게 되는 과정을 개념화하기 위해 윤리화라는 용어를 사용한다. 윤리화는 도덕성의 철저한 종교적 평가를 관장한다. 이 종교적 평가는 신들이나 조상들에 의해 즉각적, 혹은 세속적으로 가해지는 보상과는 달리, 지연된 처벌과 보상을 수반한다.[051]

이것이 불교와 자이나교의 업설이 등장하는 지점이다.

잠시 유레비치가 발견한 『리그베다』의 윤회로 돌아가 보자.[052] 그녀의 논의는 '장례 송가' X 16.5를 완전히 새롭게 번역함으로써 시작된다. 이전의

051_ 같은 책, p. 75.

052_ 요안나 유레비치, 'Prajāpati, the fire and the *pañcāpi-vidyā*' (2004). 그녀는 자신의 해석을 확장한 논문을 2006년 7월, 에딘버러에서 열린 제14회 국제 산스끄리뜨 학회에서 발표하였으며 이 논문의 수정본은 www.ocbs.org. 에서 찾을 수 있다.

번역들은 pitṛbhyo[053]를 여격(與格, dative)으로 번역하였기에, 장례에 사용되는 의인화된 불에게 망자를 '그의 조상들에게로' 다시 보내주기를 요청하는 것으로 송가의 내용을 이해하였다. 유레비치는 어째서 '다시'인지를 묻는 것으로 시작한다. 그리고 pitṛbhyo를 문법적으로는 마찬가지로 해석 가능한 탈격으로 보고, "그를 내려놓아라, 아그니여, [그의] 아버지들로부터, 너에게로 쏟아 부어진 [그를], 자신의 의지에 따라 떠돌도록. 생명을 입은 그가 그의 자손에게 돌아오도록 두어라. 그가 그의 몸과 합치도록 두어라, 자따 베다(Jāta-vedas)여!"[054]라고 번역한다.[055]

이 해석은 오베이세케르의 소규모 사회 패턴에 완벽하게 부합한다. 망자는 그의 조상들과 합류한다. — 그들이 태양에 산다는 것은 『리그베다』의 다른 부분에서 발견된다 — 그러나 이는 그의 도덕성과는 아무 관련이 없다. 돌아올 때 그는 육신을 받아 그의 가족(자손)과 재회하게 된다. 나아가 유레비치는 망자가 비의 형태로 돌아와 '씨 뿌려져' 보리를 맺음을 보인다. 이는 앞서 언급한 『브리하드 아란야까 우빠니샤드』 중 윤회를 최초로 전술하고 있는 '다섯 가지 불의 교리'의 일부분과 완벽히 일치한다. (더 자세한 내용은 아래를 참고)

『리그베다』와 이후의 모든 윤회론 사이에는 두 가지 근본적 차이점이 있다. 『리그베다』에서는 오직 이 세계와 다른 세계, 두 세계 사이를 오갈 뿐이며 그 과정은 인간의 선하거나 악한 행위, 그의 업과는 아무 상관이

053_ pitṛ(아버지)라는 단어는 복수형으로 쓰일 때 부계의 조상을 가리킨다.

054_ Jāta-vedas는 불의 현신인 아그니의 이름 중 하나이다[RFG].

055_ 유레비치, 앞의 책, p. 53.

없다. 업이라는 단어가 정확히 무엇을 지칭하는지를 어떻게 해석하는지와 무관하게 그러하다. 두 세계를 오가는 것으로 그려지는 그 과정에는 끝도 없다.

윤회가 처음 윤리화될 때 기본 형태는 단순한 채로 남아 있다. 이 세계는 행위의 장이며 다른 세계는 청산(淸算)의 장이다. 청산이 완료되면 이 세계로 돌아와 다시 시작하는 것이다. 나는 이것을 이원우주론(binary cosmology)이라고 부른다. 산스끄리뜨어에서는 이러한 두 세계의 이름이 있다. 이 세계는 karma-bhūmi, 즉 행위의 영역, 다른 세계는 bhoga-bhūmi, 즉 [결과들의] 경험의 영역이다. 이는 마치 끝나지 않는 순환처럼 보인다. 그러나 인도의 모든 구원론, 즉 브라만교/힌두교, 자이나교, 불교의 구원론은 윤회라는 개념에 그 순환으로부터 탈출할 수 있다는 생각을 더하는 것이 그 특징이다. 사실, 구원을 성립시키는 것이 바로 그러한 탈출이다. 따라서 이원우주론에는 이 우주 전체로부터의 완전한 탈출이라는 개념이 더해진 것이다. 인도 사상에서 우주론의 발전에는 두 가지 특징적 면모가 있는데 이것이 그중 첫 번째이다.

오베이세케르에 따르면 일단 세계관이 그렇게 윤리화된 뒤에는 '선한 일을 행한 자와 악한 일을 행한 자 모두를 위한 단일한 [사후의] 장소는 더 이상 존재하지 않는다. 다른 세계는 응징의 세계(지옥)와 보상의 세계(천국), 최소한 두 개로 분리되어야 한다.' (p.79) '최소한의 분리'는 적어도 연옥을 무시한다면 전통적 기독교의 특징이다. 그러나 인도 종교들은 죽음에 이를 때 세 가지 운명의 가능성을 보았다. 천국과 지옥, 그리고 둘 중 어느 것도 아닌 것, 즉 윤회로부터의 탈출이다. 여타 종교들은 이를 다른 방식들로 배치한다.

각 종교에는 고유의 용어가 있지만 재생의 순환, 즉 윤회는 보통 saṃsāra라 불린다. saṃsāra는 '계속하다'는 뜻을 시사한다. 마찬가지로 흔한 또 다른 비유 중 하나는, 윤회가 일종의 예속 혹은 감금 상태로 느껴지므로 그로부터 풀려나는 것을 '해방'이라 불리게 된다. 동일 어원의 mokṣa와 mukti는 '해방'에 해당하는 가장 흔한 산스끄리뜨 용어이다. 모든 전통이 동의하는 바는 좋은 윤회 또한 피할 수 없이 죽음에 이르게 되므로 최선의 해결책은 해탈, 즉 윤회로부터의 해방이라는 것이다. 왜냐하면 그것이 유일한 해결책이기 때문이다.

인도 우주론의 두 번째 특별한 면모는 윤리와 제의와의 관계에 있다. 아마도 불교와 자이나교의 공통된 가장 중요한 특징은 윤리와 제의 사이에 완전히 명백한 구분을 지었다는 점이다. 그들에게는 우리가 도덕성이라 부르는 것만이 구원, 즉 한 인간의 운명을 결정짓는 데 유의미하다. 제의 그 자체는 아무런 관련이 없다. 이와 대조적으로 브라만교와 힌두교는 이 단계를 명시적으로 취한 적이 없다. '업(karma)'이라는 단어 자체가 기본적으로 '행위'를 의미함에도 불구하고 브라만교 문학에서는 그 무엇보다도 제의적 행위를 의미한다. 심지어, 주류 힌두 전통에서의 제의와 윤리는 오늘날까지도 완전히 분리되지 않았다고 주장할 수 있다. 가장 일반적인 제의의 기초가 되는 이론은 인간의 동물적 본능으로부터 필연적으로 일어날 수밖에 없는 부정함, 즉 배설이나 월경과 같이 신체적 기능과 관계된 부정함을 정화하기 위해 제의가 필요하다는 것이다.

이원우주론은 여전히 힌두교 우주론의 기저에 남아 있다. 도덕적 주체인 인간은 죽으면 천국이나 지옥에 가서 보상받거나 처벌받는다. 천국이나 지옥이 세분되거나 증대될 수 있더라도 기본적인 체계에는 영향을 끼치지 않는다. 머무르는 모든 존재는 지상에서 자신의 행위에 따른 결과만을 경험하며, 그 과정을 마친 후에는 지상으로 돌아간다. 신화에는 예외가 있다. 신들은 (주로 욕정의) 죄를 저지르고, 그로 인해 고통받도록 저주받기도 하며, 혹은 거꾸로 아수라(asura, 反神)가 도덕적인 행위를 하고 그에 따라 축복받을 수도 있다. 그러나 이는 사람들이 자신의 미래로 예상하는 바가 아니다. 대부분의 사람들은 천국으로의 윤회, 혹은 지상에서의 좋은 신분을 목표로 삼는다. 윤회로부터 완전한 탈출은 매우 어렵게 보이지만 궁극적으로는 최고의 운명인 것이다. (일신교적 종파에서는 윤회로부터의 해탈이 자신의 신에 의해 초래되거나 신의 도움을 받게 되고, 윤회로부터의 탈출과 천국 사이의 구분은 불분명해진다.) 이원적 패턴은 초기 자이나교의 특징이기도 하지만 여기엔 뚜렷한 차이가 있다. 윌 존슨(Will Johnson)이 입증한 바와 같이 가장 초창기의 자이나 교리는 모든 업을 나쁜 것으로 간주하였는데, 거의 모든 행위는 여타의 생명체에 위해를 가하기 때문이다. 그렇게 되면 업은 그 생명체(jīva)에 들러붙어 짓누르기에, 우주의 최상층에 올라 성취되는 해방을 얻지 못하게 한다. 이 문제는 다음 장에서 더 자세히 설명할 것이다.

> 선업을 일으키는 선한 행위가 천국이나 지상의 더 나은 환경에서 태어나는 결과를 낳을 가능성은 거의 인정되지 않는다. … 어떠한 종류든 윤회가 바람직하지 못하다는 것은 [자이나의] 교리에 변함없이 남아 있다. 그러나 여러 번의 윤회를 거쳐 궁극적 해탈로 이르는, 어떤 방식으로든 점진적 변화나 진전이 존재한다는 사유는 초기 텍스트에서 거의 발견되지 않는다. 그 대신 현재

> 삶의 부정적 본질, 그리고 필연적으로 (이 문헌은 수행자들을 위한 것이므로) 더 이상의 윤회가 없을 것임을 보장하는 금욕적 절제가 강조된다. 한 예로 『아야랑가 숫따(Āyāraṅga Sutta)』 1.6.2에 따르면 사후에 오직 다음의 두 가지만이 가능하다고 여기는 것이 분명하다. (1) 지옥의 생명, 혹은 축생으로 태어나는 것 (2) mokṣa [해탈]. 후자는 이상적 승려의 생명(jiva) 상태일 것이며 전자는 승속과 무관하게 그 외 모든 생명의 상태가 될 것이다.**056**

행위의 영역과 그 결과인 경험의 영역으로 이루어진 이원적 형태가 폐지되고 전 우주가 윤리화되는 경우는 오직 불교뿐이다. 즉, 붓다의 가르침에 따르면 전 우주의 모든 생명은 도덕적인 책임을 지며, 그들이 행한 선악에 따라 더 높거나 낮은 지위로 다시 태어날 수 있다. 사실 여기에는 사소한 예외와 모순이 존재하지만 지금 논의에는 중요하지 않은 것들이다. 한편, 빨리어 정전 곳곳에서 '이 세계와 다음 세계'라는 이전의 이원적 형태를 상정하는 구절이 여전히 발견된다는 점은 흥미롭다. 그 예로 다음의 구절이 있다. "그는 이곳에서 비탄하고 죽음 뒤에도 비탄하니, 악을 행한 자는 두 곳 모두에서(ubhayattha) 비탄한다."(Dhammapada 15ab) 이를 시작으로 동일한 구조와 '두 곳 모두에서'라는 동일한 표현을 갖춘 일련의 4구 게송이 이어진다. 이와 유사하게 "사랑하는 가족의 도착을 환영하듯, 선한 행위를 한 자가 이 세계에서 다른 세계로 넘어갈 때 그의 선한 행위가 그를 환영한다"(asmā lokā paraṃ gataṃ)는 구절도 있다. 또한 "두 세계(ubho loke) 모

056_ W. J. Johnson, *Harmless Souls* (1995), pp. 23-24.

두를 이해하는 자는 따라서 성인이라 불린다"(Dhammapada 269cd)고 한다. 이러한 이원적 형태는 언어적 표현에 깊게 뿌리내려 있기에 그 어떠한 교리적 전환으로도 완전히 제거될 수 없는 것이다.

동일한 구 세계관은 산문체 대화에서도 발견된다. 붓다는 '이 세계는 존재한다. 다른 세계도 존재한다'는 것의 부정을 '그릇된 견해(micchā-diṭṭhi)'로, 반대로 그에 대한 인정은 '옳은 견해(sammā-diṭṭhi)'라고 규정했다.**057** 이 표현의 맥락은 언제나 업과 연관되어 있다. 즉, 이 세계와 다른 세계의 존재를 인정하는 일은 이생에서 행해진 선업과 악업이 언젠가는 반드시 그 결과를 초래하게 된다는 것을 인정하는 일이다.

불교적 우주의 완전한 윤리화에 있어 주요한 예외는 그 도덕적 교훈과 충돌하지 않는다. 통념상 천상의 신들은 공덕을 쌓지 않거나 쌓을 수 없으며, 유사하게 지옥에서 고통받는 이들은 대개 능동적인 도덕 주체로 간주하지 않는다. 이는 앞서 설명한 고대 이원우주론의 유물임이 명백하다. 그에 따르면 이 지상만이 도덕적 행위의 장이며 세계의 다른 영역은 청산을 위한 곳이다. 몇몇 불교도들은 천상의 삶이 너무나 안온하기에 신들은 고제(苦諦)를 잊어버리고 공덕을 쌓지 않는다고 주장한다.

그러나 내가 아는 한, 붓다가 직접 천상의 존재들을 도덕적 주체로

057_ MN Ⅲ,71-2. 여기서 붓다는 이를 정견의 두 형태 중 저열한 것으로 규정한다. 이는 공덕이 있는(puñña-bhāgiya), 그러나 여전히 타락한(sāsava) 견해이므로 출세간(lokuttarā)의 정견이 더 우월한 것이다. 이에 관하여 빅쿠 보디(Bhikkhu Bodhi)는 주석을 따라 다음과 같이 평한다. '4성제의 개념적 이해는 세속적 정견에 해당하며, 반면 정도를 따라 열반을 깨달음으로써 진리를 직접 꿰뚫어 보는 것은 출세간의 정견에 해당한다는 것을 이해할 수 있다.' (*The Middle Length Discourses*, pp. 1327-1328, n. 1103) 따라서 정견의 두 형태의 실제 내용은 동일하나 다른 방법으로 이해되는 것이다. 이러한 정교함은 내게 아비담마를 연상시킨다.

부터 면제시켰다는 문헌적 근거는 없다. 물론 어딘가 존재할 수도 있다. 내 생각에 붓다는 지상의 도덕에만 관심을 가졌을 것이며 소위 '회향'이 불교 수행에 퍼지기 시작한 이후에야 신들 또한 도덕적 주체라는 생각이 작동하기 시작했을 것이다. (이는 붓다 사후 무렵에 시작되었다고 생각한다.) 그러자 천신들을 향한 회향은 그들이 직접 공덕을 지을 수 없다는 고대 이론에 의해 정당화되었다.

—

붓다가 자이나교의 업과 윤회 사상에 크게 영향을 받은 것은 사실이나, 업이 의도가 아닌 행위에 있다는 자이나의 견해를 정반대로 역전시켰다는 나의 가설은 다음 장에서 다룰 것이다. 우선은 브라만교 문헌에서 사상적 기원을 추적하던 지점으로 돌아가야 한다.

윤회에 대한 자세한 설명과 업에 관한 원시적 언급은 『브리하드 아란야까 우빠니샤드(BĀU)』에서 발견된다. 다소 길고 다채로운 이 텍스트 내에서는 사상의 발전상을 추적할 수 있다. 이 경전의 중심 개념, 그리고 실로 모든 우빠니샤드의 중심 개념은 '자아', 혹은 '영혼'이라 불리는 아뜨만이라 주장할 수도 있을 것이다. 이에 대하여는 앞으로 더 자세히 설명할 것이다.

명백한 이원우주론에 여전히 기반하고 있는 단락으로 논의를 시작해보자. 다음 인용문은 '자아'인 ātman과 윤회하는 존재인 '사람', 즉 puruṣa를 동일시하는 것으로 시작된다.

[자아란] 이 사람으로, 생체 기능들(prāṇa) 중 지각으로 이루어진

것, 심장 깊숙이 있는 내적인 빛이다. 그는 두 세계 간을 오가며, 두 세계에 모두 있다. 가끔 그는 빛을 비추기도 하고 가끔 날아다니기도 하는데, 그가 잠이 들면 그는 이 세계, 즉 눈에 보이는 죽음의 형태를 초월하기 때문이다. 이 사람은 태어날 때 신체를 가지게 되어 나쁜 것들[pāpman]과 결합하게 되고, 죽을 때 신체를 떠나며 그 나쁜 것들이 제거된다.

이제 이 사람에겐 두 공간, 즉 이 세계와 다른 세계만이 있다. 그리고 세 번째 세계가 있는데, 이곳은 꿈의 공간으로 앞의 두 세계가 만나는 곳이다. 두 세계가 만나는 곳에 서면 그는 이 세계와 다른 세계 모두를 볼 수 있다. 이제 그 세계는 다른 세계로의 통로로 기능하는데 그가 그 통로를 지나갈 땐 나쁜 것들과 기쁨들을 모두 보게 된다.**058**

인용문 이후에는 꿈에 관한 이야기가 이어진다. 그 내용은 윤리화되지 않은 『리그베다』 사상과 꽤 유사하게 들리는데 일원적인 다른 세계**059**가 이 세계보다는 더 행복한 곳으로 보이기 때문이다. 여기서 업은 거론되지 않는다.

『브리하드 아란야까』에서 처음으로 업이 언급되는 부분은 감질날 정도로 간결하다. 야자발끼야(Yājñavalkya) 성인은 자신에게 질문하는 아

058_ BĀU 4.3.7-9. 나는 우빠니샤드 번역에 있어서 패트릭 올리벨(Patrick Olivelle)의 *The Early Upaniṣads* 의 번역을 대부분 따르고 있다.

059_ 역주: BĀU의 해당 내용에 따르면 다른 세계에서는 그와 분리된 다른 존재가 없다.

르타바가(Ārthabhāga)를 데리고 가서 말한다. "사람은 선한 행위에 의해 선하게 되고 악한 행위에 의해 악하게 된다." (3.2.13) 여기서 선하고 악한 행위[業]가 제의를 뜻하는 것인지 윤리적인 선량함을 말하는 것인지는 알 수 없다. '악한 행위'라는 것이 정확히 치러지지 않은 희생제를 의미할 가능성은 있다. 가능한 이야기지만 나는 그렇지 않다고 생각한다. 4.4.6의 두 번째 구절에서 야즈냐발끼야는 다음과 같이 말한다.

> 집착하는 자는
> 그의 마음과 성격이 집착하는 바로 그곳으로
> 그의 행위와 함께 간다.
> 이 세계에서 그가 무엇을 했든
> 그의 행위의 끝에 다다르면
> 그 세계로부터 그는 되돌아온다.
> 이 세계로, 행위로.

이는 구식의 이원우주론과 유사하게 보인다. 그러나 다음에 이어지는 구절에는 차이가 있다.

> 그것은 욕망하는 자의 과정이다.
> 이제 욕망하지 않는 자, 즉 욕망이 없는 자, 욕망으로부터 자유로운 자, 욕망이 충족되어 유일한 욕망은 자기 자신인 자, 그의 생기(prāṇa)는 떠나지 않는다. 그는 브라만이 되어, 그는 브라만에 이른다.

이 지점에서 다음의 구절이 등장한다.

> 마음에 도사리던 모든 욕망이 모두 사라질 때,
> 이제 필멸인 자는 불멸이 되고
> 이 세계에서 브라만을 얻는다.

여기서 우리는 윤회뿐 아니라 윤회로부터 해방의 가능성을 볼 수 있다. '행위'가 기본적으로 제의적 행위를 의미할지라도, 여기에 제시된 바는 윤회를 윤리화한 매우 소박한 이론이다. 이 세계는 행위의 장이며 다른 세계는 결과들을 거두는 곳이다. 결과들이 거둬졌을 때 인간은 그 순환을 반복한다. 선한 행위는 욕망 없이 행해진 것이라는 사유는 인도 종교사에 있어서 결정적으로 중요한 부분이 되었다. 그러나 '그는 브라만이 되어 브라만에 이른다'는 것은 어떠한가?

동일한 우빠니샤드의 마지막 권에서 발견되는 '다섯 가지 불의 지혜'는 '업'이라는 용어를 사용하지 않음에도 윤회를 훨씬 더 정교하게 윤리화한 설명을 제시한다. 거의 동일한 텍스트가 『찬도기야 우빠니샤드』에서도 발견되지만 나는 『브리하드 아란야까』를 주로 활용하여 설명할 것이다. 『브리하드 아란야까』가 더 오래된 텍스트라고 생각하기 때문이다. (이에 대한 근거는 적절한 때 다시 설명하기로 한다.) 이 텍스트는 사람들이 이생에서 행위를 하고 내생에서 그에 상응하는 운명을 만나게 되는 것을 묘사하는데, 다음 세계에서 그 이상의 선하고 악한 행위를 행하는 것은 기대되지 않고 단지 윤회의 반복, 혹은 그로부터의 해방을 그릴 뿐이다. 해방은 영적인 인식을 통해 이루어진다. 즉, '내가 브라만이다'라는 깨달음을 이해하고 완전히 내재화하는 것이다. 이것은 '나 자신(ātman)이 브라만이다'[060]라는 것을 깨닫는 것과 동일하다. 다섯 가지 불의 지혜를 이루는 요지를 이해하기 위하여 우리는 우선 아뜨만과 브라만의 개념을 이해할 필요가 있다.

대우주와 소우주

하나의 인간과 전 우주의 체계가 서로 일치한다는 세계관은 브라만교의 사변 철학에서 오랫동안 전개되어 왔다. 이러한 생각은 브라만교에서만 발견되는 것이 아니다. 인간을 소우주(小宇宙, microcosm), 세상을 대우주(大宇宙, macrocosm)로 여기는 사유는 사실 통상적이다. 소우주란 작은 규모의 어떤 질서정연한 체계, 대우주란 더 큰 규모의 동일한 체계를 말한다.

브라만교의 이러한 세계관이 발전함에 따라 이 동일한 체계는 두 우주의 중간 단계에서도 등장하게 되었다. 이 '유사 우주(mesocosm)'는 바로 희생제이다. 내가 아는 한, 이 유사 우주는 붓다를 이해하는 것과는 상관이 없다. 그러나 여기서 언급해야 할 이유는 있다. 혹시 누군가가 이 책에 영감을 받아 패트릭 올리벨(Patrick Olivelle)이 훌륭하게 번역한 BĀU를 읽게 된다면, 텍스트의 첫 줄부터 혼란을 각오해야 하기 때문이다. "말 제물의 머리는 분명, 새벽이다." 이것이 도대체 무슨 소리란 말인가. 이는 유사 우주와 대우주 간의 호응을 의미한다. BĀU 텍스트는 그 첫머리부터 말 제물에 담긴 비전(祕傳)의 의미를 설명하고 있다.

브라만 스승으로부터 제자들에게 전수된 비전의 지혜는 주로 이

060_ 이 문장의 모호함은 아래에서 살펴볼 것이다.

러한 질서정연한 체계 간의 일치에 대한 이해이다. 실제 우빠니샤드(upaniṣad)라는 단어도 그러한 일치를 가리키는 여러 용어 중 하나였다. 이로부터 대우주와 소우주 모두에 해당하는 어떤 핵심적인 원리가 있음이 틀림없고, 그 원리로부터 여러 체계들이 발전해 나온 것이라는 사유로 나아가게 되었다. 그 원리는 분명 대단히 중요한 것이기에 전체를 이해한다면 부분들은 쉽게 이해될 것이라 여겨졌다. 에리히 프라우발너(Erich Frauwallner)는 자신의 책 *History of Indian Philosophy*에서 이 핵심적 원리가 물, 공기, 불 등에서 다양하게 탐구된 방식을 잘 요약하고 있다.**061** 이는 고대 그리스 철학과 매우 흡사하지만 소크라테스 이전의 철학자들은 오직 세계의 전개에만 주목하였고 신비로운 일치에는 관심을 두지 않았다. 그렇기에 다양한 학파들이 각기 다른 원소에 주목하여 여러 다양한 사상을 낳게 되었지만, 일부가 융합되어 살아남았을 뿐 나머지는 모두 사라지게 되었다. 여러 언어학자들은 확증된 것으로 여기지 않지만, 아뜨만이라는 단어는 독일어 'atmen', 즉 '숨 쉬다'라는 단어와 연관된 것으로 보인다. 아뜨만이라는 단어는 현존하는 가장 오래된 기록물에서부터 산스끄리뜨어 재귀대명사였으며, 따라서 맥락에 따라 '자신'으로 번역될 수 있다. 모든 문화권에서 그렇겠지만 이 '자신'이라는 개념은 구체화되어 모든 생명체의 핵심으로 여겨졌다.

동시에, 공기가 바로 생명의 숨결인 것처럼 대우주 또한 핵심적 원

061_ Erich Frauwallner, *History of Indian Philosophy* (1973), pp. 36-61. 이 책의 번역본은 심각하게 오류가 많으므로 읽을 수만 있다면 독일어판 원본을 참고하길 바란다. *Geschichte der indischen Philosophie* (1953).

리를 가진 것으로 여겨졌다. 우빠니샤드에서는 이 중심적 원리를 아뜨만이라고도 불렀지만 브라만(brahman)이라는 단어를 더 자주 사용한다. 분명 우주는 오직 하나의 아뜨만을 가지고 있고, 각 생명체들 또한 그러하다. 대우주와 소우주의 동치(同値)를 통해, 브라만이라 불리는 우주적 아뜨만과 개체적 아뜨만은 동일시되었다. 그러나 그 동일시가 정확히 의미하는 바는 철학자에 따라 제각각으로 사용되었고, 우리는 각 텍스트의 해당 구절 및 그 해석에 따라 다르게 해석한다. 그 의미는 공식화된 문구로 요약된다. '나는 브라흐마(brahma)이다.'**062** 이를 아는 것은 구원을 가져오는 깨달음이었다.

나아가 우주적 아뜨만과 개인적 아뜨만이 동일하다면 각각의 개인적 아뜨만 또한 서로 동일하게 된다. 처음에는 이 주장이 이상하게 보일 수 있지만, 한 가지 이해 방식은 아뜨만을 '생명' 정도로 생각하는 것이다. 현실적으로 당신의 생명과 나의 생명이 동일하지는 않지만, 생명이란 모든 경우에 동등하게 적용될 수 있는 하나의 개념인 것이다. 물론 이 논의에 허점은 있지만 좋은 유비(類比, analogy)로 보인다. 특히 자이나교와 같은 고대 인도 사상에서 개인의 핵심적 원리를 가리키는 단어는 아뜨만이 아닌 지바(jīva)였는데, 이는 정확히 '생명'을 의미한다.

062_ BĀU 1.4.10. 이후의 전통은 'tat tvam asi', 즉 '너는 그것이다'(Ch. Up. 6.8.7-6.16.3)를 동일한 의미로 받아들였으나 현대 학자들은 그러한 번역에 강한 의혹을 제시한다. Joel Brereton, '"Tat Tvam Asi" in context' (1986)를 참고하라.

브라만이라는 단어는 다른 여러 가지 의미 외에도 원래 베다(Veda)를 가리키며, 그 본래 의미는 매우 긴 논문들에서 기술된 바 있으나 다행히도 지금 주제와는 무관하다. 우빠니샤드에서 브라만은 유일한 궁극적 실재를 가리키는 용어이다. 브라만은 우주와 각각의 인간 모두에 내재하는 정신이다. 이런 의미에서 브라만의 속성이라 할 수 있는 것은 의식(consciousness)과 축복(bliss)이다. 이에 관하여는 5장에서 다시 논의할 것이다. 브라만은 이원성을 초월한 것이기에 당연히 성별이 없으며 문법적으로 중성이다. 당연하겠지만 브라만은 복수가 될 수도 없다.

이러한 중성의 브라만(brahman)과는 대조적으로, 브라만(Brahman)이라 불리는 신은 남성이다. 유럽에서 출판되는 책에서는 이 신을 중성의 브라만과 구별하기 위하여 남성 단수 주격을 사용하여 브라흐마(Brahmā)라고 부르는 것이 관례가 되었다. 브라흐마는 창조신이며, '자손의 신'이란 뜻을 가진 쁘라자빠띠(Prajāpati)와 동일시된다. 중성의 브라만은 마치 소금이 바닷물에 녹아있는 것처럼 온 세상에 편재하는 반면, 신으로서의 브라흐마는 세상을 초월하여 있다.[063] 원칙적으로는 브라흐마 또한 단수여야 한다고 생각할 수도 있을 것이다. 그러나 우리가 하나의 신이 가진 다양한 속성, 혹은 발현을 논하려 하는 반면, 힌두교는 하나의 중심적 인물을 다수로 만들어 신의 숫자를 늘려버리는 경향이 있다. 브라흐마 또한 그러한 전통으로부터 완전히 자유롭지 않은 것이다.

063_ 세상을 초월한 동시에 세상에 편재하는 신은 기독교 신학에 친숙한 개념이다.

궁극적 원리인 브라만의 화신이 신으로서의 브라흐마라고 여기거나, 반대로 신 브라흐마를 고안해낸 사유가 좀 더 세련되게 표현된 것이 브라만이라고 여길 수도 있다. 사실 두 가지 해석 모두 충분히 타당하며 정확하다. 좀 더 고차원의 사유인 추상개념은 아마도 처음부터 이중성을 초래했을 것이다. 그러나 동시에 인격적 신이 존재론적 원리보다 더 대중적이었을 것이라 생각할 수도 있다.

'내가 브라흐마이다(aham brahmāsmi)'라는 문구의 발음은 브라흐마가 중성 명사도 남성 명사도 될 수 있는 경우이다. 사실 이 문구는 짧은 구절에서 두 번 등장하는데**064** 첫 번째는 자연스럽게 중성으로 읽히나 두 번째는 남성(브라흐마 신)으로 보인다. 이 미묘한 모호함은 붓다가 우빠니샤드의 구원론에 동의하지 못했던 이유를 이해하는 데 있어서 결정적이다.

다시 다섯 가지 불의 지혜로 돌아가 보자. 그 우주론은 사람들이 다음 세상에서 선한, 혹은 악한 행위를 할 수 있다고 예상하지 않는다는 점에서 여전히 초기 형태이지만, 좀 더 복잡해졌다. 사람들은 세 계급으로 나누어진다. 첫 번째이자 최고 계급은 다섯 가지 불의 지혜를 알고 이해한 사람들이다. 그들은 (그들 전부인지, 혹은 일부인지는 명확하지 않지만) 숲에서 사는 것으로 보이는데, 바꿔 말하면 금욕수행자로 사는 것이다. 그들이 화장될 때,

> 그들은 불꽃에 이르고, 불꽃에서 낮으로, 낮에서 달이 차오르는 보름으로, 달이 차오르는 보름에서 태양이 북쪽으로 움직일 때의 여섯 달로, 이 여섯 달에서 신들의 세계로, 신들의 세계에서

064_ 각주 62가 달린 본문 문장 참조

> 태양으로, 태양에서 번개의 경계로 이른다. 마음으로 이루어진 사람이 번개의 경계로 와서 그들을 브라만의 세계로 데려간다. 이 높은 곳의 사람들은 브라만의 세계에서 가장 오래 산다. 그들은 돌아오지 않는다.065

『찬도기야 우빠니샤드』의 해당 부분은 이와 매우 유사한데, 이 계급에 고행자들을 포함시키고 있다.066

두 번째 계급은 제물을 바쳤거나 선물을 주었거나 고행을 한 사람들이다. 『찬도기야』(5.10.3)에서 이 계급은 마을에 살면서 제사에 공물을 바친 이들이다. 이들이 화장되면 다음과 같은 과정을 거친다.

> 그들은 연기 속으로 들어가, 연기에서 밤으로, 밤에서 달이 기우는 보름으로, 달이 기우는 보름에서 태양이 남쪽으로 움직일 때의 여섯 달로, 이 여섯 달에서 아버지들의 세계로, 아버지들의 세계에서 달로 가게 된다. 달에 이르면 그들은 음식이 된다. 거기서 신들은 마치 소마(Soma)왕, 즉 달에게 말하듯이 "차올라라! 기울어라!"라고 말하며 그들을 먹는다.067 이것이 끝나면 그들은 바로 이 하늘로 이르러 하늘에서 바람으로, 바람에서 비로, 비에서

065_ BĀU 6.2.15.

066_ Ch. Up. 5.10.1. : śraddhā tapa ity upāsate. 이 의미는 불분명하다. '믿음이 금욕행임을 경건하게 이해하는 자'일까, '금욕행이 믿음이라는 것을 경건히 이해하는 자'일까?

067_ 역주: 이 세계에서 제관들이 제사에서 하는 행위처럼. 『우파니샤드』(을유문화사), p.763. 각주 1358 편집.

> 땅으로 오게 된다. 땅에 오면 그들은 음식이 된다. 그들은 다시 남자의 불에 바쳐지고 여자의 불에서 태어난다. 다시 천상의 세계로 올라가 그들은 같은 순서를 따라 돈다.[068]

『찬도기야』 버전에서 이에 해당하는 부분은 좀 더 명확한 표현을 쓰고 있다.

> … [구름으로부터] 비가 내린다. 땅에서 그들은 쌀과 보리, 풀과 나무, 깨와 콩이 되니 그것으로부터 벗어나기는 극도로 어렵다. 어떤 이가 그 음식을 먹고 정액을 배출하면 그로부터 다시 생겨난다.[069]

이 계급은 유레비치가 『리그베다』에서 발견한 윤회 방식과 정확히 일치한다. 『리그베다』에서 이 사람들이 도달하는 천국은 아버지들의 세계이다. 특히, '죽은 이들이 비로 돌아와 보리로 싹튼다'는 부분을 연상할 수 있다.

『찬도기야』는 두 번째 계급에 관한 짧은 단락을 덧붙이는데 『브리하드 아란야까』에서는 발견되지 않는 내용이다.

> 이곳에서의 행실이 좋은 이들은 브라만, 끄샤뜨리야, 혹은 와이샤 계급의 여성과 같이 좋은 자궁에 잉태될 것이다.[070] 그러나

068_ BĀU 6.2.16.

069_ Ch. Up. 5.10.6.

070_ 이 세 가지는 브라만교의 분류에 따르면 사회를 이루는 네 계급(varṇa), 즉 4종성(四種姓)의 상위 세 계급이다.

행실이 부정한 이들은 개, 돼지, 혹은 불가촉천민의 여성과 같은 부정한 자궁에 잉태될 것이다.[071]

세 번째 계급에 관하여는 『브리하드 아란야까』와 『찬도기야』 모두 간략히 언급한다. 『브리하드 아란야까』는 "그러나 이 두 가지 길을 모르는 이들은 벌레, 곤충, 혹은 뱀이 된다"고 말하고 있다.[072] 『찬도기야』는 좀 더 참고할 만하다. "이 두 가지 길 중 어느 쪽으로도 나아가지 않는 이들, 그들은 보잘것없는 생명체가 되어 끊임없이 이곳에서 맴돈다. '태어나라! 죽어라!' 이것이 세 번째 계급이다. 그 결과 저 위의 세상은 가득 차지 않는다."[073]

신성한 지혜를 아는 이들은 명백히 극소수이므로, 그 지혜를 알지 못하거나 브라만교의 희생제를 지내지 않은 이들로 이루어진 세 번째 계급은 분명 그 숫자가 가장 많을 것이다. 그럼에도 불구하고 그들에 대해 이토록 짧게 언급한다는 것은 충격적이다. 브라만 및 끄샤뜨리야를 제외한 거의 모든 이들이 바로 이 계급으로 구성되어 있을 것이다. 우리는 오베이세케르가 지적한 바와 같이, 윤리화되지 않은 일상적 형태에 있어서의 윤회는 그 기본적인 요건이 적절한 장례라는 점을 상기할 수 있다. 여기서 적절한 장례란 아마도 브라만교의 절차에 따른 화장을 의미할 것이며, 그러한 특권을 누리지 못하는 이들은 영원히 벌레로 태어나는 운명에 처하게 된다. 『찬도기야』 버전은 특이한 혼종이다. 희생제에 공물을 바친 이들, 바

071_ Ch. Up. 5.10.7.

072_ BĀU 6.2.16.

073_ Ch. Up. 5.10.8.

꿔 말하면 제의의 의무를 따르는 높은 계급은 그 행실에 따라 다시 나뉜다. 행실이 '좋은(ramaṇīya)' 이들은 더 나은 윤회를, 행실이 '불쾌한(kapūya, 드물게 쓰이는 단어)' 이들은 더 나쁜 윤회를 하게 된다. '좋은 행실'이라는 모호한 용어는 분명 제의를 넘어서는 것이다. 여기에서 '좋은 행실'을 일종의 도덕적 선한 행위로 이해한다면 불교와 유사한 방식인 것처럼 보이게 된다. 사람들은 지상에서 좋거나 나쁜 윤회를 하는 반면 소수의 엘리트는 윤회 자체를 벗어나게 된다. 영원히 벌레로 태어나는 세 번째 계급은 『브리하드 아란야까』에서 전승된 것이 분명하므로, 일관적이지 않게 보일지라도 뺄 수 없는 내용이다. '업'이라는 단어는 다섯 가지 불의 지혜에서는 등장하지 않는다. 그러나 업의 의미에 있어서 제의와 도덕적 행위를 구별해내려 하지 않는다면, 다섯 가지 불의 지혜 또한 업에 따라 사후 운명이 결정된다는 주장이다. 장례 절차에 관한 나의 가설은 이 해석에 잘 부합한다.

『브리하드 아란야까』의 한 구절을 통해, 선한 행위란 욕망 없이 행해진 것이라는 사유를 살펴보았다. 이점에는 붓다도 동의했을 것이다. 이 외에도 『브리하드 아란야까』와 붓다의 사상 간에는 상당히 유사한 면들이 있지만 붓다가 업의 문제를 의도의 문제로 변환시킴에 따라 붓다의 세계관은 브라만교와 현격한 차이를 보이게 되었다.

브라만교 제의의 주된 목적은 정화이며, 브라만에게 공덕 있는 행위(puṇya karma)란 정화시키는 행위, 즉 '정화 의식'을 의미한다. 붓다는 이 용어를 '선한, 혹은 훌륭한 행위'로 새로이 정의하였으며, 그러한 행위에 대한 유일한 판단 기준은 도덕적으로 선한 의도였다. 불교에 있어서 악을 지칭하기 위해 가장 널리 쓰이는 단어는 kilesa로, 말 그대로 '더러움'을 뜻한다. 우리 또한 동일한 비유를 사용하기에 악한 사람의 마음은 더럽다고 여긴다. 깨끗함과 정화의 논의는 불교 담론에서도 널리 발견된다. 그러나 불교에서 정화의 비유가 사용되는 유일한 맥락은 마음의 윤리적 개선, 그리고 그 결과 지적 진보를 이루는 것을 의미할 때이다. 붓다는 지성 또한 덕으로 여겼던 것이다.

제의에 있어서 행위는 행위자에 따라 상이하게 명령되거나 금지된다. 남자에게는 옳은 행위가 여자에게는 잘못된 것일 수도 있고, 그 반대 경우도 있으며, 브라만에게 옳은 행위가 천민에게는 잘못된 행위일 수도 있다는 등이다. 따라서 규범은 개별적인 것으로, 보편적이지 않다. 만약 보편적이라면 어떤 행위의 도덕적 가치가 긍정적인가 부정적인가는 오롯이 그 행위 자체에만 달린 것이며, 행위자가 누구인가는 중요하지 않다. 서론에서는 불교가 업을 윤리화 및 보편화하였음을 입증하였지만, 이러한 발전은 자이나교에 의해 이미 이루어졌다는 주장도 가능하다. 다음 장에서는 어떻게 그러한 발전이 일어났을 수 있는지에 대해 살펴보도록 하자.

제4장

자이나교에서
발견되는
업설의 선례

붓다가 자이나교로부터 받은 영향에 대해서는 나의 책 *Social History*에서 언급했으나, 시간과 지면의 부족으로 인하여 매우 간략하게 서술했다. 이는 사실 변명에 불과하다. 초기 자이나교에 관련된 현존하는 자료들은 비참할 정도로 빈약하며 평가하기 어려운 것들이다. 붓다가 자이나교의 창시자로 여겨지는 마하비라(Mahāvīra)와 같은 지역인 라자그리하(Rājagṛha)에서 대략 동시대에 살았다는 것은 널리 알려져 있으며 검증된 사실이다. 라자그리하는 비하르(Bihar)주 라즈기르(Rajgir)의 옛 이름이다. 마하비라는 붓다보다 나이가 어렸지만 붓다보다 먼저 사망하였다. 그의 극단적 금욕주의를 고려하면 전혀 이상한 일이 아니다. 불교와 자이나교는 여러 면에서 유사성이 두드러지기에, 유럽에서 처음 연구가 시작되었을 때 인도학자들은 자이나교를 불교로부터 파생된 것으로 여겼다.**074**

자이나 전통은 거의 초기부터 나체로 다니는 공의파(空衣派, Digambara)와 백색 가사를 입는 백의파(白衣派, Śvetāmbara)로 분열되었다. 자이

074_ Henry Thomas Colebrooke은 자신의 논문 'Observations on the sect of Jains' (1807)에서 자이나교와 불교를 분명히 구분해낸 최초의 근대 학자였다. 그러나 그는 불교가 더 오래된 것이라 생각하였다.

나 전통에서는 마하비라 사후 약 200년이 지난 무렵의 역사적 사건에서 그 분화의 원인을 찾는다. 그러나 폴 던다스(Paul Dundas)는 다음과 같이 기술한다. "고고학적 증거와 비문(碑文) 자료에 따르면 자이나 승려의 분파는 복장의 차이, 혹은 복장의 결여에 따라 점진적으로 일어난 것이지 교리에 따른 갑작스럽게 일어난 분열이 아니었다."**075**

현대 학자들이 마하비라와 붓다를 각 종교의 창시자로 여기지만, 자이나교와 불교는 그 인물들이 자신의 종교의 창시자가 아닌 재창시자(re-founder)로 여긴다는 점에서 서로 유사하다. 마하비라와 붓다는 막대한 시차를 두고 이 세상에 나타나 진리와 이상적 삶의 방식을 가르친 일련의 위대한 종교적 지도자들 중 하나인 것이다. 자이나교는 이러한 지도자를 '건널목을 만드는 자(Tīrthaṃkara)'라 부른다. 이 비유는 그 지도자들이 끝없는 재생의 고리인 윤회의 바다를 건너는 법을 발견하여 다른 이들에게 보여줬음을 의미한다. 이러한 지도자들의 전기가 전형적이라는 점은 놀랍지 않다. 이 교리의 매우 초기 형태를 따르면 마하비라는 '건널목을 만드는 자' 계보의 24번째라 주장되며 불교도들은 붓다가 그 계보의 25번째라 주장하였다. 나는 이 교리가 자이나교에서 시작된 것이며 불교도들이 그것을 차용했음을 이전 연구에서 밝힌 바 있다.**076** 그러나 이보다 훨씬 중요한 사실은, 마하비라를 붓다나 예수처럼 한 종교의 창시자가 아닌 일종의 개혁가로 여기는 자이나교의 관점을 현대 학자들이 수용하게 되었다는 것이다. 마하비라 이전에 오랜 시간에 걸쳐 그와 같은 24명의 지도자

075_ Paul Dundas, *The Jains* (1992), p. 42.

076_ Gombrich, 'The significance of former Buddhas in Theravādin tradition' (1980).

가 존재했다는 것을 학계가 인정한다는 뜻은 아니다. 다만 자이나교와 매우 유사한 종교가 마하비라 이전에 이미 존재했을 것이라 여긴다는 의미이다. 특히 마하비라 이전에 빠르슈바(Pārśva)라는 '건널목을 만드는 자'가 존재했으며 그를 따르는 무리가 있었다는 사실은 학계에서도 수용하고 있다.

마하비라가 정확히 어떤 변혁을 일으켰는지에 대하여는 논란이 있다. 개인적으로는 던다스의 추측이 설득력 있다고 생각한다.

> "마하비라에 관한 모든 전기들은 그 외의 '건널목을 만드는 자'들과는 달리 마하비라가 속세를 완전히 떠난 것으로 묘사하고 있다. 그가 기존의 금욕주의적 공동체에 합류했다는 증거는 어디에도 없다. 따라서 초기 자이나교는 빠르슈바의 우주론['그리고 구원론'이라고 덧붙이고 싶다]과 마하비라가 주장한 더 엄격한 실천론의 상호작용이 합쳐진 것이라고 잠정적으로 설명할 수 있다."**077**

특히 마하비라는 승려들이 발가벗고 다닐 것을 주장하였으나 빠르슈바의 추종자들은 그렇지 않았던 것 같다.

이 주장들은 유력해 보이지만 다양한 증거들을 조합해 검토되어야 한다. 왜냐하면 다수의 자이나 텍스트들이 현존함에도 불구하고 그중 극소수의 텍스트, 심지어 그 텍스트의 일부만이 기껏해야 마하비라 시대에

077_ Dundas, 앞의 책, pp. 28-29.

겨우 2세기 정도로 접근하기 때문이다. 세 가지 빨리어 정전에 등장하는 어떤 단락에서는 마하비라가 죽자마자 그 추종자들이 마하비라의 설법에 이의를 제기하기 시작했다고 기록한다.078

공의파 전통에 따르면 현존하는 가장 오래된 텍스트는 원래 경전이 아니며, 원래 경전은 소실되었다고 한다.079 이러한 전통이 조작되었을 가능성은 거의 없어 보이지만, 한편으로 백의파가 주장하는 것처럼 현존 텍스트가 진실로 근본 경전에 속한다는 정반대의 관점도 이해하기 어렵지 않다. 그러나 심지어 백의파 또한 근본 경전의 일부가 소실되었다고 주장한다.

초기 자이나교도들에겐 텍스트를 보존하는 것이 불교도들보다 훨씬 힘들었다. 승려들은 우기를 제외하고 일 년 내내 홀로 탁발하며 떠돌았기 때문이다. 나는 붓다가 승단을 조직한 것이 자이나교의 이러한 상황에 대한 대응이었을 것이라 생각한다. 시간이 흐른 뒤 자이나교도들은 이 문제뿐 아니라 다른 면에 있어서도 불교도들로부터 배우기 시작했다. 백의파에서는 승려들을 두 가지 소임으로 구분한다.080 '자이나의 길(jina-kappa)',081 즉 홀로 유랑하며 이생에서 해탈을 추구하는 고행자들과 '장로

078_ DN Ⅲ, 117-18; DN Ⅲ, 209-10; MN Ⅱ, 243-4.

079_ Padmanabh S. Jaini, *The Jaina Path of Purification* (1979), p. 51.

080_ Colette Caillat, *Les expiations dans le rituel ancien des religieux jaina* (1965), p. 50. '자이나의 길'을 따라 독행하던 고대의 수행 전통과 대조적으로 '장로의 길'을 따르던 승려들은 혼자 있는 것, 혹은 심지어 둘이서 있는 것도 허락되지 않았다. Caillat은 이것을 전통 수호의 문제로 연관 짓지 않는다. 나는 이 내용을 윌 존슨 (Will Johnson)과의 대화에서 알게 되었다.

081_ 지나(Jina)는 문자 그대로는 '정복자'를 의미하며 '건널목을 만드는 자'의 칭호 중 하나이다.

의 길(thera-kappa)',[082] 즉 전문적으로 경전을 보존하는 승려들이다. '자이나의 길' 승려들은 마하비라처럼 나체로 다닐 것이 주장되었으나 그러한 삶의 방식은 이제 구식이 되었다.[083] 스리랑카의 상좌 불교도들은 서력기원 즈음, 매우 유사한 방식의 구분을 도입하였다. 이후로 상좌 불교 승려들은 주요 의무로 명상을 하는 위빠싸나 승려(vipassanā-dhura, 직역하자면 '내적 명상에 매인')가 될 것인지, 경전 보존이 주된 의무인 교학 승려(gantha-dhura, '책에 매인')가 될 것인지를 결정해야만 했다.

사실 초기 자이나교에 관하여 우리가 보유한 가장 좋은 자료들 대부분은 불교의 빨리어 정전으로부터 온 것이다.[084] 물론 자이나교 텍스트 자체에 가장 많은 정보가 담겨 있지만 그 연대를 추정하는 것은 너무나 어려운 과제이다. 그뿐 아니라 공의파와 백의파 전통 어느 쪽도 이 텍스트들의 권위를 인정하지 않는다. 오히려 불교 텍스트가 분열 이전의 자이나교에 대한 정보를 알려준다.

빨리어 불교 경전으로부터 자이나교에 대해 무엇을 배울 수 있는가에 대

082_ Thera는 자이나교와 불교에 공통된 명칭 중 하나이다.

083_ Dundas, 앞의 책, p. 42.

084_ 자이나교가 아지비까(Ājīvika)와 같은 당대의 여타 종교와 언제나 명확히 구별되었던 것은 아니다. 아지비까의 교리는 현저히 차별되었으나 고행은 유사하였던 것 같다. 그러나 이와 같은 명확성의 부족은 나의 주장에 어떠한 영향도 미치지 않는다고 생각한다.

해서는 (물론 그 반대도[085]) 현대의 뛰어난 연구 성과들이 있으므로,[086] 나는 기존의 연구에서 발견할 수 있는 것을 되풀이하지 않으려 노력할 것이다. 그러나 분명 내가 덧붙일 만한 주요 문제들이 있다고 생각한다.

내 논의의 주제는 업과 윤회이다. 이 주제와 관련하여 앞으로 다룰 가르침들은 마하비라 이전의 자이나교에 있어서 가장 중요한 문제였을 가능성이 높다.

> 윤회: 모든 살아있는 생명은 끝없이 되풀이되는 재생에 갇혀있다. 윤회는 천국, 지옥뿐 아니라 지상의 다양한 형태의 생명을 포함한다.
>
> 해탈: 이러한 윤회에서 고통이 즐거움보다 더 크기 때문에 이로부터의 해방을 성취하는 것이 바람직하다. 해탈은 종종 속박으로부터의 탈출에 비유된다.
>
> 윤회는 윤리적: 다시 태어날 때 그 장소는 여러 전생들에서의 행위[業]가 지닌 도덕성에 따라 결정된다.
>
> 물활론: 모든 물질에는 지각능력이 있는 생명이 '지바(jīva)'라는

085_ 특히 Nalini Balbir의 'Jain-Buddhist dialogue: material from the Pali scriptures' (2000)와 이 논문에 인용된 자료를 참고하라.

086_ W. B. Bollee, 'Buddhists and Buddhism in the early literature of the Śvetāmbara Jains' (1974).

형태로 깃들어 있다. '지바'란 단어는 기본적으로 '생명'을 뜻한다. 그런데 이 맥락에서의 생명이란 그것이 깃든 개체가 차지하는 만큼의 공간을 점유하므로, 어떤 물질적 속성을 가진 것을 의미한다. 폴 던다스는 이를 '생명 원소(life monad)'라 부른다. 네 가지 원소(흙·공기·불·물)의 아무리 작은 입자라 하더라도 그 안에는 각각의 지바가 깃들어있다.087 '지바가 존재에 깃들지 않거나 떠나버린 공간은 절대 존재하지 않는다. 마치 꽉 찬 염소우리에는 염소의 변과 털로 덮이지 않은 곳이 없는 것과 같다.' 지바란 본래 깨끗하고 뜨기 쉬운 것으로, 더럽혀지지 않는다면 우주의 최상층으로 떠오를 것이며 그곳에서는 영원한 지복의 상태로 남아 있을 수 있다.

그러나 업은 지바를 윤회에 '붙들어' 버림: 모든 행위는 일종의 더러움을 끌어들이는데 이 더러움은 지바에 들러붙어 그것을 무겁게 만든다. 따라서 그로부터 벗어나기 위해서는 쌓여있는 더러움을 털어내고 새로운 더러움이 붙지 않도록 해야 한다.

앞서 2장에서는 업의 작용이 일반적으로 농업의 비유를 통해 묘사됨을 살펴보았다. 나는 자이나교에서의 업의 사유도 동일한 비유를 사용하며 업이라는 단어 그 자체는 '노동'의 의미를 함축한다고 추측한다. 어떤 이가 농사일을 하면 그는 땀을 흘리게 되고 먼지가 그 몸에 달라붙게 된다. 특히

087_ Dundas, 앞의 책, p. 81, 『Bhāgavatī』의 인용.

인도라면 더욱 그러하다.

자이나교는 특정 윤리를 강조하는 것으로 유명한데, 그 근저에는 물활론이 자리하고 있다. 그 특정 윤리는 아힘사(ahiṃsā)로, 비폭력을 무엇보다도 중시한다. "지바의 편재함을 고려할 때, 거의 모든 행위는 어떤 식으로든 (다른 생명에게) 해로울 수 있다."**088** 보통은 지각능력이 없는 것으로 여겨지는 생명체마저도 촉각이 있으며 따라서 고통을 느낄 수 있는 능력도 있다. 나아가 이와 같이 지각능력이 없는 존재들마저도 고통받고, 상처 입고, 죽는다.**089** 세상에는 즐거움보다 고통이 더 많다는 점에는 의심의 여지가 없다. 다른 생명에게 가하는 위해를 최소화하기 위해서는 먹는 것부터 단순한 움직임까지, 자신의 행위를 제한할 필요가 있다. 이것이 바로 자이나교의 고행을 이루는 근간이다. "초기 자이나교도들에게 물리적 행동은 당연히 '해로운' 것이며 따라서 '붙드는' 것이다."**090** 그러므로 "지금까지 발견된 자이나교의 초기 업 교리를 따르면 선한 행위라는 사유 자체가 불가능하다."**091**

이 교리는 극단적이다. 실로 초기 자이나교 텍스트는 그렇게까지 고된 교리가 이전에도 없었고 이후로도 없을 것이라는 점을 자랑스럽게 여긴다.**092** 오직 고행자만이 그러한 금욕적 삶을 지향할 수 있으며 이상적

088_ W. J. Johnson, *Harmless Souls* (1995), p. 6. 나는 윌 존슨을 뛰어난 학자로 알고 있으며, 우리에게 알려진 가장 초기의 자이나교에 관하여는 그의 책 중 첫 장에 크게 의존하고 있다.

089_ Sūyagaḍaṅga 2.4.10, 존슨의 위의 책 p. 17에서 인용되었다.

090_ 존슨, 위의 책, p. 13.

091_ 같은 책, p. 28.

092_ Dasaveyānliya 6.5, 존슨의 위의 책 p. 22에서 인용되었다.

으로는 그러한 삶 또한 굶어 죽으며 끝날 것이다. 초기 자이나교 텍스트에는 선업에 관한 언급이 거의 발견되지 않는데, 그 텍스트들이 고행자를 위하여, 혹은 고행자에 의해서 쓰였다는 사실과 밀접한 관련이 있을 것이다. 아무리 좋은 의도에서 비롯되었더라도 모든 행위는 고통과 죽음을 야기한다. 업의 법칙은 그 행위자가 행위에 대한 응보를 내생, 아마도 바로 다음 생에 받게 될 것을 의미한다. 그러나 공덕(puṇya)과 더 나은 재생에 대한 약간의 언급은 존재한다. 윌 존슨(Will Johnson)의 주장에 따르면, 공덕이 있는 행위와 그 결과로서 지상, 혹은 천국에서의 더 나은 재생은 초기 자이나교 고행자들과 별로 접촉한 적 없는 장자들에게 친숙한 개념이었다. 그러한 사유는 일반적으로 널리 퍼져있는 관습의 일부였다. 그리고 비록 그러한 관점에 대해 교학적으로 체계화된 승인이 없다 하더라도 고려되어야 했던 것이다. 평범한 신도가 더 나은 윤회를 성취할 실질적 가능성이 이론적으로 성립되려면, 업에 있어서 행위 자체보다는 의도와 동인(動因)이 어느 정도 더 의미가 있다는 교리가 요구되었을 것이다.**093**

교리의 결정적 전환은 붓다에 의해 이루어졌다. 붓다의 말을 빌리자면, "내가 업이라 할 때는 의도를 의미한다." 업은 그 매개가 무엇이든 간에 정신적인 것으로 행위자의 의도의 문제이며(혹은 의도의 부족일 수도 있고, 무관심도 고려할 수 있다), 행위자의 정신적 상태 전체에 영향을 끼친다. 각 마음 상태는 다음 순간의 마음에 영향을 끼치고 나아가 이생은 다음 생에 영향을 끼친다. 불교는 업의 초점을 의도로 전환함으로써 초기 자이나교에 비해 선업과 악업의 균형적 대칭 구도를 갖추게 되었다. 자이나교에서는

093_ 존슨, 위의 책, p.30.

선업마저도 영혼을 무겁게 하여 해탈을 지연시킬 뿐이지만, 불교에서의 선업은 영혼의 성장을 위하여 필수적인 첫 단계이다.

붓다가 자신의 가르침을 직간접적으로 가장 많이 관련시킨 것은 브라만교이다. 그러나 빨리어 정전의 상당히 많은 부분에서 붓다는 마하비라의 제자들과 논쟁한다. 여타 저술에서도 내가 항상 강조하였듯, 브라만교의 업은 근본적으로 제식을 의미한다. 유일하게 『브리하드 아란야까 우빠니샤드』에서만 업이 윤리를 암시하는 부분이 발견된다. 이는 매우 중요한 지점으로, 이에 대하여는 6장에서 다시 언급할 것이다. 그러나 불교의 업 개념의 기원에 관하여는 다른 시각의 논의도 가능하다. 바로 자이나교를 통해서이다. 의도 없이는 악한 행위도 없다는 불교적 관점에 대하여, 자이나교의 아마도 가장 오래된 두 텍스트 중 하나인 Sūyagaḍaṅga Sutta는 다음과 같이 논박하고 있다.

> "그의 마음, 언행, 몸이 악으로부터 자유롭다면, 그가 살생하지 않는다면, 그가 마음이 없다면(즉 신체적 기관, 혹은 의식의 기관이 없다면), 그가 그의 마음, 언행, 몸의 작용을 의식하지 않고 심지어 꿈조차 꾸지 않는다면 그는 악한 행위를 짓지 않는다." (2.4.2)**094**

위의 설명은 실로 불교 승단의 규범을 강하게 연상시킨다. 일반적으로 불교 계율은 조건을 명확히 하는데, 예를 들어 정신착란인 상태에서의 행위는 죄로 성립되지 않는다. 자이나교 텍스트는 이에 동의하지 않는다.

094_ 같은 책, p. 16.

"비록 이러한 존재들은 마음도 없고 말도 할 수 없지만 그들 또한 고통, 슬픔, 손상, 피해, 상처를 초래하므로 고통 등을 초래하는 것으로부터 그들을 제외시켜서는 안 된다. (2.4.9) … 따라서 감각이 없는 존재들이라 하여도 살생이 성립하는 데 대상이 되는 것으로 간주된다. … (2.4.10)"

바꿔 말하자면 어떠한 동기에 의해서, 혹은 어떠한 동기의 부족으로 상처를 입혔다면, 그 동기가 무엇이든 간에 상처는 상처라는 것이다.**095**

붓다가 행위는 의도라고 주장한 것은 역설을 의도한 것이 아니라 자이나교에 대한 직접적 대응이었다고 생각된다. 중요한 모든 것은 마음에서 일어난다는 교리가 붓다의 여타 가르침과 일관성을 띠는 것은 사실이나, 붓다가 그토록 대담하게 주장했을 때는 무엇보다도 자이나교를 염두에 두었던 것 같다.

경장(經藏, Sutta Piṭaka)의 텍스트 중 상당수는 붓다와 마하비라의 제자들 간의 교류를 보여준다. 붓다는 최초 설법을 육체적 금욕의 무익함에 대한 비판으로 시작하며 중도를 설한다. 이는 명백히 자이나교도와 같은 고행자들을 향한 것이다. 그럼에도 불구하고 내가 이해하기로 학자들은 자이나교를 붓다와 동시대의 가르침으로만 생각했고, 자이나교가 더 오래된 종교이므로 붓다가 그로부터 긍정적으로든 부정적으로든 영향을 받았을 것이라는 점은 고려하지 않았던 것으로 보인다. 나도 이를 완벽히 설명할 수는 없다. 1880년, 자코비(Jacobi)는 마하비라 이전의 '건널목

095_ 같은 책, p. 17.

을 만드는 자'였던 빠르슈바(Pārśva)가 실존했던 인물이라 주장하였고 리스 데이비즈(Rhys Davids)는 이에 동의하지 않았다.096 그 이후로 자이나교 연구와 불교 연구는 각기 다른 길을 가게 되었다. 한편 '빨리어 정전에서 붓다가 자이나교의 사상과 수행에 대해 반응하는 몇몇 구절들을 어떻게 해석할 것인가'에 관하여, 나는 동료인 요하네스 브롱코스트(Johannes Bronkhorst)와 번갈아 연구서와 논문을 발표하며 논쟁하였다.097 당시 우리는 이 문제를 동시대인의 논의로만 다루었을 뿐이다. 몇 가지 흥미로운 발견이 있었지만 지금 돌이켜 보면 우리는 나무는 보고 숲은 보지 못했던 것 같다.

나는 자이나교가 불교에 긍정적으로 미친 영향이 막대하다고 생각한다. 윌 존슨에 따르면, 초기 자이나교의 '윤리적이고 자비로운 근원'은 아힘사 교리에 있다.

> … 상처란 것은 애초부터 나쁜 것이다. 왜냐하면 상처는 '다른 이들에게' 입히는 것이기 때문이다. 다른 이들에게 입히는 상처로부터 그 결과, 즉 속박으로 인해 자신에게 입히는 상처로 그 중점을 전환시킬 수 있는 것은 오직 속박과 해탈에 관한 일관된 이론의 발전뿐이다.098

096_ 논란의 양측 입장에 대한 참조를 위하여는 Balbir, 각주 85 논문, p. 12, n. 34를 보라.

097_ Johannes Bronkhorst, *The Two Traditions of Meditation in Ancient India* (1993); Richard Gombrich, 'The Buddha and the Jains: a reply to Professor Bronkhorst' (1994); Johannes Bronkhorst, 'The Buddha and the Jains reconsidered' (1995).

098_ Johnson, 위의 책, p. 17.

사실 더 나아가, 최초로 윤리화된 업 이론은 불교가 아닌 자이나교의 것으로 인정될 수 있다. 개인적으로는 월 존슨이 옳다고 생각하지만, 만약 그가 옳다면 붓다가 반박한 초기 자이나 교리에서는 선업의 가능성은 없으며 오직 악업의 제거만을 지향할 수 있다. 따라서 불교는 더 완성되고 타당한 형태의 윤리관을 갖추었다고 할 수는 있으나 최초는 아니었던 것이다. 더욱이 베다의 제사 제도에 필수적인 동물 희생제에 반대함에 있어서는 불교도와 자이나교도가 한뜻이었다. 붓다는 앞서 언급한 자이나교의 다섯 교리 중 처음 세 가지는 받아들였으나 네 번째와 다섯 번째는 받아들이지 않았다. 즉, 윤회의 교리, 윤회로부터 해탈, 해탈에 있어서의 윤리의 역할은 인정하였으나 '생명 원소'의 존재 여부는 받아들이지 않은 것이다. (실로 붓다는 생명에 관하여 그런 방식의 설명을 제시한 적이 없다.) 붓다에겐 식물이 지각능력이 없으므로 식물은 '해칠' 수 없는 것이었다. 더욱이 우리가 무생물이라 부르는 것 또한 마찬가지였다.

—

붓다는 다른 한편으로는 자이나교에 반발하기도 하였다. 그는 자이나교 승려들의 생활 방식에 강력히 반대하여, 불교 승려가 절대로 자이나교 혹은 그와 유사한 교파로 오해받지 않도록 하였다. 이에 대한 재미있는 일화가 있다. 어느 날 불교 승려들이 노상강도에게 옷을 빼앗겨 목적지에 전라로 도착하였다.**099** 사람들은 승려들이 자이나교의 측근 세력이었던 아지

099_ 각주 88번 문단 참고.

비까(Ājīvika)라 생각하였다. 붓다는 승려가 그런 곤경에 처했을 경우 풀이나 잎으로든, 어떤 것으로든 나체를 가려야 하며 장자에게 옷을 요청할 수도 있다는 규정을 세웠다. 그러한 부탁은 보통 금지되어 있었다.[100] 발우에 관한 유사한 사례도 있다. 자이나교 승려들은 음식물의 공양을 그릇에 받는 것이 허락되지 않았고 오직 맨손으로만 음식을 받을 수 있었다. 공의파는 오늘날에도 이 계율을 지키고 있다. 원래 율(Vinaya)에는 승려들이 그릇을 요구할 수 없다는 계율이 있었기에 승려는 그릇이 깨졌을 때도 다른 그릇을 요청할 수가 없었다. 붓다는 여타 (명시되지 않은) 종파(titthiya)의 승려처럼 손으로 음식을 받는 것에 반대했기 때문에 그러한 경우에는 다른 그릇을 요청할 수 있도록 정하였다.[101]

자이나교는 일반 대중이 고행자로부터 기대하는 바에 근거하여 기준을 세웠던 것으로 보인다. 이는 불교 승단과 심지어 붓다 자신에게도 지대한 영향을 끼쳤다. 자이나교가 모든 것에 생명이 있다고 믿었음은 앞서 확인하였다.[102] 그들은 생명체를 감각기관의 수에 따라 분류하였다. 신, 인간 그리고 다른 고등 동물은 물론 다섯 가지의 감각을 가지고 있다. 식물을 포함하여 보통 지각능력이 없는 것으로 여겨지는 생명체는 오직 하나

100_ Vin. Ⅲ, 212.

101_ Vin. Ⅲ, 245.

102_ 이러한 믿음이 상당히 널리 퍼져있었다는 점을 분명히 해야 한다.

> 베다 종교에서는, 동물뿐 아니라 식물 및 씨앗, 심지어는 물과 흙 … 등도 살아있고 심지어 지각이 있는 것으로 믿어졌다는 충분한 근거가 있다. 그리고 불과 바람은 적어도 의인화되어 신성한 면을 가졌다. … 베다 이후 힌두교 또한 적어도 식물 및 발아 가능한 씨앗에는 지각이 있다는 관점이 여전히 잘 기록되어 있으나, 일부는 … 이에 동의하지 않는다. (L. Schmithausen, *The Problem of the Sentience of Plants in Earliest Buddhism* (1991), p. 3)

의 감각, 즉 촉각만을 가지고 있다. 반면 도덕적 가르침만을 목적으로 삼았던 붓다의 관심사는 의식의 존재 여부였다. 식물에는 의식이 없었다. 따라서 붓다가 제시한 도덕적 기준의 목록에 식물에 대한 폭력의 제지가 있다는 것은 의외이다.[103] 같은 이유로 붓다는 승단의 안거를 결정했다. 율에 따르면 원래 불교 승려들은 일 년 내내 떠돌아다녔다. 그러나 이는 승려들이 수많은 새싹들을('한 가지 감각기관을 지닌'이라는 뜻의 단어 사용) 짓밟고 조그만 벌레들을 죽이게 된다는 의미이다. 다른 교파들은 이를 피하기 위해 우기 동안 한곳에 머무르게 되었다고 한다. 그리하여 붓다는 불교 승단 또한 이를 따르는 규정을 선포하였다.[104] 붓다가 어떠한 계율을 정립할 때 종종 그 이유는 대중의 비판을 회유하기 위한 것으로 보인다.

이와 유사하게 비구와 비구니는 식물을 파괴하는 것을 삼가야 한다는 승단의 규율이 있다.[105] 이 율 자체는 새로운 것이 아니나 그 텍스트를 분석해 보면 붓다 혹은 그의 제자들이 기존의 전통을 어떻게 개조하였는지에 대한 재미있는 사례를 보여준다. 각각의 계율은, 어떤 비구, 혹은 비구니의 행위가 그 당시에는 죄가 아니었지만 타당한 비판을 받게 되자 붓다가 이를 듣고 그 행위가 앞으로는 죄로 여겨질 것이라 포고하는 이야기로 소개된다. 학자들은 이러한 도입부 이야기 중 다수가 사후에 작성된 것이라 여긴다.

이 경우는 나무를 자르는 승려의 이야기로 시작한다. 나무에 살던

103_ *Bījagāmā-bhūtagāmā samārambhā paṭivirato samaṇo Gotamo DN* I, 5. 이 문제는 슈미트하우젠의 위의 책에서 철저히 검토되었다.

104_ Vin. I, 137. Vin. IV, 296 또한 참고하라.

105_ 이는 바일제(波逸提, pācittiya)의 11조이다. (Vin. Ⅳ, 34).

정령은 반발하였으나 승려는 이를 눈치채지 못하고 (최대한 완곡하게 표현하자면) 정령의 아기의 팔을 쳐서 떨어트렸다. 정령은 곧장 그 승려를 죽여 복수하려다 더 좋은 생각이 나서, 대신 붓다에게 항의하기로 한다. 붓다는 정령이 악한 행위를 피한 것을 축하하며 그녀가 옮겨갈 만한 다른 나무를 보여주었다. 그러나 대중과 덕망 있는 비구들은 그 비구가 한 감각기관을 가진 생명체로부터 생명을 빼앗았다며 비난하였다. 붓다는 그 비구가 나무를 자른 것을 꾸짖으며 다음과 같이 말하였다. "사람들은 나무에도 생명이 있다고 생각한다." 그러고는 식물을 자르는 것을 죄로 규정하였다.

여기서 잠시 붓다의 절묘함을 감상해 보자. 눈에 띄게 거대한 나무에는 모두 정령이 살고 있다는 생각은 인도 대륙 널리 퍼져있는 믿음이다. 나무 정령은 여성이며 대개 유순하다. 내가 스리랑카에서 현지 조사를 했을 때, 마을 목수들이 그런 나무를 자르기 전에 그 나무에 사는 정령에게 공손히 허락을 구하며 다른 나무로 옮겨가도록 권하는 것을 보았다. 텍스트에서도 붓다가 나무의 정령과 대화하는 대목을 쉽게 발견할 수 있다. 따라서 붓다는 의도적으로 모호한 태도를 취하고 있는 것이다. 내가 위에 번역한 문장은 "(폴 던다스의 번역을 빌리면) 사람들은 나무에 '생명 원소'가 있다고 생각한다"는 뜻이 될 수도 있으며, 이는 자이나교도에게는 사실일 것이다. "사람들은 나무에 생명이 있다는 것을 의식하고 있다"는 문장은 나무 정령의 존재는 믿지만, 단 하나의 감각기관만을 가진 존재에 대한 도덕적 의무는 믿지 않는 불교도들이 납득할 만한 것이다.**106**

106_ 슈미트하우젠은 이를 단순히 "[사람들은] 나무를 살아있는 것으로 여긴다"(위의 책, p. 14)라 번역하고, 모호할 것이 없다고 본다.

자이나교가 끼친 영향은 붓다가 승단을 조직한 방식에서 더욱 막대했던 것으로 보인다. 분명, 붓다는 비구 승단 외에도 비구니 승단을 갖추어야 함을 배웠다. 우테 휘스켄(Ute Hüsken)의 주장에 따르면 붓다가 승단에 비구니를 받으려 하지 않았다는 설은 붓다 재세 시까지 거슬러 올라가지 않으며, 나 또한 이에 전적으로 동의한다.[107] 빨리어 정전에 등장하는 『장로게 · 장로니게(Thera-therī-gāthā)』에는 특히 흥미로운 증거가 발견된다. 이 경전은 대부분 짧은 시들로 이루어져 있으며, 그 주석에 따르면 개개인의 비구와 비구니들이 작성한 것이다. 작자들은 각자 자신의 영적 경험을 간략하게 묘사하고 있다. 비구니 부분의 427번 게송에 따르면 이시다시(Isidāsī)라는 여인이 등장한다. 이 여인은 불행하게도 세 명의 남편에게 버림받고는 지나닷따(Jinadattā)라는 비구니를 만나게 된다. 이름을 고려하면 그녀가 자이나교 비구니였음이 거의 확실하다. 이시다시는 지나닷따에게 감명받아, 자신의 악업을 제거하겠다는 의지를 천명한다. (자이나교의 전문용어인 'nijjarā'를 사용)[108] 그러나 이시다시의 아버지는 그녀가 불교로 귀의하도록 설득한다. 노먼(K. R. Norman)에 따르면, 이 게송집의 주석은 여기에 실린 두 명의 비구와 적어도 세 명의 여성이 자이나교로부터 불교로 개종했다고 주장하고 있다.[109] 비구니 부분 107번부터 111번 게송의 작자는 매우 흥미로운 인물이다. 이 여인의 이름은 '밧다(Bhaddā)'로, 주석에서는 이 여인을 전(前) 자이나교도라 특정하여 부른다.(purāṇa-

---

107_ Ute Hüsken, 'The legend of the establishment of the Buddhist order of nuns in the *Theraviida Vinaya-Piṭaka*' (2000).

108_ 그녀는 다음과 같은 동사를 사용하고 있다: *kammaṃ taṃ nijaressāmi* (v.431).

109_ 『장로게(Theragāthā, Elders' Verses)』I, p. 142 (『장로게』81번 게를 주목하라).

niganṭhī) 밧다는 자신이 머리카락을 뜯어내고 진흙으로 뒤덮여 오직 한 가지 옷만 입었다며 이야기를 시작한다. 그녀는 아무 죄가 없는 것들을 탓했고 탓할 만한 것들을 탓하지 않았다. 주석에 의하면 이는 무의미한 물리적 금욕행위에 집착하고 도덕적 가치들을 간과하였음을 의미한다. 그러던 중 밧다는 붓다를 만났고 붓다는 단순히 "오거라, 밧다여"라고 말함으로써 수기를 내렸다.**110** 이는 굉장히 재미있는 대목이다. 우리는 율을 통해 계율이 점진적으로 진화해온 모습을 살펴볼 수 있다. '오거라'라고 말하는 단순한 형태의 수기는 극히 초기의 것으로, 붓다가 어떤 승려든 다른 이에게 수기를 내릴 수 있는 절차를 마련할 필요성을 깨닫자 즉시 대체되었다. 나아가 다른 종교에서 수기를 받은 적이 있는 사람은 불교 승단에 완전히 받아들여지기까지 당연히 수습 기간을 거쳐야 했다. 주석 전통이 이러한 사실들을 인식하지 못했을 가능성은 없으나, 텍스트는 수정되지 않은 채 보존되었다. 이는 후대에 이르러서야 비구니가 승단에 받아들여졌다는 이야기가 날조라는 우테 휘스켄의 주장을 확증하는 근거이다.

고대사를 다룰 때, 단호한 회의론자를 설득하기란 논리적으로 절대 불가능하다. 이 모든 게송이 붓다가 이미 비구니 승단의 설립을 인가한 후에 작성되었을 가능성도 있다. 심지어 논리적으로는 불교 비구니 승단이 자이나교 비구니 승단보다 앞서 존재했을 수도 있다. 그러나 이는 왜곡된 억측일 것이다. 텍스트를 있는 그대로 해석하여, 붓다가 깨달음을 얻고 얼마 지나지 않아 승단을 세웠을 시기에 자이나교의 비구니 승단이 이미 존재했다고 보는 것이 훨씬 더 타당하다.

110_ 'Ehi Bhadde' (v.109) 이 표현에 내가 주목하게 된 것은 비구니 Juo-Hsüeh의 덕택이다.

모든 주장, 혹은 침묵들을 어떠한 비판의 노력도 없이 액면 그대로 받아들여야 한다는 뜻은 아니다. 빨리어 기록물은 불교로 개종한 자이나교도의 이야기를 들려주지만 반대 경우는 말하지 않는다. 자연히 반대 경우는 언급되지 않았겠지만 아무런 언급이 없다고 하여 그런 일이 전혀 일어나지 않았다는 뜻은 아니다.

내가 이전 연구에서 지적한 바와 같이 pātimokkha[111]는 그 단어 자체로 자이나교의 영향을 나타내고 있다.[112] 이 단어는 승단 구성원 개개인의 행동을 지배하는 일련의 규칙 및 승단의 암송 의식 두 가지 모두를 의미한다. 비구의 계율과 비구니의 계율은 다르다. 율에는 모든 비구와 비구니들이 보름에 한 번씩 모여 계율을 어긴 사항이 있으면 고백하는 것을 의무로 하고 있다. 자이나교 비구와 비구니들은 어떠한 위반사항도 모두 스승에게 고백해야 했다. 이에 해당하는 자이나교 용어는 paḍikkamaṇa로, '돌아가다', '자취를 되짚어본다'는 의미이다. 승려는 잘못을 고백함으로써 규칙으로부터 이탈하기 이전으로 돌아가는 것이다. 말하자면 정상궤도로 돌아오는 것이다. 이러한 참회 행위를 가리키는 불교용어 바라제목차(pātimokkha)의 의미는 '속죄하는'으로, 더욱 분명한 표현이긴 하지만 근본적으로는 완전히 같은 내용이다.

그러나 붓다는 자이나교 승단이 교리를 유지하는 데 효율적인 체

111_ 역주: 바라제목차(波羅提木叉)라고 음사한다.

112_ Richard F. Gombrich, 'Pātimokkha: purgative', *Studies in Buddhism and Culture in Honour of Professor Dr. Egaku Mayeda on His Sixty-fifth Birthday*, The Editorial Committee of the Felicitation Volume for Professor Dr. Egaku Mayeda (eds), Tokyo: Sankibo Busshorin, 1991, pp. 33-38.

계를 갖추지 못하고 너무 느슨하다고 보았다. 따라서 붓다는 자신의 승단을 적절히 조정하였고 참회 행위를 공동체와 연결시켰다. 붓다는 같은 지역 내 모든 승려는 적어도 보름에 한 번은 만나서 계율을 암송하고 그것을 어긴 바가 있다면 고백하는 것을 엄격히 지키도록 하였다. 자이나교에서 의무적인 단체 참회 의식은 우기 중의 안거에 행해졌으므로 일 년에 한 번뿐이었다. 내 방식의 재구성은 물론 추측일 뿐이지만 설득력이 있다고 생각한다. 사소하지만 나의 추측에 유리한 또 다른 증기는 자이나교 승려들이 하루에 세 번 스승에게 참회해야 했다는 점이다. (아침 첫 일과, 탁발에서 돌아온 뒤, 밤의 마지막 일과) 반면 율에 따르면**113** 붓다는 특정 승려들이 매일 참회하는 것을 멈추게 해야만 했다.

붓다가 초기 자이나교로부터 영향받았음을 보이는 증거 중 가장 인상적인 사례는 율이 아니라 교리의 기본적 용어에서 찾을 수 있다. 초기의 것으로 보이는 통상적인 설명에 따르면**114** 붓다는 자신의 깨달음을 묘사할 때 그의 생각이 āsavas로부터 자유로워졌다고 말한다. 이 āsava라는 전문 용어를 어떻게 번역할 것인가에 대해 현대 학자들은 아직도 합의에 이르지 못했다. 나는 '오염'이 적당하다 생각한다. 나는 번역어의 선택에 있어서 이 단어의 어원을 중대하게 여기지 않았다. 그 이유에 대해 살펴보자.

빨리어 āsava는 산스끄리뜨어 āsrava에 해당하는데 이는 '흘러 들어가다'는 뜻의 ā-sru 동사의 명사형이다. 따라서 āsava는 종종 '유입'으

113_ Vin.I,104.

114_ 예를 들면 DN I,84.

로 번역되는데 직역으로는 정확하다. 그러나 불교에는 존재에 '흘러 들어오는' 그 어떤 것도 없으므로 의미가 통하지 않는다. 반면 그 의미는 정확히 자이나교가 업의 작용을 파악하는 방식과 일치한다. 붓다는 자신의 āsava가 사라졌다(khīṇa)고 말한다. 여기에는 세 가지가 있다. 감각적 욕망(kāma), 존재로 영속하고자 하는 욕망(bhava) 그리고 무지(avijjā)이다. (가끔은 네 번째도 있는데 바로 추론적 견해(diṭṭhi)이다.) 실로 빨리어 텍스트에서 khīṇāsava는 깨달은 이를 지칭하는 별칭으로 자리 잡는다. 불순한 '유입'이라는 사유는 던다스가 말하는 업에 대한 가장 오래된 비유에 부합한다. 그것은 젖어있거나 끈적거리는 것에 들러붙는 먼지와 같은 것이다.

나는 피터 하비(Peter Harvey) 덕분에 『모든 번뇌 경(Sabbāsava Sutta)』에 관심을 가지게 되었다.[115] 이 경에서 발견되는 āsava의 용례 대부분은 '외적인 것에 있어서의 지혜와 금욕에 관련되어 있다. 따라서 중점이 행위로부터(자이나교) 내적 의도(불교)로 옮겨가는 것과 유사한 사례로 보인다.'[116]

불교와 자이나교에서 나타나는 āsava의 용법은 둘 사이의 직접적 영향보다는 두 종교가 공통된 배경에 의존하였음을 증명한다고 주장된 바 있다.[117] 이 주장은 논리적으로는 타당하지만 증거가 없기 때문에 나는 붓다가 자이나교의 용법에 영향받았을 것이라는 가설을 선호한다. 어쨌든 이 경우는 붓다가 경쟁자의 용어를 차용하여 새로운 의미를 불어넣

115_ MN, sutta 2.

116_ Peter Harvey와의 사적 대담.

117_ Ludwig Alsdorf의 주장이며, 존슨이 이에 동의하며 인용한 바 있다. (위의 책, p. 14.)

은 사례 중 하나일 것이다. 경전에는 붓다가 āsava와 samārambha, 두 단어의 언어유희를 통해 자이나교도를 개종시키는 내용이 있는데 이는 붓다가 āsava를 자이나교와 연관시켰다는 나의 주장을 뒷받침한다.[118]

동일한 표현의 사용에 있어서 이와 유사하게 의심스러운 전문 용어 중 또 다른 하나는 ñāṇa-dassana이다. 이는 말 그대로 '아는 것'과 '보는 것', 즉 열반의 성취를 의미한다.[119] 이 표현이 두 단어로 이루어져 있는 이유를 정확히 밝혀내기는 어렵다. 아는 것과 보는 것은 결국 같은 말로 들리기 때문이다. 신뢰할 만한 고대의 증거가 부족하므로 이 문제는 또다시 추측에 머무를 수밖에 없다. 자이나교에서 '지식'에 해당하는 단어와 '보기'에 해당하는 단어 모두가 '해탈'의 의미를 구성한다는 점은 특기할 만하다. 그러나 각각이 지칭하는 바는 다르다. 고전 자이나교 교리를 요약하는 Tattvārtha-sūtra에서는 다음과 같이 말한다.[120] "해탈에 이르는 길은 완벽한 통찰, 지식과 행동이다." 여기서 '통찰'은 빨리어 dassana와 동일한 단어에 해당하고 '지식'은 ñāṇa와 동일하다. 그러나 자이니(P. S. Jaini)는 그 의미가 '실재의 본성에 관한 통찰(그리고 이러한 시각에 대한 믿음)'과 '경전에 그려진 바와 같은 결정적 지식'의 결합을 의미한다고 해석한다.[121] 내가 추측하기로는, 불교가 차용한 전문 용어가 원래 맥락에서는 그 의미가 구

118_ AN Ⅱ, 196-200, 나의 논문 'The Buddha and the Jains' (1994), pp. 1091-1093에서 논의하였다.

119_ 다양한 번역과 인용 문헌을 살펴보기 위해서는 PED의 해당 항목을 참고하라.

120_ Umāsvāti의 *Tattvārthn-sūtra*, 산스끄리뜨어로 쓰인 아마도 최초의 작품일 것이며 150~350년 사이에 위치한다.

121_ Jaini, 위의 책, p. 97.

별되지만 불교 체계 내에서는 그 구별이 무의미한 경우라 생각한다.

나는 좀 더 과감한 추측도 한다. 불교에서 깨달음을 얻은 자를 지칭하는 가장 흔한 단어로는 빨리어 arahat, 산스끄리뜨어 arhat이 있다. 이 단어들의 강어간(strong stem)은 각각 arahant와 arhant이다. 이들은 산스끄리뜨어 어근 arh, 즉 '~할 가치가 있다'는 동사의 현재분사이다. 무슨 가치인지 묻는다면 대답은 '숭배'일 것이다. 그러나 나는 정신적으로 가장 뛰어난 존재를 지칭하기에는 이 단어가 다소 부족한 것이 아닌가 하는 생각을 줄곧 해왔다. 또한 그 문법적 특이성은 더욱 석연치 않다. 이 단어에는 동일한 의미를 지닌, 더할 나위 없이 좋은 형용사형이 존재한다. 빨리어로는 araha, 산스끄리뜨어로는 arha이다. 어째서 현재분사 형태를 사용한 것일까? 사실 나는 산스끄리뜨어나 빨리어 호칭 중 현재분사 형태로 쓰인 그 어떤 사례도 생각해낼 수 없다.

자이나교에서 동일한 최상의 존재를 가리키는 호칭 중 하나가 분명 관련 있는데, 여기에는 arahanta와 arihanta의 두 가지 형태가 있다.[122] arahanta는 빨리어의 arahant와 동일하며, 마찬가지로 '(숭배의) 가치가 있다'는 의미가 전통적 해석이다.[123] 한편 arihanta의 경우는 단지 음운 변동일 수도 있으나 또 다른 해석은 타당할 뿐 아니라 자이나교 전통에서 실로 그 증거가 발견된다. 즉, arihanta는 '죽이는 자(hanta)'와 '적(ari)'의 합성어로도 해석될 수 있는 것이다. 동일한 은유는 마하비라 및 여타의 자이나교

122_ 같은 책, p. 162, n.11. 두 단어 모두 쁘라끄리뜨(Prakrit)이며 따라서 상당히 다양한 음성적 변형은 특별한 것이 아니다.

123_ 자이나교의 arhat과 불교의 해당 개념을 훌륭히 비교한 설명은 같은 책, pp. 258-260을 참고하라.

지도자들을 일컫는 '정복자(Jina)', 즉 자이나교의 명칭(Jain) 그 자체에서 발견된다. 붓다 또한 가끔은 정복자라는 명칭을 스스로 사용한다. 율『건도부(犍度部, Khandhaka)』에 따르면 붓다가 깨달음을 얻고 얼마 되지 않았을 때, 유행 중이었던 고행자 우빠까(Upaka)에게 다음과 같이 말한다. "나는 마음의 악한 상태를 정복하였다. 그러므로 우빠까여, 나는 정복자이다."**124** (우빠까는 전혀 감동받지 않았다.)

자이나교 그리고 후대의 브라만교에서 적(敵)은 욕망, 분노, 탐욕, 미혹, 교만, 인색 등으로 나열된다. 불교에는 이와 같은 특정 목록이 없고 붓다는 세 가지 불의 비유(욕망, 증오, 미혹)를 들었으며 그중 가장 중요한 것은 첫 번째였다. (8장 참고) 따라서 대개 죄악은 '적'이라는 형태로 의인화되지 않았다.**125** 붓다는 자신을 '죽이는 자'로 부르는 것이 아무리 비유일지라도 천박하다고 생각했을지도 모른다. 따라서 arihant는 불교에서 사용되지 않았지만**126** arahant는 사용되었다. 더욱이 āsava 논의에서 지적하였듯 arahant와 khīṇāsava는 종종 함께 사용된다. 따라서 나는 arahant가 자이나교로부터 차용된 것이라 생각한다.

124_ Jinā me pāpakā dhammā, tasmāhaṃ Upaka Jino (Vin. I, 8 = MN I, 171).

125_ 여기엔 예외가 있다. 마라(Māra) 그 자신은 죽음의 화신으로서, 세 명의 딸이 있는데 갈애(taṇhā), 욕정(rati), 혐오(arati)이다.

126_ 붓다고사는 arahant의 다섯 가지 가능한 표현형(nirutti) 중 하나로 제시한다. 붓다가 욕망 등 그의 적들을 물리치기 때문이다. (Visuddhi-magga, p. 198) 그리고 Lance Cousins에 따르면 이러한 설명은 빨리어 주석서에 여러 차례 등장한다. nirutti는 우리가 생각하는 어원학과는 달리, 서로 배타적이지 않다는 점을 기억해야 한다. 따라서 그 용어의 역사적 기원이 전승되었다고 증명되는 것은 아니다.

요약

붓다의 삶에 대해 조금이라도 아는 사람이라면 붓다가 자이나교의 수행을 직접 시도해본 뒤 거부했음을 당연히 알고 있을 것이다. 가족을 떠나 출가하여 마침내 구원의 진리를 발견하기까지의 6년 동안 붓다는 두 스승에게서 명상을 배웠으나 그의 목표에 도달하지 못하자 가장 극단적인 고행을 하였다. 이 고행에는 거의 죽기 직전까지의 단식도 포함되었다. 붓다는 이러한 고행이 헛됨을 깨닫고 다시 먹기 시작한 후에야 깨달음을 얻을 수 있었다. 앞에서 언급하였듯, 붓다는 방종과 고행 모두를 부정하고 중도의 실천을 촉구하며 첫 설법을 시작하였다.

텍스트에서는 붓다가 시도한 고행이 자이나교 수행법이라 명시하지도 않으며 고행이 무조건 자이나교만의 수행법인 것도 아니다. 그러나 고행이 자이나교의 수행법이었던 것은 사실이고 텍스트에서도 자이나교도는 고행을 한다고 기술한다. 하지만 붓다는 브라만교의 제의를 부정한 것처럼 그러한 고행 또한 부정하였다. 왜냐하면 둘 다 외적인 것만을 다루었기 때문이다. 모든 중요한 것들은 마음에서 일어난다는 것이 바로 붓다의 위대한 통찰이었다.

여기서 우리의 주 관심사는 업과 윤회에 관한 붓다의 사상과 붓다가 알았던 자이나교 사상의 연관성이다. 앞 장 끝 부분에서 지적한 바와 같이 자이나교는 업을 윤리화 및 보편화하였으며 이 점에서는 붓다를 앞섰다. 그러나 붓다는 초기 자이나교에 부재하였던 선업과 악업의 균형을 처음으로 도입한 것으로 보인다. 이 점은 브라만교의 영향이었을 수도 있다. 초기 자이나교는 장자 신도에게 베풀 것이 전혀 없었다. 보시가 선한 행위라는 사고방식은 보통 범인도적인 것으로 여겨지는데, 초기 자이나교 텍스트는 이에 의문을 제기하였다.[127] 이러한 이데올로기가 바뀌지 않았더라면 자이나교는 그리 오래 살아남지 못했을 것이다. 왜냐하면 수도승들은 재가 신자들이 바치는 음식으로 연명했기 때문이다. 따라서 자이나교의 윤리는 모두에게 적용된다는 점에서 보편화될 수 있으나, 누구나 따를 수 있도록 고안된 것은 절대 아니다.

앞서 확인하였듯, 붓다의 위대한 개혁은 윤리적 가치가 외적 요소가 아닌 의지에 따라 판단되도록 만든 것이다. 당연히 자이나교의 교리 또한 선한 행위를 받아들이게 되었고, 업에 따라 천상, 혹은 지상의 좀 더 나은 지위에서 윤회할 수 있음을 인정하게 되었다. 이와 거의 동시에 자이나교는 선업과 악업을 평가하는 기준으로써 의도의 역할을 포함하였는데, 우마스바띠(Umāsvāti)의 Tattvārtha-sūtra 이전까지는 의도에 명백히 결정적인 역할이 부여되지 않았다.[128] 나는 이러한 두 가지 발전, 즉 선업과 악업 간의 균형 및 의도의 중요성이 붓다가 끼친 영향의 결과라 생각한다.

또 다른 차원에서 불교가 자이나교와 대조를 보이는 점은 붓다의 추상화 능력이다. 자이나교는 업에 기반한 사상적 체계를 형성하였으나 그들은 '행위'라는 의미를 채용하였다. 행위는 분명 추상 명사로서, 물리적 영향을 끼칠 수 있을 뿐 아니라 그 자체로 물리적인 것이다. 자이나교의 업에 대한 재해석은 붓다가 업을 '의도'라고 부른 것만큼이나 혁명적이라고 주장할 수도 있다. 그러나 사상사적 측면에 있어서, 자이나교가 단순 추상

127_ 존슨, 위의 책, pp. 28-29.

128_ 같은 책, p. 46.

개념을 구체화하는 방식은 순진한 문자 그대로의 풀이였으며 난관에 빠지게 되었다.

당시 불교가 추상개념을 다루던 방식은 가끔 어설펐다. 붓다는 인식 기관 전반을 이루는 일반적 오감에 여섯 번째로 마음을 추가하였다. 이 마음은 추상적 개념(dhamma)을 인식하는 데 사용된다. 그리고 추상의 인식은 다른 다섯 가지 능력(indriya)과 동등한 것으로 상정되었다. 마음을 감각보다 상위 개념으로 설정하는 데 실패하였기에 그 결과물이 조잡하고 미흡했던 것은 당연한 일이다.

요약하자면, 나는 붓다의 사상과 수행에 대한 자이나교의 영향이 여태껏 제대로 평가받지 못했다고 주장하고자 한다. 브라만교에 했던 것과 마찬가지로 붓다는 여러 면에서 자이나교에도 반발하였다. 그러나 붓다가 자이나교의 교리를 상당 부분 변화시키고 발전시켰을지라도, 윤회와 업 그리고 비폭력에 대한 붓다의 사상은 자이나교에 큰 빚을 진 것이다.

제5장

붓다의 '무아(No Soul)'는 어떤 의미인가

붓다의 사상에 대한 입문서는 보통 두 가지를 강조하며 시작한다. 그 두 가지는 4성제 중 첫 번째인 고제(苦諦), 즉 '모든 것은 고통이다'라는 가르침 그리고 무아의 가르침이다. 이에 대하여는 서문에서 간략히 다루었을 뿐이다. 서문에서 밝혔듯 붓다 사상의 요지는 업설 그리고 우리가 스스로에 대해 전적인 책임이 있다는 사유라고 생각한다. 이러한 사유는 그 형이상학적 측면도 중요하지만 무엇보다도 윤리 원칙임에 다름없다.

'모든 것', 즉 '우리가 일반적으로 알고 있는 삶의 모든 면'이 고(苦)라는 주장은 거의 격언에 가까운 것이다. 역사적 유사성을 찾으려는 이들은 바로 저 주장에 근거하여 붓다의 가르침을 스토아학파나 쇼펜하우어와 같은 비관적 색채를 띤 서구 철학에 비교하게 되었다. 한편 무아의 가르침은 흔히 흄(David Hume)의 철학에 비교되어 왔다. 이러한 비교는 절대 어리석은 짓이 아니며 나름대로 흥미로울 수 있다. 그러나 이 글의 목적에는 도움이 되지 않는다. 붓다의 사상을 역사적 맥락에서 분리시키면 그 의미가 명료해지기보다는 오히려 애매해지기 쉽기 때문이다.

붓다는 자신의 주장을 이해시키기 위해서 대중에게 친숙했던 용어를 사용했다. 역사적 기록에 따르면 붓다는 브라만교 용어 거의 전부를 차용하였다. 붓다는 주로 초기 우빠니샤드, 특히 BĀU를 언급한다. BĀU는 보통 베단따(Vedānta)로 알려져 있으며 이는 문자 그대로 '베다의 결론'을 의미한다. 붓다는 이 가르침 중 일부에는 동의하였으나 나머지는 비판하였다. 그러나 붓다의 비판은 보통 매우 완곡하였다.

무엇이 윤회하는가?

모든 철학 및 관념적 사고 체계가 직면하게 되는 가장 기본적 의문은 '무엇이 존재하는가?'와 '우리는 어떻게 무언가를 알 수 있는가?'일 것이다. 고대 인도에서는 윤회를 믿었기에 세 번째 질문을 추가하였다. '한 생에서 다음 생으로 이어지는 것은 무엇인가?' 분명한 점은, 세 질문에 대한 답이 하나라면 굉장히 깔끔하고 경제적이라는 것이다.

『리그베다』에서 흔히 '창조 송가'라 불리는 제10권 129송에 따르면 존재와 의식은 서로를 필요로 하며, 함께 시작된 것으로 여겨진다. "그때 존재도 비존재도 아닌 것이 있었다. … 처음에는 하나의 욕망이, 마음의 첫 씨앗이 되는 것이 떠올랐다. 보는 자들, 즉 자신의 마음 안에서 지혜를 통해 추구하는 자들은 비존재 안에서 존재로의 연결을 찾아냈다." 이 내용은 물론 모순적이지만 브라만교와 힌두교 사상사 전체의 근간을 이루게 되었다. 베단따에서는 존재론, 즉 무엇이 존재하는가의 물음과 인식론, 즉 우리가 무엇을 어떻게 아는가의 물음은 서로 뒤얽히게 되었다.

무엇이 윤회하는가에 대한 대답의 기원은 상대적으로 덜 철학적이다. 상당히 많은 문화권, 아마도 대다수의 문화권에서 망자(亡者)는 육체로부터 분리되지만 아직은 — 적어도 특정 상황에서는 — 인간의 감각으로 알아챌 수 있다고 여겨진다. 이것이 우리가 '유령'이라 부르는 것이다.

유령에 대한 믿음은 기독교 교리 내에서는 성립되지 않으나 영국 전역 그리고 여타 서구 국가에 널리 퍼져 있으므로 더 이상 설명할 필요는 없을 것이다. 주목할 점은 독일어 Geist가 '유령'과 '정신' 모두를 의미하는 것과 동일하게, 근대 이전 영어에서 '유령(ghost)'과 '정신(spirit)'은 종종 동의어로 쓰였다는 것이다. ('고해신부(ghostly father)'라는 표현을 기억해보라.) 따라서 유령은 망자의 정신이며, 망자의 특성 대부분을 지녀 여전히 그 사람으로 여겨진다.

죽어서 더 이상 존재하지 않는 어떤 이의 특성을 담는 매개체로 작동하는 것이 유령의 기능이라면, 유령은 물질적이면서 동시에 비물질적이어야 한다. 이러한 모순 때문에 세련된 신학자들은 이 문제를 피해갈 방법을 찾으려 한다.

망자의 특성을 담는 그 매개체는 흔히 '영혼'이라 불리기도 한다. 영혼이 유령과 다른 점은 살아있는 사람에게도 이미 영혼이 있다는 것이다. 사실 영혼은 태어나는 순간, 혹은 잉태되는 순간부터 존재하는 것이다. 기독교 신학자들 또한 유령은 감각으로 인지할 수 있지만 영혼은 이성으로만 인지할 수 있다고 주장하는 경향이 있다. 그러나 유령과 달리 영혼에 대하여는 의견이 훨씬 분분하다. 플라톤은 인도에서 그랬던 것과 같이 영혼을 윤회하는 개체로 생각하였다. 따라서 플라톤주의 전통에 서 있는 기독교인들은 플라톤의 영혼윤회설을 받아들이지 않았음에도 영혼이 몸과 마음으로부터 분리될 수 있는 것으로 여겼다. 반면 아리스토텔레스는 영혼을 한 개인의 형상인(形相因)으로 보았다. 형상인이란 전체가 부분의 합 그 이상이 되도록 하는 것이다. 즉, 영혼은 개개인에게 개체성을 부여하는 것이다.

요약하자면 '영혼(soul)'이라는 단어의 용법 자체가 그러한 혼란으로 점철되어 있기에, 불교의 무아 개념을 '무영혼(no soul)'으로 번역할 경우 아무리 잘해봤자 의미가 충분히 전달되지 않으며, 최악의 경우에는 엄청난 오해를 불러일으키게 된다. 개인적 경험에 따르면 이 번역이 종종 오해를 불러일으키는 것은 사실이다. 사람들이 무아를 연속성에 대한 부정으로 이해하도록 만들기 때문이다. 이러한 이해는 1장에서 지적한 바와 같이 완전히 잘못된 것이다. 불교에는 업이라는 강력한 연속의 법칙이 존재한다. 따라서 나는 이 주제에 관한 논의에서 '영혼'이라는 단어의 사용을 피하고자 한다. 그러나 영혼이라는 단어를 전혀 사용하지 않는 것이 불가능한 이유는 인도 불교가 무아의 가르침과 깊은 연관이 있으며 무아는 사실상 불교를 대표하는 표어가 되었기 때문이다. 이러한 맥락하에, 영어권에서 항상 사용되어온 '무영혼(no soul)'보다 무아를 더 잘 전달할 표현이 없음을 인정할 수밖에 없다.

—

자이나교에는 윤회의 작용에 대한 일관성 있는 이론이 있었다. 이 이론은 업이 어떻게 한 생에서 다음 생으로 이어지는지 또한 설명하였다. 생명체의 본질적인 구성요소(자이나교가 먼지 한 톨까지도 생명에 포함시켰음을 기억하자)는 지바(jīva), 말 그대로 '생명'이라 불린다. 4장에서 확인하였듯, 자이나교는 추상개념이 초래하는 다양한 문제점을 추상개념의 구체화로 해결하였다. 따라서 업, 행위 등은 일종의 때, 혹은 먼지 등으로 구체화된다. 이 먼지는 끈적거리므로 지바에 달라붙으며 금욕 수행을 통해 제거될 때까지 지바에 붙어있다. 한편 지바는 죽음과 환생이 끝없이 이어짐에 따라 한 개체에서 다른 개체로 옮아간다. 그것이 가능한 이유는 지바가 크기와 모양에 있어서 무한히 변화할 수 있기 때문이다. 일단 모든 업이 씻겨나가고 나면 지바는 전능해지고 모든 부정적 성질로부터 자유로워져 우주의 꼭대기로 날아오른다.

해탈을 통해서만 해방될 수 있는 윤회를 겪는 자아는 여타의 신념체계에서 '뿌루샤(puruṣa)'라 불린다. 이 단어는 일반적 산스끄리뜨어에서 단순히 '사람'을 의미한다. 상키야 학파는 그 기원이 대략 우빠니샤드만큼이나 오래된 것으로 알려진 종교적 철학 체계인데, 상키야 학파의 뿌루샤는 자이나교의 지바와 매우 유사하다. 뿌루샤의 순수한 본성은 의식이며, 해탈하기 위해서는 뿌루샤의 여타 성질들을 모두 제거해야 하기 때문이다. 그러나 뿌루샤라는 단어는 베다에 기원을 두고 있으며, 우빠니샤드에서는 종종 개인적 아뜨만을 가리키는 단어로 사용된다. 이에 대한 예는 3장에서 "[자아란] 이 사람, 즉 생체 기능들 중 지각으로 이루어진 것, 심장 깊숙이 있는 내적인 빛이다. 그는 두 세계 모두를 오가며, 두 세계 모두의 공통이다"로 시작하는 단락에서 언급하였다.**129** 앞서 지적하였듯 이 단락은 고대의 이원우주론(binary cosmology)적 관점을 보인다.

그러나 브라만들은 아뜨만을 경험적 자아와는 철저히 구별되는 것으로 여기게 되었기에 아뜨만은 업과 전혀 관련이 없게 (혹은 업에 의해 더럽혀지지 않게) 되었다.

129_ BĀU 4.3.7.

『브리하드 아란야까』의 아뜨만과 브라흐만

이와 같은 윤회 주체와 업의 분리 과정은 단계적으로 일어난 것으로 보인다. 앞서 다루었던 '자아는 꿈을 통해 이 세계에서 다음 세계로 옮겨 간다'는 단락[130] 바로 뒤에는 야자발끼야(Yājñavalkya)가 들려주는 죽음에 대한 이야기가 이어진다. 이야기는 다음과 같이 시작된다. "무겁게 짐이 실린 수레는 삐걱거리며 나아간다. 그러므로 앎의 아뜨만(prājñena ātmanā)을 짊어진 육체적 아뜨만(śārīra ātmā)은 신음을 내며 마지막 숨을 거둔다." 여기엔 흥미로운 점이 두 가지 있다. 첫째, 아뜨만이라는 단어는 육체 그리고 마음이라 부를 수 있는 어떤 것, 명백히 두 가지 의미로 사용된다는 것이다. 둘째는 붓다가 이 내용에 익숙하였다는 점이다. 나는 소논문에서 붓다가 자신의 죽음이 다가옴을 느꼈을 때 동일한 내용을 언급했음을 밝힌 바 있다.[131]

사람이 죽어갈 때 '그의 생명 기능은 그를 둘러싼다.' 그 기능들은 심장에 모인다.

> 그때 심장의 꼭대기는 빛을 발하고, 자아는 그 빛과 함께 눈, 머리, 혹은 다른 신체 부위를 통해 빠져나간다. 그가 떠나감에 따라 그의 숨 또한 함께 떠나간다. 그의 숨이 떠나며 그의 모든 생명 기능 또한 함께 떠나간다.

130_ 이 내용은 4. 3. 34.에 요약되어 있다.

131_ Richard F. Gombrich, 'Old bodies like carts' (1987).

그는 순수한 의식(vijñāna)이 된다.

> 애벌레는 풀잎의 끝에 다다랐을 때 새로 발 디딜 곳을 향해 뻗어 나가 새로 디딘 곳으로 자신을 끌어온다. 그러므로 자아(아뜨만)는 이 육체를 쓰러뜨리고 의식이 없는 상태로 만든 후, 새로 발 디딜 곳을 향해 뻗어 새로운 곳으로 자신을 끌어온다.[132]

이야기는 이어서 아뜨만이 곧 브라만이며, 나아가 모든 것이 그렇게 이루어져있다(sarva-maya)고 말하고는 예시를 열거한다. 3장에서 언급한 바와 같이 BĀU 6권과 마지막 권에는 '다섯 가지 불의 지혜'가 등장한다. 그 내용에 따르면 브라만과의 일치를 깨달은 이들은 죽어서 브라만에 도달한다고 한다. 이에 대하여 나는 브라만의 의미가 일종의 원리인지 아니면 (덜 세련된 해석으로는) 최상의 신이라는 것인지가 모호하다는 점을 또한 밝힌 바 있다. 그러나 4권에서 야쟈발끼야는 분명 다르게 설명하고 있다. 그의 이야기는 일종의 범신론이다. 브라만은 단지 세계에 편재하는 원리가 아닌, 여기의 이 세계 그 자체인 것이다.

이때의 브라만이란 다양한 모습의 현상계 기초가 되는 하나의 실체(entity)라기보다는 세계의 그 모든 것을 의미한다. 이 사유는 오랜 시간이 지난 후, 일원론적 샹카라(약 7세기경)에 반발하며 라마누자(Rāmānuja, 12세기 신학자)가 주장한 관점으로 이어졌다. 샹카라가 지지하던 관점은 달랐다. 샹카라의 주장은 BĀU에 세 번 등장하는 아뜨만의 부정적 기술을 어

132_ BĀU 4.4.1-3, 요약됨.

느 정도 고려하였다.[133] 즉, 아뜨만은 단순히 '그러하지 않은, 그러하지 않은' 것, 즉 형언할 수 없는 것이다. 그러나 그의 주장은 우빠니샤드의 '나는 브라만이다'라는 주장과 브라만이 '존재, 의식, 축복'이라는 설명에도 근거하였다. 샹카라는 브라만을 제외하고 모든 개체성을 포함한 모든 것이 다 허상이라는 의미로 이해하였다. 그러나 이러한 이해는 우빠니샤드에서 의도한 것보다 한 걸음 더 나아간 것으로 보인다.

브라만은 존재이다. 존재에 관한 이러한 구체화는 '창조 게송'까지 거슬러 올라가며, 전 세계의 다양한 철학에서도 발견된다. 이와 유사하게 의식의 존재에 대한 선언 또한 '창조 게송'까지 거슬러 올라간다. 앞서 확인하였듯 이와 같은 사유는 자이나교와 상키야 학파의 영혼에 대한 개념을 통해 계승되었다. 바꿔 말하면 이 철학 사조에서 해명되어야 할 것은 의식과 앎이 아니라 그 반대인 의식의 부재(unconsciousness)와 무지이며, 그들에게 구원은 본원적 성품의 의식으로 돌아가는 데 있다.

진리(satya)는 동시에 존재(sat)이다. 존재한다는 것은 우리의 본질이나, 그러한 진리를 인식하는 것 또한 우리의 본질이다. 올바르게 생각한다면, 우리가 스스로를 규정하는 바가 바로 우리 자신이다. 따라서 존재는 의식 그 자체(vijñana)가 아니라 의식이 있는(cit) 어떤 것이다. 찰스 말라무드(Charles Malamoud)의 탁월한 정리에 따르면, 우리가 브라만이라는 것을 깨닫는다면 우리는 죽음의 순간에 그 진리를 실현할(realize) 것이다.[134]

133_ 2.3.6, 4.2.4 = 4.5.15.

134_ 개인의 아뜨만과 브라만이 하나가 되는 것은 '동시에 진리가 발견되는 것이며 궁극이 성취되는 것이다' (Charles Malamoud, 'Inde védique. Religion et mythologie').

이 사유체계에서 존재란 변화의 부재를 의미한다. 가령 x가 y로 변하고 나면 x는 더 이상 존재하지 않기 때문이다. 그리스 철학자 파르메니데스의 견해와 같이, 존재는 충만한(공백의 반대) 것이다. 여기서 한 발 나아간 주장은 조금 이상하게 들릴 수 있다. 고통과 불행은 언제나 어떤 것의 부재로 인한다고 여겨진다. 브라만, 즉 존재에 부족함이란 있을 수 없으므로 고통 또한 없게 된다. 따라서 브라만은 축복이다.[135] 이 주장의 논리는 너무나 허술해 보여서 브라만이 축복이라는 사유의 기원을 다른 곳에서 찾아내고픈 충동을 불러일으킨다. 그 사유는 우리가 신비 체험이라 부르는 어떤 것으로부터 기원했을 수도 있다. 즉, 어떤 이가 브라만과의 합일 및 그 결과로서 자신의 불멸을 완전히 깨닫는다면 그것은 아마도 더없는 행복일 것이다.

아뜨만이 이토록 난해한 개념이 된 뒤에 브라만 사제들, 나아가 힌두교 전통은 윤회의 과정을 어떻게 설명하게 되었을까? 앞서 검토한 바와 같이 그 과정은 BĀU에서 명확히 밝혀지지 않았으나 숨(lifebreath)과 관련된 것으로 보인다. BĀU의 초반에 아뜨만은 그 자체로 숨이라 불린다.[136] 그러나 이후에 숨을 가리키는 데 주로 사용되는 단어는 prāṇa가 되고, 이 prāṇa는 죽음과 윤회의 맥락에서 의식과 밀접한 관련을 갖게 된다. 죽음은 상세히 묘사되지만 새로운 육체로 옮겨가는 과정은 그렇지 않다.

이후 텍스트로부터 우리가 알아낼 수 있는 바는 업을 한 생에서 다

135_ Vijñānam ānandaṃ brahma (BĀU 9.9.28). 브라만에 관한 또 다른 전통적 묘사는 실재(satyam), 지혜(jñānam), 무한(anaintam) (*Taittirīya Up*. 2.1)이다.

136_ "그는 [ātman] 또한 셋으로 나누어진 숨이다." (Hu 1.2.3).

음 생으로 이어지도록 하는 작용이 '불가사의한(subtle) 몸'에 의해 이행된다는 것이다. 이 몸은 여러 전통에 따라 'liṅga śarīra', 'sūkṣma śarīra' 등으로 다양하게 불리며, 죽은 사람의 모습을 한 유령이다. (또다시 자이나교의 지바를 떠올리게 된다.) 마치 이 개념의 세련되지 못한 기원을 의식하기라도 했던 것처럼, 유명한 철학 텍스트들은 이에 대해 거의 언급하지 않는다. 앞서 확인하였듯 야쟈발끼야의 설명을 따르면 아뜨만, 혹은 적어도 아뜨만의 한 측면에서는 '앎의 자아'라 부르는 것이 우리가 상상하는 '불가사의한 몸'과 동일한 작용을 한다. 그러나 '불가사의한 몸'은 죽음에만 연관된 것이 아니라 신비한 힘을 행하는 데도 관련이 있다. 우리에게 더 익숙한 단단한 육체들로서는 물리적으로 불가능한 날기, 물 위를 걷기, 혹은 땅속으로 쑥 들어가기 등의 묘기를 부릴 수 있기 때문이다. 남아시아 시골에 걸쳐, 그리고 실로 그 이상의 지역에서 널리 발견되는 빙의 신앙에서는 사제들이 육체를 떠날 뿐 아니라 육체와 동일한 모습을 띤 혼령의 상태로 떠돌아다닐 수 있다고 널리 믿는다. 이는 종종 샤머니즘으로 분류된다. 초자연적 힘을 지닌 또 다른 형태의 몸에 대한 샤머니즘적 사유는 위대한 구원론의 신봉자들이 윤회의 과정을 상상하는 데 도움이 되었을 수도 있다.

붓다의 반응

지금부터는 붓다가 이로부터 받은 영향에 대해 대략 살펴보고자 한다. 우선 붓다라는 이름부터 시작할 수 있을 것이다. 붓다는 깨어있는, 혹은 깨어난 자라는 뜻이다. 그 '깨어남'이란 모든 불교도에게 있어서 깨달음의 본질을 표현하는 방법의 하나로, '있는 그대로를 보는 것(yathā-bhūta-dassana)'

으로 보통 이해된다. 이는 또렷한 깨어남이다.

우빠니샤드는 의식 상태를 단계적으로 체계화한다. 이 체계화는 BĀU에서부터 시작되었는데, BĀU에 따르면 꿈이 내세의 일면을 보여줄 수 있다고 한다. 이를 근거로 깨어남이 꿈보다 열등한 것처럼, 꿈은 꿈꾸지 않는 수면보다 열등한 것으로 여겨진다. 이후 우빠니샤드에 이르면 의식 체계의 최상위에 단순히 '네 번째(turīya)'라 불리는 상태, 즉 개인의 의식과 브라만이 일체화하는 단계를 설정한다.

붓다는 이 체계를 전혀 받아들이지 않았다. 흥미롭게도 빨리어 정전에는 꿈에 대한 언급이 전혀 없다. 유일한 예외는 비구가 몽정할 때, 그것이 비자발적 행위라면 죄가 되지 않는다는 부분이다. 사실 붓다 자신도 꿈을 꾸지 않았을 거라는 인상을 받기 쉽다. 붓다의 수면을 언급하는 부분은 단순히 붓다의 '누움'을 말할 뿐이다. 어떻게 잤는지 누군가가 물어보면 붓다는 "열반을 이룬 브라만은 언제나 편안하게 눕는다"라고 대답한다.**137** (붓다가 스스로를 브라만이라고 말한 것에 대하여는 12장에서 자세히 다룰 것이다.)

붓다는 또한 소우주와 대우주의 일치에 대해서는 전혀 관심이 없었다. 다만 선정 상태에 따른 불교적 우주가 묘사될 때 그러한 일치가 보이는 경우가 있기는 하다. 그러나 이러한 일치가 붓다가 직접 설한 것인지의 문제는 논쟁의 여지가 있다.

137_ Sabbadā va sukhaṃ seti brāhmano parinibbuto (SN 1,212).

경험과 '진정한' 존재

붓다는 두 가지 면에서 우빠니샤드의 존재론에 영향을 받았다. 우선 붓다는 '존재'를 '변화', 혹은 '생성'에 반대되는 개념으로 받아들였다. 그러나 좀 더 추상적, 혹은 철학적 관점에서 붓다는 '존재'의 구체화를 거부한다. 붓다는 우리가 윤회를 직시하지 못하게 하는 세 가지 주요한 속박(saṃyojana)이 있다고 선언하였다. 그중 첫 번째가 바로 '존재'라는 범주가 실재한다는 생각이다.**138** 따라서 붓다는 세계나 살아있는 존재 중 그 어느 곳에서도 단일한 본질을 추구하지 않는다. 이에 대한 붓다의 대안은 8장에서 다룰 것이다.

널리 알려진 바와 같이, 삶의 문제에 대한 붓다의 접근은 실용적이었다. 우리가 직면하는 문제는 급박하다. 무의미한 이론은 화살에 맞은 사람이 그 화살을 누가 쏜 것인지 알 때까지 치료를 거부하는 것만큼이나 어리석은 것이다. 오늘날 우리는 세계가 영구 운동을 하는 것처럼 생각한다. 이는 불교가 전하는 무상의 교리를 떠올리게 한다. 붓다가 우리의 경험을 '항상 변화하는 과정'으로, '의식의 흐름'으로 본 것은 사실이다. 실제로 이러한 표현은 정확히 동일한 형태의 빨리어로 등장한다. 그러나 우리는 지금 물리학을 논의하고 있는 반면 붓다는 심리학을 논의한 것이다. 붓다가 돌이나 탁자와 같은 사물을 매 순간 끊임없이 변화한다고 생각한 것은 아닐 것이다. 그러나 그 반대의 관점을 취한 것도 아닐 것이다. 우리 마음 바

138_ sak-kāya-diṭṭhi. 이에 상응하는 산스끄리뜨어는 sat-kāya-dṛṣṭi일 것이다. 나는 이 주제에 천착한 논문 'Vedānta stood on its head: sak-kāya and sat-kāya diṭṭhi'를 발표한 바 있다.

같의 세상에 대한 그런 방식의 분석은 붓다에게 무의미한 것이었으며, 정작 우리가 관심을 가져야 하는 것, 즉 윤회로부터의 탈출에 집중하지 못하게 하는 것일 뿐이었다. 붓다의 실용적 접근에 대하여는 11장에서 더 자세히 다룰 예정이다. 지금으로서는 붓다가 세계, 혹은 삶의 직접적 경험에 주목하였으며, 우리의 그러한 경험이 연기 작용이라 여겼음을 재차 강조하고자 한다.

불교 전통에서는 이를 다양한 방식으로 표현한다. 산스끄리뜨어와 빨리어에 공통된 단어인 'loka'는 보통 '세계'로 번역된다. 그러나 붓다고사(Buddhaghosa)의 주석에 따르면**139** 이 단어는 '그릇으로서의 세계(bhājana-loka)', 즉 우리가 존재하는 공간을 의미할 수 있으며, 혹은 '[의식이 있는] 존재로서의 세계(satta-loka)', 다시 말해서 세계의 거주자를 의미할 수도 있다. (프랑스어의 '전 세계(tout le monde)'에서 monde가 장소로서의 세계와 세상사람 모두를 의미하는 사례와 비교할 수 있다.)

'그릇으로서의 세계'에 관한 논의는 붓다의 관심사가 전혀 아니었고, 여기서 우리가 고려할 바도 아니다. 따라서 붓다가 세계를 지속적인 것으로 표현했을 때 그가 흥미를 느꼈던 것은 체험된 삶에서의 지속이다. 그러나 이는 붓다 특유의 표현 방식으로, 상세한 설명을 생략한 채 세계라는 단어를 비유로써 사용한 것이다. 경전에서 붓다는 다음과 같이 말한다.

> 나는 우리가 태어나지도, 늙거나 죽거나 윤회하거나 재현하지도 않는, 세계의 끝이 있어서 그곳이 알려졌거나 본 적 있거나 다

139_ Visuddhi-magga, p. 204.

다를 수 있다고 말하는 것이 아니다. 그러나 세계의 끝에 닿지 않고도 고통이 끝날 수 있다고 말하는 것도 아니다. 나아가 나는 세계, 세계의 일어남, 세계의 중단 그리고 세계의 중단에 이르는 길이 여섯 자짜리의 몸뚱이 그리고 그 지각과 마음 안에 있다고 단언한다.

세계의 끝은 절대 여행하여 다다를 수 있는 곳이 아니다.

그러나 세계의 끝에 닿지 않고는 고통에서 벗어날 수 없다.[140]

'존재, 의식, 지복(至福)'에 대한 붓다의 응답

붓다가 우빠니샤드로부터 긍정적 영향을 받은 지점은 존재에 대한 기본적 조건들의 체계화이다. 우빠니샤드에서 궁극적 실재와 존재는 영원불변하고, 지복이다. 그 외의 모든 것은 지복의 정반대이다. 붓다는 우리가 통상적으로 알고 경험하는 세계가 끊임없이 변화하며 따라서 그것은 축복의 반대인 고통(dukkha)이라는 점에 동의하였다. 그러므로 4성제 중 첫 번째인 고제(苦諦)는 우리가 보통 경험하는 모든 것이 고통이라는 것이다.

물론 축복과 고통이라는 단어는 모두 오해의 소지가 있다. 한 쌍의 반의어인 sukha와 dukkha를 번역하고자 하는 노력의 결과이다. sukha는 기쁨, 괜찮음 등부터 축복에 이르는 온갖 긍정적인 의미를 담고 있다. 그 반대말인 dukkha는 sukha와 유사하게 괜찮지 않음, 불만족부터 극단적 고통에 이르기까지 부정적 의미를 아우른다. 정확한 번역은 전적으로 그

140_ SN I, 62. 삽입된 구절은 게송이다.

맥락에 달려 있다.

또한 붓다는 변화나 고통과 같은 개념이 그 반대 의미와 대조될 경우에만 타당하다는 점에도 동의하였다. 나아가 붓다는 논리적 관점에서만 동조한 것이 아니라, 우리가 변화 및 고통의 반대를 경험할 수 있으며 이 경험을 통해 윤회로부터 해방될 것이라는 데도 동의하였다. 붓다는 이를 열반(nirvāṇa)이라 칭하였다. 열반을 자세히 다루는 것은 10장으로 일단 미루기로 한다. 여기서는 어째서 붓다가 "나는 브라만이다"와 같은 명제를 용납하지 않았는지에 대해서만 지적하고자 한다.

브라만은 존재이자 의식이며 축복이다. 붓다는 '존재'를 구체화된 범주로 인정하지 않는다. 붓다에게 '존재'란 없다. 붓다는 같은 맥락에서 존재에 깃든 '의식'이라는 개념도 거부하였다. 존재가 어떤 물체가 아닌 작용인 것과 같이 의식 또한 작용인 것이다. 사실 의식은 우리 모두가 경험하는 작용이며 붓다의 분석 대상이었다. (이에 관해서는 8장에서 더 자세히 다룰 것이다.)

붓다는 존재 및 존재에 내재하는 의식에 대한 베다의 사상을 부정했기에 그 근간을 이루는 아뜨만과 브라만 개념 또한 거부하였다. 붓다는 대우주/소우주의 일치를 부정하였으므로 아뜨만과 브라만의 일치라는 사유 또한 폐기되어야 했다. 그보다 더 큰 문제는 브라만 개념의 심각한 불명료함에 있었다. 브라만이 동시에 창조자라면 그는 변화와 생성에 관계되지 않을 수 없다. 브라만의 '존재'의 순수함이 손상되는 것이다. 다시 말해서 기독교 전통에서 '부동의 동자'라 불리는 역설을 직면하게 된다. 사실 이 역설은 힌두교의 일신교 전통 내내 남아 있다. 신은 세계 너머에 있어야 하고 초월적이며 불변하나, 동시에 그가 창조하고 유지하는 세계 안에 편재해야 한다.[141] 나아가 브라만과 아뜨만이 하나라는 것이 최상의 진리라면 그 영혼 또한 부동의 동자가 된다.

이러한 이유로 붓다는 자신이 의미하는 열반을 표현하기 위해 부정어법을 견지하는 것이 최선임을 확신하였다. 문제는 개개인 각자의 것이므로 붓다는 그러한 문제에 '신'을 연관시킬 필요성을 느끼지 못하였다. 우리는 이 우주가 누구에게서 — 누군가가 만약 있다면 — 비롯된 것인지, 혹은 지금도 이 우주의 책임은 누구에게 있는지에 대한 이론적 질문들로 고민할 필요가 없다. 중요한 것은 우리가 우리 자신에 대한 책임이 있다는 사실을 이해하는 것뿐이다.

—

'존재, 의식, 축복'의 세 요소에 대한 불교적 응답으로 생각할 만한 것은 바로 '3상(三相, P. ti-lakkhaṇa)'이다. 즉, 존재의 특성인 무상(無常)·고(苦)·무아(無我)이다. 그 순서는 우빠니샤드의 논리에 대치된다. 모든 것은 무상하여 끊임없이 변화하고, 따라서 만족스럽지 않다. 그러므로 그것들은 아뜨만일 수 없다. 3상 중 세 번째는 종종 오역된다. (나 또한 과거에는 가끔 오역한 바 있다.) 무아를 '자아, 혹은 본질을 가지지 않는' 것으로 이해하는 것이다. 실로 후대의 불교도들이 무아를 그렇게 이해하게 되었으나 본래 의미는 그렇지 않았다. 사실 이러한 해석은 무아를 이중으로 오해하고 있다. 빨

141_ 이러한 특징을 가리키기 위해 힌두교 전통에서 가장 일반적으로 사용되는 용어는 각각 nirguṇa와 saguṇa이다.

리어 문법[142] 그리고 베단따와의 비교 모두에서 보이듯, 무아는 '아뜨만을 가지지 않는다'가 아닌, '아뜨만이 아니다'를 의미한다. 나아가 베단따 철학과 비교 검토하면 그 지칭 대상은 생명이므로 '자아(self)'라는 번역이 적절함이 증명된다. 그러나 시간이 지남에 따라 이 용어는 소유합성어[143]로 차용되었으며, 또한 모든 대상을 지칭 가능하도록 사용되어 붓다의 반본질주의(anti-essentialism)를 표현하는 단어가 되었다.

무상(無常)

붓다가 죽음을 맞이했을 때 천신의 왕인 사까(Sakka)는 다음과 같은 게송을 읊었다.

> 아아, 구성된 것들은 영원치 않다,
> 일어나고 사라지는 본성을 가졌으니.
> 일어난 뒤에 그것들은 파괴된다.
> 그것의 잦아듦은 행복이다.

이 게송은 너무나 유명하여 싱할라의 불교 공동체에서 누군가가 죽을 때마다 온 공동체에 배부되고 전시되는 작은 전단에 인용된다. 이 전단은 망자의 이름(가끔 사진도 첨부된다)을 밝히고 게송의 첫 부분인 'aniccā vata

---

142_ 이 단어는 원래 동격한정복합어(karmadhāraya)이지 소유복합어(bahuvrīhi)가 아니다.

143_ 역주: bahuvrīhi

samkhārā'로 시작한다.[144] 이는 현상적 존재에 관한 첫 번째 법인, 즉 무상성의 보편적 원리를 부연하는 것일 뿐이다. 모든 생명에게 적용되는 원리이므로 심지어 붓다의 삶에도 적용된다.

붓다의 여타 설법이 그러했듯, 삶의 모든 것, 심지어 산과 같은 것마저도 영원하지 않다는 통찰은 붓다의 의도보다 훨씬 더 문자 그대로 받아들여졌다. 『상윳따 니까야』Ⅲ, 38에서 붓다는 5온이 존재하는 동안 각각이 일어나고 사라지고 변하는 것이 명백하다(paññāyati)고 설한다.[145] 또한 어떤 짧은 경에서 동일한 용어로 설하기를,[146] 모든 구성된 것(saṃkhata)에는 3상(ti-lakkhana)이 있다고 한다. 즉, 존재하는 것(ṭhitassa aññathattaṃ)에는 일어남, 사라짐 그리고 변화가 있는 것이다. 나는 이 내용을 어떤 시점에 각각의 것들이 일어나고 이후에 그 끝을 맞이하게 되는데, 그사이에 변화한다고 해석한다. 그러나 안타깝게도 주석 전통은 모든 것들이 일어남, 지속(ṭhiti), 사라짐의 세 시기를 겪는다고 해석하였다. 그 결과 '지속'을 계속해서 세분하게 되었고 또한 수량화를 시도하며 일종의 시간 원자론을 낳게 되었다.[147] 나는 이러한 해석이 붓다의 본의를 따라잡지 못한 오해라고 생각한다.

144_ DN Ⅱ,157. 게송의 나머지는 다음과 같다. uppāda-vaya-dhammino// uppajjitvā nirujjhanti. tesaṃ vūpasamo sukho.

145_ 김완두, 'The Theravādin Doctrine of Momentariness: A Survey of Its Origins and Development', D-Phil. thesis, Oxford University, 1999, pp. 624.

146_ AN I, 152 = sutta Ⅲ, 47. 김완두는 이 경전이 바로 앞서 인용된 SN 경전으로부터 파생되었다는 주장을 설득력 있게 제시한다.

147_ 김완두는 상좌부에서의 이러한 전개 과정을 자신의 뛰어난 학위논문에서 추적한 바 있으나, 아직 출판되지 않은 것이 아쉽다.

조상과 귀신

붓다가 업, 혹은 정체성의 여타 요소를 이생에서 후생으로 상속하는 주체를 상정할 필요성을 완전히 제거함으로써 영혼에 대한 기존 관념을 어떻게 변화시켰는지를 살펴보자.

한때 합리적이었던 것이 다른 것으로 대체되는 복잡한 상황 속에서도 인도의 종교적 사유와 체계가 그토록 오랫동안 살아남았다는 사실은 매우 놀랍다. 특히 죽음에 관한 사유가 그러하다. 앞서 살펴보았듯 『리그베다』에서 망자는 '아버지들(pitaras)'이라 불리는 남성 조상들에 합류하게 된다. 이 조상들은 자신의 남성 후손들로부터 매일 제물을 받게 된다. 제사의 의무는 윤회 개념의 도입에도, 몇 세기가 지나도 존속하여 심지어 2,000년이 지난 오늘날까지도 전승되었다.

붓다는 모든 제의를 무의미하게 여겼지만 사람들에게 중요한 의미를 지니던 의례들을 폐지하려 하지는 않았다. 붓다는 평신도들이 śrāddha라 불리는 장례 절차를 계속하도록 공공연히 허락하였다.**148** 사실 모든 문화에는 귀신의 존재가 필요한 것 같다. 영혼은 죽음이 모든 것의 끝은 아니라는 것을 구체적으로 재확인시켜준다. 불교의 중생 분류 중, '아귀'로 알려진 존재는 이러한 풍토에서 비롯되었다. 아귀는 빨리어로 peta, 산스끄리뜨어로는 preta라 불린다. 둘 다 문자 그대로의 의미는 '떠나간(departed)'이며 영어의 용법과 동일한 방식으로 사용된다. 영어에서도 '떠나간(departed)'은 '죽은(dead)'의 의미이며, 특히 근래에 죽은 것을 의미한다. 그러나 빨리어와 산스끄리뜨어의 경우는 언어유희의 가능성을 뚜렷하게

148_ AN V, 269.

보여주고 있다. 산스끄리뜨어에는 '아버지'라는 단어로부터 생성된 형용사 'paitrya'가 있는데 그 의미는 '아버지, 혹은 아버지들에게 연결된'이다. 빨리어에서 '떠난 자들(아귀들)의 세계'는 'petti visayo'라 불린다. 그러나 petti가 peta에서 파생된 것처럼 들리지만 t가 두 개인 것을 보면 그렇지 않다. petti는 paitrya에서 파생된 것이다. 따라서 아귀의 세계는 동시에 아버지들의 세계인 것이다.

아귀는 마치 천신들과 같이 우주의 일반적인 범주 중 하나인 것처럼 거론되지만 고대와 현대를 막론하고 실제 언어 사용에서 아귀는 사실 죽은 친척들, 특히 최근에 죽은 친척들인 것이다. 이 점은 매우 의아하다. 이 죽은 친척들은 지옥에 있는 것보다 딱히 더 나을 것이 없는 고통의 상태에 있다. 그들은 어두운 구석에 숨어 있고 나쁜 냄새가 나며, 그들의 목구멍은 바늘구멍만큼 좁기 때문에 결코 채울 수 없는 배고픔과 목마름으로 고통스러워한다. 그 누구도 자신의 죽은 친척이 이런 상태로 윤회하기를 바라지는 않을 것이다. 그러나 어떤 의미에서는 그 반대이다. 왜냐하면 불교 체계의 논리에 따르면, 장례의식이 치러지고 공덕이 회향 될 때 그 공덕은 기다리고 있던 아버지(peta), 혹은 조상들(petas)이 받게 되고 그들은 그 공덕의 힘으로 좀 더 나은 상태로 윤회할 수 있게 된다. 내가 다른 곳에서 지적하였듯 '인지적으로 — 또한 논리적으로 — 조상들은 누구든 그 친척일 수 있으나, 자주 생각하고 서로 소통하는 조상만이 자신의 죽은 친척들이다.'**149**

앞서 지적하였듯 브라만교의 '불가사의한 몸'은 날아다니는 등의

149_ Gombrich, *Precept and Practice* (1971), p. 163.

신통력을 부린다. 정확히 동일한 사유가 불교에서도 전승되었다. 어떤 불교도가 4선정(四禪定)을 완전히 달성한다면 일반적인 사먼의 능력들을 보일 수 있는 의생신(意生身, 意成身)을 만들어낼 수 있게 된다고 한다.[150] 그러나 붓다는 이러한 능력의 사용에 반대하였는데, 특히 뽐내거나 시선을 끌기 위한 목적으로 사용하는 것에 반대하였다.[151] 붓다는 신통력에 종교적 가치가 없다고 보았으므로 신통력의 문제는 교착상태로 남겨졌다.

물론 업은 어떠한 물리적 매개체 없이도 한 생에서 다른 생으로 옮겨가지만, 한 유명한 경전에서 붓다는 수태가 일어나기 위해서 간답바(P. gandhabba, S. gandharva, 乾達婆)가 와야 한다고 말하고 있다.[152] 간답바는 베다 신화에서 일종의 영혼을 일컫는 단어인데 어째서 불교 경전에 등장하는 것일까? 아마도 단순한 이들에게는 브라만교의 '불가사의한 몸'처럼 업의 매개체 개념이 필요했을지도 모른다.

—

붓다 자신은 조상들(petas)에 대해 어떻게 생각했을까? 추측건대 신들에 대한 붓다의 생각과 동일했을 것이다. 붓다도 이러한 존재의 범주에 대해 언급했으며 사람들이 그런 존재들에 대하여, 심지어 그들과의 상호작용에 대해 언급할 때도 이의를 제기하지 않았다. 그러한 존재가 실재하는가

150_ Sue Hamilton, *Identity and Experience: The Constitution of the Human Being According to Early Buddhism* (1996), pp. 156-164.

151_ Gombrich, 'The Buddhist attitude to thaumaturgy' (1997), p. 177.

152_ MN I, 265-6.

는 '대답하지 않은 질문들[無記]' 중 하나는 아니다. 그렇다면 붓다는 'x가 존재하는가?'와 같은 종류의 모든 질문을 거부한 것일까? 붓다는 그 질문을 고쳐 말한다. '우리가 x를 경험할 수 있는가?'

분명 붓다의 주변 사람들은 신과 조상들을 경험하고 있었으므로 붓다는 그것을 더 이상 문제 삼지 않았다. 이러한 태도는 열반을 성취하는 데 직접 관련된 것만을 중시했던 그의 실용적 방침과 일관된다. (11장 참고) 나는 빨리어 정전에서 발견되는 완성형의 우주론은 붓다가 고안한 것이 아니라고 확신한다. 우주론과 같은 문제에의 몰두를 반대했던 붓다의 입장에 명백히 모순되기 때문이다. 또한 나는 그러한 우주론의 여러 특징이 오해로부터 비롯되었다고 확신한다. 예를 들면 붓다가 브라만교의 최고신인 브라흐마를 언급하며 농담한 것을 액면 그대로 받아들이는 오해와 같은 것이다. (12장 참고)

그렇다면 붓다는 마음 깊은 곳에서 신이나 귀신을 '믿었던' 것일까? 우리는 영원히 알 수 없을 것이다. 붓다는 자신의 원칙에 충실하였으니, 스스로 그러한 질문을 무의미하다고 여겼을지도 모른다.

감정과 이해의 상호작용

이 장의 거의 첫 부분에서 초기 인도 철학의 다음과 같은 세 가지의 근본적 질문을 언급한 바 있다. 즉, '무엇이 존재하는가?', '우리는 (무엇을) 어떻게 알 수 있는가?', '한 생에서 다음 생으로 이어지는 것은 무엇인가?'이다. 자세한 설명은 이후에 다루더라도 여기서 대략적인 대답을 알려주면 도움이 될 수도 있다. 붓다는 첫 번째 질문이 무의미, 혹은 무가치하기에 거부했고 이는 대부분 현대철학자들과 의견을 같이한다. 붓다는 이 질문을 '우리는 무엇을 경험하는가?'로 치환하였다. 무엇을 경험하는가에 대한 붓다의 대답은 또한 두 번째 질문에 대한 대답이라 할 수도 있는데, 우리의 경험이 어떤 것인지를 설명하려는 시도이다. 그 대답은 경험 대상이 아닌 과정에 있었다. 이러한 노력은 현대 철학이 여전히 고군분투하는 탐구 대상인 의식의 기원을 밝히고자 하는 것이 아니었다. 현대 서양철학은 윤회를 믿지 않으므로 무엇이 한 생에서 다음 생으로 이어지는가는 질문되지 않는다. 붓다는 이에 대한 대답 또한 작용, 즉 업에서 발견하였다. 업이라는 단어의 어원을 단순히 추적해보면 존재보다는 행위를, 대상이 아닌 작용을 의미한다. 이미 자세히 논의한 바와 같이 붓다는 업으로부터 윤리적 의도의 작용만을 추려내었다. 그리고 붓다는 연속성을 한 삶에서 다음 삶으로가 아닌, 우리 삶 전체를 걸쳐 한순간에서 다음 순간의 것으로 정의하였다.

앞서 확인하였듯, 위의 세 가지 질문은 다음과 같은 네 번째 질문을 거의 처음부터 불러일으켰다. 어떻게 우리는 윤회의 고리로부터 탈출할 수 있을까? 붓다는 일반적 경험이 세속적 현상의 무상함으로 인해 훼손된다고 생각하였다. 이 무상함은 결국 세속적 현상들을 불만족스럽게 만들 수밖에 없는 것이다. 붓다의 주장에 따르면 우리가 경험하는 무상함은 그것을 받아들임으로써만 제대로 대처될 수 있다. 우리는 자기 자신, 혹은 사랑하는 이들의 영구불변을 원하지 않아야 한다. 얻을 수 없는 것이기 때문이다. 우리의 헛된 욕망들을 멈추고자 한다면 당연히 이러한 근본적 원리를 이해해야 한다. 따라서 우리는 자신의 감정을 조절하는 동시에 지성을 훈련해야 한다. 이 두 가지 목표를 달성하기 위해 고안된 것이 불교의 명상이다. 우리는 우리의 온 정신을 삶의 본질에, 즉 우리 자신과 사랑하는 이들 모두가 결국은 죽는다는 사실을 포함한 그 실제에 적응시켜야만 한다.

붓다가 설교했을 때, 그의 라이벌이었던 자이나교와 브라만교가 삶의 문제에 대한 분석을 이미 제시한 터였다. 한편에는 우리의 근본적 문제가 이해의 부족이라는 우빠니샤드의 주지주의적 구원론이 있었다. 여기에는 지적 이해를 훨씬 넘어선 내용이 포함되지만 편의를 위하여 주지주의적 접근이라고 부르도록 한다. 다른 한편으로는 자이나교 및 그와 관련된 종파들이 있었다. 그들은 우리의 근본적 문제가 욕망을 통해 세상과 관여하는 것이라 생각하였다. 우빠니샤드도 욕망을 비판하였고 자이나교 역시 지적 이해를 주장하였다. 그러나 두 접근법의 완벽한 조화를 찾아낸 것은 붓다였다. 우리는 열망에 눈이 멀어 모든 것을 똑바로 볼 수 없으며, 모든 것을 있는 그대로 볼 수 없기 때문에 감정이 자신을 좌지우지하도록 둔다. 물론 많은 이들이 이에 대한 반론을 시도한 바 있으나, 사실 반박을 시작해야 할 지점은 알기 어렵다. 그러나 요점은 붓다의 주장이 대체로 감정적인 사람과 주지주의자 모두가 수긍할 만했다는 점이다. 이러한 융통성은 불교의 생존에 큰 도움이 되었다.

제6장

붓다의
긍정 가치관,
자비

이 장에서는 붓다의 사상과 가르침의 여러 다양한 측면을 한 번에 제시하는 과감한 시도를 하고자 한다. 이 중 한 가지는 그 다양한 측면 중에서도 가장 핵심이라 생각한다. 다음 장에서는 나의 방법론을 제시할 것이다. 그리고 무엇보다도 이 사유들이 붓다라는 한 개인의 것이라 여길만한 증거가 있음을 증명할 것이다. 이미 언급한 바와 같이 푸딩의 증명은 그것을 먹는 데 있다. 나의 방법론이 결과를 도출하는 방식을 입증할 수 있다면 나의 주장 또한 설득력을 가지게 될 것이라 생각한다.

우선 이 장의 접근법에 대해 주요 특징들을 소개하고자 한다.

1. 나는 역사학적 방법을 취한다. 따라서 나는 기회가 닿을 때마다 붓다의 가르침을 그 역사적 맥락 내에 위치시킴으로써 그 가르침이 해석되어야 할 타당한 방식을 제시할 것이다.

2. 나는 붓다의 사유가 지닌 특징이 그 '윤리의 중요성'에 있다고 주장한다. 앞서 나는 윤리가 제의를 대체하였음을 주장하였다. 나는 이와 유사하게 붓다가 형이상학을 종종 윤리로 대체하

고 있음을 *How Buddhism Began* 중 특히 2장에서 주장한 바 있다. 이 장은 그 주장에 대한 증거도 제시하게 될 것이다.

3.4. 제1장에서 붓다가 '비유'를 즐겨 사용한 점 그리고 '추상개념'에 특히 뛰어났음을 설명한 바 있다. 따라서 붓다는 초기 자이나교의 업 교리의 주요 측면을 받아들이면서도, 자이나교가 '업'을 어떤 물리적인 것으로 여긴 반면 붓다는 그것이 의도, 즉 추상적 개념이라 주장한 것이다. 보통 사람들이 액면 그대로 받아들이는 어떤 것을 추상개념으로 치환하는 것은 동시에 그것을 비유적으로 받아들이는 것이 되기도 한다. 추상과 비유라는 두 측면은 공통분모가 있기 때문이다.

5. 여기서 논의될 또 다른 특징은 '세련됨', 혹은 그것의 결여이다. 이 세 번째 특징은 앞의 두 가지와 크게 중복적이지만 나의 주장을 좀 더 명확히 하는 데 도움이 될 것이라 생각한다.

세련

세련이라는 단어를 통해 내가 의미하는 바에 대해 간단한 예를 들어보겠다. 전통적 기독교에는 주로 예술가들을 통해 전달되는 이미지가 있다. 바로 천국의 신이다. 하얀 수염이 있고, 아름다운 정원에 금으로 된 왕좌에 앉아 있다. 수백만의 기독교인들이 그 이미지를 있는 그대로 받아들여왔다고 말해도 문제가 되지 않을 것이다. 반면 현대의 기독교 지도자들은 신도들이 좀 더 추상적인, 따라서 좀 더 세련된 언어로 사유할 것을 장려한다. 천국은 일종의 지극히 행복한 마음 상태에 가까운 것이며, 신은 하얀 수염은 고사하고 인간과 유사한 형태를 갖추고 있어서 눈으로 볼 수 있는 것이 아니다. 그러한 모습은 인간을 초월한, 동시에 인간에 깃들어 있는 원리를 인격화한 것으로 여겨진다. 정원에 있는 현명한 노인은 단지 비유일 뿐이다.[153] 최고신에 대한 더 세련된 관점과 덜 세련된 관점은 힌두교 역사 전반에 걸쳐 공존해왔다. 3장에서 제시하였듯 그들은 브라만에 관한 두 관점에서 비롯된 것이다. 이점은 이번 장의 대부분을 차지할 사례 연구에 있어서 계속 유념 되어야 한다. 붓다가 브라만 사제들에게 자신의 주장을 펼쳤을 때, 브라만 사제들이 브라만이라 부르는 것을 붓다는 창조신에 대한 언급으로 받아들인다. 이는 마치 기독교의 신을 하늘에 있는 노인으로 묘사하는 것과 마찬가지이다. 이것이 전적으로 타당한 것이었는지는 알 수 없으나 BĀU 1.4.5-6에서 설하는 바를 정확하게 반영하고 있다. 앞으로 더 증거를 제시하겠지만, 붓다는 BĀU 1.4.5-6의 내용을 이미 알고 있었다.[154]

이 장에서는 붓다가 자비(사랑과 연민)를 구원의 방편, 즉 붓다의 방식으로

153_ 개인적으로는 항상 세련된 이들의 편에 서는 것은 아니나, 그러한 성향은 나의 주장과는 무관하다.

154_ 아래의 12장을 보라. 브라만은 6번 게송에서 명명된다.

말하자면 열반에 이르는 방편으로 여겼음을 주장할 것이다. 이러한 주장은 소수만의 주장이 아니다. 지난 2,000여 년간, 빨리어 문헌이 그려내는 붓다는 이기적인 종교를 가르친다는 견해가 널리 퍼져 왔다. 이 견해에 따르면, 이 종교는 개인의 구원에 이르는 길을 알려 주지만 그 길은 본질적으로 혼자만의 것이다. 모순되게 들릴지라도 이러한 견해는 불교가 자아가 없음(no self)을 가르치는 동시에 자기중심적(selfish)이라고 주장하고 있는 것이다. 물론 붓다가 윤리를 그의 구원론의 근간으로 삼았다는 것은 합의된 사실이다. 그러나 붓다의 윤리는 거의 전적으로 부정적 언어로만 기술된다. 악으로부터, 다른 잘못된 생각이나 행동으로부터 멈추는 것이다. 반박의 여지 없이 초기의 것인 몇몇 텍스트는 실제로 자비의 실천을 극찬하고 있다. 물론 그 반대인 증오와 잔인함은 악이다. 그러나 친절함과 자비의 긍정적 가치는 거의 부차적인 것으로 보인다. 사실 빨리어 전통 자체도 자비의 실천이 우리를 열반에 이르게 한다고 주장하지는 않는다. 대신 자비를 행한 자가 어떤 천국에서 다시 태어날지를 명확히 하고 있다. 천국으로의 윤회는 그것이 어떤 천국일지라도 불자의 종교적 이상에는 한참 부족한 것이다.

전부는 아닐지라도 불교에 관한 현대의 논란들 대부분은 고대에, 그것도 주로 불교 내부로부터 비롯되었다. 지금의 논의 또한 예외가 아니다. 빨리어 정전의 어떤 경에서는**155** 상가라바(Saṅgārava)라는 브라만의 이야기가 있다. 그가 붓다에게 와서 비난하기를, 자신을 비롯한 여러 사람이 행하는 희생 제의는 많은 이들에게 이롭지만 붓다가 가르치는 것은 수

155_ AN I, 168-9.

행자들 개인에게만 이롭다는 것이었다. 반면 붓다는 자신의 가르침이 수천 명을 출가하게 한다고 주장함으로써 그에게 반박하였다. 붓다는 브라만의 행위 중 최고의 경지인 집중(ogadha)에 머물며 다른 사람들에게도 똑같이 하도록 가르쳐준다는 것이다. 물론 붓다가 '브라만의 행위(brahma-cariyā)'라고 지칭한 것은 브라만교의 용어로부터 차용한 것이다. 붓다에게 있어서 '브라만의 행위'는 희생제로 성취될 수 있는 것보다 훨씬 더 높은 이상향일 것이다. 붓다는 이 용어를 '열반'을 지칭하는 데 사용하였다. (자세한 정보는 부록을 참조)

상가라바에의 대답에서 붓다는 반박의 근거를 자신의 가르침에 두고 있다. 인도 불교사 전체를 통틀어 붓다의 '위대한 자비(mahā karuṇā)'는 붓다의 가르침 안에 깃들어 있으며 가르침을 편 것이 그 자체로 자비의 발현이라 여겨졌다. 이는 대승 전통에서도 마찬가지이다. 일신교 전통의 신자라면 이것을 무정하다 여길 수도 있다. 그러나 업설에 따르면 각 개인이 자신의 운명에 책임이 있다는 점을 기억해야 한다. 결국 그 누구도 다른 누군가를 구할 수 없다. 업설의 테두리 안에서 그나마 구원에 가까운 것은 좋은 조언을 해주는 선생 정도이다. 그리고 그것이 바로 붓다가 행한 역할이다. 붓다는 정등각자(正等覺者, sammā sambuddha)로 정의된다. 붓다가 진리를 발견했을 뿐만 아니라 그것을 가르치고, 세상에 불교를 새로이 정립하는 데 동의했다는 사실 때문이다. 이러한 이유로 나는 대승이 초기불교도들에게 상가라바의 비판과 동일한 비판을 가했다는 점이 더욱 이상하게 느껴진다.**156** 전문용어로 '듣는 자[聲聞, P. sāvaka]'라고 불리는 초기불교도

156_ Aṣṭasāhasrikā-prajñāpāramitā xxx, trans. E. Conze, *The Perfection of Wisdom in Eight*

들은 붓다가 교설하는 것을 들음으로써 열반으로 인도되었다. 그 결과 그들로서는 불교를 새로이 정립하라는 설법을 펼 수 없었을 것이다. 불교는 이미 거기에 있었기 때문이다. 그러므로 나는 대승의 비판이 비논리적이라고 생각할 수밖에 없는 것이다. 그러나 어쩌면 이대로 문제를 놔두지 않아야 하는지도 모른다. 사실 종교가 언제나 논리적인가? 가르침이라는 방식 외에도 여러 방식으로 표현된 자비에 대해 초기불교도들은 거의 언급하지 않음으로써 자신들의 종교가 따뜻함이 부족한 것처럼 보이도록 내버려 두었다고 결론지어야 할지도 모른다.

그러나 여기서 내가 분명히 하고자 하는 점은 이러한 부족함이 (존재한다면) 초기불교 전통의 탓일 수는 있어도 붓다 본인으로부터 기인했다고 할 수는 없다는 것이다. 붓다는 기독교가 보통 '사랑'이나 '박애'라 부르는**157** 친절이나 자비가 수반되지 않는 구원의 길을 가르친 것이 아니라, 오히려 이러한 긍정적 감정들이 열반의 획득에 직접적이고 효과적인 수단이라고 가르쳤다는 것이 나의 주장이다.**158** 그러나 이러한 점은 사람들의 주목을 받지 못하였다. 게다가 이 주제에 대한 붓다의 가르침은 브라만들을 대상으로, 브라만교의 언어를 빌어 설명되었기에 오해되었다. 붓다는 특유의 '방편'을 택했을 뿐이나, 이토록 중요한 사안에 대해 불행히도

Thousand Lines and Its Vise Summary, Bolinas, CA (1973), p. 163.

157_ I Corinthians, 13. mettā(S. maitrī)의 번역은 딜레마이며 이 문제는 본문에서 상세히 설명된다.

158_ 나는 이러한 발견에 대하여 *How Buddhism Began: The Conditioned Genesis of the Early Teachings* (2006), pp. 58-64와 Kindness and Compassion as Means to Nirvana (1998)에서 두 차례 출판한 바 있다. 그러나 저 책들이 대단한 반향을 끌어낸 것으로 보이지는 않으므로 이 책에서 한 설명은 좀 더 개선되었길 바란다.

불교 전통마저 붓다의 비유를 이해하지 못한 채 문자 그대로 해석하여 처참한 결론에 이르게 되었다.

4무량심(四無量心)

붓다가 극찬하는 네 가지 마음 상태가 있다. 바로 자(慈, maitrī)·비(悲, karuṇā)·희(喜, muditā)·사(捨, upekṣā)이다. 위대한 주석가 붓다고사의 설명을 통해 우리는 네 가지 마음의 상호 작용 방식을 알 수 있다.

> 우리는 어린아이, 병약한 아이, 젊음이 넘치는 아이, 자기 일로 바쁜 아이의 네 아들을 둔 어머니와 같이 된다. 어머니는 어린아이가 자라길 바라고, 아픈 아이가 낫길 바라고, 젊음이 넘치는 아이가 젊음의 특권을 오래도록 누리길 바라고, 자기 일로 바쁜 아이는 걱정하지 않는다.**159**

이 네 가지 상태는 두 이름, 즉 '무량'**160** 그리고 'brahma-vihāra'라는 두 이름이 있다. '무량'이라 불리는 이유는 나중에 나올 것이다. vihāra는 불교의 수도원을 지칭하는 말이 되었고 훗날 인도 비하르주(州)의 이름이 되었다. 그 의미는 '수도원'인데, '머무를 곳'을 뜻하기 때문이다. 이 명사는 단

159_ 『청정도론(Visuddhi-magga)』 IX, §108, trans. Ñyāṇmoli (sic), *The Path of Purification*, 2nd edn, Colombo, 1964.

160_ appamāṇa. 그러나 Metta Sutta 에서 해당 단어(동의어)는 aparimāṇa인데, 아마도 운율을 맞추기 위함이었을 것이다.

순히 '시간을 보내다', '머물다'라는 뜻의 동사에서 파생되며, 명사형은 '머무름', '자리 잡음'을 의미할 수 있다.

나는 앞에서 브라만이 브라만교도들의 종교적 목표, 즉 우빠니샤드가 상정하는 일원론적 원리를 지칭하는 이름임을 설명한 바 있다. 일원론적 원리로서의 브라만(brahman)은 중성 명사이지만 또한 최고신을 가리키는 남성 명사 브라만(Brahman)도 존재한다. 혹자는 이를 중성 명사인 원리가 인격화된 것으로 간주할 수도 있지만 역사적 발전 방향은 정반대였을 가능성도 있다. brahma-vihāra는 '브라만과 함께 머무름'이라는 뜻이므로 불교에서의 해당 표현은 브라만교와 불가피한 관계에 있다. 브라만이라는 단어 자체가 두 해석 모두를 가능케 하므로 브라만이 인격인지, 비인격인지, 남성 명사인지, 중성 명사인지와 무관하게 '브라만과 함께 머무름'은 브라만교도에게 궁극적인 목표이며 구원의 상태이다.

구원에 대한 이러한 사유의 표준적 전거는 3장에서 전문 인용된 바 있다. 『브리하드 아란야까 우빠니샤드』의 해당 구절에서는 영지(靈知)를 획득한 이에게 사후에 특별한 운명이 있음을 주장한다. 이 영지는 무엇으로 이루어지는가? 해당 구절은 영지의 내용이 다섯 가지 불의 지혜 그 자체라 말하고 있는 것 같다. 그러나 이 경전 및 그 외의 우빠니샤드의 여타 구절들에 따르면 영지란 '나는 브라만이다'로 표현될 수 있는, 좀 더 단호하고 단순한 것으로 보인다. 이는 무슨 의미일까? 한 개인의 본질과 전 우주의 본질은 오직 하나이며 동일하다는 것이다. 어떤 이가 살면서 이 진리를 깨닫는다면 죽음에 이르러 브라만과 하나가 됨으로써 그 진리를 실현하게 된다. 그러나 이것도 모호하다. 인간은 어떤 방식으로든 중성인 원리와 융합하는 것인가? 아니면 브라만(Brahman)이라 불리는 신을 만나 함께 머무르게 되는 것인가? 이에 대한 대답은 질문자의 사유가 세련된 정도에 달려있다고 생각한다. 이 경전은 그러한 이들이 죽어서 화장될 때 복잡한 여정에 오르게 되는 과정을 상술하고 있다. 마지막 단계는 다음과 같다.

> 신들의 세계에서 태양으로, 태양에서 번개의 세계로. 마음으로 만들어진 사람이 번개의 세계로 와서 그들을 브라만의 세계로 데려간다. 이렇게 승천한 사람들은 브라만의 세계에서 가장 오래 산다. 그들은 돌아오지 않는다.

안타깝지만 어떠한 번역으로도 영어는 산스끄리뜨어의 모호함을 없애고 완전한 의미를 전달할 수 없다. 산스끄리뜨어로는 승천한 사람들이 '브라흐마 세계들(brahma-lokān)'로 인도된다. brahma-lokān은 합성 명사로, 여기서 '세계'는 확실히 복수형이다. 그러나 '브라흐마'는 중성일 수도, 남성일 수도 있으며 심지어는 복수형일 수도 있다. 복수형이라면 '브라흐마 신들의 세계들'이라는 의미일 수도 있다.

『찬도기야 우빠니샤드』는 이 대목을 단순히 '브라흐마(brahma)', 즉 분명히 중성 단수 명사로 읽고 있으며 '세계들'을 언급하지 않는다. 그러나 3장에서 언급하였듯, 다른 두 버전에서 발견되는 차이점들처럼 이 또한 모호함을 없애려는 시도로 보인다. 나아가 브라만과 하나가 되는 목표가 윤회로부터 벗어나는 마지막 탈출구임은 분명히 하지만, 되돌아오지 않는다는 내용은 오직 『브리하드 아란야까』에서만 정확히 명시적으로 언급되고 『찬도기야』에서는 발견되지 않는다. 붓다가 인용하는 내용 중 다수가 『브리하드 아란야까』에서 추적되지만 『찬도기야』의 내용으로 확인되는 경우는 훨씬 적다.[161] 따라서 붓다가 알고 있었고 대응했던 대상은 『브리하드 아란야까』 버전이라고 추정할 수 있을 것이다.

—

네 가지 '브라흐마와 머무름(brahma-vihāra)'은 정전의 다양한 문헌에 등장하지만 표준적 전거는 『떼비자 숫따(Tevijja Sutta)』이다.[162] 우리는 이 경전이 바로 '브라흐마와 머무름'의 개념과 용어가 시작된 맥락임이 틀림없음을 확인하게 될 것이다. 『떼비자 숫따』에서 붓다는 두 명의 젊은 브라만과 대화한다. ('대화'가 '교설'보다 더 적합해 보인다.) 나의 핵심 주장 중 하나는 붓다가 기존의 용어를 차용하여 그 의미를 새롭게 정립했다는 것인데 경전명 '떼비자(te-vijja)'가 바로 그러한 사례이다. 떼비자는 말 그대로 '세 가지 지식을 가진'이라는 뜻이다. 당시 브라만교도들에게 유일하게 진정한 지식으로 여겨진 것은 베다였다. 실로 베다라는 단어 자체가 '지식'을 의미한다. 브라만교도들에게 세 가지 지식은 리그(Ṛg), 사마(Sāma), 야주르(Yajur) 베다이다. 세 베다를 완전히 외우는(글자가 없었으므로 외워야만 했다) 남자는(언제나 남자였다) '세 가지 지식을 가진(te-vijja)' 것으로 인정되었다. 오늘날까지도 많은 브라만교도들이 '뜨리베디(Trivedi)'라는 성을 쓰는데, 실로 상속 가능한 칭호가 된 것이다. 그러나 붓다는 세 가지 구원의 지식을

161_ 찬도기야(Chāndogya)라는 제목은 『떼비자 숫따(Tevijja Sutta)』의 앞부분에서는(DNI, p. 237) 찬도까(Chandoka)라는 와전된 형태로 등장한다.

162_ DN, sutta xiii.

자신의 전생에 대한 지식, 다른 사람들의 전생에 대한 지식, 자신의 염오가 제거되었음을 아는 지식으로 새롭게 정의하였다.163 이러한 성취들이 본질적으로 세 가지로 이루어진 것은 아니므로 붓다가 이를 '세 가지 지식'으로 구성한 것은 결코 우연이 아니었던 것이다.

『떼비자 숫따』에서 젊은 두 브라만은 '브라흐마와 머무름'이라 부르는 것에 이르는 직접적 방법에 대해 논쟁하다가 붓다에게 물어보기로 결정하고, 이는 붓다와의 긴 대화로 이어진다. 붓다는 브라만들이 스스로 본 적도 없는 목표에 이르는 길을 가르친다고 주장한다. 붓다는 이것이 마치 아름답다고 알려진 어떤 여인이 사실 어떻게 생겼는지, 그녀가 누군지, 어디에 사는지도 모르면서 사랑하게 되는 것과 같다고 비유한다. 또한 그들이 브라흐마는 말할 것도 없이, 해와 달을 볼 수는 있어도 해와 달에 이르는 길은 모른다고 말한다.

해와 달에 대한 붓다의 언급은 우빠니샤드에서 말하는 사후의 두 가지 길에 대한 조롱 조의 암시라고 생각한다. 그 사후의 길에 오르려면 우선 그 시체가 화장되어야 함을 붓다도 알고 있었을 것이기 때문이다. 붓다는 실제 살아있는 브라만들이 세 가지 베다 및 그들이 묘사하는 브라흐마의 모습을 안다고 주장하고 자신들이 브라흐마를 닮았으므로 이후에 브라흐마와 하나가 될 것이라 주장하지만, 현실의 브라만들은 도덕적으로 완벽하지 못함을 대비시킨다. 브라만들의 주장에 따르면 브라흐마는 도덕적으로 순수하지만 브라만들은 그렇지 못하다. 그러므로 브라만들이 어떻게 브라흐마에 필적한다 말할 수 있겠는가?

163_ DN I, 81-4.

이어서 붓다는 두 브라만에게 자신이 브라흐마 세계를 알고, 마치 자신이 평생 살았던 곳인 것처럼 그 세계에 이르는 길 또한 안다고 말한다. 그러자 젊은 브라만은 사실 붓다가 브라흐마들(복수형임을 주목)과 함께하게 되는 길을 가르친다고 들었다고 대답하며 그 길을 묻는다. 이에 붓다는 그 길을 묘사한다. 붓다는 어떤 이가 붓다와 그의 교설을 알게 되어, 그의 가정을 떠나 행위와 도덕에 관한 모든 규율을 지키게 되는 과정에 대한 일반적인 이야기를 들려준다. 여기서 '어떤 이'가 가장(gahapati), 혹은 어떤 가장의 아들, 심지어는 더 낮은 지위의 어떤 이로 묘사되는 점은 주목할 만하다.[164] 브라만교도에게 이 대목은 붓다가 설하는 그 길이 출생 신분과 무관히 모두에게 열려 있다는 점을 의미한다. 나아가 붓다는 어떻게 이 사람이 — 이제는 승려로 지칭되는 — 자(慈)·비(悲)·희(喜)·사(捨)의 4무량심(四無量心)으로 온 세상을 충만히 하는지를 묘사한다. 동일한 묘사는 경전 특유의 반복적 방식으로 네 가지 사유 모두에 반복된다. 네 가지 사유(빨리어로 mettā, karuṇā, muditā, upekkhā)는 다른 텍스트에서 '브라흐마와 머무름(brahma-vihāra)'이라 불리는데, 이 명칭이 브라만교를 의식한 맥락에서 비롯되었음은 분명하다. 정작 『떼비자 숫따』에서는 해당 표현이 사용되지 않지만 그러한 상태에 있는 것을 '그렇게 머무름(evāṃ-vihārī)'이라 지칭하고는 있다.[165]

이 충만함의 전체성을 강조하기 위해 '모든(sabba-)'이라는 단어

164_ Gahapati vā gahapati-putto vā aññatarasmiṃ vā kule paccājāto (Tevijja Sutta), p. 250, para. 41).

165_ DN I, p. 251, para. 80.

에서 비롯된 세 단어가 사용된다. 그리고 그 사유는 '거대하고, 탁월하고, 무한하며, 증오나 악의가 없는(vipulena mahaggatena appamāṇena averena avyāpajjhena)' 것으로 묘사된다. 이 다섯 가지 형용사가 표현하려는 바는 그 사유가 순수하고 완전한 친절이며 그 정도가 무한하다는 것이다. 이는 소라고둥에서 나는 엄청나게 큰 소리에 비유된다. 다른 감각의 대상과는 다르게, 소리는 무한하여 모든 공간을 채운다고 여겨지기 때문이다.

그리고 친절(나머지 세 가지도 차례대로)은 '마음의 해방(ceto-vimutti)'으로 묘사된다. 그러한 마음이 발현되고 나면 경계가 있는 유한한 어떠한 업도 남아 있지 않다.

마지막 부분은 강조를 위해 반복된다.166 이것이 브라흐마들과 하나가 되는 데 이르는 길이다. 그렇게 사는(evaṃ-vihārī) 승려는 그의 도덕성에 있어서 브라흐마(단수형, 그러나 여전히 남성형)에 필적하며 따라서 그가 죽어서 브라흐마와 하나가 되는 것이 가능하다.(ṭhānam etaṃ vijjati) 이에 설득된 두 젊은 브라만은 불교에 귀의한다. 12장에서 다룰 예정인 『아가냐(Aggañña)』라는 다른 경전에서는 동일한 브라만들이 최근에 계를 받은 것이 분명해 보이는 승려로 등장한다. 이로부터 추측할 수 있는 점은 그들이 불교에 귀의하자 브라흐마와 — 단수형의 브라흐마이든, 복수형의 브라흐마들이든 — 하나가 되는 것에 더 이상 흥미를 느끼지 않았다는 것이다.

166_ DN I, p. 251, para. 77.

영지주의적 구원론이라면 구원을 두 단계로 볼 수밖에 없다. 구원을 주는 깨달음, 즉 영지는 오직 당사자가 살아있는 동안에만 얻어질 수 있음이 분명하다. 그 사람은 그 후에야 구원을 확신할 것이며, 따라서 구원을 성취했다고 말할 수 있다. 그러나 완전한 구원은 죽음에 이르러야 맞이하게 된다.

우빠니샤드가 설파한 구원론이 바로 이러한 종류였다. 살아있는 동안 인간의 목표는 브라만과의 본질적 동일성(identity)을 깨닫는 것이었다. 일단 깨닫고 나서 죽음에 이르면 그 동일성은 좀 더 문자 그대로의 실제가 되었다. 불교도의 열반은 완벽히 동일한 방식으로, 살아있는 동안에 성취되는 깨달음이었다. 그리고 그 성취를 통해, 그 사람이 죽음에 이르러 또한 열반이라 불리는 어떤 경험을 할 것임이 보장되었다. 그러나 죽음에 이르러 경험하는 열반과 처음의 열반은 각각을 묘사하는 형용사에 따라 구별된다.**167**

그러나 붓다와 대화한 젊은 두 브라만은 우빠니샤드 교리를 세련되지 못한 방식으로 해석하여 사후의 이상적 운명을 '브라만과의 결합(brahma-sahavyatā)'으로 받아들였다. 명백히 이는 다섯 가지 불의 지혜를 너무 단순하게 이해한 것이다. (『브리하드 아란야까』에서 '브라흐마 세계들'이라고 언급하는 지점은 이렇게 해석되기 쉽다. 반면 『찬도기야』의 표현은 그렇지 않다.)

167_ 죽음에 이르러 얻는 열반은 반열반(般涅槃, parinirvana)이라 불리며, 열반으로부터 구별된다는 오해가 널리 퍼져있다. 이는 잘못된 것이다. 열반의 두 형태 모두 의미의 변화 없이 반열반(P. parinibbāna; S. parinirvāṇa)이라 불릴 수 있다.

이 해석은 삶 동안의 영지에 뚜렷한 역할을 부여하지 않는다. 그러나 붓다는 두 브라만이 세련되지 않아도 이해할 수 있는 방식으로 그러한 영지를 보여준 것이다.

붓다는 완전한 자, 비, 희, 사의 획득을 '마음의 해방'이라 묘사하였다. 여기서 해방을 가리키는 단어는 vimutti이다. 내가 아는 바로는, 모든 인도 토착 종교에 있어서 이 단어는 윤회로부터의 해방을 통해 성취되는 구원을 가리키는 것이 분명하다. '마음'을 가리키는 단어는 ceto (S. cetas)로, '사유'라고 번역될 수도 있다. 이 단어가 파생된 어근 cit는 '생각하다', 혹은 단지 생각의 전제 조건이 되는 '의식이 있다' 모두를 의미할 수 있다.

붓다는 『브리하드 아란야까 우빠니샤드』에 나타나는 브라만교적 신념에 대응하고 있다. 실제 사건을 반영했을 수도 있는 이 경전의 맥락에 있어서 붓다는 세련되지 못한 형태의 브라만교적 신념에 대응하고 있으나, 붓다의 진정한 표적은 세련된 버전이다. 세련된 버전에 따르면 어떠한 의미 있는 행위, 즉 업은 결과를 가져오지만 그 결과는 유한한 것이다. 심지어 천국에서의 생마저 영원하지 않다. 이러한 유한함을 벗어나기 위해서는 영지가 요구된다. 영지를 얻는다면 그 사람은 브라만과 하나가 될 것이며 공간적으로도 시간적으로도 무한하게 될 것이다. 브라만은 전 우주를 그 의식(cit)으로 충만하게 한다.

여기서 불교 승려 또한 그의 의식으로 우주를 충만하게 하지만 그것은 '윤리화된 의식'이다. 그 마음을 무한하게 함에 있어서 (물론 비유적으로) 그는 우주적 의식과 동일한 브라만교적 영지를 따르고 있다. 혹은, 그보다 더 뛰어나게, 그 브라만이 정말로 무엇을 해야 하는지 보여주고 있는 것이다. 나아가 그의 의식은 어떤 대상이나 물건이 아니라 과정이자 활동이다. 이 점은 8장의 주제가 될 것이다. 그것은 업이지만 그가 이미 초월해 버린 유한한 종류의 업이 아니다. 일반적인 업의 유한함을 초월하였기에 그는 브라만교의 영지처럼, 죽음에 이르러 브라만과 결합할 준비가 되어 있다. 심지어 단수형과 복수형의 브라흐마 간의 혼동마저 『브리하드 아란야까 우빠니샤드』를 고스란히 흉내 내고 있는 것처럼 보인다.

따라서 이 맥락을 이해한다면 붓다가 처음에 젊은 브라만들을 조롱할 때 브라흐마 세계로 가는 길을 보여주겠다고 약속한 것처럼, 죽어서 브라흐만과 하나가 된다는 내용 또한 액면 그대로 받아들여질 수 없음을 알 수 있다. 브라흐마 세계에 이르는 길이란 붓다가 이 삶에서 열반에 이르는 길을 설명하기 위해 자신의 대화 상대로부터 빌려온, 우빠니샤드적 언어일 뿐이다. 마찬가지로 죽어서 브라흐마와 하나가 되는 것은 아라한의 죽음에 따르는 열반에 대한 비유이다.

그러나 주석가들은 고사하고 여타 경전의 편집자들마저도 이 사실을 이해하지 못했다. 아마도 그 이유는 단순히 그들이 『브리하드 아란야까 우빠니샤드』, 혹은 다섯 가지 불의 지혜를 몰랐기 때문일 수도 있다. 그들은 '죽어서 브라흐마와 하나가 되는 것'을 문자 그대로 해석한 반면, 마음의 해방(ceto-vimutti)은 비유로 받아들였다. 정확히 반대로 이해한 것이다. 따라서 텍스트가 친절한 승려의 마음이 해방되었다고 분명히 말하고 있음에도, 불교 전통은 이를 부정하고 그 승려가 우주의 특정한 단계에서 윤회하며 그 단계는 브라흐마들이 사는 곳이라고 주장했던 것이다.

이 텍스트가 표준적 교의의 유형과 일치하지 않는다는 점에 후대인들 또한 혼란을 느꼈을 것이라 생각한다. 불교적 체계에서의 영적 발전은 세 가지 요소, 즉 계(sīla)·정(samādhi)·혜(paññā)로 이루어진다. 각 요소는 다음 요소를 위한 전제조건이지만 그중 어느 것도 단독으로는 완성될 수 없다. 혹자는 '브라흐마와 머무름'이 세 요소 모두를 포함하며 이러한 유형을 초월한 것이라 주장할 수 있을지라도, 이는 전통적 체계화를 무시하고 있는 것이다. 특히 전통은 이 세 가지 상태가 이해, 즉 paññā로 간주될 수 없다는 입장을 견지한다. 어째서일까? 이 맥락에서 이해란 매우 제한적이고 특정한 의미를 지니기 때문이다. 여기에서 '이해'는 '사물을 있는 그대로 보는' 것이다. 즉, 모든 경험적 현상을 일시적이며, 만족스럽지 못하고, 본질이 없는 것으로 보는 일이다.

한편, 알렉스 와인은 나의 해석을 지지하는 또 다른 논의를 발견하였다.**168** 『떼비자 숫따』는 『디가 니까야』의 열세 번째 경전으로 니까야 첫 권의 마지막에 위치하는데, 이 부분은 '도덕적 규율', 즉 'Sīla-kkhandha(戒蘊)'라 알려져 있다.**169** 이 열세 경전 모두는 동일한 단어로 이루어진 긴 단락을 포함하고 있는데, 이 단락은 종종 경전의 반 이상을 차지한다. 이 단락은 붓다가 세상에 태어나는 것으로 시작하여 어떤 이가 붓다의 설법을 듣고 속세를 떠나 붓다를 따르게 되고, 마침내 붓다를 따르는 길이 어떻게 그의 열반으로 인도하게 되는 지로 시작한다. 『떼비자 숫따』를 제외한 처음 열두 경전, 즉 이 권의 나머지 모든 경전에서 도덕적 규율의 긴 목록에 뒤따라 등장하는 내용은 붓다를 따르게 된 사람이 명상 수행을 시작하여 쟈나(jhāna)라 알려진 명상의 네 단계를 거치는 진전에 관한

168_ 2004년 9월, 옥스퍼드의 회의에서 발표되었으나 출판되지 않은 논문.

169_ 역주: 약간의 착오가 있는 것으로 보인다. 계온품은 13번째 경인 『떼비자 숫따』가 아닌 10번째 『수바 경』에 포함되어 있다.

이야기다. 그러나 『떼비자 숫따』에서는 네 가지 쟈나가 언급되지 않고, 4무량심의 수행이 그 자리를 대신하고 있다.

나의 주장을 요약하자면 다음과 같다. 브라만들이 인생의 최고 목표라 배운 것에 대하여 붓다는 그가 즐겨하는 방편을 사용하여, 그들의 주요 용어에 새로운 의미를 부여하고 '브라흐만과의 머무름'이 의미하는 바를 재해석할 때만 그것이 실로 인생의 목표일 것이라 설득하였다. 붓다의 고의적인 언어 왜곡은 분명 뻔뻔한 것이었으나, 붓다가 '업'을 말할 때 '의도'를 의미한 것보다 더 심했던 것은 아니었다.

4무량심의 관계

더 많은 텍스트를 인용하여 나의 주장을 강화하기 이전에, 4무량심이 어떻게 상호 연관되어 있는지에 대해 간략히 고찰해보고자 한다. 앞서 나는 주석가 붓다고사(5세기)를 인용하여 4무량심을 소개하였다. 인상적인 시도는 아니더라도 사랑[慈]을 제일 아래에, 평정[捨]을 제일 위에 두어 네 무량심의 순위를 매기려는 시도가 경전에서 발견된다. 그러나 이상하게도 그 네 가지가 질적으로 어떻게 서로 연관되는지에 대한 논의는 정전에서 발견된 적이 없다.

첫 번째 마음은 빨리어로 mettā이다. '사랑이 담긴 친절(loving kindness)'이라는 번역은 관례가 되었고 이는 분명 정당한 번역이다. 그러나 나는 이 번역이 비록 영어이지만 여전히 이국적 느낌을 지닌 일종의 불교 전문 용어를 발명하는 전형적인 경우라고 생각한다. 성 바울의 아가페처럼, 이 마음이 성적인 사랑은 아님이 확실하다. 따라서 신학자들에게는 '사랑'

이 적합하게 들린다. 그러나 좀 더 일반적 대중에게 '사랑'은 남용되는 단어로 너무 넓은 범위의 의미를 지닌다. 반면 mettā는 '친구(mitto)'에서 파생된 추상 명사이므로 '우정' 또한 가능한 번역이다. 그러나 '우정'은 어떤 이들에게 너무 약한 단어로 들릴 수도 있다. 이러한 사실은 일련의 영어 단어가 빨리어의 가장 가깝게 대응하는 단어에도 정확히 들어맞지 않을 수 있음을 거듭 증명한다. 따라서 나의 비일관성 방침**170**을 따라, 나는 '사랑'과 '친절'을 무차별하게 사용하는 것을 선호한다.

우리의 사고방식을 따르면 친절과 연민, 즉 자와 비는 거의 동일한 것이다. 붓다고사는 연민이 오직 고통받는 사람들을 향한 감정만을 지칭한다고 주장했으나 이는 다소 현학적으로 들린다. 이 문제에 대해서는 우리의 본능이 옳다고 생각한다. 대승 전통이 연민[悲]을 강조하는 반면 상좌부 전통은 친절[慈]을 강조하지만 이것이 본질적으로 어떠한 차이를 반영하는 것도 아니기 때문이다.**171** 다른 사람의 행복에 함께 기뻐할 것을 강조하는 세 번째 상태[喜]만 특정하여 말하자면, 이는 불교의 독특한 점이며 내가 생각하기로 붓다 사후에 더욱 강화되었을 것이라 생각한다. 내가 말하고자 하는 바는 보시, 즉 공덕의 전달이다. 분명 공덕을 받는 쪽이라도 수동적 역할만을 하는 것이 아니다. 사실 공덕을 받는 사람은 다른 사람이 공덕을 지어 만족할 때 함께 기뻐함으로써 그 공덕을 얻고 있는 것이

170_ 나는 여러 빨리어 단어를 의도적으로 비일관적인 방식으로 번역한다. 의미는 맥락에 따라 달라질 뿐 아니라, 한 빨리어 단어에 가능한 영어 번역이 하나 이상이 있다는 것을 아는 것만으로 도움이 되기 때문이다. (Gombrich, *How Buddhism Began*, p. xviii).

171_ 이 견해는 Lance Cousins에게 도움을 받았다.

다. 사용된 단어는 다를지라도[172] 감정은 동일하다.

아마도 우리에게 가장 난해하게 여겨지는 것은 앞의 세 가지와 네 번째의 관계일 것이다. 나는 초기 기독교에 대해서 전혀 아는 바가 없지만, 내가 아는 한 초기 교회의 신부들 또한 사랑(그리스어로 아가페)과 평정(아타락시아)의 관계에 대해 고민하였다. 그 이상향은 자비(사랑과 연민)가 단지 이기적이지 않은 것만으로는 충분하지 않고 어떠한 애착의 요소도 모두 제거된 것이어야만 한다. 우리 문화에서는 의사, 특히 정신과 의사와 같이 박애심이 명하는 대로 환자를 돕기 위해 전력을 다하더라도 동시에 객관성의 유지가 요구되는 전문가 정신과 유사한 것이라 생각한다. 전통적으로 의사들은 가족 중 중환자의 본격적인 치료에는 절대 참여하지 않는 이유가 바로 여기에 있다. 가족에겐 감정적이지 않을 수 없기 때문이다.

친절과 자비를 찬탄하는 여타 문헌들

사랑이나 연민이 구원의 길이라 주장하는 것은 분명 상좌부 전통에 위배되는 것이다. 상좌부 전통이 『떼비자 숫따』로부터 받은 영향에 대하여는 차후에 다룰 예정이지만, 나는 우선 그러한 주장이 하나의 텍스트에만 국한된 것이 아니라는 것을 증명하고자 한다.

빨리어 정전에는 『메따 숫따』라 불리는 게송이 있다.[173] 경명은 '친

172_ 네 가지 감정의 목록에서 해당 단어는 muditā이나, 타인의 공덕에 대한 공감을 가리키는 맥락에서는 anumodanā이다.

173_ Sutta-nipāta I, 8 = vv. 해당 문헌은 보통 *Karaṇīya Metta Sutta* 라 지칭된다. 처음에 등장하는 단어가 karaṇīyam이기 때문이다.

절에 관한 책'이라 번역될 수 있을 것이다. 이 경전은 온 세상에 대해 친절한 마음을 갖는 것을 예시를 통해 논의하고 극찬한다. 전통적으로 불교 명상 수행자들은 『메따 숫따』를 읽어왔고, 현대 스리랑카에서는 싱할라 불교 학교 어린이들에게 신을 향한 기도와 같은 역할을 하게 되었다. 학교의 어린이들은 매일 일과가 끝나고 집에 가기 전에 이 경전을 암송한다.

게송의 대부분은 어머니가 자식을 사랑하듯, 우리가 어떻게 모든 생명체를 사랑해야 하는지를 가르치고 있다. 붓다고사가 이 점을 상술하며 4무량심 전부를 망라하였음은 앞서 언급한 바 있다. 게송의 정점은 다음과 같다.

> 우리는 온 세상을 향해 사랑하는 마음을 위, 아래, 양 옆으로 무한하게, 제약 없이, 증오도 적대심도 없이 키워야 한다. 서 있을 때, 걸을 때, 앉아 있을 때, 혹은 누워 있을 때, 우리는 가능한 정신을 바짝 차리고 이에 마음을 집중해야 한다. 그들은 이것을 이 세상의 거룩한 삶이라 부른다. 생각에 매달리지 않고, 고결하게, 완벽한 통찰을 가지고, 감각적 기쁨을 향한 탐욕을 제어함으로써 우리는 다시는 자궁으로 돌아가지 않게 된다.

전체 게송이 우리가 깨달음을 얻는 방법에 관한 내용으로 이루어졌다는 주장은 게송의 이러한 결론으로 확실히 뒷받침된다. 더욱이 '다시는 자궁에 돌아가지 않는'은 '윤회로부터 완전히 탈출, 즉 열반의 획득'으로 해석하는 것이 자연스럽다. 불교의 우주론 형성 과정 전체를 잘 알고 있는 학자라면 불교 우주론에는 자궁을 통하지 않고 스스로 태어나는, 우리보다 우주의 더 높은 곳에 사는 생명의 형태가 있다고 반박할 수 있을 것이다. 따라서 게송의 마지막을 따로 떼어 본다면, 좀 더 징그러운 형태의 윤회로부터 탈출을 의미하는 것으로도 해석이 가능하다. 그러나 게송 처음의 구절인 '평화로운 상태'에는 그러한 모호한 해석의 여지가 없다. 그러므로 친절이 구원의 길이라는 것이 게송 전체의 요지임은 명백해 보인다.

게송이 친절만으로 구원을 얻을 것이라고 주장하지는 않는다. 게송 처음에는 일련의 여러 미덕이 언급되고 마지막 절 또한 다른 자질들을 매우 중요히 다루는데, 특히 통찰과 자기 조절이 특기할 만하다.

모든 빨리어 정전 중 가장 유명한 텍스트는 도덕성에 관한 4백 개가 넘는 짧은 연(聯)으로 이루어진 『법구경(Dhammapada)』일 것이다. 개인적 의견으로는, 368개라는 숫자가 더 주목을 받지 못한 것은 이상하다. 『법구경』은 말한다. "승려가 붓다의 가르침을 믿으며 친절에 머문다면 평화로운 경지, 연기의 지복한 중단을 얻을 수 있을 것이다."

산스끄리뜨어나 빨리어 문헌학자들은 알겠지만 '얻게 될 것(직설법)'이 아니라 '얻을 수 있을 것(기원법)'이라 표현한다는 사실에 크게 개의치 않아도 된다. 더욱이 다른 종파(보통 기원전으로 거슬러 올라가는)의 텍스트인 『마하바스뚜(Mahāvastu)』에 따르면,**174** 이 구절에 해당하는 부분은 직설법(adhigacchati)으로 쓰인다. 실제로 그 구절은 친절이 구원적이라 말하고 있으며, 여기서 열반을 지칭하는 '평화로운 상태'와 동일한 표현이 『메따 숫따』의 첫머리에 사용된 것은 결코 우연이 아니다. 물론 전통에 따르면 두 게송 모두 붓다가 직접 지은 것이다.

174_ *Le Mahāvastu*, ed. E. Senart, vol. Ⅲ, p. 421, 18-19째줄.

이 외에도 정전에는 붓다가 친절의 중요성을 설파하는 텍스트가 있다. 거기서 붓다는 분명히 『브리하드 아란야까 우빠니샤드』의 구절을 재치 있게 암시하고 있다. 암시된 부분은 야갸발끼야(Yājñavalkya)와 그가 가장 아끼는 아내 마이트레이(Maitreyī) 간의 대화이다.[175] 마이트레이는 야갸발끼야에게 그가 아는 지식, 그녀를 불멸로 만들어 줄 지식을 묻는다. 이에 야갸발끼야는 가르침을 전한다. "남편이 사랑스러운 것은 남편에 대한 사랑 때문이 아니라 '남편이 사랑스럽다'는 자아(ātman)에 대한 사랑 때문이다. 아내가 사랑스러운 것은 아내에 대한 사랑 때문이 아니라 '아내가 사랑스럽다'는 자아에 대한 사랑 때문이다." 야갸발끼야는 동일 구조의 주장을 계속하며 자아(the self)를 아는 것이 모든 것을 아는 것이라는 결론에 다다른다. 정전의 어느 짧은 숫따에서는[176] 빠세나디(Pasenadi)왕이 자신의 아내인 말리까(Mallikā) 왕비와 나눈 대화를 붓다에게 고한다. 그 누구도 자아보다 더 사랑스럽지 않다는 결론에 도달했다는 것이었다. 이것은 바로 야갸발끼야가 말한 내용이다. 붓다는 이에 대하여 게송으로 답하며 모든 이가 자기 자신을 사랑하기 때문에 그 누구도 타인에게 해를 입혀서는 안 된다고 결론짓는다. 붓다의 대답은 말장난에 기초한 것인데 여기서 설명하기에는 지나치게 길고 복잡하다. 더 자세한 정보를 원한다면 나의 다른 글을 참고하길 바란다.[177] 다시 한번 붓다는 브라만교의 형이상학을 보편적 윤리로 전환하고 있다.

175_ 이 대화는 『우빠니샤드』에서 두 차례(Ⅱ, 4 그리고 Ⅳ, 5) 등장한다. 대화가 등장하는 단락은 두 군데에서 모두 동일하다.

176_ SN I, 75.

177_ Gombrich, *How Buddhism Began*, pp. 62-64.

『떼비자 숫따』에 대한 전통적, 직역적인 해석

이 모든 사실에도 불구하고 불교 전통은 『떼비자 숫따』를 문자 그대로 받아들였다. 그 결과 기존의 교리에 더하여 '브라흐마와 머무름'을 성공적으로 수행한 사람은 브라흐마 세계로 윤회하고, 그보다 높은 곳으로 윤회하지는 않는다고 생각하였다. 그렇다면 우주 어딘가에 브라흐마 세계가 존재해야만 하는 한층 더 강력한 이유가 있는 것이다. 붓다가 '브라흐마 세계'의 존재를 문자 그대로 믿었는지 나는 결코 확신할 수 없다. 그러나 주석가들의 이러한 문자 그대로의 해석에 의해 불교 우주론의 형태는 완성되었다. 나는 4무량심을 그 수행자가 윤회하게 될 세계와 함께 순위를 매겨 배열하려던 당시의 노력이 모순됨을 다른 글에서 지적한 바 있다.[178]

이는 정전의 내용(canonical material)이므로 붓다고사는 이를 받아들여야 할 의무가 있다. 그러나 붓다고사는 친절을 비롯한 여타 가치에 대한 그런 식의 평가 절하에 불편함을 느꼈던 것이 분명하다. 그는 『청정도론(淸淨道論, Visuddhi-magga)』의 4장 전체를 네 가지 '브라흐마와 머무름'에 할애하고 있으며, 그중 일부는 대단히 건조하다. 그는 정전에 근거하여 네 가지 상태 각각이 우주의 정확히 얼마나 높은 곳으로 우리를 데려갈 수 있는지를 일단 설명하고 난 뒤, 감동적인 마지막 단락에서는 논조를 바꾸는 것으로 보인다. 붓다고사에 따르면, 네 가지 상태는 붓다(여기서는 '위대한 존재'라 불린다)의 다른 좋은 자질들을 모두 '완벽하게 한다.' '위대한 존재들'의 마음은 모든 존재의 행복을 더 좋아하고, 그들의 고통을 더 싫어하고, 그들의 성취가 계속되길 바라고, 모든 존재를 공평히 여김으로써 균형

178_ 같은 책, pp. 85-86.

을 유지한다는 것이다.[179] 이어서 붓다고사는 열 가지 완성 각각에 이를 적용한다. 열 가지 완성이란 모든 붓다가 그 최고를 완성할 것으로 여겨지는 도덕적 자질들이다. 사실상 붓다고사는 일반적 수행자의 영적 성장에 있어서 네 가지 거룩한 상태가 정확히 어떤 역할을 하는지의 문제는 회피하면서, 붓다에게는 그 네 가지 상태가 핵심적이라 말하고 있는 것이다.

브라흐마 세계는 일반적 천국인 데바(deva, 천신) 세계 위에 위치해야 하며, 데바 세계는 욕계(欲界, kāma-dhātu) 안에 위치한다. 욕계란 무엇인가? 이에 역사학자는 고대의 이원적 우주론이 윤리화, 정교화된 불교식 우주론이라 대답할 것이다. 그 토대를 이루는 사유는 이 세상에서의 선업이 우리를 천국에서 윤회하도록 하며 그 선업의 효력이 다할 때까지 천국에 머문다는 사유이다. 그 뒤에는 더 낮은 곳에서 윤회한다. 브라흐마 세계 또한 세부적으로 분류되지만 일반적인 천국과는 차별된 특별한 천국이다.[180] 이러한 이해는 다섯 가지 불의 지혜에 기반한 우주론을 확대하여 해석한 것으로 평가될 수 있다. 그러나 애초에 그 내용은 얼마나 진지하게, 얼마나 문자 그대로 받아들여지도록 의도된 것일까?

이는 질문의 제시가 그에 대한 해답을 결정하는 사례이다. 브라흐마 세계들 그리고 그 세계가 수행하는 기능들은 붓다가 브라만들과 대화하며 브라만교의 우주론을 문자 그대로 받아들인 데서 비롯되었을 것이라 생각한다. 그러나 그것은 순전히 교훈적인 의도였다. 나는 이 주장을 좀 더 진전시키고자 한다. 불교의 길에 들어선 이에게 네 단계의 성취가 있다

179_ 『청정도론(Visuddhi-magga)』 IX, 124, trans. Ñyāṇmoli.

180_ 역주: 브라흐마 천국(세계)은 보통 梵天으로 번역한다.

는 언급은 분명히 초기의 것으로 보이는 정전적 경전들에서 발견된다. 가장 낮은 단계는 '흐름에 들어선 자'**181**로, 최대 7번의 생이 남아 있으며 다시는 인간보다 낮은 단계로 윤회하지 않는다. 가장 높은 단계는 아라한(arahant)으로, 깨달음을 얻었고 다시는 윤회하지 않는다. 그러나 아라한 바로 아래 단계는 '다시는 돌아가지 않는 자(anāgāmī)'**182**이다. 그는 지상의 삶으로 다시는 돌아오지 않지만, 어떻게 해서인지 다음 생에서는 바로 열반을 얻도록 윤회하는 것이 보장된다.

나는 아나함이 브라흐마 세계 논의와 동일한 출처, 즉 『브리하드아란야까 우빠니샤드』의 다섯 가지 불의 지혜로부터 비롯되었다고 생각한다. 앞서 언급하였듯, 사후에 브라흐마 세계(brahma-loka)에 도달하는 사람에 관한 이야기는 그가 다시는 돌아오지 않는다고 말하며 끝난다. 빨리어 정전 이후의 자료에서는 아나함, '다시 돌아오지 않는 자'가 브라흐마 세계들보다 더 높은 세계로 윤회한다고 말하지만, 이것이 나의 가설을 위협하지는 않는다. 당시 브라흐마 세계들 자체는 진부한 것이 되어 보통의 천국과 비슷한 것이 되었다.**183** 아나함은 그보다 더 나은 대접을 받아야 했고 아나함을 위치시키기 위해 고도의 명상 단계의 이름을 딴, 소위 형태 없는 세계**184**라는 기묘하게 추상적인 단계가 더해진 것이다. 그 세계는 형

181_ 역주: 수다원(須陀洹). 예류, 입류라고도 함. P. sotāpanna.

182_ 역주: 아나함(阿那含). 불환, 불래라고도 함.

183_ 나는 『맛지마 니까야』에 수록된 한 경전을 연구한 적이 있는데, 이 경전은 브라흐마와 브라흐마 천국에 대한 재미있는 풍자를 들려준다. Gombrich, 'A visit to Brahmā the heron' (2001).

184_ 역주: 무색계(無色界)

태가 없기 때문에 그 세계의 존재들은 육체가 없다. 그렇다면 육체가 없는 존재는 어떻게 위치를 점유하는가? 혹자는 돌아오지 않는 자의 경로가 풍자를 위해 꾸며낸 이야기로부터 시작된 것이 아닌지 의심하기 시작할 것이다.

『떼비자 숫따』에서 언급된 승려가 브라흐마 천국에 윤회한다면 그가 아라한일 수 없음은 분명하다. 따라서 텍스트가 친절을 비롯한 4무량심을 수행하는 이가 해탈을 얻는다고 말할 때, 그 의미가 진정한 해탈일 수는 없다. '해탈이 해탈이 아닐 때가 있는가?'라는 의문으로부터 다만 일시적일 뿐인 또 다른 종류의 해탈이 발명된 과정에 대해 나는 다른 글에서 논한 바 있다. 일시적 해탈은 이 구절을 설명하기 위해 필요했던 것이다. 진정한 해탈이 아닌 해탈이 불교의 여타 이론 체계에서 아무런 역할도 없다는 사실은 전혀 놀랍지 않다.

결론

그러나 텍스트의 진정한 의미를 이런 식으로 회피하는 것은 주로 전문가의 관심사일 뿐이다.[185] 우리가 전문가들 때문에 그 긍정적 메시지를 무시해서는 안 된다. 붓다는 사랑, 연민, 공감의 기쁨, 평정이 열반에, 최상의 지복에 그리고 윤회로부터의 해방에 이르는 직접적인 방도임을 천명

185_ 상세한 정보를 위해서는 나의 책, *Kindness and Compassion*, p. 11을 참고하라. 마음의 해방(ceto-vimutti)이 진정한 해방임을 부정한 여파는 막대했다. 나의 책 *How Buddhism Began*, pp. 112 ff.을 참고하라.

하였다.

나는 초기불교도들이 이 경전을 오해함으로써 기회를 놓쳤다는 사실은 인정되어야 한다고 생각한다. 불교 전통은 비폭력(ahiṃsā)이 가장 중요하다는 분명한 입장을 항상 취해 왔으며, 그 관점을 절대 양보한 적이 없다. 그러나 아무리 존경할 만하고 중요하여도 '비폭력'은 여전히 소극적 미덕이다.

실제로 체계주의자들, 즉 아비담마 논사들은 사랑(metta)을 '증오의 부재'로 정의한다.[186] 같은 단락에서 사랑이 모든 방편적(kusala) 사유의 한 요소라고 말하고 있으나,[187] 그 사랑은 특정 대상을 필요로 하지 않는다. 따라서 원칙적으로는 대상이 없는 경외이다. 아비담마주의자들은 한편으로는 사랑에 핵심적인 역할이 주어져야 한다고 생각하면서도, 다른 한편으로는 그것을 다소 무정한 것으로 만들어버렸다.

이후 인도의 불교 전통 또한 이 점을 인식했던 것이 분명하다. 가령 굶주리던 암사자와 그 새끼들이 배를 채울 수 있도록 붓다가 스스로 절벽에서 몸을 던지는 이야기와 같이, 연민을 느낀 붓다가 위대한 자기희생을 행하는 이야기들이 점점 인기를 끌게 되었다. 대승 전통은 불교도들이 보살도를 따라야 한다고 강력히 권장해왔다. 보살도는 그들 또한 붓다가 되게 할 것이며 따라서 똑같이 동정심을 느끼게 할 것이다. 그러나 이 논리는 대승 전통에서 복잡해지게 된다. 한편으로는 붓다가 더 이상 필사(必死)의

186_ Dhammasaṅgani, para. 1056.

187_ 같은 책, para. 1054. 사라 쇼(Sarah Shaw) 덕분에 이 아비담마 구절들에 관심을 갖게 되었으므로 그녀에게 감사드린다.

인간적 존재가 아니며, 다른 한편으로는 덕을 베푸는 쪽과 덕을 보는 쪽 모두 존재 그 자체가 공(空)의 교리로 인해 문제시되기 때문이다. 무례한 생각일지는 모르나, 불교에 좀 더 온정적 요소를 가미하려던 이 모든 노력은 『떼비자 숫따』가 제대로 이해되었다면 전혀 필요 없었을지도 모른다.

제7장

증거 문헌의 검토

불행히도 요즘 학생들은 연구를 시작할 때엔 우선 방법론을 배워야 한다고 배우고, 논문을 쓸 땐 자신의 방법론을 설명하는 것으로 시작해야 한다고 배운다. 심지어 학생들은 '방법론'이라는 학문이 있다고 종종 믿게 된다. 이러한 사태에는 해명이 필요하다.

방법론이라는 학문은 존재하지 않는다. 이류 학자들은 길게 말하는 것을 좋아하고, 과거 세대 어느 시점에 누군가는 방법보다는 '방법론(methodology)'이 더 그럴듯하게 들릴 것이라 생각했다. 무언가를 알아내려는 사람은 분명 한 가지 이상의 방법을 시도할 것이며, 거기에 어떠한 방법, 혹은 방법들이 적용되는지 설명하는 것은 보통 타당한 일이다. 경찰이 범인을 알아내려면 지문 검식이나 대중들로부터 정보 수집 요청 등 다양한 방법들을 사용한다. 그러나 그들이 어떤 방법을 사용할지는 각 사건의 상황에 달려있다.

다음 문장은 언제나 참이다. 무언가를 알아내기 위해 사용되는 방법은 그 사건의 세부 사항에 달려 있다. 그렇기 때문에 나도 앞 장의 첫머리에서 나의 방법이 역사적이라는 점을 특기한 것이다. 그러나 어떤 방법이 타당한지 가르쳐줄 '방법론'이라는 일반적 학문이 존재하는 것은 아니다. 순진한 사람들은 그 '방법론'이 좀 더 쉬운 방법을 알려주거나 연구 과

제의 성공을 보장해주기를 기대한다. 슬프게도 성공을 보장하는 길 같은 것은 없다. 그것은 그저 유치한 몽상일 뿐이다.

이 글을 읽는 독자가 나의 관점이 특이한 것이라 생각할 수도 있으므로, 각 분야에서 세계적으로 존경받는 이들의 이 주제에 대한 견해를 인용하고자 한다. 막스 페루츠(Max Perutz) 교수는 공로 훈장 및 노벨상을 받은 생물학자로, 캠브리지 연구소장으로 장기간 재직하였다. 이 연구소에서는 여러 위대한 발견이 이루어졌는데, 프랜시스 크릭(Francis Crick)과 제임스 왓슨(James Watson)의 DNA 구조 발견이 그중 하나이다. 페루츠 교수는 크릭과 왓슨에 대해 다음과 같이 쓴 적이 있다.

> "나는 그들이 시간 낭비하고 있다고 생각했다. 그러나 레오나르도 다빈치처럼, 그들은 가장 덜 노력하는 것처럼 보일 때 가장 많은 성과를 내곤 했다. 그들은 눈에 띄는 게으름 덕분에 모든 생물학적 문제 중 가장 중대한 문제인 DNA 구조를 밝혀내게 되었다. 과학을 잘 하는 데는 한 가지 방법만 있는 것이 아니다."

다른 곳에서는 다음과 같이 말하고 있다.

> "… 예술과 마찬가지로, 과학에서의 창조성은 계획적으로 만들어 낼 수 없다. 그것은 개인적 재능으로부터 자연스럽게 발현되는 것이다. 잘 조직된 연구소라면 그러한 창조성을 육성할 수 있다. 그러나 권위적 조직, 융통성 없는 행정적이기만 한 규제들, 산더미 같은 쓸데없는 서류들은 창조성을 죽일 수 있다. 발견은

계획될 수 없다. 그것은 그냥 나타난다. 생각지도 못한 구석에서 요정이 튀어나오는 것처럼."[188]

위의 내용은 위대한 과학자로부터 인용한 것이다. 여기에 저명한 미술사학자였던 나의 아버지 곰브리치(E. H. Gombrich)를 언급하고자 한다. 아버지는 경력 대부분을 런던 대학의 워버그 연구소(Warburg Institute)에서 보냈다. 아버지의 부고에 엘리자베스 맥그래스(Elizabeth McGrath)는 다음과 같이 말했다.

"'워버그 방법론'에 대하여 질문받자 곰브리치는 '동료들에게 물어보고 도움받는 것'이라 대답하였다. 동료라는 개념이 학계 전반과 과학 공동체를 포함하는 데까지 확장되고, 기대와 도움의 제공이 상호적인 것으로 해석된다면 그 대답은 시시한 것이 아니었다. … 곰브리치의 제자들은 어떠한 '학파'도 형성하지 않았다. 그들에겐 공통 분야도 없었으며, 접근법에 있어서도 공동체로 느끼지 않았다. … 어떤 유망한 연구자가 연구에 진지하고 헌신적이며, 학문적 역량이 있고 진심으로 관심 있는 주제를 고른다면 곰브리치는 그것으로 충분하다고 생각하였다. 그는 인생에서도, 학문적 연구에서도, 계획의 압박에 대해 참신한 반감을 갖고 있었다."[189]

188_ *The Times*, 2002년 2월 7일 자, p.21에 실린 막스 페루츠(Max Perutz)의 부고로부터 인용.

189_ *The Burlington Magazine*, February 2002, p. 113.

또 다른 부고를 짧게 인용하자면, 다음과 같다.

> "향년 84세로 별세한 도로시 드레이(Dorothy DeLay)는 세계적인 일류 바이올린 선생님이었다. 그녀의 제자들은 오늘날 이름만 들어도 알 수 있는 최고의 연주자들이다. 그녀의 스타 제자 중 한 명에 따르면 '그녀의 방식'은 '사실 어떠한 방식도 없는' 것이었다."**190**

추측과 논박

한편, 방법을 초월하지만 동시에 모든 방법에 적용될 수 있는 일련의 원칙들이 존재한다. 이러한 원칙들 대부분은 단순히 미덕일 뿐이다. 예를 들어, 우리는 무엇보다도 진실하고 솔직해야 한다. 혹은, 크릭과 왓슨만큼 재능이 뛰어나지 않다면 더 노력하는 것도 좋을 것이다. 이러한 원칙들은 어디에나 적용되나, 특히 연구 작업에 적용되는 원칙이 하나 있다. 칼 포퍼(Karl R. Popper)가 '추측과 논박'이라 불렀던 것이다. **191**

190_ *Daily Telegraph*, 27 Mar 2002.

191_ 칼 포퍼, 『추측과 논박(*Conjectures and Refutations*)』(1963). 책의 첫 장은 이러한 입장에 대한 상세한 설명을 담고 있다. 여기서는 '서문'(p. vii)을 인용하는 것으로 충분할 것이다.

> 지식이 발전하는 과정은 … 근거 없는 (그리고 정당화할 수 없는) 추정, 어림짐작, 문제에 대한 잠정적 해결책, 추측을 통해서이다. 이러한 추측은 비판을 통해 조정된다. 즉, 엄격히 비판적인 시험을 포함하는 논박의 시도에 의해서이다. 추측은 이러한 시험을 통과할 수도 있다. 그러나 결코 절대적으로 정당화될 수는 없다. 추측은 결코 확정적 참으로, 혹은 심지어 (확률 계산의 의미

'추측과 논박'은 가정을 세우고 증거를 통해 검토하는 과정에서 지식이 발전한다는 것을 의미한다. 가정은 가설, 명제, 이론, 혹은 단순히 추측 등 어떻게 부르든 그 원칙은 동일하다. 가정의 기원은 그 가정의 가치에 아무런 영향을 끼치지 않는다. 어떤 이들은 유의미한 증거들을 모두 검토하고 난 후에야 가정을 세울 수 있다고 생각한다. 그러나 흄(David Hume)에 이어 포퍼가 증명한 바와 같이, 그러한 생각은 근본적으로 틀렸다. 귀납법이라 불리는 이 방식으로는 완전무결한 결론이 도출될 수 없기 때문이다. 우리가 모든 유의미한 증거를 접할 수 있다는 확신은 절대 가질 수 없는 것이다. 가령 당신은 수천 마리의 백조를 보고 나서 모든 백조는 하얗다고 생각할 수 있다. 그러다 호주에 검은 백조가 존재함을 곧 알게 된다. 또는 평생 동안 한결같은 경험에 근거하여 해는 매일 아침 떠오른다고 생각할 수 있다. 그러다 북극으로 여행을 가면 백야를 경험하게 될 것이다.

아무리 많은 예시를 통해 가정을 세우더라도, 그 가정을 반박하는 데는 단 하나의 반례로 충분하다. 그 반박 또한 다시 반박될 수 있음을 부정하는 것은 아니다. 가령 검은 백조라고 알려졌던 새가 사실은 백조가 전혀 아닐 수도 있다.

몇몇 인문학자들은 이로부터 잘못된 결론을 끌어냈다. 그들은 일련의 자료를(예를 들어 산스끄리뜨어 텍스트들) 모으고서는 그로부터 어떠한

에서) '타당한' 것으로도 확립될 수 없다. … 우리가 실수에서 배워감에 따라 우리의 지식은 성장한다. 비록 우리가 절대 알 수 없을지라도, 즉 확실히 알 수 없을지라도. 우리의 지식은 성장할 수 있기 때문에, 여기서 이성에 대해 절망할 이유는 전혀 없다. 그리고 우리가 절대로 확실히 알 수는 없기 때문에 여기서 권위를 주장할 어떠한 권위도 없다.

것도 추론해내지 않으려 한다. 그들은 추론을 '사실을 넘어서는 것'으로 여기는 것이다. 그러나 분명히 확고부동한 자료라 하여도 자료는 그 자체로 가설에 의존한다. 그 텍스트들이 현대에 위조된 것이 아니라는 가설이 그 중 하나이다. 또한 추론이란 접근 가능한 증거를 바탕으로 연역을 시도하는 행위인 '가설' 뜻하는 다른 말일 뿐이다. 따라서 지식과 이해를 발전시키는 데 필요한 것이다.

사람들은 여기에 기본적인 비대칭이 존재한다는 사실을 받아들일 수 없거나 받아들이기를 꺼리는 것 같다. 사람들이 '사실', 혹은 '자료'라 여기는 것은 그 자체로 가설이다. 증거가 쌓여감에 따라 그 중요성은 더욱 그럴듯해질지도 모른다. 그러나 그 확실성은 절대 최종적으로 정립될 수 없다. 번역의 문제를 예로 들어보자. 거의 어떠한 단어도 다른 언어에서 완벽한 대응을 하지 않으므로 가능한 완벽한 번역의 실례는 극히 드물다는 사실은 일단 차치하고, 어떤 번역의 제안이 정확한지 아닌지를 검토하는 기준에 주목해보자. 한 문장에는 무한한 수의 부정확한 번역이 가능하다. 맞는 번역일 가능성이 높은 경우는 극히 소수이다. 산스끄리뜨어나 빨리어를 다루는 경우 다수는 두 가지 이상 가능한 번역이 모두 맞는 것으로 보이고, 어떤 번역을 택할 것인지가 문제가 되기도 한다. 그러나 정확한 번역이 하나만 존재하고, 그 정확함이 영원할 것이라는 생각은 잘못된 것이다.**192**

우리는 대담하게 추측하는 것을 꺼리기보다는, 오히려 실증적 학

192_ 번역 문제는 나의 논문 'Understanding early Buddhist terminology in its context' (1993) 중 4장에서 좀 더 상세히 논의되었다.

문에서는 완전한 확신이란 존재하지 않는다는 점을 받아들여야만 한다. 모든 지식은 잠정적인 것이다. 그러나 이것이 상대주의는 아니다. 지식이 진보한다는 것은 명백하며, 현대 의학과 과학 기술이 좋은 증거이다. 19세기 물리학에 기초하여 컴퓨터나 로켓을 만들려다가는 끝내 만들지 못할 것이다. 언제든 우리의 가설이 틀릴 수 있다는 사실은 전혀 우울해할 일이 아니라 오히려 지적 작업이 얼마나 흥미진진한지 깨닫게 해주는 것이다.

내가 생각하기에는 지금까지의 내용이 이 장에서의 나머지 내용보다 훨씬 더 중요하다. 대부분 독자들은 내가 붓다의 사상으로부터 그려낸 어떤 구도나 이론을 증명하는 논거를 다루길 기다리고 있을 것이다. 실제로 논의가 거기서부터 시작되길 기대했을지도 모른다. 그러나 그것은 다소 진부한 주제이다. 또한 접근 방식의 실제 적용의 예시를 살펴보지도 않고 그저 추상적으로만 그러한 문제들을 논의하는 것은 상당히 무용하다고 생각한다. 그렇기 때문에 나는 방법론을 논하기 전에, 말하자면 이 경우엔 내가 택한 증거를 검토하기 이전에, 미리 다양한 아이디어와 그에 대한 증거들을 제시한 것이다.

회의론에 대처하는 법

우선 다뤄야 할 문제는 회의론이다. 고대의 텍스트는 신뢰할 만하지 않다고 말하기는 쉽다. 고대 텍스트를 신봉하여 그 텍스트가 특정 문제에 대한 역사적 사실을 전달할 것이라 신실하게 믿는 학자를 비웃기도 쉬울 것이다. 그러나 거기엔 진지한 학문적 가치가 없다. 나는 경력 내내 이렇게 안일한 회의주의를 너무나 많이 경험하였다. 내가 붓다의 정확한 연대를 밝혀냈다는 주장을 펼치며 그러한 결론에 이르기까지의 상당히 복잡한 증거와 논증 과정을 상세히 설명하여 출판하였을 때,[193] 그 누구도 논증의 오류를 찾지 못했다. 사실 그 내용을 상세히 살펴보려고 한 사람도 거의 없었다고 생각한다. 반면 보통 사람들 대부분과 몇몇 동료들은 나의 주장을 받아들이려 하지 않았다. 오로지 그들이 일반적 회의론이라는 안일한 태도를 취하기 때문이었다. 그들은 '출처를 신뢰할 수 없으므로 정확한 연대를 밝힐 수 없다'는 말만 반복했다. 그러나 정직한 지식인이라면 마땅히 각각의 사안을 그 자체의 가치에 따라 취해야 한다. 자료의 출처는 마치 선량한 시민처럼, 유죄 판결을 받기 전까지는 무죄로 추정되어야만 한다.

내 논증의 바탕이 된 연대기가 사실임을 '증명'할 수는 없다. 즉, 회의론에 대항할 궁극적인 방어책이란 존재하지 않는다. 그러나 회의론이라는 무기는 우리의 모든 자료를 공격할 수 있다. 나는 알렉산더의 인도 침공과 찬드라굽타 마우리야와의 조우를 의심하는 것이 타당하다고 생각하지 않지만, 막대한 수의 가능한 예시 중 이 사건에 대한 자료가 얼마나 보잘것없는지 돌이켜보자. 손쉬운 회의론은 부메랑이다. 나는 양심적 인간이기에, 빨리어 경전 연대기에 근거하여 붓다의 연대를 '증명'할 수 있는 것은 아니라고 말해야 한다. 빨리어 경전 연대기는 내가 제시할 이론이 지금까지 제시된 어떤 이론보다도 정확할 가능성을 높여 줄 뿐이다. 나아가 이 연대기는 다양한 세부사항을 통해 하나의 일관된 이야기를 구성하며 그 이야기는 오랜 기간에 걸쳐 집성된 것으로 보인다. 따라서 그 연대기를 신뢰하지 않겠다는 것은 동시에 그 저자들이 독자를 기만하려 공모했다

193_ Gombrich, 'Dating the Buddha: a red herring revealed' (1992).

는 주장이 된다.

현대 미국 학자들이 고대 불교 텍스트에 대하여 소위 '의심의 해석학(a hermeneutic of suspicion)'으로 접근을 권장한다는 것을 들은 바 있다. '의심의 해석학'이란 용어는 그들이 폴 리쾨르(Paul Ricoeur)의 주장을 잘못 적용한 것이다.**194** 알렉스 와인이 이러한 태도를 '게으름의 해석학'이라 부르는 데 내가 공감하는 이유를 충분히 설명했으리라 생각한다.

당연한 말이지만, 빨리어 텍스트, 혹은 그 어떤 텍스트도 모두 액면 그대로 받아들여야만 한다는 것은 아니다. 그러나 우리가 연구에 임할 때 기본적으로 지녀야 할 태도는 해당 텍스트가 사실을 말하고 있을 것이라 여기는 것이다. 그리고 텍스트를 믿을 수 없거나 의심이 드는 경우, 그에 대한 스스로의 논리를 갖춰야 한다. 그러한 경우는 셀 수 없이 많을 것이며, 거기에는 온갖 근거가 있을 것이다. 그러나 우리가 텍스트의 내용을 원천적으로 무시한다면, 분과 학문 자체가 존재하지 않게 된다. 과목이 존재하지 않는다면 그것을 가르치는 사람도 필요 없다. 그렇다면 차라리 후련하리라.

불교학자들 사이에서 나를 가끔 '극단적/순진한/별스러운 보수주의자'로 규정한다는 것을 알고 있다. 그쪽의 주장에 따르면, 내가 텍스트의 내용을 수용하기 때문이라는 것이다. 사실 나의 태도는 전혀 그렇지 않다는 점을 나는 여기서 확고히 밝히고 싶다. 텍스트의 내용을 수용하는 것은

194_ 리쾨르가 이 용어를 고안한 것은, 자신의 자료에 있어서 그 내용이 드러나는 원리에 구조상 편향성이 있는지를 의심해야 한다고 주장했던 마르크스나 프로이트의 이론과 같은 주요 이론들을 설명하기 위해서였다. 그가 말하려던 것은 단순하고 유치한 회의주의가 아니라 표면 아래에서 의미를 찾아내는 것이었다.

작업의 출발점에서의 가정일 뿐이며, 나 또한 다른 사람들처럼 전통적 해석이 옳지 않음을, 그리고 그 이유를 발견하는 데 흥미가 있다.

초기불교에서 빨리어 정전보다 더 좋은 증거가 존재하는가?

최근 몇몇 불교학자들은 연구에 있어서 텍스트가 지닌 가치를 깎아내리며 우리가 비문에 주목해야 함을 촉구한 바 있다. 언젠가 제라드 푸스만(Gerard Fussmann)이 이를 강력히 주장한 적이 있고 그레고리 쇼펜(Gregory Schopen) 또한 동일한 주장을 펼쳤다. 나는 혼란스러웠다. 비문 또한 텍스트일 뿐이다. 그리고 비문이 다른 종류의 텍스트보다 더 진실에 부합한다고 보아야 할 어떠한 본질적인 이유도 없기 때문이다. 비문이 지닌 장점은 보통 그것이 어디서 온 것인지 알 수 있으며, 가끔은 정확한 연대나 대략적 연대의 추정이 가능하다는 것이다. 따라서 우리가 비문을 온전히 활용해야 함은 당연한 일이다. 그러나 빨리어 정전 자료와 조금이라도 관련이 있는 유일한 비문은 아소까 비문뿐이다. 이 책의 주제인 붓다와 그의 선조들에 관련된 비문은 존재하지 않는다. 다행히 미술이나 건축에 있어서도 그러하다.

붓다를 언급하고 있는 문헌 중 불교 문헌이 아닌 것 중에서 붓다 입멸 후 500년보다 더 이전에 작성된 것으로 보이는 경우는 없다. 이미 4장에서 언급한 바와 같이, 붓다의 사상을 언급하는 초기 자이나교 문학은 존재한다. 그 연대를 정확히 추정할 수는 없지만 그럼에도 일말의 신뢰성을 담고 있다. 붓다의 사상은 붓다 입멸 후 오래지 않아 브라만교 사상에 영향을 끼치기 시작했을 것이라 생각한다. 붓다를 앞선 사상들이 붓다에게 끼친 영향과 마찬가지로, 붓다가 브라만교에 끼친 영향 중 어떤 것은 긍정적이었고 암묵적으로는 받아들여지기에 이르렀다. 그러나 많은 경우는 부정적이었다. 가령 불교에 대한 대응으로 작성된 유명한 구절이 『바가바드기타』에 있다는 주장이 매우 그럴듯하게 제시되었다.[195] 하지만 불교 문헌이 아닌 것 중에는 그들이 대응하고 있는 영향력이 후대의 불자들로부터가 아니라 붓다 본인으로부터 전파되었다는 그 어떤 증거도 찾을 수 없다.

따라서 우리는 붓다의 직설과 행적을 알아내기 위해 불교 텍스트, 즉 서구 학계가 '정전(正典, Canon)'이라 부르는 것에 의존한다. 이 정전은 완전한 빨리어본이 있고, 대부분은 한역본으로도 존재하며 한 가지 이상의 번역이 있는 경우도 있다. 한역본은 기본적으로 인도의 언어로부터 번역되었으나 아마도 대부분은 빨리어본의 번역이 아닐 것이다. 한역 경전 중 다수는 기원후 5세기경에 제작된 것으로 추정되며 그보다 이전의 것이 소수, 이후의 것은 다수 존재한다. 정전의 상당 부분을 차지하는 율은 4종의 한역본으로 전해질 뿐 아니라 불교 산스끄리뜨어(Buddhist Sanskrit)본, 그와 밀접한 관계에 있는 티베트어본이 존재한다. 오래된 경전들 중 티베트어로 번역된 것은 극히 소수이다. 따라서 깡귤(Kanjur)로 알려진 티베트어 불교 정전이 아무리 막대하여도, 초기 정전을 평가하는 데 있어서의 중

195_ Przemyslaw Szczurek, 'Prajñāvādāṃś ca bhāṣase: polemics with Buddhism in the early parts of the Bhagavadagītā' (2003). 나아가 Madeleine Biardeau 또한 동일한 견지에서 『마하바라따』의 여러 구절을 조망한다. 다음을 참고하라. *Le Mahābhārata: un récit fondateur du brahmanisme et son interprétation* (2002), 특히, pp. 120-128.

요성은 무시할 만한 것이다.

빨리어 정전에 나타나는 경전의 형태를 포함한 몇몇 사본은 다른 인도 언어로도 전해지고 있다. 이들 중 대부분은 고대 간다라 지방으로 알려진 지역에서 비교적 최근에 발견되었다. 간다라는 서쪽의 카불 계곡부터 동쪽으로는 인더스 계곡까지 걸쳐있다. 이 사본들은 기원후 2세기의 것으로 추정되며 따라서 지금껏 발견된 불교 사본 중 가장 오래된 것이다. 이 사본들을 현재 연구 중에 있다. 그러나 내가 아는 한, 이러한 새로운 발견들은 붓다와 그의 사상에 대한 우리의 시각에 그 어떠한 영향도 미치지 못할 것이다. 학자들은 비교 대상이 간다라 사본이든 한역 사본이든, 빨리어로 된 정전적 경전을 다른 사본과 비교하는 것이 얼마나 중요한지를 매우 강조한다. 그러한 비교 작업은 분명 옳은 일이다. 또한 나는 이 모든 자료를 비교하기 쉬운 형태로 정리하는 것이 불교학계의 최우선 과제라는 점에 가장 먼저 동의하는 사람일 것이다.

그러나 그러한 비교작업으로부터 지금까지 얻은 성과에 대해서는 잘못된 인상을 주기 쉽다. 사실 각 사본 간에 말 그대로 수천 개의 차이들이 발견된다. 하지만 적어도 지금까지 확인된 바에 따르면 이 차이점들 중 압도적 다수가 상당히 사소한 것들이었다. 텍스트는 서로 상이한 방식으로 편집되며, 또한 한 텍스트 내에서도 다양한 방식으로 편집된다. 텍스트에 따라 붓다가 특정 설법을 펼친 장소가 여러 다른 장소들로 등장하는 일이 빈번하다. 그러나 내가 그 차이점을 해석하려면 또 다른 빨리어 사본을 보아야만 한다. 놀라웠던 점은 어떤 빨리어 표현이 모호하게 보이는 경우, 한역본은 이를 생략하는 경향이 있다는 것이다.

또한 한역본에서는 교리 목록이 조금 더 긴 경향이 있음이 발견된다. 나는 보통 이것이 아비담마의 영향 때문이라 생각하며, 또한 한문 역경가들이 경전을 '교정'하는 경향이 있었으리라 추측한다.

문헌화된 근거로서의 빨리어 정전

따라서 이 주제에 대하여 나는 경전과 율의 빨리어본이 비할 데 없이 가장 오래된 증거이며, 불교의 기원과 또한 그로부터의 발전 양상에 진지한 관심이 있다면 빨리어본에 전념하는 것이 마땅하다는 관점을 견지한다.

이 문서들은 어디서 기원했으며, 어떻게 해서 세월의 흐름에도 잘 살아남은 것일까?**196** 우선 두 번째 질문을 먼저 착수해보자. 스리랑카와 미얀마에 전하는 대부분의 빨리어 사본은 18~19세기에야 필사된 것이다. 태국 북부에는 16세기까지 거슬러 올라가는 사본이 다수 있으나 대부분은 현대 학자들이 아직 연구하지 않은 상태이다. 그보다 더 오래된 빨리어 사본은 극히 소수이다. 12세기 미얀마의 문법학자들은 빨리어 문법과 운율학을 체계화하였고 그 결과 이후 미얀마 및 등지의 문어체에 상당한 영향을 끼쳤다. 그러나 그 이전 시대의 빨리어 사본만을 분석했을 때, 그 언어는 이후 시대 사본에 보존된 언어와 거의 모든 면에서 동일한 것으로 나타난다. 이 최고(最古)의 증거는 정전적 텍스트를 담은 네 장으로 이루어져 있으며, 현재 카트만두에 소장되어 있다. 학자들은 기원후 800년경으로 그 제작 연대를 추정하였으나, 그보다 몇 세기 이전, 북부 인도에 존재

196_ 빨리어와 문헌에서의 그 용례에 대한 간략한 연구는 나의 짧은 글, 'What is Pali?'을 참고하라. *A Pali Grammar* (1994)에 수록되어 있다.

하던 원본으로부터 제작된 사본으로 보인다.[197]

우리가 빨리어 정전의 텍스트를 해석하는 증거가 의외로 현대적이라는 인상을 줄지도 모르겠다. 그래서 신빙성이 떨어지는가? 학계는 아직 이 의문에 완전한 해답을 내놓을 만큼의 발전을 이루지는 못했다. 사실 영원히 불가능할지도 모른다. 정전(Canon),[198] 특히 경전은 막대한 수의 사본이 존재한다. 그러나 내가 아는 한, 현존하는 사본들이 유래한 원형이 몇 가지인지, 그러한 원형들은 얼마나 오래된 것인지 우리는 아직 밝혀내지 못했다. 텍스트 대부분이 두 가지 증거를 통해 입증된다는 점은 그나마 위안이 된다. 우선 텍스트 중 엄청난 분량이 반복적이며, 같은 내용이 정전의 여러 다른 부분에서 발견된다는 점이다. 둘째는 텍스트의 상당 부분이 주석이나 복주에 인용되고 있다는 점이다. 물론 텍스트가 한 번 와전되면, 잘못 이해한 필경사들이 대역본(parallel text)에 와전된 내용을 전달할 수도 있다. 그러므로 이 문제는 아직 갈 길이 멀다. 그러나 지금 논의하려는 바는 세부 사항이지 전체 텍스트 및 교리에서 첨가되거나 변경된 점의 유무가 아님을 기억해야 한다. 스리랑카의 빨리어본 연대기에 따르면 처음으로 정전 전체의 기록이 결정된 것은 기원전 1세기경 스리랑카에서라고 한다.[199] 어떤 텍스트는 그보다 앞선 시점에 인도, 혹은 스리랑카에서 제작되었을 것이나, 정확히 어떤 언어였을지는 추정할 수 없다. 문자의 기록 행

197_ Oskar von Hinüber, *The Oldest Pali Manuscript* (1991).

198_ 역주: Canon과 sutta를 구분하기 위하여 전자를 정전(正典), 후자를 경전이라 번역한다.

199_ 이를 통해 나의 글 'What is Pali?' 중 p. xxvi에 실린 오타를 교정할 수 있다. 거기서 나는 다음과 같이 썼다. "이러한 기록의 약속은 기원후 1세기에 일어난 사건으로 전해진다." 다행히도 다음 문장을 통해 이를 '기원전'으로 읽어야 함이 분명해진다.

위는 정전의 성립에 기여하였을 것이며, 특히 문자 기록은 어떤 것이 정전[200]이고 어떤 것이 아닌지를 결정하게 되었다. 다양한 시대와 장소에 따라 정전에 포함되기도 또는 제외되기도 하는 텍스트도 있으나, 경전이나 율은 이에 해당되지 않는다.

최초의 구술 전통

붓다를 찾으려는 역사학자에게 가장 중요한 점은 빨리어 정전의 텍스트가 처음으로 쓰인 정확한 시기와는 무관하게, 그 이전 자료의 전승을 어느 정도까지 신뢰할 수 있는지의 문제이다. 바꿔 말하면, 이 텍스트들은 언제 작성된 것인가? 우리에겐 원작이라 여길만한 것이 있는가?

붓다의 설법을 기록한 텍스트 대부분은 대화로 이루어져 있으며, 가끔은 뛰어난 승려의 설법일 때도 있으나 보통은 붓다가 대화를 주도한다. 불교 전통에 따르면 설법의 텍스트는 붓다 열반 직후 승려들의 회의에서 결성되었다고 한다. 이 회의는 '1차 결집(First Council)'이라 알려져 있는데, '결집(council)'이라 번역된 용어는[201] 원래 '집단 암송'을 뜻한다. 질문에 대한 대답으로 아난다(Ānanda)는 처음으로 경전을 암송한다. 아난다는 붓다가 설법한 45년 동안 후반의 최측근 제자였다. 율은 이와 유사하게 우

200_ 내가 '정전'이라는 말로 의미하는 바는 Buddha-vacana, 즉 '붓다의 직설'과 거의 비슷한 것이다. 후자는 '정전'보다 다소 좁은 의미이다. 왜냐하면 그 예로, 경전에서 붓다의 직설은 설법이 행해진 시간과 장소와 같은 세부사항을 포함하지 않기 때문이며, 이와 같은 정보는 1차 결집에서 추가된 것으로 추정된다. (본문 다음 절을 보라)

201_ P. saṃgīti, saṃgāyanā.

빨리(Upāli)에 의해 암송된다. 우빨리는 이발사 출신으로, 사미들의 머리를 깎는 직무를 맡았기 때문에 초기의 구족계 의식에 모두 참석했을 것이다. 우빨리와 아난다는 경전의 텍스트를 형성하자, 모든 승려가 참석한 결집에서 암송하였다. 이로써 가르침의 구전 전통이 시작되었다.

각 불교 전통은 이 1차 결집에서 일어난 바의 소상을 자신만의 형태로 간직하고 있으며, 결집에서 누가 무엇을 했는지 등의 여타 세부 사항에 대한 합의를 보이는 경우는 거의 없다. 그러나 모든 전통에 공통되는 부분은 이러한 방식의 결집이라는 사건이 있었다는 점이다. 그런 사건이 없었다면 이토록 일관성을 갖춘 대량의 종교 문학이 어떻게 형성되었을지 상상할 수 없다. 우리가 편의상 '초기 정전 텍스트'(이 목록은 이 책 앞부분 '배경 지식'에 수록되어 있다)라 부르는 것으로 국한하여도, 이 텍스트들이 1차 결집 시 지금의 형태를 갖춘 채 형성되었던 것은 아닐 것이다. 심지어 몇몇 설법은 붓다 사후에 살았던 것으로 알려진 인물들을 언급하기도 한다. 율의 2부인 『건도부』는 2차 결집의 이야기로 끝맺고 있다. 2차 결집은 1차로부터 백 년 후에 일어난 것이라 주장된다. 정확한 숫자는 사실 60년에 더 가깝겠지만**202** 현재 맥락에서 그 정도 불일치는 중요하지 않다.

고정된 텍스트의 탄생

한편 1차 결집에서 암송된 텍스트 전부는 어떤 형태로든 결집 이전부터

202_ Gombrich, 'The histoly of early Buddhism: major advances since 1950' (1988), section 3, pp. 16-19.

존재했을 것이다. 정전에 기록된 한 일화에서[203] 붓다는 처음 만난 젊은 승려에게 법을 듣기를 청한다. 젊은 승려는 「앗따까 품(Aṭṭhaka-vagga)」 전체를 암송하고, 붓다는 그를 칭찬한다. 텍스트에서는 「앗따까 품」의 원작자가 누군지 말하지 않는다. 붓다 자신이었을 수도 있다. 혹은, 젊은 승려의 스승이자 유명한 설법자였던 마하깟짜나(Mahākaccāna)였을지도 모른다. 아니면 또 다른 승려였을 수도 있다. 나열된 인물들의 조합일 수도 있다. 모든 게송의 저자가 단일한 인물이어야만 할 필요는 없기 때문이다. 그러나 분명한 점은 이 열여섯 게송이 초기, 아마도 붓다 재세 시에 수집되었을 것이며 『리그베다』 및 빨리어 정전의 여러 부분의 선례를 따른 원칙하에 편집되었을 것이라는 점이다. 즉, 길이를 늘이는 원칙이다.

빨리어로 보존된 설법의 본문은 상당히 많은 양이다. 불교도들의 자체적 추정으로는 대략 17,505편인데,[204] 지금까지 전해 내려와 알려진 것보다 큰 숫자이다. 설법의 대부분은 짧으며, 전문은 반복적이고 장황하다. 그럼에도 이는 대규모의 문학작품이며 그것도 주로 운문으로 이루어져 있다. 설법 전체는 그 시초부터 네 모음으로 나누어졌으며 비구, 비구니들은 정전을 보존하기 위해 각기 한 모음집을 (혹은 정전의 또 다른 부분들까지) 전공하여 완전히 암기하게 되었다.

붓다 재세 시의 브라만들은 이미 몇 세기에 걸쳐 자신들의 성전 문학인 베다 텍스트를 구전해오고 있었다.[205] 또한 브라만교는 이미 학파가

203_ Vin. I, 196 = Ud. V, 6. 뒤의 단락에서는 그 승려가 열여섯 게송을 낭송한다고 말하나, 율장에서는 그가 '모두' 낭송한다고 말할 뿐이다.

204_ *Sumaṅgala-vilāsinī* I, 22-3.

205_ 빨리어 정전과 베다 문학 간의 유사성에 대한 추가 정보는 나의 논문, 'How the Mahāyāna

('가지'라 불린다) 나뉘어 각 학파는 특정 텍스트에 특화되어 있었다. 텍스트의 완전한 암기는 사실상 브라만교의 교육과 동일 선상에 있으며, 그 교육은 36년까지 걸릴 수도 있었다.206 불교 승단 또한 매우 유사한 방식으로 운영되었을 것이다. 문화적 유사성은 이에 그치지 않았다. 글자가 발명된지 한참 후에도 브라만교도들은 베다 텍스트를 글자로 적는 것을 매우 꺼렸으며 여전히 구전을 고집하였다. 브라만교의 경우, 베다를 알 자격이 없는 사람들, 즉 여자나 하층 계급이 베다에 접근하지 못하게 하고픈 바람이 부분적이나마 그 이유였다. 동일한 이유가 아니더라도 불교도들 또한 문자로 기록한 텍스트보다는 기억에 더 의존하기를 계속하였다. 내가 젊은 시절 스리랑카에서 현장 연구를 했을 때, 전통적인 지역 사찰도 동일한 태도를 보였다.

베다 전통의 경우, 현대 학자들은 서로 수백 수천 마일이나 떨어진 곳에서 구전으로 보존되어온 텍스트를 수집하였다. 수집된 텍스트에는 분명 변형이 보이지만, 그 전통이 2,500년이 넘을 정도로 오래되었다는 사실을 고려하면 그 변형이 놀랄 정도로 적다. 알렉산더 와인(Alexander Wynne)은 자신의 글 'The oral transmission of the early Buddhist literature'207에서, 우리가 구전 서사시 연구를 통해 친숙해진 종류의 즉흥성은 초기불교 텍스트 형성에 거의 아무런 역할을 하지 않았던 반면, 한마디 한마디를 그대로 옮기기 위한 온갖 노력이 이루어졌다는 가설을 뒷받침하

began' (1990), pp. 23-24를 보라.

206_ *Manusmṛti* Ⅲ, 1.

207_ Alexander Wynne, 'The oral transmission of the early Buddhist literature' (2004).

는 일련의 논의를 펼쳤다. 내가 생각하기에 이 논의는 상당히 유력하며, 덧붙이자면 베다의 경우에도 동일하게 적용된다.

—

붓다의 시대에는 녹음은 물론이고 글자도 없었다. 따라서 누군가가 '정전'이라는 고정된 실체를 만들어내고, 이를 암기하며, 동시에 다른 사람들에게 전파하여 그들도 외우게 하려고 일단 작정하면, 일련의 단어들의 모음이 경전과 같은 '텍스트'의 지위를 갖게 되었을 것이다. 붓다 최초의 설법은 여기서 말하고자 하는 바의 실례가 될 수 있다. 이 설법은 보통 '초전법륜(初轉法輪, P. Dhamma-cakka-pavattana)'이라 알려져 있는데, 이 경의 주석보다 이전의 자료에서는 그 제목이 발견되지 않는다. 초전법륜은 붓다를 따라 처음으로 불교에 귀의한 다섯 승려에게 전하는 설법이다. 분명 이 여섯 명 중 일부, 또는 모두는 붓다의 설법 내용을 기억했다. 여기에 더하여, 붓다가 지녔던 통찰을 다른 사람들에게도 알려주고자 붓다가 '말했음이 틀림없는' 것들이 뒤섞였을 것이다. 붓다의 존재를 스스로 정당하게 하는 경험, 즉 깨달음의 본질이 바로 이 통찰이었다.

초전법륜이 가장 처음 다루는 주제는 집착과 금욕 간의 중도, 즉 깨달음에 이르게 되는 길이다. 중도는 붓다의 전기적 맥락에 잘 부합한다. 당연히 누군가는 완전 반대로, 그러한 전기적 맥락은 초전법륜에 부합하도록 고안된 것이라는 주장을 할 수 있을 것이다. 그러나 이는 너무나 비경제적인 해석이며 지나치게 복잡한 설명을 초래하기 때문에 개연성은 상당히 낮다. 초전법륜은 상세한 설명도 없이 중도를 간략히 서술하고는, 그것이 8정도와 동일하다고 말한다. 그러나 8정도는 완전히 다른 개념으로, 집착과 고행 간의 행복한 중간을 추구하는 생활방식보다는 좀 더 명확히 표명된 것이다. 이어서 초전법륜은 '정견(正見)'부터 '정정(正定)'까지 여덟 가지를 나열한다. 어떤 경우에도 '정(正)'의 의미에 대한 한마디의 설명도 없다. 따라서 우리에게 주어진 것은 오직 제목뿐, 내용이 아니다.

그러고 나서 붓다는 4성제를 선언한다. 먼저 4성제 각각의 명칭이 제시되고 간략한 설명이 뒤따른다. 노먼(K. R. Norman)은 자신의 논문에서 [208] 4성제가 실은 그 이름으로 소개만 될 뿐이며, 그렇게 이름만 제시함으로써 마치 '악의 축(axis of evil)'이나, '충격과 공포(shock and awe)'처럼, 청자가 이미 익숙한 어떤 것의 암시로 보이게 한다는 점을 전적으로 언어적인 근거만을 통하여 증명하였다. 4성제는 8정도이다. 그러나 아무것도 추가되지 않는다. 그저 여덟 항목이 되풀이될 뿐이다.

초전법륜을 학생들과 강독하거나 전집에서 읽는 경우 보통은 여기서 멈출 것이다. 이야기의 후반은 너무나 지루하기 때문이다. 붓다는 온갖 유의어를 동원하여 4성제 각각에 대해 차례대로 말하길, 처음에는 얼핏 보았으나, 완전히 배워야 함을(일종의 '내면화'라 할 수도 있다) 깨닫게 되었으며, 결국엔 그것을 완전히 알게 되었다고 한다. 이 세 단계는 4성제 모두에 적용되므로 4성제의 교리에는 열두 가지의 양상이 있게 된다.

이는 아비담마를 제작한 체계주의자들, 그리고 그보다 앞선 『디가 니까야』의 마지막 두 경전과 같은 여타의 찬송가적 텍스트를 연상시킨다. 붓다는 중도, 4성제, 8정도로 첫 설법을 시작했다고 기억되었다는 것이 나

208_ K. R. Norman, 'The Four Noble Truths' (1982).

의 견해이다. 그 사실 여부의 판단은 영원히 불가능하겠지만 그 '개연성은 완벽하다.' 그러나 붓다가 4성제 등의 내용에 대해 설한 내용이 정확히 보존되지는 않았다. 분명 당시엔 아무도 그 내용을 '텍스트'로 만들지 않았기 때문이다. 게다가 우리에게 전해오는 '초전법륜'에는 아직 붓다가 설명하지 않은 온갖 비유와 전문 용어가 잔뜩 등장한다. 여기서 열반은 여러 이명(異名)으로 불리지만, 어째서 붓다가 깨달음을 표현하기 위해 '불에서 벗어나는 것'의 비유를 드는지 누구에게도 설명하지 않은 상태였다. 마찬가지로 붓다는 첫 번째 성스러운 진리를 제시하며 '오취온(五取蘊, pañc' upādāna-kkhandhā)'이라는 표현을 사용한다. 현대 학자들은 이를 '집착의 다섯 가지 집합(five aggregates of grasping)'이라 번역한다. 이는 1장에서 이미 지적한 바 있고, 앞으로 8장에서는 그것이 엉성한 번역이며 그 이유는 열반과 같이 오취온이라는 표현 또한 불의 비유에 근거하기 때문이라는 점을 보이고자 한다. 그러나 붓다가 어떠한 설명(보통은 붓다가 나중에 설명하기 때문에 정전의 다른 곳에서 발견되는)도 없이 이러한 용어들을 사용했을 때, 처음으로 그 말을 들은 제자들은 붓다가 의도하는 바를 전혀 이해하지 못했을 수도 있다.

초전법륜의 또 다른 문제점은 그 내용이 마지막에 등장하는 꼰단냐 존자가 그 의미를 이해하고 칭찬받았던 체득의 내용과 일치하지 않는다는 점이다. 그러나 이 문제는 9장에서 다룰 예정이다.

이로써 성스러운 진리(8정도를 포함한)의 설명은 그것이 일단 '텍스트'를 형성하게 되었을 때 처음 취했던 형태 그대로 제시된다. 성서 연구의 전례를 따라, 그러한 원문은 정형구(pericope)라 불릴 수 있을 것이다. 우리가 '숫따(경전)'라고 부르는 더 큰 단원을 구성하는 데 있어서 강력했던 경향은 새로운 주제가 등장할 때마다 규격화된 정형구로 묘사하는 것이었다. 정형구의 길이는 몇 단어에서 몇 장까지 다양하다.

요약하자면 우리에게 전해온 초전법륜은 그 연원이 늦어도 2차 결집까지로 추정된다는 것이다. 어째서 그 시점일까? 왜냐하면 율『건도부』에는 붓다가 설법을 시작한 경로에 관한 이야기가 등장하는데 여기엔 초전법륜의 내용이 수록되어 있으며, 이 부분이 2차 결집 직전이나 직후에 작성되었을 것이라고 추정할 만한 타당한 근거가 있기 때문이다.[209]『상윳따 니까야』의 마지막에서도 이와 완전히 동일한 텍스트가 발견되는데 여기엔 후대에 붙인 제목이 아직 달리지 않은 채이므로[210] 거의 같은 시기, 즉 아마도 2차 결집 전까지는 여전히 완성되지 않았다고 추정할 수 있다. 반면 더 이전의, 아마도 더 짧은 길이의 판도 있었을 것이며 그 판에는 현존 판의 골자가 포함되어 있을 것이라 확신한다. 또한 텍스트 전체는 승단의 기억력에 달려 있었을 것이며, 붓다가 살아있는 동안에는 그 내용을 승인했을 가능성이 매우 높다. 그 골자는 바로 초전법륜에서 붓다가 설한 내용이었다.

정형구

빨리어 정전은 대부분 정형구로 만들어졌기 때문에 굉장히 반복적이다.

209_ Erich Frauwallner, *The Earliest Vinaya and the Beginnings of Buddhist Literature* (1956), p. 67.

210_ SN V, 420-4.

이는 구전 문학의 대표적 특징이다. 구전 전통이 낳은 또 다른 특징은 번호를 매긴 목록이 애용된다는 점이다. 운문은 그 운율 덕분에 한 항목이 빠질 경우 알아차리기 쉽지만 산문은 그렇지 않으므로 번호를 매긴 목록이 그러한 기능을 대신할 수 있다.

정형구의 묶음을 조립함으로써 텍스트를 작성했던 비구와 비구니들이 가장 똑똑한 이들로만 이루어졌던 것은 아니었기에, 가끔은 정형구를 적절치 않게 배치하곤 했다. 나는 'Three souls, one or none: the vagaries of a Pali pericope'라는 글에서 이러한 경우를 설명한 바 있다.[211] 거기서 예로 들었던 표현은 빨리어 정전 중 다섯 종의 텍스트에서 발견되는데, 아홉 단어짜리 구절들이 한 세트를 이룬 표현이다. 다섯 텍스트 중 오직 한 가지에서만 그 의미가 제대로 통하고 있다. 사실 이 텍스트는 6장에서 이미 언급되었다. 상가라바(Saṅgārava)라고 불리는 브라만이 붓다를 비판한 바로 그 경전이다.

그러나 그 표현은 원래의 맥락에서 분리될 경우 굉장히 이상하게 보인다. 왜냐하면 거기서는 수행자들이 자아를 '꺼뜨릴' 수 있다고 말하는 것처럼 보이는데, 불교적 입장은 그러한 '자아' 자체가 원래 없다는 것이기 때문이다. 이 표현이 이차적 맥락에서 사용될 때, 주석들은 이를 설명하기 어려워할 뿐 아니라 그 설명 자체가 모순이 된다. 이는 매우 중요한 지점이다. 정전 전문과 주석 전문 어느 쪽으로부터도 공통 기원의 단일한 저자를 밝혀낼 수 없는 사례임을 부정할 수 없어 보이기 때문이다. 바꿔 말하면, 그 표현을 완전히 이해하지 못했던 사람들이 정전의 텍스트를 제작하

211_ Gombrich, 'Three souls, one or none: the vagaries of a Pali pericope' (1987).

는 데 그 표현을 사용하였고, 후세에 그 표현을 이해하지 못한 사람들이 주석에서 한 가지 이상의 해석을 제시했다는 것이다.

그렇다면 주석들은 어떠한가? 정전적 텍스트를 해석함에 있어서 가장 먼저 해야 할 일은 그 텍스트에 대한 주석을 참고하는 것이다. 그러나 불행히도 저명한 빨리어 학자 중 일부가 최근까지 고수해온 방식과 같이, 모든 비판적 판단을 중지하고 연구를 발전시키지 않아야 한다는 의미는 아니다. 그러한 방식의 접근이 전혀 실행 가능하지 않다는 것을 증명하는 데는 앞의 문단만으로도 충분하다.

주석서들

붓다의 설법과 율에 관한 주석은 모두 한 사람, 5세기 초 스리랑카에서 활동한 것으로 알려진 붓다고사의 저작으로 전해진다. 또한 그는 『청정도론(清淨道論, Visuddhi-magga)』이라는 대작을 지었는데, 너무나 거창다운 방식으로 상좌부 불교 교리를 종합하고 있기에 이는 오늘날까지도 권위 있는 자료로 남아 있다.

다른 주석서들도 때로는 부연 설명을 위해 인용한다. 개인적으로, 그의 것으로 알려진 주석이 모두 붓다고사의 저작이라고는 생각하지 않지만, 지금의 논의와는 무관한 문제이다. 어디까지가 붓다고사의 저작이며, 어디까지 붓다고사가 직접 주석을 편집하였는지는 영원히 밝혀지지 않을지도 모른다. 그러나 붓다고사가 종종 더 오래된 주석을 명시적으로 인용하고 있으며, 그 주석들이 주로 싱할라어로 쓰였다는 사실에는 논란의 여지가 없다.

이 오래된 주석서들은 모두 소실되었으나 분명 붓다고사보다는 이전의 것으로 추정할 수 있다. 해당 분야의 연구자인 아디카람(E. W. Adikaram)**212**은 이 주석서들이 2세기에 완성되었을 것이라 추정한다. 증거에 입각하면 그보다 일찍 완성되었을 가능성은 확실히 낮아 보인다. 전통(동일한 주석에 삽입된 내용)에 따르면 그 요지는 1차 결집까지 거슬러 올라가며, 기원전 3세기경 아소까 대왕의 아들인 마힌다(Mahinda)가 이끄는 무리를 통해 스리랑카로 전해졌다. 이들은 불교를 스리랑카 섬에 처음 소개한 선교사였다. 또한 전통에 따르면 기원전 1세기 스리랑카에서 정전이 쓰였을 때 주석도 함께 쓰였다고 한다. 이 주장의 사실 여부와는 무관하게, 당시 주석서들은 토착어인 싱할라어로 쓰였을 것이다.

지금까지 논의된 바를 통하여 분명해지는 점은 다음과 같다. 빨리어로 전해온 상좌부 주석 전통은 우리가 지금 접하는 텍스트가 붓다 재세 시부터 800년이라는 시간을 걸쳐 바로 전해온 것이라 주장한다. 이 주장이 불가능하다고 생각할 이유는 전혀 없다. 그러나 이는 그 800년 동안 주석들이 구전되고 번역되고 편집되면서 그 어떠한 중요한 사항도 추가되거나, 누락되거나, 변형된 바가 없다고 주장하는 것과는 전적으로 다른 것이다. 그러한 경우는 인류 역사상 유례가 없을 것이기 때문이다. 또한 주석에는 붓다의 직설이라는 신성함이 있는 것도 아니기에, 주석의 수정을 주저하는 문화가 있었던 것도 아니다.

212_ *Early History of Buddhism in Ceylon* (1953).

주석서의 결점

모든 종교의 학문적 전통이 그러했듯, 주석가들은 창시자의 메시지를 통일하고 체계화했다. 브라만교의 주석 전통은 '계시적 텍스트에는 오직 하나의 의미만 있다'[213]는 원칙을 확고히 하였다.[214] 불교에는 그러한 원칙이 확고히 형성되지는 않았으나, 고대 인도에서 브라만교 문화가 지배적이었으며 여타의 모든 전통에 깊은 영향을 주었음은 아무리 강조해도 모자랄 것이다. 인류학자 스리니바스(M. N. Srinivas)는 이를 '산스끄리뜨어화(sanskritization)'라 불렀다. 나는 불교가 인도에서 몇 세기에 걸쳐 발전하는 동안, 여태껏 설명된 것보다 더 다양한 방식으로 '산스끄리뜨어화' 되었다고 주장한다. 주석 전통의 통일화는 그러한 과정의 예로 볼 수 있다.

이 통일화는 내가 빨리어 주석 전통에서 발견한 조직상 세 가지 결함 중 첫 번째이다. 두 번째 결함은 지나친 직역주의로, 붓다 스스로 이를 예견하고 경고한 바 있다.[215] 일단 텍스트가 형성되고 나면 텍스트의 단어 하나하나가 조심스럽게 보존되었다. 가끔은 지나치게 의미가 부여되어, 평범한 표현에 그와 무관한 전문적 의미가 발견되었다. 이에 관한 다양한 예시는 나의 책 『불교는 어떻게 시작되었는가』에서 논의한 바 있다.

주석의 세 번째 결함은 우리의 관점에서 보기에 주석이 붓다 당시의 역사적 맥락을 상당 부분 상실했다는 점이다. 붓다의 가르침 중 주요 측면들은 초기 브라만교 경전, 특히 『브리하드 아란야까 우빠니샤드』가 확

213_ 역주: 여러 문장으로 이루어져도 그것이 전달하는 내용은 하나의 문장이라는 입장.

214_ 이는 eka-vākyatā라 불린다.

215_ AN 11, 135. 나는 이 문제를 *How Buddhism Began* (2006), pp. 22-24에서 다룬 바 있다.

립한 용어를 통해, 그리고 붓다가 그에 동의하는 지점과 동의하지 않는 지점 모두를 통해 형성되었다. 우리가 이러한 맥락과 그들 간의 논쟁을 고려하지 않는다면 붓다의 의도를 이해하는 전반적 관점을 상실하게 될 것이다. 나는 이 점을 특히 6장에서 증명하려 애썼고, 후반에 다시 이 주제로 돌아가고자 한다. 붓다의 설법에 대한 불교 전통의 해석이 지닌 위의 세 결함 모두, 즉 통일화, 직역주의, 베다에 대한 배경 지식의 부족은 고대에 못지 않게 현대 학자들 사이에서도 만연하다.

모순

어떠한 문헌 분석가라도 마찬가지일 테지만, 빨리어 정전을 연구하는 학생이라면 모순을 알아채는 날카로운 안목을 갖는 것이 타당할 뿐 아니라 필수적이다. 물론 성급히 결론에 도달하려 해서는 안 된다. 모호함이나 어려움이 꼭 모순인 것은 아니다. 읽기 어려운 것은 원본일 가능성이 높으며, 읽기 쉬운 것은 주석 전통이 그 어려움을 원만하게 읽히도록 만든 것일 가능성이 높다는 편집 원칙을 잊지 말아야 한다.[216]

유의미한 모순의 한 종류는 어떤 텍스트에서는 이상하게 들리고 해석하기 어려워 보이는 단어나 표현이, 다른 텍스트에서 발견될 때 그 맥락에는 완벽하게 들어맞는 경우이다. 이러한 경우 후자가 원본이고 전자가 이후에 제작된 이본이라 추정할 수도 있다. 앞서 언급하였던 '자아를 꺼

216_ 이 원칙은 라틴어 구절인 'lectio difficilior potior(읽기 어려울수록 선호되어야 한다)'로 알려져 있다.

뜨리기'에 관한 정형구가 이러한 모순의 예이다. A가 B보다 후대임을 밝히기 위해서는 당연히 절대적 연대가 아닌 상대적 연대만을 다루며, 상대적 차이는 한 달, 혹은 한 세기일 수도 있다. 나아가 이러한 추론을 적용할 수 있는 대상은 보통 일부분의 텍스트, 정형구 정도뿐이다. 더 큰 규모의 텍스트는 이전 자료와 이후 자료 모두를 포함하고 있을 수 있다.

이 점은 가끔 거의 확실해 보인다. 붓다의 마지막 날들에 관한 이야기인 『대반열반경(Mahāparinibbāna Sutta)』의 어떤 단락들에서는 시간적으로 전후의 차이가 있는 자료 모두를 병기하고 있음이 명백하다. 이 텍스트는 그 빨리어본과 여타 초기불교 전통으로부터 제작된 여러 편집본들이 주의 깊게 비교된 소수의 텍스트 중 하나이며,[217] 모든 경전 중 가장 오래된 것이기에 분석이 용이한 편이었다. 그러나 이렇게 다른 텍스트를 비교할 필요 없이, 빨리어 텍스트 자체에도 숨길 수 없는 모순들이 존재한다. 붓다의 실제 죽음에 관한 이야기에 따르면[218] 붓다는 우선 일련의 선정 단계를 모두 거친다. 초선(初禪)부터 4선(四禪) 그리고 분별과 감정의 소멸로 그 극에 달하는 '무색계(無色界)의 선정' 다섯 단계까지, 총 아홉 단계를 거친다.[219] 이 시점에 아난다는 붓다가 돌아가셨다고(parinibbuto) 아누룻다에게 말하는데 아누룻다는 그렇지 않다고 말한다. 그러자 붓다는 아홉 단계를 거슬러 초선으로 돌아가서 다시 선정의 단계를 오른다. 제4선에서 막 나오던 때, 붓다는 입멸한다. 이를 지켜보던 이들은 붓다가 선정의 어느

217_ Ernst Waldschmidt, *Die Ueberlieferung vom Lebensende des Buddha* (1944-1948).

218_ DN Ⅱ, 156.

219_ 역주: 보통은 색계 4선(四禪), 무색계 4선, 멸진정으로 분류되어 알려진 선정의 아홉 단계.

단계에 있었는지 당연히 알 수 없었으므로 이야기 전체는 관념적 구성물임이 틀림없다. 혹은, 두 개의 구성물일 수도 있다. 내가 생각하기에는 우리가 다루는 텍스트 안에 붓다의 죽음에 관한 두 이본(異本)의 결합이 있는 것 같다. 보통은 이후의 버전이 구성상 뒤에 나올 것으로 생각하지만, 이 경우는 내용 때문에 불가능하다. 따라서 좀 더 단순한 버전, 즉 4선만으로 이루어진 입멸의 이야기가 더 오래된 부분일 가능성이 높다.

고대든 현대든 주석가들은 종교 전통을 통일화한다. 왜냐하면 사람들은 존경하는 인물이 중간에 생각을 바꾸었을 가능성을 인정하고 싶지 않기 때문이다. 11장에서 자세히 논의되겠지만, 붓다가 자신의 생각을 바꾸고 상황에 적응한 바를 토대로 성립된 것이 바로 율 전통임에도 그러하다. 정전적 자료로부터 진정한 붓다의 관점을 알아내고 싶다면, 45년에 걸친 설법 동안 붓다가 가르침의 내용은 물론이고 그 형식마저 한 번도 바꾼 적이 없었을 것이라는 생각을 폐기해야 한다. 우리가 확실한 역사적 기록을 가지고 있는, 상대적으로 덜 위대한 사상가의 경우에서도 역시 마찬가지이다. 초기 마르크스와 후기 마르크스에 관한 논의를 상기하는 것만으로도 충분하다. 살펴본 바와 같이 초전법륜에서 붓다는 8정도를 명시적으로 설하고 있다. 이때 사용된 용어들은 전통적으로 전혀 변하지 않았으며, 마지막 단계는 정정(正定, sammā samādhi)이다. 이후에 붓다는 계(戒), 정(定), 혜(慧)의 3학(三學)을 더 자주 언급하는 것으로 보인다. 3학의 각 단계는 다음 단계로 제대로 발전하기 위한 전제 조건이 된다. 3학은 여러 차례 등장하는데 그중 한 예가 『대반열반경(Mahā Parinibbāna Sutta)』이다.[220] 따

220_ 완본은 DN Ⅱ, 84에서 찾을 수 있다.

라서 고대의 주석가들은 세 단계를 여덟 단계와 통합하느라 애를 먹었다. 그들은 8정도의 첫 두 단계가 일종의 예비적 지혜이며, 선정에 다다른 후 그 지혜를 완성하기 위해 처음 두 단계로 돌아와야 한다고 설명할 수밖에 없었다. 이 관점은 첫 단계인 정견에는 적절할지 모르나 두 번째 단계인 정사(正思, sammā saṃkappa)는 사실상 무시한 것이며,[221] 이러한 해석을 따르면 8정도 전체의 정점은 정사가 되어야 한다. 8정도와 3학의 두 구조를 통일시키려는 시도는 왜곡이며 사실상 무의미하다. 신앙심에 눈멀지 않은 사람이라면, 붓다가 처음에는 깨달음에 이르는 길의 정점을 선정으로 삼았다가, 사상이 발전함에 따라 그 정점이 영적 지혜인 편이 더 좋은 표현이라고 판단했다는 것을 어째서 받아들일 수 없겠는가?

이 경우에는 순차적 변경 과정이 있었던 것으로 보인다. 바꿔 말하면, 붓다가 본질은 아니어도 형식에 대한 생각을 바꾼 것으로 보인다. 다른 곳에서도 붓다의 표현이 다소 비일관적인 것처럼 보이는 경우가 있으나, 나는 태도의 변화를 변호하려는 것이 아니다. 붓다에게, 나아가 그 누구에게든 비일관성이나 비유의 변경을 문제시해야 할 이유는 없다고 생각하기 때문이다. 붓다는 8정도를 '길'이라 부름으로써 각 요소 간에 어떤 순서가 정해짐을 암시하고 있다. 계정혜 3학의 수행에 관한 일부의 표현 또한 동일한 암시를 하고 있다. 반면 손을 씻으면 한 손으로 다른 손을 서로 씻기는 것과 같이, 계와 혜는 함께 가는 것이며 상호 작용한다는 점에서 붓다는 브라만 소나단다(Sonadanda)에 동의한다.[222] 나에게는 텍스트의 이러

221_ 이 용어는 부록에서 자세히 논의되어 있다.

222_ DN I, 124.

한 비일관성이 오히려 그 텍스트가 진본임을 보증하는 증거가 되었다. 어떠한 아류도 감히 이 정도로 혁신적일 수는 없을 것이다.

주제를 약간 다른 각도에서 접근하여, 정전적 자료의 계층화에 대한 나의 관점을 요약하면 다음과 같다. 정전에서 각기 다른 층위를 찾아내려는 이전의 시도는 너무나 조잡하였기에 '계층화'에 오명만 씌웠을 뿐이다. 논리나 증거에 무관하게 '확실한 붓다의 직설'에 대한 편견을 믿도록 내버려 둔다면, 분명히 이 또한 헛된 노력이 될지도 모른다. 그러나 원천적으로 계층화가 불가능하다는 주장도 불합리하다. 아마 텍스트의 형태와 언어는 너무 자주 수정되었을 것이기에 표준적 형식은 아주 제한적으로만 활용되었을 것이라 생각한다.

따라서 우리는 그 내용에 의지해야만 한다. 그러나 어떤 사유가 다른 사유보다 선행했거나 뒤따랐을 것이라는 타당한 가설을 세우지 못할 이유는 원칙적으로 없다. 어떤 문제에 있어서는, 특히 형식에 관한 문제는 붓다가 생각이 바뀐 것도 당연한 일이다. 그러나 서로 명백히 모순을 이루는 두 주장이 모두 붓다에게서 나온 이상, 우리는 그중 하나만이 정확한 것이라 유추할 수도 있다. 그 예시 중 하나는 11장에서 간단히 다룰 내용으로, 붓다가 전지(全知)를 주장하기도 부정하기도 했던 것이다. 그러나 교리의 진화 과정이 추적될 수 있는 경우 및 그 내적 논리를 통해 어느 것이 앞선 것이고 어느 것이 후대의 것인지 추측할 수 있는 경우 또한 있을 것이다. 9장에서 다룰 연기(緣起)의 분석은 이러한 특징을 기반한 명쾌한 가설을 통해 마무리될 것이다.

이 장에서는 붓다에 대한 나의 연구 방식을 논의하였으며, 마무리를 짓기 위해 처음의 주제로 돌아가고자 한다. 즉, 추측과 반박 그리고 지식의 가설적 본성이다. 칼 포퍼는 그의 지식론에서 이렇게 말한다. "지식의 임시적 본성이 우리의 오류 가능성을 강조할지라도 그 자체는 회의론에 빠지지는 않는다. 왜냐하면 그것은 우리가 실수로부터 배울 수 있다는 바로 그 점 때문에 지식이 발전할 수 있고 과학이 진보할 수 있다는 사실을 동시에 강조하고 있기 때문이다."**223** 따라서 마지막으로 엘리자베스 맥그래스가 아버지를 위해 쓴 부고를 다시 한번 인용하겠다. "곰브리치는 늘 굉장한 확신을 가지고 자신의 의견을 피력하였지만, 동시에 그는 장수(長壽)의 이점은 마음을 바꿀 기회라고 말하곤 했다." 이러한 태도는 다음 세대 곰브리치인 나에게도 마찬가지이다. 그보다 더 중요한 점은, 이러한 태도를 붓다 본인도 가지고 있었다는 것이다.

223_ 포퍼, 위의 책.

제8장

모든 것은 불타고 있다: 붓다 사상에 있어서 불의 중요성

이 장에서는 붓다가 불에 관련된 베다 사상과 관습에 대응한 방식을 다룰 것이다. 또한 이러한 관심사가 붓다로 하여금 아마도 그의 가장 주요한 철학적 사유, 즉 '대상을 비우연적 작용으로 대체'하는 데 착안하게끔 미친 영향을 다룰 것이다. 붓다가 브라만교의 기존 용어를 자신의 목적에 부합하도록 새롭게 사용하는 방식에 대하여 다양한 용례를 통하여 살펴보도록 하자.

붓다 구원론의 중심 메타포, 불

붓다의 세 번째 설법의 일관된 주제가 불이라는 점은 모든 불교 전통이 공통적이다. 사실 세 번째 설법은 '불의 설법(Fire Sermon)'으로 알려져 있다. 빨리어로는 '모든 것이 불타고 있다고 설명하는 방식(āditta-pariyāya)'이라 불리므로 여기서 불이 비유로 사용되고 있음을 알 수 있다. 이 설법은 "오! 승려여, 모든 것은 불타고 있다네"라고 시작한다. 이어서 붓다는 그가 말하는 '모든 것'에 대해 설명한다. '모든 것'은 우리의 감각 기능 전부(오감 및 마음까지 포함), 감각 대상, 감각 작용 그리고 감각들이 일으키는 감정 모두를 의미한다. 바꿔 말하면 '모든 것'은 경험 전반을 지칭하는 것이다. 붓다는 우리의 경험을 구성하는 이 세계의 모든 요소가 불타고 있다고 선언한다. 모든 것은 욕정[貪], 증오[瞋], 미혹[癡]에 불타고 있는 것이다.

위의 내용에서는 우리의 감각 기능뿐 아니라 감각 대상과 감각 작용 또한 불타고 있다는 점이 간과되기 쉽다.

붓다가 삶의 고통과 불만족에 대한 궁극적 해결책으로 제시한 것이 열반(S. nirvāṇa, P. nibbāna)임을 모르는 사람은 없다. 또한 많은 사람들이 열반이 불에 관련된 비유라는 것을 알고 있다. 그러나 그 비유가 정확히 의미하거나 지칭하는 내용은 종종 오해되어 왔다. 열반이라는 단어는 산스끄리뜨어 동사 어근인 'vā(불다)'로부터 온 것으로 접두사 'nir'와 함께 기본적 의미는 '타기를 멈추다, (불이) 꺼지다'이다. vā는 자동사이므로 nirvāṇa라는 명사는 '꺼짐'을 의미하나 불을 꺼뜨리는 행위자의 존재는 내포하지 않는다. 열반은 그저 일어날 뿐이다. '불의 설법'에서 붓다는 우리의 경험이 세 가지 불, 즉 탐진치의 불에 타고 있다고 설교한다. 우리의 목표는 그 세 가지의 불을 모두 끄는 것이다. 경전에서 첫 번째 불은 어떤 경우에는 욕정으로, 가끔은 탐욕으로도 불리나 이 정도의 상이점은 중요하지 않다. 지칭하는 바는 동일하며 불은 언제나 세 가지이다. 어째서일까?

그 해답은 바로 베다 문화에 있다. 브라만교에서 가장(家長)의 의무는 세 가지 불을 켜두는 것으로, 매일같이 그 불들을 살펴야 한다. 따라서 붓다는 이 세 가지의 불을 이승에서의 삶, 가장으로서의 삶으로 여겼다. 이는 근래에서야 제시된 학설이 아니라 『앙굿따라 니까야』(IV, 41-6)에서 분명히 기술하고 있는 바이다. 붓다는 이 설법에서 세 가지 제의적 불을 욕정, 증오, 미혹의 불에 나란히 둔 뒤, 언어유희를 통해 세 가지 불을 재해석한다. 동쪽의 불(āhavanīya)은 부모를, 서쪽의 불(gārhapatya)은 가정이나 부양가족을 의미하며, 남쪽의 불(dakṣiṇāgni)은 공양을 받을 자격이 있는 성스러운 남자(고행자, 혹은 브라만)를 의미한다. 이런 의미에서 붓다가 어느 뚱뚱한 브라만에게 말하길, 가장은 사람들을 도와줌으로써 그 불들을 살펴야 한다는 것이다.

여기서 붓다는 세 가지 불에 색다른 의미를 부여하며 불을 긍정적으로 평가하고 있다. 그 세 가지를 탐진치에 등치시킬 때는 부정적으로 평가하고 있는 것이다. 이러한 작은 차이가 명백하게, 심지어는 진부하게 보일지라도 기억해 두는 것이 중요하다. 붓다는 매우 다양한 표현 방식을 취했기에 그 표현들은 긍정적일 때도 있고 부정적일 때도 있었다. 보통 열반의 개념은 부정적이라고들 말한다. 물론 여기서 불의 비유가 사용된 방식은 사실 부정적이다. 그러나 동일한 내용이 가끔은 긍정적으로 표현되기도 한다. 산스끄리뜨어로 'nirvṛti'는 '지극한 행복'을, 그 파생어 'nirvṛta'는 '지극히 행복한'을 의미한다. 두 단어는 빨리어로 각각 'nibbuti'와 'nibbuta'에 해당한다. 빨리어 정전에서 불교도의 목표, 즉 열반을 가리킬 때는 'nibbāna'와 'nibbuti'가 모두 사용되며 열반을 성취한 이는 'nibbuta'라 지칭된다.**224** 두 단어의 발음이 유사하기 때문에 두 단어가 서로 관련이 없다는 사실을 사람들은 쉽게 알아차리지 못한다. 바꿔 말하면, 'nibbāna'와 'nibbuti'는 동일한 것[열반]을 지칭하지만 본래 의미는 정확히 반대로, 하나는 부정적인 의미이고 다른 하나는 긍정적인 의미이다. 자신의 내면에서 탐진치의 불이 꺼질 때[nibbāna], 그는 지극한 행복을 경험하는[nibbuti]

224_ 이 단어들이 추가의 접두사 pari-가 있을 때, 즉 parinibbāna, parinibbuta와 같은 경우에도 동일하다. 후자의 용례에 대하여는 5장 n.9에서 살펴본 바 있다. 또한 6장 n.14를 참고하라.

것이다.

붓다는 자신의 구원론에 핵심적인 불의 비유에 이와 유사한 방식으로 상당히 부정적 의미를 부여한다. 그러나 비유적 맥락에서의 불이 전부 부정적이기만 한 것은 아니다. 예를 들어 '불의 설법'에 이르는 부정적 언어는 그 자체로 불에 대한 양가적 태도를 보인다. 붓다는 이전에 불을 숭배하다가 새로이 개종한 천 명의 브라만에게 이 설법을 펼쳤고, 그 결과 그들 모두가 깨달음을 얻었다고 전해진다. 애초에 붓다는 그들보다 더 크고 강력한 불을 만들어 보임으로써 (또한 여타의 기적을 행함으로써) 그들을 개종시켰다. 불을 만들어내는 경쟁을 묘사하는 이 게송에서**225** 온갖 빛깔의 불꽃이 붓다의 몸에서 나오는 순간, 그가 앙기라사(Aṅgirasa)라 불리는 것(Vin. I, 25)은 단순한 우연일 리 없다. 붓다는 빨리어 정전에서 여러 차례 Aṅgirasa, 또는 Aṅgīrasa라 불린다. 『리그베다』에서 Aṅgīras는 신과 인간 사이에 위치하는 일종의 초인적 존재로, 이 중 불의 화신인 Agni는 최고의 Aṅgīras이다.(RV I.31.1) 다른 빨리어 경전에서도 붓다가 눈부시게 빛난다고 묘사될 때 Aṅgīrasa라 불리고, 『상윳따 니까야』(SN I, 96)에서는 붓다가 태양보다 밝게 빛난다고 한다. 따라서 이 단락에서 붓다는 사실상 브라만들의 불의 신, 아그니를 흉내 내고 있는 것이다. 이것은 토론이라기보다는 기업의 인수 입찰처럼 보인다.

이후 세대의 불교도들은 베다를 숭배하는 브라만, 혹은 붓다와 그들 간의 논쟁에 흥미를 가질 이유가 없었다. 따라서 세 가지 불의 비유의

225_ PTS 편집본에는 산문으로 실려 있으나 Ludwig Alsdorf는 해당 단락이 운문으로 이루어져 있음을 지적하였다.

기원은 잊혀져갔다. 내가 아는 한 이 내용은 주석서에 등장하지 않는다. 대승불교에서 비유는 완전히 잊히고 탐진치는 삼독(三毒)으로 알려지게 되었다.[226] 불교 전통 내에서는 불의 비유의 요지마저도 일찍이 잊혔기 때문에 그 외연(外延)이 잊힌 것은 놀라운 일이 아니다.

—

우리에게 전해 내려온 초전법륜의 내용을 7장에서 소개했을 때, 고통(dukkha)이 오취온(five upādāna-khandhā)으로 정의되고 이 합성명사는 영어로는 보통 '집착의 더미(aggregates of grasping)'라 번역되지만 일반적 영어로는 아무 의미가 없음을 언급한 바 있다. 사실 이 용어는 불의 설법과 동일한 비유를 사용하며 동일한 사유를 전하고 있다.

색부터 식까지를 포함하는 5온은 텍스트에서 너무나 자주 언급되기에, 붓다의 가르침을 아무리 간략히 요약하여도 5온을 빠뜨리는 것은 상상할 수 없다. 일반적으로 5온은 생명의 다섯 가지 요소로 이해된다. 그러나 수 해밀턴(Sue Hamilton)의 연구는 이러한 이해가 정확하지 않음을 분명히 보여주었다. 5온은 사실 모든 경험의 다섯 가지 요소인 것이다.[227] 우리가 보통 인간, 혹은 생명체라고 여기는 것은 사실 다섯 가지 작용의 집

226_ 산스끄리뜨어로는 tri-doṣa이다. 이 용어는 세친(世親, Vasubandhu)의 『아비달마구사론(Abhidharmakośabhāṣya)』에도 등장한다.

227_ Sue Hamilton, *Identity and Exjkrience: The Constitution of the Human Being According to Early Buddhism* (1996), *Early Buddhism: A Nezu Approach* (2000). 이 장과 10장의 내용은 수 해밀턴의 두 책에 큰 신세를 지고 있다.

합이다. 그 다섯 가지는 다섯 가지 감각과 그 대상을 포함하는 물리적 작용(보통은 눈에 보이는 작용이지만 그에 국한되기만 하는 것은 아니다), 고통이나 기쁨과 같은 감정, 우리가 인식하는 것에 이름을 붙이는 분별작용, 의지작용, 그리고 의식이다.[228] 다시 한번 상기하자면 첫 번째 집합은 감각의 대상을 포함한다. 따라서 색은 보통 개인의 일부 요소로 여겨지는 범위를 분명 넘어서고, 오히려 개인적 경험의 요소라 여기는 범위에 들어맞는다.

온(khandha)이라는 용어 또한 불의 비유의 일부였다는 것이 나의 의견이다. upādāna라는 단어는 구체적 의미와 추상적 의미 모두를 갖추고 있다. 추상적 의미는 '부착', '집착'으로, 불교에서는 이 의미로 빈번하게 사용된다. 구체적 의미는 이 작용에 연료가 되는 것을 의미한다. PED의 해당 항목에서는 다음과 같이 말한다. "[활성화된 작용이 멈추지 않고 지속하게 만드는 (물질적) 기초], 연료, 공급, 제공." 따라서 불에 관련된 맥락에서 이 단어는 단순히 연료를 의미한다.

『상윳따 니까야』(SN Ⅲ, 71)의 어느 짧은 텍스트에서는[229] 5온이 불타고(āditta) 있으므로 그것들을 좋아하는 것을 멈추어야 한다고 말한다.[230] 빨리어의 일반적 표현을 따르면 '타오르는 불'은 aggi-kkhandha이다.[231] 합성어 upādāna-kkhandha의 경우, 연료를 의미하는 단어가 이미

228_ 역주: 동아시아 불교에서는 색(色)·수(受)·상(想)·행(行)·식(識)으로 번역한다.

229_ 역주: 『상윳따 니까야』의 22번째 주제(온) 중 '뜨거운 불더미 경(Kukkula-sutta)'을 말한다.

230_ *How Buddhism Began* (2006), pp. 67-68에서 나는 이 주제를 짐에 관한 짧은 설법(SN Ⅲ, 25-6)으로 확장하여 연관 지었다. 이에 대한 현학적 직역주의는 독자부(犢子部, pudgala-vāda)의 탄생을 초래하였다. 그러나 이 주제는 지금의 논의와 무관하다.

231_ kkhandha에서 k의 반복이 복합어의 두 번째 부분에서 발생하는 경우는 그저 임의적 철자

있으므로 불을 뜻하는 aggi는 중복적이기에 탈락되었을 것이라고 생각한다. 그러므로 나는 upādāna-kkhandha를 '불타는 연료 덩어리'라 번역하며, 이 표현이 nibbāna의 경우에서처럼 불의 비유의 정합적인 일부분이라 생각한다.

동일한 단어들을 중심으로 하는 또 다른 짧은 텍스트(SN Ⅱ, 84-5)는 나의 이러한 가설을 완전히 확증한다. 이 문제를 확실히 해두는 것은 너무나 중요하므로 더욱 자세히 살펴보자. 텍스트는 빅쿠 보디(Bhikkhu Bodhi)에 의해 번역되었고,[232] 각주를 살펴보면 그가 관례대로 기존의 주석을 충실히 따랐음을 알 수 있다. 그러나 그는 그 비유를 간과하였다. 아래의 요약에서 주요 용어들의 빅쿠 번역은 작은따옴표로 표기한다. 그 외는 나의 번역이다.

텍스트는 다음과 같이 시작한다.

> 어떤 이가 '집착될 수 있는' 것들로부터의 즐거움을 기대하며 산다면 그의 갈애는 점점 커질 것이다. 갈애를 통해 '집착'이, '집착'을 통해 되어감이[233] 그리고 되어감을 통해 태어남이, 태어남을 통해 썩음, 죽음, 비탄, 후회, 비애, 슬픔과 고뇌가 생겨난다. 그러므로 이 모든 고통 덩어리가 일어나게 된다.

법일 뿐이다.

232_ Bhikkhu Bodhi, *The Connected Discourses of the Buddha* (2002), pp. 589-590.

233_ 역주: 빨리어 경전의 한글 번역에서는 이를 보통 '존재'라 번역한다. 그러나 영어의 맥락에서 원문의 'becoming'은 고정된 존재에 대비하여 생성 및 변화의 의미를 부각할 때 쓰는 표현이므로 '되어감'이라 번역하였다.

이것은 마치 많은 나무를 때어 큰불이 타오르고, 이따금 마른 풀과 소똥, 나무를 던져 넣어 '그 물질로 불이 유지되고, 그 물질이 연료가 되어' 오랫동안 불길이 타오르는 것과 같다. 이와 반대로 집착될 수 있는 것들의 위험을 고려한다면 그것들에 대한 갈애는 파괴되고 이는 나머지 연쇄 작용의 파괴를 초래한다. '그러므로 이 모든 '고통 덩어리'의 파멸이 일어난다.' 이는 마치 동일한 불에 어떠한 연료도 넣지 않아 원래의 '연료'는 소진되고 '불을 유지시킬 것이 없어서 꺼지게 되는 것'과 같다.

'불'에 해당하는 단어는 앞서 언급한 aggi-kkhandha이다. '고통 덩어리'는 dukkha-kkhandha로 번역되므로 불타오르는 덩어리이다. 이 표현은 직유일 뿐 아니라 은유이기도 하다. 직유에서는 '연료'로 번역되지만 사람을 가리킬 때는 '집착'을 의미하게 되는 'upādāna'의 발음에 착안한 언어유희를 통해 파생된 표현인 것이다. 물론 두 가지 번역은 모두 옳지만, 그 요점은 잃어버리게 된다.

이와 유사하게 처음의 '집착될 수 있는'은 맞는 번역이지만 이 경우는 upādāniya가 '잠재적 연료' 또한 의미할 수 있다는 사실이 감춰지게 된다. '그 물질로 유지되는'이라 번역되는 'tad-āhāra'와 '유지시킬 것이 없는'이라 번역되는 'an-āhāra' 간에는 대응관계인 비유가 있다. 즉, 'āhāra'는 '먹을 것'을 의미하고, 영어에서도 '불에 먹이를 주다(feeding a fire)'라고 표현하기 때문이다. 위 요약의 마지막 부분은 동사의 한 형태인 nibbāyeyya를 번역한 것으로, 이는 nibbāna와 연결된다. 따라서 비유의 대응관계를 따르면, 우리가 연료를 계속 넣어 불을 지피는 것을 멈출 때 불타오르던 우리의 고통 또한 꺼지게 될 것이다.

인간의 경험을 구성하는 다섯 가지 작용이 고통의 불, 탐진치의 불(둘 중 어느 방식으로 접근하든 차이가 없다)을 때는 장작더미에 비유되고 있음을 이해하면 두 종류의 열반에 해당하는 고전적 용어인 'sa-upādi-sesa'와 'an-upādi-sesa' 또한 이해될 것이다.[234] PED에서도 upādi는 upādāna라고 말하고 있다. 이생에서의 열반의 성취(이생은 열반을 성취할 유일한 기회이다!)는 sa-upādi-sesa라 불리는데, 열반을 성취한 사람에게 집착의 잔재가 여전히 남아 있음을 의미하는 것은 아니다. 비유를 따르면 우리가 탐진치의 불을 꺼뜨린 그 순간에도 우리는 여전히 5온을 가지고 있다. 그것은 경험의 가능성이기에 우리는 여전히 연료(upādi)의 잔재(sesa)를 가지고 있지만 그것은 더 이상 불타오르지 않는다. 5온이 더 이상 존재하지 않을 때, 즉 우리가 깨달은 채로 죽을 때 우리는 더 이상 경험의 가능성을 갖지 않는다. 우리는 연료를 다한 것이다.[235]

베다 사상에서의 불

베다 종교는 불의 숭배 및 불에 바치는 희생제를 중심으로 하고 있으며, 이

234_ 이 두 용어의 복잡한 역사에 관한 연구로는 황순일의 *Metaphor and Literalism in Buddhism: The Doctrinal History of Nirvana* (2006)를 참고하라.

235_ 이는 분명 매우 초기부터 잊혔다. 음성상의 유사성으로 인해 이 맥락의 upādi는 upadhi로 변경되었다. 후자는 '기초, 토대'를 의미하며 특히 갈애(taṇhā)의 기초를 지칭하는 데 사용된다. 이는 충분히 의미가 통했기에 원래 용어와의 문제가 있다는 것을 아무도 눈치채지 못했다.

는 전적으로 긍정적인 것이다. 이 맥락에서 지상의 불은 하늘의 불인 태양과 동일시되고 우리는 빛과 열기를 위해, 따라서 생명 그 자신을 위해 불에 의존한다. 여타의 자연 현상과 마찬가지로 불은 신으로 인격화될 수 있다. 『리그베다』의 가장 첫 구절은 다음과 같이 시작한다. "나는 불, purohita를 숭배한다." purohita의 문자 그대로의 의미는 '앞에 위치한'이며 제의를 관장하는, 특히 통치자를 위해 제의를 거행하는 사제를 의미한다. '앞에 위치한'이라는 이름은 사제, 즉 브라만이 통치자보다도 상위에 있음을 시사한다. 성(聖)은 속(俗)보다 위에 있는 것과 같다. 그러므로 불은 신성한 그 모든 것을 아우르는 상징이 될 수 있다.

불은 또한 의식을 나타낼 수도 있다. 이 맥락에서 의식은 생명의 정수로 보인다. 산다는 것은 의식하는 것이거나 적어도 의식의 가능성을 지니는 것이다. 불이 의식을 '나타낸다'고 말할 때, '나타낸다'는 것은 정확히 어떤 의미일까? 불은 의식의 비유에 지나지 않는가? 아니면 의식이 말 그대로 일종의 불인 것인가? 『리그베다』와 그로부터 비롯된 관념 체계를 묘사하는 데 있어서 양자택일의 방식은 옳지 않을 것이다. 붓다는 아리스토텔레스처럼 은유법과 직설법을 분명히 구분했으나**236** 『리그베다』는 그렇지 않았다. 『리그베다』는 의식을 불에 빗대어 생각하였으나, 어떤 것이 말 그대로 받아들여져야 하고 어떤 것이 그렇지 않은지에 대한 선을 긋지 않았다. 조지 래코프(George Lakoff)와 제자들의 연구에 따르면 인간의 사유 및 언어 양식 전반은 문화권에 따라 정도의 차이를 보일 뿐, 원시적인 비유를 바탕으로 성립하였다. 요안나 유레비치는 이 연구가 베다 사상 체계를

236_ G.E.R. Lloyd, *Demystifying Mentalities* (1990), pp.20-21.

훌륭히 설명할 수 있음을 입증한 바 있다.[237] 베다의 운문은 소, 달(soma), 불 등 외부의 물리적 세계의 핵심 요소들에 대하여 사유한 것만이 아니라 그들을 통해서 사유하였다.

피상적이기는 하지만 『리그베다』에서 나타나는 불과 의식 간의 관계성은 잘 알려져 있다. 텍스트 전체를 아울러 아마도 가장 유명하고 또 실제로도 가장 많이 사용되는 게송은 운율에 따라 Gāyatrī, 혹은 그 주제인 Savitiṛ(태양)를 따라 Sāvitrī라 불리는 세 줄짜리 게송이다. 매일 해 질 무렵에 하는 이 게송의 암송[238]은 베다 공동체에 속한 남성, 즉 사춘기 이후의 브라만교 남성 모두에 해당하는 의무이다. 이 게송은 '세계를 움직이게 하는 신의 뛰어난 광명에 대해서, 그리고 그 신께서 우리의 생각을 살아나게 하시기를 생각하자'로 번역할 수 있다. 여기서 '세계를 움직이는 자'는 Savitr의 번역이며 종종 태양을 지칭하는 단어로 사용된다. (인도인들이 영국인만큼이나 햇볕에 굶주리는 것은 아닐지라도 그들 또한 매일 하늘에 떠오르는 불덩어리를 정신적 활동의 전제조건으로 여겼다.)

아그니와 의식, 혹은 인식 간의 관련성은 Sāvitrī 게송뿐 아니라 여러 다른 곳에서도 발견된다.[239] 예를 들어 유레비치가 밝힌 것과 같이 RV 9.27.24에서 아그니 숭배자들은 아그니가 그들의 기도문이나 베다 진언인 brahma-savaiḥ에 감응하여 그들을 정화시켜 줄 것을 염원한다. Savitṛ

237_ *Kosmogonia Rygwedy. Myśl i metafora* [*Cosmogony of the Ṛg veda. Thought and Metaphor*] (2001). 달리 표기되지 않는 이상, 다음 단락부터의 인용문은 출판되지 않은 영어본 원고에서 인용한 것이다.

238_ 이론상 새벽 동틀 녘과 해 질 녘에 이루어져야 한다. 새벽 암송이 가장 중요하다.

239_ 다음 일곱 단락의 내용은 바르샤바 대학의 나의 동료 요안나 유레비치에게 완전히 신세 지고 있다. 가끔은 그녀의 말을 그대로 사용하기도 한다.

에서도 발견되었던 동사 어근인 sū가 여기서도 등장한다. 사실 그다음 게송인 25, 26 게송에서도 매우 유사한 기원문이 Savitṛ에 바쳐진다. 여기서 아그니와 Savitṛ는 동일시된다.[240]

유레비치는 다음과 같이 쓰고 있다.

> 아그니를 정신 활동의 원인으로 묘사하는 것은 단지 비유적인 것만은 아니다. 그것은 소마의 영향 아래서 물리적 열을 느끼는 진짜 경험을 묘사하는 것으로 이해될 수 있다. 『리그베다』 8, 4, 16 그리고 1, 52, 6에서 적어도 두 개 이상의 시구가 이러한 경험을 표현하고 있다. 그러나 그 문자 그대로의 해석에는 또 다른 차원이 존재한다. 인식을 유발하는 아그니의 모습은 정신적 열기, 즉 열렬한 창조성의 경험이라는 사유를 표현하고 있다. 바꿔 말하면 아그니는 시각의 작용인이자 동시에 인간의 모습으로 자신을 드러내는 궁극적 대상이며 시각의 창조자이기도 하다. 아그니는 자신을 드러냄으로써 내적인 열기를 발생시킨다.

이어서 유레비치는 "그의 시(詩)적 예술 덕택에 투명해진 버터의 물줄기가 황소가 자란 곳까지 흐른다"라는 구절을 인용하고 있다. 여기에서 황소는 아그니를 가리키는 데 흔히 쓰이는 비유이다. 유레비치는 '투명해진 버

240_ 그런데 소마(Soma) 또한 그러하다. 그러나 여기서 이에 대해 논의하면 논점에서 너무 멀리 벗어나게 된다.

터의 물줄기'라는 비유적 표현에 대해 길게 설명한 뒤 다음과 같은 결론을 내린다.

> 이러한 인상은 인식의 대상으로써의 불에 대한 정신적 집중을 비유적 차원으로 표현한다. 시각적으로 인식하고 경험되는 불의 성장을 유발하는 시적 예술은 시인으로부터 그리고 아그니 그 자신으로부터 비롯될 수 있다. 후자의 경우, 시각의 궁극적 창조자는 아그니인 것이다.

따라서 아그니는 인식의 주체와 대상을 모두 의미할 수 있는 것이다. 유레비치 또한 다음과 같이 말하고 있다. "이와 유사한 사유는 해탈법(Mokṣa-dharma)**241** 및 『바가바드기타』에서 발견된다. 이 경우에는 아뜨만이 요가적 인식의 주체이자 대상으로 기능한다."

유레비치는 『리그베다』의 다양한 구절에 관한 논의를 통해, 아그니가 어떤 경우에는 인식의 주체와 대상 각각을, 다른 경우에는 동시에 양 쪽 모두를 동시에 의미할 수 있음을 밝혔다. 그녀가 논의 대상으로 하는 게송 대부분은 얼핏 보기에 꽤 모호해 보인다. 그러나 다양한 사례의 종합을 통해 형이상학적 구조를 도출하는 그녀의 분석은, 논의를 설득력 있게 하는 동시에 그 논의를 간략히 요약할 수 없음을 의미하게끔 한다.

그렇다면 아그니는 의식의 활동 그 자체와 대상 모두로 나타날 수 있다. 지금까지의 논의에서 분명히 표현하지 않은 점은 의식이 지닌 '욕망

241_ 이는 Mahābharata, book XII의 후반부에 해당한다.

적' 본능이다. 한편, 이 점은 유레비치가 다른 연구[242]에서 주목하였던 부분인 Śatapatha Brāhmana, 2.2.4.1ff.에 등장하는 우주 창조설의 핵심을 차지하고 있다. 이 문헌에 따르면 창조신인 쁘라자빠띠(Prajāpati)가 입으로부터 불을 만들어냄으로써 세계는 시작된다. 그리고 그는 자신의 입으로부터 그를 만들어냈기에 '아그니는 먹이를 먹는 자'이다. 그러나 쁘라자빠띠는 겁에 질린다. 왜냐하면 그 불은 다른 연료를 찾지 못하자 그를 먹고 싶어 하기 때문이다. 그는 불이 먹을 우유를 창조함으로써 문제를 해결한다. 또한 우유로부터 식물들이 생겨난다. 우유와 소마(Soma)는 거의 상동관계에 있다. 실제로 BĀU 1.4.6에서는 다음과 같이 말한다. "온 세계는 먹이와 먹는 자와 다를 바 없다. 소마는 먹이이고 아그니는 먹는 자이다."

Ś.Br. 2.2.4.3에서 쁘라자빠띠는 아그니의 연료로 식물과 나무들을 창조하여 아그니에게 창조자가 아닌 다른 먹이가 있게끔 계획한다.[243] 유레비치는 다음과 같이 주장한다. "그러므로 쁘라자빠띠를 먹는 것은 인식의 주체를, 먹히는 것은 인식의 대상을 대변하는 것으로 이해될 수도 있다."[244] 또한 주체와 대상의 정체성은 '먹는 행위, 즉 먹이가 먹는 자와 하나가 되는 과정에서 확정된다.'

242_ Joanna Jurewicz, 'Prajāpati, the fire and the pañcâgni-vidyā' (2004). 또한 3장 n.7을 보라.

243_ 이 부분은 Eggerling의 다음과 같은 번역으로 모호해진다. "그러자, 이것이 그의 마음에 걸렸다." 산스끄리뜨어로는 단순히 tad evâsya manasy āsa, 즉 "바로 그것이 그의 마음에 있었다"이다.

244_ Jurewicz, 앞의 책, p. 67.

욕망적 의식의 원형으로서의 불

이제 붓다로 돌아가 보자. 『맛지마 니까야』의 38번 경전은 Mahā Taṇhā-Saṅkhaya Sutta라 불리는데, 즉 『갈애 멸진의 긴 경』이다. 이는 연기(paṭicca-samuppāda)의 가르침에 있어서 중요한 문헌으로, 의식의 본성을 불에 비유한 논의를 통해 연기 개념에 접근한다. 내가 이 비교의 진정한 의미에 관심을 갖도록 한 사람은 역시 유레비치 교수이다.

『갈애 멸진의 긴 경』은 원래는 어부였으며 '악한 견해[惡見]'를 지닌 '사띠(Sāti)'라는 승려의 이야기로 시작한다. 그는 붓다가 '다른 것도 아닌 이 동일한 의식이 윤회한다(tad ev'idaṃ viññāṇaṃ sandhāvati saṃsarati, anaññaṃ)'고 가르쳤다고 생각한다. 올바른 견해는 다음과 같다. '붓다는 의식이 원인들로부터 일어나며, 원인 없이는 일어날 수 없음을 다양한 표현으로 가르쳤다. (aneka-pariyāyena paṭicca-samuppannaṃ viññāṇaṃ vuttaṃ Bhagavatā, aññatra paccayā n'atthi viññāṇassa sambhavo) (MN I, 256-8)' 붓다 앞에 불려왔을 때 사띠는 자신의 악견으로부터 한 발 더 나아간다. 붓다가 '의식'이라는 단어로 사띠가 의미하는 바를 묻자, 사띠는 대답한다. "선행과 악행의 결과를 경험하는, 지금 말하고 느끼는 이것(남성형)입니다. (yvāyaṃ vado vedeyyo tatra tatra kalyāṇa-pāpakānaṃ kammānaṃ vipākaṃ paṭisaṃvedeti)." 사띠는 의식을 윤회하는 영혼, 혹은 본질과 같은 것으로 보는 단순한 견해를 가지고 있었던 것이다.

주석가가 상기시켜주는 바(Papañca-sūdanī 11, 305)와 같이, 불교 교리에 따르면 사띠는 영원주의(sassata-diṭṭhi)를 내세우고 있는 것이다. 주석에 따르면 사띠가 이런 오류에 빠진 이유는 그가 『자따까(jātaka)』를 전담하고 있었는데, 전생담에서 붓다가 '그때 나는 웨산따라(Vessantara)였다'[245]라고 한 것과 같은 이야기들을 오해했기 때문이라고 한다.

그러자 붓다는 사실은 사띠가 틀렸음을 보인다. 의식은 한 몸에서 다른 몸으로 옮겨갈 수 있는 어떤 '존재'가 아니라 하나의 '작용', 그것도 인연으로 조건 지어지는 작용이다. 그러나 붓다는 그와 같은 추상적 표현을 사용하지 않는다. 붓다는 사띠가 그 오류로 인해 오랫동안 고통받을 바보라고 말한 뒤, 의식을 불에 비교하여 자세히 설명하기 시작한다. 붓다가 말하길 의식이란 그것을 야기한 것에 따라 분류 — 혹자는 '명명'이라 할 수도 있는 — 된다. 눈과 시각적 형태로 인해 의식이 일어나면 그것은 '안식(眼識)'이 된다. 이와 유사하게 이식(耳識), 비식(鼻識), 설식(舌識), 신식(身識, 촉각), 의식(意識)[246]이 일어나며, 의식(意識)은 마음과 사유로부터 일어난다.[247] 동일하게 불 또한 그 원인에 따라 나무토막으로 지핀 불, 나무부스러기로 지핀 불, 풀로 지핀 불, 소똥으로 지핀 불, 곡물 껍질로 지핀 불, 쓰레기로 지핀 불로 분류된다.

이 내용은 이해하기 쉽다. 붓다는 의식이 항상 어떤 것에 대한 의식이라고 말하고 있는 것이다. 이는 의식이 우주의 영혼인 브라만(brahman)에, 따라서 궁극적으로 브라만과 일치하는 개인의 영혼인 아뜨만에도 내재한다고 여기는 우빠니샤드의 교리에 정확히 반대된다. 우빠니샤드는

245_ 웨산따라에 대해서는 12장의 첫 부분 이하를 보라.

246_ 역주: 곰브리치는 식(識) 일반을 consciousness, 의식(意識)을 mind consciousness라 부르고 있다. 그러나 한국어에서는 consciousness도 의식으로 표기하므로 혼란을 피하기 위해 6식으로서의 의식은 한문 意識을 병기하기로 한다.

247_ 붓다가 추상개념의 의식적 사용에서 이룬 발전을 기억할 것이다. 따라서 마음은 추상을 지각하는 기관이다. '마음'은 manaṃ, '사유'는 dhamme이며 여기서는 둘 다 직접목적격이다.

의식에 해당하는 단어로 보통 cit을 사용하나 동시에 jñānaṃ(『따이띠리야 우빠니샤드(Taittirīya Upaniṣad)』 2.1.1 에서는 다음과 같이 말한다. "satyaṃ jñānaṃ anantaṃ brahma" 번역하자면, "브라만은 실재, 의식, 무한이다.")과 vijñānaṃ 또한 사용한다. vijñānaṃ의 빨리어 형태가 바로 우리가 여기서 다루고 있는 '의식'이라는 단어이다. BĀU 3.9.28과 『따이띠리야 우빠니샤드』 2.5.1에서 브라만은 vijñānaṃ으로 정의된다.

여기에서 요점은 이중적이다. 우빠니샤드에서 의식은 외부 대상에 대한 의식이 아니라 그러한 의식의 전제조건이다. 그리고 그 의식은 진정한 존재와 분리될 수 없이 얽혀있기에 존재론과 인식론이 합쳐져 있다. 의식이란 언제나 어떤 것에 대한 의식이어야만 한다는 붓다의 주장에 대한 우리의 동의 여부를 차치하더라도, 인식론으로부터 존재론을 분리하는 붓다의 입장이 우리에게 더 자연스러운 것은 분명하다.

『갈애 멸진의 긴 경』의 다음 단락은 언제나 수수께끼였다. 내용을 가능한 문자 그대로 번역하면 다음과 같다. 붓다가 말한다. "비구들이여, 그대들은 이것[중성형]이 생겨나는 것을 보는가?" "그렇습니다." "비구들이여, 그대들은 그것이 그 음식에서 비롯되는 것을 보는가?" "그렇습니다." "비구들이여, 그 음식이 멸하면 생겨난 것 또한 멸하게 되는 성질임을 그대들은 보는가?" "그렇습니다."

'이것'은 도대체 무엇이란 말인가? 주석에서는 그것이 5온, 즉 살아있는 존재를 형성하는 다섯 가지 작용이라고 말한다. 그러나 그 개념은 해당 문헌에서 언급된 적이 없기에 나는 이 주석을 신뢰하지 않는다. 앞선 단락에서 언급되었고 실제 그 단락의 주제였던 중성 단어는 의식이므로, '이것'은 의식을 의미한다는 것이 단순명료한 해답일 것이다. 그렇다면 주석가는 어째서 이 해답을 제시하지 않은 것일까? 추측건대, 그 또한 나와 마찬가지로 청중에게 의식에 대하여 이야기할 때 '그대들은 이것이 생겨나는 것을 보는가?'라고 말하는 것이 이상하다고 생각했을 것이다. 물론 '보다'는 '이해하다'의 비유일 수 있다. 그러나 '이것(idaṃ)'은 지시대명사이며 우리는 의식을 셀 수 있는 것으로 지시할 수 없다.

내가 세운 가설은 이것이라는 지시대명사가 이 대화에서는 언급되지 않은 어떤 행위를 지시하고 있다는 것이다. 패트릭 올리벨(Patrick Olivelle)이 논증한 바에 따르면 초기 우빠니샤드 중 지시대명사가 사용된 일련의 단락들이 이와 같은 방식으로 해석되어야 한다.[248] 심지어 세계의 창조를 이야기하는 BĀU 초반(1.4.6)의 어떤 구절은 다음과 같이 말하고 있다. "그러자 그는 이와 같이 거세게 요동쳤고, 손으로 불을 만들어냈다…." 12장에서는 이 구절과 붓다가 '이것'을 말하는 구절 사이에 직접적 연관이 있음을 논증할 것이다. 따라서 나는 붓다가 이 대목에서 불을 지폈거나 불을 앞에 두고 있었을 것이라 생각한다. 불을 의미하는 단어 'aggi'는 남성이나 불은 또한 하나의 요소를 의미하는 중성 'bhūta'이기도 하다.[249] 따라서 여기에는 또 다른 언어유희가 있는 것이다. 붓다는 언어유희로써 '이

248_ Patrick Olivelle, *The Early Upaniṣads* (1998), pp. xxi-xxii, p.8, and note to passage cited.

249_ 이러한 의미에서는 mahā-bhūta가 bhūta 보다 더 흔히 쓰인다.

요소가 생겨나는 것을 보는가?'라고 말하고 있는 것이다. 이 대목에 이어서 다소 기묘한 질문들이 이어진다. 예를 들어 '이것'의 존재를 의심할 수 있는지 그리고 그것이 연료(여기에서는 그것의 '음식'이라 지칭된다)에 의존하고 있음을 의심할 수 있는지 등이다. 이 내용을 자세히 다루면 지루해지겠지만, 나는 그것이 청중의 눈앞에서 벌어지고 있던 것을 지칭하는 편이 훨씬 타당하다고 생각한다.

—

이어서 붓다는 이미 존재하는 생명을 유지시키고 생명을 생겨나도록 돕는 네 가지 음식(āhāra)이 있다고 말한다. 첫째는 입으로 들어가는 음식(보통 음식이라고 부르는 것), 둘째는 접촉(phasso)으로, 셋째는 의도(mano-saṃcetanā)로, 넷째는 의식으로 들어가는 음식이다.**250** 붓다에 따르면 이 네 가지 모두는 그 발생 원인을 갈애에 두고 있다. 갈애는 욕망에 대한 붓다의 여러 비유 중 가장 흔히 사용되는 것이다. 갈애는 또다시 그 발생 원인을 감정(受, 좋고 싫음 등)에 두고 있고 감정은 접촉(觸)에, 접촉은 여섯 가지 감각에 두고 있다. 이와 같이 갈애에서 감정으로, 감정에서 접촉으로, 접촉에서 여섯 감각으로 그 기원을 거슬러 밝혀감에 따라 텍스트는 따분해진다. 왜냐하면 연기의 전형적인 원칙(다음 장에서 자세히 설명할 것이다)을 단순히 되풀이하고 있기 때문이며 그다음에는 언제나 그렇듯이 무지

250_ 역주: 동아시아 불교의 용어를 따르면 첫째는 段食, 둘째는 觸食, 셋째는 思食, 넷째는 識食이다.

(avijjā)에 이르기까지 전부 되짚어가기 때문이다. 연기의 원칙은 통상의 반복적 방식으로 열거되며 무지의 멸절이 각각의 상속 관계의 멸절로 이끌어 결과적으로는 윤회와 그 고통을 멈추게 한다는 결론에 이른다. 이 단락은 경전의 제목인 '갈애의 멸진'을 증명하며 또한 이 경전이 사띠의 영원주의적 이설에 대한 논박임을 명백히 보이는 방식으로 더욱 자세히 설명된다.

네 가지 음식은 — 보통의 음식, 접촉, 의도, 의식 — 내버려 둔 것처럼 보인다. 주석도 아무런 도움이 되지 않는다. 추측건대 앞서서 논의된 『큰불의 경』에서와 같이, 불의 음식에 관한 언급은 네 가지 음식을 여기로 끌고 들어온 연결고리였을 것이다. (중첩의 인과 관계에 관한 이 단락이 정전의 다른 부분에서 어떠한 맥락 없이 단독으로도 등장한다는 사실**251** 때문에 나의 주장이 바뀌지는 않는다. 7장에서 보인 바와 같이 정형구들은 종종 이런 식으로 다른 경전에 삽입된다.) 그 결과는 엉망진창이다. 촉(phasso)은 두 번 등장하며 의식 또한 서로 동떨어진 두 가지 예시에서 등장한다. 서툰 편집자가 두 가르침을 조잡하게 기워 맞췄다고 추측하는 편이 자연스러울 것이며,**252** 그러한 추측에 대한 좀 더 정확한 근거를 아래에서 제시하고자 한다.

의식은 먹이이다. 즉, 의식은 존재에 연료가 되는데 그 방식 또한 바람직하지 않다. 갈애로부터 직접 일어나기 때문이다. 다음 장에서 12연기 전체를 살펴볼 때 의식이 행으로부터 일어남을 확인할 것이다. 그러나 의

251_ SN Ⅱ, 11-12.

252_ 인과 관계를 다룬 숫따의 큰 모음으로는 『상윳따 니까야』의 『인연 상윳따(Nidāna-saṃyutta)』가 있다. 그중 대부분은 연기에 관한 것이나 일부분은 네 가지 음식을 다루고 있다. 생생한 비유를 들고 있는 가장 중요한 경은 63번 경과 64번 경이다. (= SN Ⅱ, 98-104)

식이 행으로부터 일어난다고 말하는 것과 갈애로부터 일어난다고 말하는 것 사이에 본질적으로 중요한 차이점이 있다고 생각하지 않는다. 이에 관하여는 아래에서 다시 다룰 것이다.

『갈애 멸진의 긴 경』이 글자 그대로 말하지는 않지만, 의식과 불에 대한 붓다의 비유에는 그 둘이 연료에 따라 분류된다는 사실 이상의 의미가 있다. 불은 역동적이며 욕망을 지닌다. 불은 그 대상을 찾아다닌다. 경전 전체를 읽어보면 이와 같이 결정적인 면에서 불과 의식이 유사하다는 것을 붓다가 직접 말하고 있음을 알 수 있다. 베다 사상과 붓다 사상에서 발견되는 유사성으로부터 붓다가 불과 의식의 관계를 염두에 두고 있었음이 확실해진다.

지금까지의 논의를 요약하자면 베다 전통에서 의식과 그 대상은 불에 빗대어 사유되었다. 붓다는 『갈애 멸진의 긴 경』에서 동일한 사유를 활용하지만 좀 더 분석적이다. 붓다는 의식이 연료로 삼을 것 없이는 존재할 수 없는 '욕망적' 작용이라는 점에서 불과 비슷하다고 본다. 나아가 불의 비유는 작용이 얼마나 역동적일 수 있는지, 그리고 찾는 자가 이끌지 않아도 작용이 그 대상을 어떻게 찾아내는지를 보여주는 전형을 제공할 수 있다.

의식의 윤리화

이 모든 내용은 일관적이고 명료한 것으로 보인다. 그러나 정전의 다른 부분에서 의식을 설명하는 방식과는 어떻게 정합성을 이룰 것인가?

5온 중 네 번째인 행은 cetanā, 즉 의도를 포함한다. 붓다는 의도가 업을 구성한다고 천명함에 따라 행위에 윤리적으로 좋거나 나쁨의 속성을 부여하였다. 나머지 네 가지 온에는 윤리적 속성이 없으며, 따라서 의도의 문제가 아니다. 이러한 관점에서 viññāṇa, 즉 의식은 윤리적으로 중립적이며, 여타의 감각기관 및 그 대상이 감각의 기능에 필요한 것과 마찬가지로 마음의 기능에 필요한 요소에 지나지 않는다.

불에 빗대어 의식을 이해하는 베다의 관점에서 불과 의식은 모두 자신만의 의지를 지닌다. 대조적으로 불교의 경우, 5온의 목록에서 의식은 행으로부터 분리되었다. 사실 그 분리는 분석적일 뿐이다. 실제 삶에서 경험이 발생할 때 다섯 작용은 언제나 함께 작동하기 때문이다. 그러나 앞서 언급한 경전의 네 가지 음식을 언급하는 대목에서 우리가 확인한 바에 따르면, 의식과 행은 분리된 것이다. 해당 경전의 앞부분에서는 독자로 하여금 의식이 욕망적이며 갈애로부터 일어난다는 사유를 받아들이게 하였으나, 실은 분리된 실체인 의도에 의식이 동반하는 것으로 밝혀졌다. 나아가 그 부분에서 의도를 지칭하는 단어인 mano-saṃcetanā는 붓다가 업을 정의하는 데 사용하는 단어인 cetanā와 실질적으로 동일하다.[253]

어떻게 된 일일까? 이 책에서 지금까지 다뤄온 베다 사유는 존재론과 인식론, 즉 무엇이 존재하고 어떻게 우리가 그것을 인식할 수 있는가에 관한 것이다. 베다 사상에서는 이 두 가지 문제가 결합되어 있는 것이다. 이 중 어느 것도 윤리와는 관련이 없다. 이와 대조적으로, 붓다의 가르침을 관통하는 근본적 지향점은 이 세계를 윤리화하여 삶과 경험 전부를 윤리적 측면에서 보고 그 좋고 나쁨을 판단하려는 것이다. 따라서 붓다의 분석

253_ Mano는 '정신적인'을 의미하므로 추가적 의미는 없다.

에 필요한 것은 의식의 실례인 생각을 좋거나 나쁘게 만드는 윤리적 요소에 단순히 적합한 위치를 찾아주는 일이다.

그러나 방금 살펴보았듯이 『갈애 멸진의 긴 경』에서 의식은 욕망적이며, 모든 욕망이 그렇듯이 그 욕망은 갈애(taṇhā, 갈증)의 한 측면이기에 영적 성장에 주요한 방애물로 간주된다. 이 내용을 따르면 의식은 윤리적으로 나쁜 것이다. 그러나 의도로부터 분리된다면 의식이 윤리적으로 중립적이어야 함은 분명하다. 이 단락이 와전되었을 가능성도 있다고 생각한다. 왜냐하면 붓다가 계승하였고, 또한 이 경의 첫 부분이 전적으로 할애된 베다 개념인 '욕망적인 의식'이 이어서 등장하는 '의식 그 자체로는 윤리적 책임이 없다'는 5온의 분석과 결합되어 있기 때문이다. 정확히 어떠한 과정을 통해 이러한 결합이 발생한 것인지는 알 수 없다. 다만 주석가가 내용의 모순을 알아차리고는 너무나 당황하여, '촉'을 징검다리 삼아 연기법의 전형적인 원칙으로 내용을 귀결하며 상당량의 혼돈을 남겼다고 추측할 수 있을 것이다.

5온은 작용이다

5온과 '불의 설법'으로 돌아가 보자. 확인한 바와 같이 5온과 불의 설법은 모두 감각적 지각의 대상을 감각 그 자체와 동일한 범주로 분류한다. 따라서 '불의 설법'에 따르면 보이는 것, 들리는 것 등은 보는 행위, 듣는 행위 등과 같이 탐진치의 불에 타고 있다. '불의 설법'에서 특기할 만한 다른 한 가지는 언급되는 감각과 그 대상 등이 더 이상 불타지 않을 때는 어째서인지 더 이상 존재하지 않는다고 예상한다는 점이다. 우리는 그것들이 불타고 있다는 것을 깨달을 때 그들의 환상으로부터 완전히 깨어나게 된다. 이 깨어남을 통해 우리는 자유로워지며, 더 이상 윤회하지 않는다는 것을 깨닫게 된다.

앞서 언급한 바와 같이 5온은 다섯 가지 작용으로, 우리의 존재가 윤회를 계속하게끔 하는 연료가 된다. 5온은 탐욕, 식욕, 갈애, 욕망 등 다양한 이름으로 불릴 수 있는 집착을 수반하기 때문이다. 또한 온이 aggi-kkhandha, 즉 '불덩어리'를 뜻하는 빨리어의 축약 형태임을 밝힌 바 있다. 그러므로 다섯 가지 연료 덩어리뿐 아니라 연료를 불태우는 다섯 가지 불도 존재하는 것이다. 모든 불이 그렇듯이, 어떤 의미에서 이 불들은 연료가 정체성이 된다. 이 점은 불이 객체이자 주체라는 베다 사상을 돌이켜 보게 한다. 더욱이 불들은 '존재'가 아닌 '작용'이다.

요약하자면 나는 붓다가 비유로써 불을 활용한 다음과 같은 다섯 가지 예를 제시하였다.

1. 붓다는 베다 사상으로부터 불이 욕망적이며, 마치 불을 끄는 사람이 따로 필요하지 않고 단순히 연료가 다하는 것만으로 불이 꺼질 수 있다는 점에서 의식이 불과 유사하다는 관점을 이어받았다.

2. 또한 불이 태우고 있는 것으로부터 분리될 수 없다는 생각을 차용하였다. 태우는 대상이 없는 불이란 존재하지 않는 것처럼, 대상이 없는 의식은 없다는 의미이다. 더욱 근본적으로, 이 내용을 보편적으로 표현하면 주관과 객관은 서로를 전제로 하

며 모든 경험은 두 가지 모두를 필요로 한다고 말할 수 있을 것이다. 주체와 객체가 궁극적으로는 분리될 수 없다는 사유는 여섯 자 길이의 육체 안에 세계가 있다는 붓다의 주장(5장에서 인용, SN I, 62)과 잘 부합한다. 이 사유의 또 다른 일면은, 무아나 온 등 붓다의 형이상학적 주요 주장들이 일반적으로 인간에 국한하여 설명하는 데 주력한다는 점이다. 붓다가 고통으로부터의 탈출을 돕고자 하는 것은 개인으로서의 인간이기에 이 점은 자연스럽게 보인다. 그러나 사실 그러한 형이상학적 주장들은 세계에 대하여도 동일하게 적용된다. 세계는 경험될 수 있는 것을 통해서만 그려질 수 있기 때문이다.

3. 무엇보다도 붓다가 추론해낸 바는 내가 아는 한 베다 사상이나 그 후계인 힌두 사상에서 한 번도 명시된 적이 없다. 즉, 우리가 경험할 수 있는 것은 오직 작용뿐이라는 것이다. 이는 아마도 붓다의 가장 중요한 철학적 사상일 것이다. 우리의 의식과 그 대상은 존재가 아니라 작용이며, 변화를 멈추지 않는다는 점에서 불과 유사하다. 이러한 작용의 범주를 넘어서는 무언가도 상상해볼 만할 것이다. 그러나 경험을 생성하는 우리의 기관이 지닌 본성 그 자체로 인해 분명해지는 점은, 그러한 것이 존재한다면 우리의 경험으로부터 완전히 벗어난 곳에 있어야만 한다는 점이다.

4. 불과의 또 다른 공통점은 우리의 경험을 형성하는 작용들이

우연적이지 않다는 것이다. 이에 관해서는 다음 장에서 다룰 것이다.

5. 붓다는 모든 체험을 윤리화된 체계 내에서 발생하는 것으로 만듦으로써 베다 사상 또한 윤리화하였다. 우리 모두에게 타오르고 있는 불을 꺼뜨리는 방법을 고안해낸 것은 윤리적인 동시에 지적인 기획이었다. 그 불들은 감정적(욕정과 증오)일 뿐 아니라 지적(미혹, 어리석음)이기도 하기 때문이다. 불변하는 자아에 대한 자만과 믿음은 불들의 근본적 연료이었으므로, 그것들이 제거된다면 불 또한 꺼질 것이다.

의식에 대한 새로운 관점이 가져온 연쇄작용

의식이 그 자체로 욕정 등에 불타고 있다면 해탈을 추구하는 이의 목적은 마땅히 의식의 제거가 되어야 할 것이다. 이것은 실제 '불의 설법'의 함의이며 심지어 누군가는 이것이 5온의 기본적 원칙이라 주장할 수도 있을 것이다. 반면 붓다는 네 번째 단계, 즉 윤리화 단계에서 이러한 결론을 피하려 하는 것이 분명해 보인다. 세 가지 불 중 하나는 미혹이므로, 우리는 미혹을 제거함으로써 해탈할 수 있다. '불의 설법'은 해탈한 이가 자신의 해탈을 알 수 있다고 주장하고 있으나, 미혹의 제거가 의식의 상실을 의미한다면 자신의 해탈 여부를 아는 것이 어떻게 가능한가? 더 중요한 것은 해탈이 의식의 상실을 수반한다면 붓다의 가르침 전반에 걸친 도덕적 성격을 훼손하게 되지 않을까? 따라서 붓다는 한 걸음 더 나아가 긍정적으로, 혹은 부정적으로 윤리적 책임을 지니는 행을 의식으로부터 분리한다. 그럼으로써 세 가지 불은 그 어떠한 형태로든 의식을 대변하는 것이 아니라 부정적('서투른') 행을 대변하게 된다. 멈춰야 하는 것은 나쁜 행이며 이를 위해서는 마땅히 의식이 요청된다.

해탈에는 의식의 제거가 요구된다는 입장 그리고 그에 반대하여 의식과 인격의 정화가 요구된다는 두 입장은, 붓다가 마음에 대하여 스승들로부터 배운 것과 자신만의 고유한 사상 간의 분수령을 반영한다고 생각한다.

불교 전통에 따르면 붓다는 두 명의 스승에게서 명상을 배우고 수행하다가 그들의 방식으로는 부족함을 깨닫고는 그들로부터 독립했다. 알렉스 웨인(Alex Waynne)의 작업**254**으로 결실을 본 최근 연구가 밝힌 바에 따르면 전통이 전하는 바는 사실이며, 두 스승은 일종의 브라만교 전통의 입장을 고수했다. 이 연구는 붓다가 스승들로부터 배운 것이 그의 가르침 안에 samatha, 즉 정(定) 명상으로 남아 있다고 믿는 불교 전통과도 호응한다. 붓다의 스승들이 가르친 종류의 명상에서는 마음이 점점 덜 활동적이 되고 samādhi, 즉 집중을 향하게 된다. 이 명상으로 도달할 수 있는 최고의 경지는 불교에서 'saññā-vedayita-nirodha', 즉 '분별 작용과 느낌의 중단**255**'이라 불린다. 이 경지에서는 그 누구도 7일 이상을 버틸 수 없다.

254_ Alexander Wynne, *The Origin of Buddhist Meditation* (2007). 이 책은 자신의 박사학위 논문(Oxford, 2003)을 개정한 것이다.

255_ 역주: 상수멸(想受滅)이라고도 한다.

한 예로 붓다고사의 『청정도론(淸淨道論, Visuddhi-magga)』에서 나타나는 바와 같이, 상좌부의 정설에 따르면 모든 정신적 활동이 사라진 이 경지는 열반이 아니라, 열반의 성취 여부와 무관하게 도달할 수 있는 일종의 영적 체험이다. 붓다는 죽음을 앞두고 이 경지에 접어들었으나, 죽기 직전에 이 상태에서 빠져나왔다. 그러므로 이 경지는 영구한 것도 돌이킬 수 없는 것도 아니다. 상좌부의 정설은 이 경지를 다른 종류의 명상이자 붓다의 고유한 것으로 주장되는 vipassanā, 즉 '통찰'과 대조한다. 바로 이 통찰만이 우리를 열반에 다다르게 한다. 분별과 감정의 소멸과는 달리, 열반은 돌이킬 수 없는 경험적 지위이다. 열반은 '모든 것을 있는 그대로 보는' 것을 수반하므로 의식이 있는 상태일 수밖에 없다.[256]

—

비록 정통의 확고한 입장이 이러할지라도, 사실 빨리어 정전의 문헌들이 그 자체로 완벽히 일관적인 것도 아닐뿐더러 몇몇 구절은 분별과 감정의 소멸을 궁극적 목표와 동일시하는 것처럼 보이기도 한다. 그러나 나는 이러한 예외적 경우를 다루기 위해 논지를 이탈하지는 않을 것이다. 이 글의 취지에 한해서는, 분별과 감정의 소멸이 기존의 명상법을 수행하던 붓다의 스승들이나 주변 이들에게는 궁극적 목표로 보였을 것이나 결국에는 상대적으로 낮은 단계로 치부되었다는 점을 밝히는 것만으로 충분하기

256_ 이 두 종류의 명상의 관계에 대해서는 *How Buddhism Began* (2006)의 4장에서 논한 바 있다.

때문이다. 다른 학자들은 이 지점을 이미 인지하였다.

이전의 명상 방식에서, 혹은 적어도 붓다가 설명하는 사마타 도식에서 실제로 의식은 불과 같이 욕망적인 것으로 여겨지므로 깨달은 상태에서는 제거되어야 할 대상이다. 이는 '불의 설법'에 대한 좀 더 당연한 해석일 뿐만이 아니라, 연기에 있어서도 의식은 행(saṃkhārā)을 기반으로 생겨나는 것이며 결과적으로 개체화와 개체를 구별하는 생각**257**이 일어나게 한다. 유레비치가 그의 뛰어난 논문에서 밝힌 것과 같이**258** 붓다의 이러한 가르침은 베다의 우주론을 비꼬고 있는 것이며, 의식에 베다가 부여한 의지적이고 욕망적 특성이 함유되어 있다면 더욱 절묘한 지적이다.

붓다가 정말로 중요한 의도는 8정도의 첫 번째인 도덕적 의도뿐이라 판단했을 때, 의도를 가리키기 위해 베다 사상을 함의하지 않는 cetanā라는 단어를 채택한 것은 신중한 선택이었다고 생각한다. 윤리적 행위, 선업이야말로 유일하게 진정한 정화이며 영적 성장의 기초라는 붓다의 교리는 완전히 급진적이고 새로운 것이었다. 그러나 붓다와 그의 추종자들, 또는 둘 다에게 있어서, 의식의 본성에 대한 기존의 사유들이 완전히 사라지지는 않았기에 수 세기에 걸친 여러 문헌에 그 흔적을 남기게 되었다. 예를 들어 거의 천 년 이후의 한 주요 종파**259**는 깨닫지 못한 마음의 근본은 알라야식(ālaya-vijñāna)이라 주장하였다. 빨리어 정전에서 '알라야'는

257_ 유레비치는 이것이 믿을 수 없이 단순한 합성어 nāma-rūpa(문자 그대로 '이름과 형태'를 의미하는)의 진정한 의미임을 논증한 바 있다.

258_ Joanna Jurewicz, 'Playing with fire: the pratītyasamutpāda from the perspective of Vedic thought' (2000).

259_ 이 종파는 유식학파(Yogācāra, Vijñānavāda)이다.

'taṇhā', 즉 '갈애'의 동의어로서, 알라야식이란 정확히 '욕망적 의식'이라는 뜻이다.

소크라테스 이전 철학과의 유사성

이 장을 마무리하며 나는 좀 더 광범위한 제안을 하고자 한다. 붓다가 자신을 철학자로 여기지 않았더라도 그는 분명 탁월한 철학적 식견을 제시하였다. 그중 가장 탁월한 것은 통상적으로는 존재로 이해되는 것을 '작용'으로 대체한 것이다. 특히 두드러지는 예는 5온의 교리이다. 5온의 교리에 따르면 우리가 보통 인간이라 생각하는 것은 다섯 가지 작용으로 구성되어있다. 나아가 이 작용들은 우연적인 것이 아니라 일련의 원인에 의해 조건 지어진다. 이러한 통찰이 바로 불의 본성에 대한 고찰로부터 떠올랐을 가능성이 있음을 지금까지 충분히 증명하였길 바란다. 붓다는 불을 신은 고사하고 어떠한 존재도 아닌 작용으로, 그것도 원인에 의해 조건 지어진 작용으로 보았던 것이다.

붓다와 헤라클리투스 간에는 놀랄 만큼의 유사성이 발견된다. 이오니아(현대의 터키)에 살았던 헤라클리투스는 아마도 붓다보다는 조금 앞선 시대의 인물일 것이다. 그의 작품은 부분적으로만 남아 있다. 가장 유명한 그의 격언은 'Panta rhei', 즉 '모든 것은 흐른다'이다. 또한 그는 "같은 강을 두 번 건널 수 없다"고도 말했다. 바꿔 말하면 우리의 세계가 끊임없는 변화 속에 있으며 작용들로 이루어져 있다는 붓다의 통찰을 그 또한 갖고 있었던 것이다. 지성사적 측면에서 헤라클리투스는 모든 것이 궁극적으로는 물로 만들어졌다고 주장한 탈레스와, 이에 반대하여 모든 것이 공기로 이루어져 있다고 말한 아낙시메네스를 계승한 것으로 여겨진다. 헤라클리투스는 불이 기본적 요소이며, 모든 것이 불에서 생겨나고 불로 돌아간다고 주장하였다.

나아가, 앞 장에서 언급하였듯 진정한 실재는 영원불변하다는 베단따의 관점은 소크라테스 이전의 철학자인 파르메니데스의 관점을 연상시킨다.**260** 붓다가 우빠니샤드에 대응하였듯, 헤라클리투스는 파르메니데스에 대응하고 있었을 것이다. 나는 헤라클리투스가 붓다에게 영향을 끼쳤거나 그 반대의 경우였을 거라고 생각하지는 않는다. 그러나 고대 그리스에서도 또한 누군가가 불에 착안하여 세계를 끊임없는 변화로 보는 관점을 가졌다는 점은 주목할 만하다고 생각한다.**261**

260_ 『리그베다』 운문들이 표방하는 관점은 덜 고정적인 세계였을지도 모른다. 왜냐하면 세상의 근원적 체계를 가리키는 그들의 용어는 ṛta로, '가다'의 의미인 동사 어근(ṛ)과 관련되어 있기 때문이다.

261_ 월폴라 라훌라(Walpola Rahula)는 *What the Buddha Taught* (1959), p. 26, n. 1.에서 헤라클리투스와의 유사성을 지적하였으나 이를 불과 연관 짓지는 않았다.

제9장

인과율 그리고
비우연적 작용

고대 인도에서 붓다의 추종자들 사이에서 가장 유명했던 붓다의 사상은 무엇이었을까? 후대의 추종자들은 업설이 붓다의 고유한 사상이라 생각하지 않았을 수도 있다. 왜냐하면 업설은 머지않아 인도의 여타 종교 전통에 지대한 영향을 미치게 되었기 때문이다. 물론 붓다는 '무아'라는 가르침으로도 알려졌지만 이것은 어디까지나 표제어였을 뿐, 정확한 내용을 이해하는 사람은 거의 없었을 것이다. 그러나 불교도들에게 널리 알려진 자아에 대한 규정이 어떤 사유로부터 유래되었는지 찾아보면 처음 질문에 명쾌한 답을 얻게 된다. 고대 인도의 불교 교단은 순례자들과 독실한 신자들에게 수천수만 개의 '각판'을 나누어주었다. 그중 대부분에는 동일한 글귀가 새겨져 있었다. 음에 약간의 차이는 있지만 대략 다음과 같은 내용이다. "ye dhammā hetu-pabhavā", 즉 "원인들로부터 일어나는 법들" 이 글귀는 다음의 짧은 게송의 첫 구절로부터 기원하였다.

> ye dhammā hetu-pabhavā tesaṃ hetuṃ Tathāgato āha
> tesaṃ ca yo nirodho; evaṃvādī mahā samaṇo.[262]

262_ Vin.I,40.

여래는 원인에 대해서 그리고 원인들로부터 일어나는 법들의 소멸을 말씀하셨다. 이것은 위대한 수행자의 가르침이다.

이것이 정확히 의미하는 바는 무엇인가? 붓다의 분석에 따르면 여기서 법(dhamma)이라는 단어는 실재의 구성성분을 의미한다. 올바르게 가르침을 받고, 똑같이 법이라 불리는 붓다의 가르침을 내면화한다면, 그 가르침을 따라 경험의 실질적, 혹은 잠재적 성분인 법의 측면에서 자신의 경험을 분석하게 될 것이다.[263] 그 경험이 작용들로 구성된다는 점과 그 작용들은 우연적인 것도, 절대적으로 결정되어 있는 것도 아니라는 점은 앞 장에서 밝힌 바 있다. 그 모든 것에는 원인들이 있다. 불교 전통에서는 이를 '독립적이지 않다'고 표현한다.

이러한 의미에서 인과적으로 조건 지어지지 않은 법은 오직 한 가지뿐이다. 그 유일한 법은 우리가 보통 경험하는 모든 것과는 반대여야 하며, 다음 장에서 설명하겠지만 이러한 이유로 그 법은 부정어법을 사용하지 않고서는 설명될 수 없다. 그 법은 욕정, 증오, 미혹의 불이 꺼지는 경험이다. 따라서 이 게송은 붓다가 열반을 제외한 모든 현상의 근원과 소멸을 설명하였다고 말하고 있다. 열반은 근원도 소멸도 없기 때문이다. 나아가 붓다는 현상들의 원인에 대해서도 설명하였다.

붓다의 두 주요 제자인 사리뿟따(Sāriputta)와 목갈라나(Moggallāna)는 이 게송 때문에 붓다에 귀의한 것으로 알려져 있다. 이에 관한 이야기는

263_ 법(dhamma)이 법이라 불리는 이유를 설명한 나의 가설은 *How Buddhism Began* (1996), pp. 35-36에서 좀 더 자세히 설명되었다.

율『건도부』의 서론 부분에 등장한다.『건도부』는 율의 반을 차지하며, 승단이라는 공동체에서 지켜야 하는 규율을 다루고 있다.264 사리뿟따와 목갈라나는 붓다가 아닌 다른 스승 밑에서 이미 출가하였으며, 둘 중 '불멸(deathless)'을 먼저 발견한 사람이 다른 한 사람에게 알려주기로 약속한 바 있었다. 어느 날 아침 사리뿟따는 붓다의 첫 다섯 제자 중 하나인 아싸지(Assaji)가 공양을 받으러 다니는 것을 보았다. 사리뿟따는 그의 평온하고 정돈된 몸가짐에 크게 인상을 받아 아싸지에게 그의 스승이 누구며 그 스승이 무엇을 가르치는지 물어보았다. 아싸지는 귀의한 지 얼마 되지 않아 아는 것이 별로 없다고 대답하였으나 그가 전한 이 게송만으로 그 핵심은 충분히 전달되었다. 사리뿟따가 이 게송을 듣자, 그의 눈을 가리고 있던 것이 떨어져 나갔다. 그는 '생겨나는 성질의 것은 무엇이든 죽게 되는 성질을 갖고 있다'는 것을 체득했다. 사리뿟따는 곧장 목갈라나에게 달려가 이 내용을 전했다.

동일 문헌의 앞부분인 초전법륜의 마지막 부분에서 붓다의 첫 제자인 꼰단냐(Koṇḍañña)가 깨우친 바를 묘사할 때 정확히 동일한 구절이 사용된다.265 초전법륜을 들은 나머지 네 명의 제자들은 뒤따라 동일한 깨우침을 얻는다. 이 깨우침은 깨달음, 즉 아라한이 되는 것에 상당하는 것이다. 초전법륜의 내용, 즉 중도, 4성제, 8정도는 7장에서 이미 설명한 바 있다. 내가 감히 지적하고자 하는 것은 초전법륜의 이러한 내용이 꼰단냐의

264_ 매우 널리 알려진 이 도입부는 일부 전승에서는 분리되어 산스끄리뜨어로 Catuṣ-pariṣat-sūtra라는 제목하에 독립 경전의 지위를 획득하였다.

265_ Vin. I, 11.

체득에 대한 설명과 일치하지 않는다는 점이다. 우리는 이것을 어떻게 이해해야 할까?

또한 나는 우리에게 전해 내려오는 초전법륜의 기원을 2차 결집으로 추정할 수 있다는 점을 7장에서 주장하였다. 사리뿟따와 목갈라나의 이야기가 시사하는 바는 붓다가 인과 작용을 통해 실재를 분석한 것이 그 당시 적어도 지식인 계층에서는 붓다의 가장 위대한 발견으로 간주되었다는 점이다. 따라서 나는 그들의 깨달음에 기여한 이 깨우침의 설명이 회고적으로, 그러나 어쩐지 부적절하게 첫 다섯 제자에게 적용되었다고 생각한다. 물론 내가 사리뿟따와 목갈라나의 이야기가 문자 그대로 사실이라 여긴다는 의미도 아니다. 초전법륜에 관하여 주장했던 것처럼, 나는 사리뿟따와 목갈라나를 귀의하게 만들었던 그 게송이 그들 스스로 이해하기에는 지나치게 간략한 형태라고 생각한다. 그러나 이 지점에서 우리는 불교 전통의 발전 내에서 붓다의 이러한 사유가 그 무엇보다도 중요성을 띠게 된 바로 그 순간을 정확히 포착할 수 있게 된다.

연기(緣起)

그렇다면 불교 전통에서는 붓다가 인과율을 어떤 의미로는 '발견'했고, 세계의 올바른 이해에 있어서 인과율의 중요성을 증명했다고 평가된다. 이 발견은 가끔 'evaṃ sati idaṃ hoti'라는 짧은 구절로 요약되는데, 그 의미는 '그것이 있음으로 이것이 일어난다'는 뜻이다. 이는 '사건들은 특정한 조건하에서 발생한다'는 말로 치환될 수 있다. 이는 여전히 너무나 모호하여 사실상 아무런 의미가 없을 정도이다. 그렇다면 붓다가 발견한 것은 무엇인가?

앞 장에서 이미 이에 대한 간략한 대답을 한 가지 제시하였다. 붓다는 불의 비유를 활용하여 우리가 삶에서 겪는 모든 경험을 비우연적 작용으로, 바꿔 말하자면 인과의 대상이 되는 작용으로 보았다. 이 문제는 더욱 상세히 살펴보아야 한다.

우리의 이성이나 일상적 경험으로 접근 가능한 그 어떤 것도 원인 없이 존재하지 않는다. 그러므로 예를 들면 우주에는 시원(始原), 제일원인, 부동(不動)의 동자(動者)인 신과 같은 것은 없을 수 있다. 수 세기에 걸쳐 불교도들은 붓다의 가르침을 이러한 의미에서 '중도'로 간주하게 되었다. 붓다는 스스로 존재하는 존재, 즉 우리가 실재론이라 부를 만한 그 어떤 형태의 니힐리즘도 주장하지 않은 대신, 우리의 경험적 세계가 끊임없는 변화와 작용의 세계라고 선언하였다. 언젠가 폴 윌리엄스(Paul Williams)가 내게 설명해주었듯, 불교에는 어떠한 명사도 없고 오직 동사만 있을 뿐이다. 2장에서 논의한 바와 같이 작용이란 우연적이지도 절대적으로 결정되어 있지도 않으며, 자유의지의 여지가 있다는 점에서 또한 중도에 해당한다. 이 '중(中)'은 나가르주나(Nāgārjuna, 龍樹, 기원후 2세기?)가 세운 중관학파(Madhyamaka)의 이름으로 차용되었다.

인과적으로 결정됨을 의미하는 불교적 용어는 paticca-samuppanna이다. 엄격히 말하자면 이 용어는 매우 특정한 교리를 지칭하는 것이다. 이 교리는 빨리어로 paṭicca-samuppāda, 산스끄리뜨어로 pratītya-samutpāda이며, 영어로는 보통 '의존적 발생의 연쇄'**266**라 번역된다. (사

266_ 역주: 이하 '연기'로 표기한다.

실 빨리어로 해당 단어에는 '연쇄'라는 말은 없다.) 율 『건도부』(바로 위에서 언급한)의 첫머리에 나오는 붓다의 깨달음은 그 구원적 지혜를 구성하는 것이 바로 연기의 발견이다. 정전 내에서 발견되는 연기의 형태는 여러 변형이 있지만 그중 압도적으로 공통적인 형태는 12가지의 연결 고리로 이루어져 있으니 다음과 같다. 무명(無明) → 행(行) → 식(識) → 명색(名色) → 육처(六處) → 촉(觸) → 수(受) → 애(愛, 갈애) → 취(取) → 유(有) → 생(生) → 노사(老死) (+ 슬픔, 비탄, 비애 등)**267**

얼핏 보기에는 혼란스러울 것이 없어 보인다. 붓다가 원래 마지막에서부터 시작한 것처럼 보인다. 즉, 붓다는 자신에게 질문을 던졌다. '우리의 모든 슬픔과 고통의 원인은 무엇인가?' 이에 '노사(老死)이다'라고 스스로 대답하면서 다시 물었다. '그렇다면 노사의 원인은 무엇인가?' 그리고는 '무명'이라는 대답에 이르기까지 그 원인을 묻는 동일한 질문을 이어갔던 것처럼 보인다. 나의 제자인 황순일이 이에 대해 제시한 의견은 매우 설득력 있는데, 이것이 빨리어의 일반적 표현인 'yoniso manasi-kāra'의 기원일 수 있다는 것이다. 사전에 따르면 이 표현은 '적절한 관심'으로 번역된다. 그러나 이 표현을 문자 그대로 해석하면 '근원을 따라 마음 안에 들어가다'는 뜻이다. 바꿔 말하면 어떤 것의 근원을 심사숙고한다는 것이다. 이것이 바로 붓다가 자신의 돌파구를 찾은 방식이다. 붓다의 설법 중 다수는 승려들에게 'yoniso manasi-kāra'를 갖고 자신의 말을 들어보라며 시작한다. 그러나 그 표현은 산스끄리뜨어, 혹은 빨리어에서도 일반적

267_ Pali: avijjā, saṃkhārā viññāṇaṃ, nāma-rūpa, saḷ-āyatanaṃ, phasso, vedaṃā, taṇhā, upādānaṃ, bhavo, jāti, jarā,-maraṇaṃ.

인 표현으로 보이지 않는다. 따라서 이에 대한 황순일의 지적은 예리하다고 생각한다. 더 단순하게 설명하자면, 붓다는 어떻게 해서 우리가 고통받게 되는지를 파악하려 했으며 일련의 단계를 거쳐 그 해답을 찾아내었기에, 그 단계를 거꾸로 따라가면 문제를 해결할 수 있게 되는 것이다.

여기까지는 문제가 없다. 그러나 연기설을 좀 더 면밀히 검토하면 어떤 것도 명백하지 않다. 불교 내에서도 극히 초기부터 연기의 상세한 의미에 대한 논쟁이 끊이지 않았으며, 합의된 단일한 해석은 아직도 존재하지 않는다. 더욱이 이 교리의 전거인 『대인연경(大因緣經, Mahānidāna Sutta)』의 서론은 주목할 만하다.268 여기서 아난다는 연기를 이해했다고 기뻐하며 붓다에게 말한다. 그러자 붓다는 연기를 이해하기란 극도로 어려운 것이라며 아난다를 꾸짖는다. 보통 빨리어 정전에서의 붓다는 자신의 가르침을 이해시키려 최선을 다하는 모습으로 묘사된다. 나는 붓다가 이 대목에서처럼 자신의 가르침이 심오하고 이해하기 어렵다고 스스로 선언하는 사례를 어디에서도 본 적이 없다. 그러므로 나는 처음으로 이 텍스트를 성문화하고 가르침을 기록했던 이들이 자신들의 이해를 확신하지 못했다는 의미로 이 사례를 해석한다.

문헌들에서 발견되는 연기설의 한 가지 문제점은 그것이 부정형으로는 성립하기 어려워 보인다는 점이다. 원래의 형식은 긍정형이다. 즉, 어째서 마지막 연결 고리[老死]가 존재하는가? 그것은 이전의 연결 고리 때문이다. 이런 식으로 전부 거슬러 올라가면 무명에 도달한다. 혹은, 처음부터 시작할 수도 있다. 무명은 행을 일으키고, 행은 식을 일으키는 등이다.

268_ DN Ⅱ, 55.

따라서 이를 바로잡으려면 12연기 전체가 부정되어야 한다. 그러나 어느 끝에서 시작하든 의식의 제거를 수반하게 된다.[269] 이것이 옳을 수 있는가? 내가 앞 장에서 밝힌 바와 같이 초전법륜 또한 이러한 방식으로 읽히는 것처럼 보이지만 그러한 독법은 붓다의 주요 가르침과 양립하지 않는다. 지금으로서는 이 문제에 주의를 환기할 뿐이며, 이에 대한 해결책은 아래에서 제시하고자 한다.

유레비치의 발견

1999년 8월 로잔에서 열린 국제불교학회에서 바르샤바 대학의 요안나 유레비치는 연기의 체계가 그 순서 그대로임을 입증하였다. 왜냐하면 연기의 체계는 베다 사상의 우주 창조설, 또한 브라만교 사상의 근본적 존재론에 대한 붓다의 대응을 대변하기 때문이다. 유레비치의 논문은 2000년에 발표되었으나[270] 마땅히 받아야 할 만큼의 주목을 받지는 못하였다고 생각한다. 이 논문은 연기의 12가지 연결 고리를 앞서 제시된 순서대로 논하고 있다. 가끔은 연결 고리가 12가지보다 적거나 심지어 내적 순환이 있는 경우가 존재하더라도 유레비치의 해석을 논박할 수는 없다고 생각한다.

이 책에 수집된 증거들에 따르면 붓다의 가르침은 주로 기존의 가르침들에 대한 대응으로서 형성되었다. 유레비치는 이러한 대응으로서

269_ 이 통찰은 내가 동양·아프리카연구원(SOAS)에서 이 챕터를 강의했을 때 청중들의 질문 덕분이다. (서문 참조)

270_ Joanna Jurewicz, 'Playing with fire: the pratītyasamutpāda from the perspective of Vedic thought' (2000).

의 가장 상세한 예시는 아마도 연기일 것이라는 점을 밝힌 바 있다. 붓다가 자신의 사유를 표현하기 위해 특정 용어들을 선택한 것은 그가 베다의 창조설에 대응하고 있었기 때문이다. 베다의 창조설은 특히 『리그베다』 X, 129와 『브리하드 아란야까 우빠니샤드』의 첫 장뿐 아니라 Śatapatha Brāhmaṇa 및 여러 우빠니샤드에 등장하는 그 유명한 '창조 찬가(Hymn of Creation)'로 대변된다.

이 창조설에서는(3장 참고) 소우주와 대우주 간의 긴밀한 상응이 거의 본래적 동일성에 가깝도록 상정되어 있다. 따라서 대우주, 즉 우주의 기원은 동시에 소우주, 즉 인간의 기원과 같은 것이다. 혹자는 일차적 지시 대상이 우주라고 말할 수도 있을 것이나, 우주는 근원적 본질에 근거하는 것으로 여겨지며 이 근원적 본질은 의식을 지닌 것이다. 이와 대조적으로 붓다는 일차적으로 살아있는 개인을 언급하고 있다. 붓다에게는 그와 같은 '우주'에 대한 관심이 없기 때문이며 이는 그의 가르침 일부이기도 하다.

베다의 창조설과 연기설 간의 또 다른 중대한 차이점은 붓다가 '연기의 상속적 연결을 형성하는 데 있어서 비유(붓다의 설명에서 자주 사용되는) 대신 추상적 용어를 사용했다'는 점이다.**271**

빨리어 nidāna에는 여러 의미가 있는데 가장 중심적 의미는 기초, 기원, 원인일 것이다. 이 의미들은 연기설에 있어서 유의미하며 따라서 연기설을 자세히 설명하고 있는 『대인연경』의 제목에도 유의미한 것이라 말할 수 있을 것이다. 그러나 유레비치가 밝힌 바에 따르면 이 제목에는 그 이상의 의미가 있다. 『리그베다』 X, 130번 게송은 129번과 같이 창조설에

271_ 같은 책, p.81.

관한 것이며, 이 게송의 세 번째 연은 nidāna에 관하여 묻고 있다. 유레비치는 nidāna가 '상이한 단계와 형태의 존재들 간의 존재론적 연결'이라고 설명한다.[272] 바꿔 말하면 nidāna는 심원한 상응, 예를 들어 소우주와 대우주 간의 상응을 의미하는 것이다. 우빠니샤드가 제시하는 구원적 지식은 이 심원한 상응에 대한 이해로 이루어져있다.

12연기에서 가장 어려운 부분은 처음 네 개의 연결 고리이다. 무명은 의지에 의한 충동을 조건 짓고 의지적 충동은 의식을, 의식은 명색을 조건 짓는다.

『리그베다』 X, 129번 게송에 따르면 처음에는 아무것도 존재하지 않았다고 한다. 어떠한 존재도, 심지어 비존재(nonexistence)도 없었다. 유레비치가 앞선 논문에서 밝혔듯[273] 이것은 존재론적이며 동시에 인식론적인 주장이다. 말하자면 존재인지 비존재인지를 확정할 가능성조차도 없었기 때문에 그러한 구분을 지을 수도 없었다는 뜻이다. 그러므로 존재도 인식도 본래 없었던 것이다. 이 단계는 붓다 연기설의 무명에 상응한다.

베다의 '창조 찬가'는 앞의 주장에 이어, 어쩌다 보니 — 설명할 수 없는 방식으로 — 의지적 충동이 창조 작용, 혹은 진화를 시작하게 된다고 이야기한다. 여기서 의지적 충동은 까마(kāma)라 불린다. 까마는 '욕망'을 지칭하는 가장 일반적 단어이다. 찬가는 욕망이 '마음의 첫 씨앗'이라 말한다. 붓다는 욕망에 대해 매우 광범위한 비유를 사용하지만 그중 '갈애

272_ 같은 책, p. 100.

273_ Joanna Jurewicz, 'The Ṛgveda 10.129: an attempt of interpretation' (1995. pp. 141-150. 그녀의 해석을 뒷받침하는 훨씬 더 많은 증거들이 포함된 이후의 출판물들은 불행히도 아직은 폴란드어로만 접할 수 있다.

(taṇhā)'가 가장 일반적일 것이다. 이 용어는 12연기의 후반에 등장한다. 붓다는 이 지점에서 비의식의 원초적인 혼란으로부터 발생하는 것을 상카라(saṃkhārā),[274] 그것도 복수형으로 지칭하고 있다. 상카라는 감각을 지닌 존재를 구성하는 작용들, 즉 5온 중의 하나이다. 상카라는 주로 '형성'이라 번역되지만 khandha를 '더미'라 번역하는 경우와 마찬가지로, 이러한 번역은 그 의미를 전혀 전달하지 못한다고 생각한다. 우리를 윤회에 가둬두는 작용인 욕망은 바로 이 온(khandha)의 성분 중 하나이다. 따라서 나는 상카라가 정확히 온을 지칭할 때 이를 '의지 작용(행, volitions)'으로 번역하는 것을 선호한다. 이에 대해서는 아래에서 더 자세히 다루기로 한다.

유레비치는 베다 텍스트가 다음 단계, 즉 욕망이 '마음의 첫 씨앗'으로서 의식을 발생시키는 방식을 묘사하는 다양한 표현에 대해 설명한다.

> 이에 관한 가장 명쾌한 텍스트는 BĀU 1.4인데, 여기서 사람의 형상을 한(puruṣa-vidha) 창조자(아뜨만)는 자신의 유일함을 깨닫는다. 창조자가 주변을 둘러보아도 자신 외에는 아무것도 보이지 않는다. 이는 창조자 외에는 아무것도 존재하지 않았다는 것뿐 아니라 그가 자신 외에는 아무것도 인식할 수 없었음을 암시한다.[275]

베다 사상에 따르면 이 단계의 의식은 이원적이지 않다. 다시 말해서 인식

274_ 또 다른 표기법도 가능하다: saṇkhārā.

275_ Jurewicz (2000), p. 82.

능력은 있으나 아무것도 인식하고 있지 않은 것이다. 주체와 객체의 분리가 아직 이루어지지 않았기 때문이다.

연기의 세 번째 고리이자 다섯 번째 온인 의식은 붓다에게 있어서 언제나 무엇인가에 대한 의식이다. 이것이 베다적 입장에 대한 의도적 반박이라는 점은 앞 장에서 밝힌 바 있다. 나아가 나는 의식이 욕망적이라는 관점이 베다 사상으로부터 붓다로 계승되었다는 점을 유레비치의 연구를 통해 알게 되었다. 그러나 붓다는 윤리를 중요시하였기에 의지로부터 의식을 분리하게 되었다는 사실 또한 증명하였다. 이와 같이 붓다는 네 번째와 다섯 번째 온이 언제나 함께 작동하지만 (모든 온이 그렇듯이) 분석적으로는 분리되어있다고 개념화한다.

그러므로 순수한 의식은 최선의 경우 그 자신을 인지하는, 즉 성찰적 인식이다. 여전히 오직 하나만의 존재만이 있을 뿐인 이러한 성찰로부터 주체와 객체의 자각이 생겨난다. 이는 결국 우리가 자신의 경험의 다양성에 도달할 때까지 개체화의 심화로 이어진다. 개체화는 언어적 범주를 사용하는 이름(nāma, 名)과 감각으로 인식되는 모습(rūpa, 色) 모두를 통해 이루어진다.

후대의 불교 전통에서는 어떻게 붓다가 우빠니샤드로부터 이 명색이라는 용어를 차용하게 되었는지 이해하지 못했다. 불교 전통은 연기의 이 지점에서 개인의 등장에 대한 언급이 있어야 함을 깨달았고 또한 붓다가 개인을 5온으로 정의했음을 알고 있었으므로, 색은 첫 번째 온이고 명은 나머지 네 가지 온에 해당하는 것이라 주장하며 명색을 5온에 상응하는 것으로 만들었다. 네 가지 온 중 수, 행, 식(vedanā, saṃkhārā, viññāṇa)은 연기의 다른 부분에서 원래의 명칭으로 등장하기 때문에 이러한 해석은 정확한 것이기 어렵다.

여기서 유레비치가 명색(nāma-rūpa)에 대해 쓴 긴 글의 인용이 필요하다. 이를 통해서만이 붓다가 이 용어들의 의미를 베다 맥락으로부터 왜곡함으로써 진정 의도한 바가 무엇인지, 그 의미를 온전히 전달할 수 있기 때문이다.

> 베다의 창조설에서 이름과 형태를 부여하는 행위는 창조자의 아뜨만 형성의 완성을 의미한다. 아마도 이러한 사유의 기원은 아버지가 자기 아들을 받아들이고 아들에게 이름을 부여하는 출생(jātakarman) 예식으로 거슬러 올라갈 것이다. 자기 아들을 받아들임으로써 아버지는 아들과의 동질성을 승인하며, 아들에게 이름을 부여함으로써 이름 없고 형태도 없는 혼돈의 상태로부터 아들을 끌어내어 마침내 그를 창조하는 것이다. 동일한 과정은 창조설에서도 발견된다. BĀU 1.4.7의 유명한 구절에 따르면 아뜨만은 창조된 세계에 이름과 형태를 부여함으로써 그 세계에 '완전하게' 들어찬다. 따라서 주체가 됨으로써(혹은 vijñāna이 되는 것이라 말할 수도 있을 것이다) 그는 객체와의 동질성을 인식하고, 마침내 객체에 형태를 부여한다. 이와 동시에 그리고 바로 이 행위를 통해서 그는 주체로서의 자신을 창조하는 과정을 이어간다. 우주 내에서 그는 자신의 인지를 확장케 하는 인지적 수단을 갖추게 되는 것이다. 마치 아버지가 아들 안에서 살아있는 것과 같이, 아뜨만은 이름 지어지고 형태가 갖추어진 자신 안에서 인지를 시작한다.

그러나 이름과 형태를 통한 자기표현이 창조자의 자기 인식의 지속만을 가능케 하는 것은 아니다. 동시에 창조자는 마치 자신이 여러 이름들과 형태들로 나누어진 것처럼 스스로를 숨기게 되어 전체로서 보일 수 있는 능력을 잃게 된다. 따라서 이름과 형태를 부여하는 행위는 인지를 불가능하게, 혹은 적어도 어렵게는 만든다.

바로 이 사실이 의식(vijñāna)이 자리 잡은 유기체를 지칭하기 위해 붓다가 명색이라는 용어를 선택한 중요한 이유라고 생각한다. 아뜨만이 스스로 이름과 형태를 부여하며 인지 작용을 수행한다는 점을 부정한다면, 의식이 이름과 형태로 분화하는 것은 겨우 인지를 방해할 뿐인 부정적인 가치밖에 가지지 못하게 된다. 그 결과, 연기(緣起, pratītyasamutpāda)가 인간을 자신에 대한 더 깊은 무명으로 몰아가는 일련의 사태라 이해하는 데 정확히 부합하게 된다.[276]

12연기의 나머지 여덟 가지는 비교적 단순하기에 여기서 논의할 필요는 없다. 연기의 마지막인 노사, 슬픔과 비탄 등은 앞서 지나온 모든 것이 결국은 파멸로 이르는 길에 지나지 않는다는 점을 보여준다. 베다 사상에서 자신을 인지하고 따라서 세상을 창조하는 '절대'는 아뜨만이며, 동시에 이

276_ 같은 책, pp. 89-91.

아뜨만은 모든 살아있는 존재의 자아이기도 하다. 마지막으로 다시 한번 유레비치를 인용하고자 한다.

> 붓다의 설법 중 적어도 일부는 브라만교 사유의 표현을 빌려, 지식인 계층에게 설법 되었다. 그들은 베다 창조설이 지닌 전반적 사유와 개념에 익숙한 이들로, 연기법에 사용된 모든 용어는 그들에게 명확한 의미를 지니고 있었으며 정확히 대응하는 대상이 있었다. 붓다가 베다의 우주관에 따른 모든 단계를 하나하나 열거해가며, '그렇다, 이것이 바로 모든 작용이 발전하는 방식이다. 그러나 여기서 유일한 문제점은 변화를 겪는 주체가 존재하지 않는다는 것이다!'라는 결론을 끌어내는 것을 상상해보라. 교훈적 관점에서 보면 훌륭한 전략이다. 아뜨만을 끊어내는 것 … 이것은 절대자의 성공적 행위라는 긍정적 의미를 베다의 우주관으로부터 박탈하고, 그 대신 베다의 우주를 부조리하고 무의미한 변화의 연속으로 그려낸다. 연속된 변화가 가져오는 결과는 이 우주적 작용을 의례적 활동에서나 일상생활에서 재생산하는 사람의 죽음이 반복되는 것뿐이다.**277**

유명한 텍스트에 대한 새로운 해석이 제기될 때, 보통은 '어째서 이전에는 아무도 알아채지 못했는가?'라는 비판적 질문을 던지는 사람이 있기 마련이다. 유레비치의 발견이 지닌 아름다움 중 하나는 이런 질문에 매우 단순

277_ 같은 책, pp. 100-101.

하고도 분명하게 대답하고 있다는 것이다. 즉, 매우 초기 단계에서부터 불교 전통은 붓다가 대응하고 있던 텍스트와 교리를 망각해버렸다는 것이다. 덧붙여 말하자면, 모순은 쉽게 닳아 없어지지 않는다.

주의할 점은 연기에 대한 이러한 해석이 불교 전통에 맞서거나 전통적 불교 사상을 적대하는 것이 아니라는 것이다. 그와 반대로 붓다의 '무아' 교리에 핵심과 세부사항을 추가함으로써, 이전에는 불투명했던 것에 정확한 의미를 부여하여 전통적 불교 사유를 오히려 풍부하게 만드는 것이다.

유레비치의 이론과 기존 학자들의 입장

어떤 독자는 이렇게 반문할지도 모른다. "유레비치의 이론을 제시하기 전에는, 고통이 어떻게 일어나는지를 붓다가 자신에게 물었을 때 12연기의 마지막 단계로부터 시작했다고 말하지 않았나? 그 설명과 유레비치의 이론이 어떻게 동시에 타당할 수 있는가?"

이 질문에 대한 완벽한 답변이 존재한다고 생각한다. 에리히 프라우발너가 꽤 오래전에 주장한 바에 따르면, 12연기는 두 가지 목록의 합성이고 두 번째 목록은 갈애로 시작된다. 왜냐하면 초전법륜에서 붓다가 고통의 원인으로 제시한 것은 원래 갈애이나, 사유가 발전됨에 따라 붓다는 이 문제를 좀 더 정교히 할 필요를 느꼈기 때문이다.[278] 이 주장은 8장에서 인용한 SN 11, 84-5와 같은 문헌에서 두 번째 성스러운 진리인 고제

278_ Erich Frauwallner, *Geschichte der indischen Philosophie* (1953), vol. 1, p. 211.

(dukkha-samudaya)를 표현하는 방식과 정확히 일치한다. 여기에 유레비치의 해석을 접목시키면 모든 문제가 해결된다고 생각한다.

나의 결론은 프라우발너와 황순일의 견해가 옳다는 것이다. 붓다의 연기설은 원래 다섯 가지의 연결고리, 즉 갈애까지였다. (혹은 6, 7, 8가지의 연결 고리였을 수도 있다. 그 차이는 중요하지 않다.) 그러던 중 어느 시점에 이르러 붓다는 베다의 창조설을 비판하기 위해 또 다른 종류의 인과적 연쇄를 고안해냈고, 이것이 이전의 인과적 연쇄로 자연스럽게 이어진다는 것을 알아챘다. 아마도 한 개인의 탄생은 곧장 여섯 감각으로 이어지고, 그 후에 '접촉'과 '느낌'을 통해 갈애로 이어지는 것이 자연스럽기 때문일 것이다.[279] 그러나 일단 처음의 네 가지 고리가 연기적 연쇄의 일부분이 된 후에는, 그 연쇄가 부정형으로 표현될 경우 무명을 없애기 위해 의식을 없애야 함을 의미한다는 사실을 알아차리지 못했을 가능성이 상당히 높다.

다음으로는 붓다의 사상적 배경이었던 베다 사상에 대해 좀 더 상세히 고찰하여 독자들에게 낯설 수 있는 관점을 소개하고자 한다. 이를 위해 처음 두 용어인 무명과 '행', 혹은 '의지행위'에 대해 유레비치가 쓴 내용을 추가한다.

279_ 또한 이 해석은 '욕망'이 12연기에서 두 차례, 즉 한 번은 saṃkhārā로 다른 한 번은 taṇhā 등장하는 이유를 설명한다. 두 가지는 서로 다른 맥락으로부터 나오는 것이다. 또한 saṃkhārā에 대한 상세한 논의는 본문의 아래를 보라.

무명

산스끄리뜨어에서 무명에 해당하는 단어는 avidyā이다. 빨리어로는 avijjā로, 연기적 연쇄의 처음에 위치한다. 이 단어는 추상 명사이며 접두어 'a'는 부정형을 나타낸다. 어원은 매우 흔히 사용되는 동사 어근인 'vid'로 거슬러 올라가는데 이는 기본적으로 '알다'를 의미한다. 실제로 베다(veda)라는 단어 자체가 바로 이 어근으로부터 파생된 명사이다. 그러나 또 다른 동사의 어근인 'vid'가 존재하는데 이 또한 매우 흔히 사용되며 '찾다, 얻다'를 의미한다. 동사 어근은 일종의 이론적 형태로서, 실제 사용되는 단어는 어근을 바탕으로 하여 형성된다. 그러나 동사 활용의 실질적 형태에서 어떤 경우는 두 어근 vid가 동음이의어로 공존한다. 그러므로 현재 수동형인 vidyate는 '알려지다' 또는 '발견되다' 중 한 가지를 의미할 수 있으며 후자의 경우는 프랑스어의 'se trouve'와 유사하게 '그것이 존재한다'를 의미한다. 따라서 나는 avidyā가 무명뿐 아니라 비존재 또한 의미할 수 있다고 생각한다.**280** 내 견해가 옳다면 유레비치의 해석을 뒷받침하게 될 것이다. 즉, 붓다는 avijjā를 연기 고리의 시작에 위치시켜 존재하는 것과 인식되는 것의 동질성을 시사함으로써 그 단어가 지닌 모호함을 십분 활용하고 있는 것이다.

280_ 이는 또한 BĀU의 유명한 수수께끼(4.4.10)를 해석하는 데도 도움이 될 것이나 여기서는 그 문제를 다룰 수 없다.

행(行)

다음으로는 연기의 두 번째 고리에 대해서 자세히 고찰해보자. 행(saṃkhārā)의 번역은 까다롭기로 악명 높기에 다수의 학자들이 이에 대해 상세히 저술한 바 있다.[281] PED에서 행을 다루는 긴 항목은 다음과 같이 시작한다.

> 행은 불교 형이상학에서 가장 어려운 용어 중 하나이다. 불교 형이상학에서 세계와 사건에 대한 주관과 객관의 융합은 동양 특유의 것으로 너무나 완전성을 갖추었기에 서양적 용어로는 하나의 번역어로 그 의미의 진수를 포착하는 것이 거의 불가능하다. 우리는 명확한 번역으로서 한 '단어'를 제시하려 하지 않는 대신, 다만 그 용어가 적용되는 다양한 측면을 기술함으로써 그 중요성을 가늠케 할 수 있을 뿐이다.

사전 편찬자들에게 대부분의 사람들이 기대하는 바가 정확한 번역어를 찾는 일이라 하더라도, 1장에서 밝힌 바와 같이 불교 용어의 정확한 의미를 전달할 번역어를 우리의 언어에서 찾기가 불가능하다는 점은 독특한 것도 아닐뿐더러 전혀 이상한 일이 아니다. 의미에는 맥락이 필요하고, 그 맥락이 우리에게는 생경한 전제를 함유한다면 거기에는 설명이 필요할 것이다.

281_ 특히 프라우발너의 위의 책, pp. 200-203를 보라. Bhikkhu Bodhi, *The Connected Discourses of the Buddha* (2000), pp. 44-47 또한 유용하다.

어원적으로 행은 '하다', 혹은 '만들다'를 의미하는 흔한 동사 어근인 'kṛ'로부터 기원하며, 접두사 'sam'은 거칠게 번역하면 '함께'를 의미한다. 그러므로 행은 우선 '합하다', 즉 '구성하다'와 같은 의미를 지닌 것처럼 보인다. 행은 보통 복수형인 saṃkhārā로 사용된다.

우선 행이 동사를 바탕으로 한 추상명사의 하나이며 작용, 혹은 그 작용의 결과 모두를 지칭할 수 있음에 주목하고자 한다. 영어에도 이와 같은 단어들이 다수 존재한다. '건축(construction)'을 예로 들면, '더럼(Durham) 대성당의 건축은 한 세기가 걸렸다'에서 '건축'은 그 과정을 의미한다. 한편, '더럼 대성당은 장엄한 고딕 건축이다'에서는 그 결과를 의미한다. '빌딩(building)' 또한 동일한 예이며 두 문장에서 모두 '건축'을 대체할 수 있다. '형성(formation)' 또한 동일한 예시이다. 그러므로 정보 전달의 측면에서는 무가치할지라도, 가끔은 '형성'이 행(saṃkhārā)의 적절한 번역이 될 수 있다. 왜냐하면 작용의 의미로 사용되는 경우와 결과의 의미로 사용되는 경우 모두에 적합하기 때문이다.

따라서 붓다가 죽음에 임박하여 행(복수형)은 무상(anicca)하다고 말했을 때, 붓다는 구성 작용이 무상하다는, 즉 끊임없이 변화한다는 것을 의미했을 수도 있으며, 구성의 결과가 무상하다는 것을 의미하는 것일 수도 있고, 또는 둘 다를 의미할 수도 있는 것이다.

1장에서는 정설로 받아들여지는 리스 데이비즈의 번역, 즉 '구성된(compounded) 것들'이란 표현을 인용하였다. 확신컨대 이 번역은 붓다가 해당 맥락에서 자기 자신, 혹은 자신의 몸을 언급하고 있었다는 점을 암시한다. 자신, 혹은 그 몸은 작용을 통해 구성되어 왔고 따라서 항구적일 수 없다. 이 대목의 주장은 함축적이나 분명하다. 구성된 것은 결국 허물어지게 된다는 전제는 붓다의 가르침에서 언제나 핵심적이다. 그러나 주의해야 할 점은 이 번역은 너무 좁은 의미이므로 오해의 소지가 있다는 것이다. 우리의 모든 경험, 사실 열반을 제외한 그 모든 것은 행이라는 것 또한 붓다의 가르침에 중요한 부분을 차지해왔기 때문이다.

요약하자면 우리 삶의 모든 것은 작용, 혹은 그 작용의 결과이며 따라서 필연적으로 무상하다. 이에 대해서는 앞선 장에서 자세한 논증을 마쳤으므로 이제는 이 주장도 익숙할 것이다. 그러나 이 주장에 전적으로 할애된 장에서는 오히려 반발을 끌어낼지도 모르겠다. 붓다가 모든 것이 작용이라고 주장했다면 어째서 붓다는 그것을 거침없이 말하지 않고 불과 같은 비유를 사용했단 말인가? 이러한 반발에 혹자는 "왜냐하면 붓다가 아는 단어 중 '작용'을 의미할 만한 단어가 없었기 때문이다"라고 답하고 싶을지도 모른다. 그러나 그 대답은 사실이 아닐 것이라 생각한다. 나는 행이 '작용'을 의미할 수 있다고 확신한다. 그러나 문제는 '행'이 명료하게 '작용'만을 의미하지는 않는다는 것이다. 왜냐하면 '행'은 '작용의 결과'를 의미할 수도 있기 때문이다.

위에서 PED로부터 인용한 단락은 타당한 통찰을 구식의 편견에 끼워 맞춘 것처럼 보인다. 거기에서는 '세계에 대한 주관과 객관의 융합'을 말하고 있지만 그 저변에는 '수수께끼 같고 신비로운 동양과 그와는 대조적인 이성적 서양'이라는 고정관념이 깔려있다. 이 책에서는 '창조 송가' 및 이를 기원으로 하는 브라만교적 우주관에 대하여 이미 충분히 논의하였고, 브라만 전통에서는 존재를 의식으로부터 분리시키는 것을 거부함으로써 실제로 주관과 객관을 혼융함을 논증하였다. 그러나 이러한 관점은 브라만교의 특징이지 동양 전체에는 해당되지 않는다.

여기서 우리의 관심사는 베다의 우주 창조설과 붓다의 형이상학 간의 관계를 추적하는 것이다. 브라만교의 창조설은 대우주와 소우주 간에 동치가 존재한다는 선험적인 관점을 신봉하며 세계와 인간의 기원을 동시에 추적할 것을 주장하였다. 한편 붓다는 '저 바깥의' 세계에 대해 신경 쓸 필요를 느끼지 못했고 그 결과 대우주와 소우주의 일치를 그저 비유로 격하시켰다. 붓다에게 '세계'는 우리의 경험인 것이다.

그렇다면 행, 즉 작용 일반은 어떻게 된 것일까? 붓다가 세계를 이러한 방식으로 바라보았다면, 우리의 경험을 구성하는 작용 범주들인 5온 중 어째서 오직 하나만을 같은 단어(행)로 규정한 것일까? 이에 대한 해답을 독자들이 예상할 수 있을 만큼 이 책에서 충분한 설명을 제공했기를 기대한다. 붓다에게 있어서 살아 있는 모든 존재에 대해 가장 중요한 것은 그들의 도덕적 측면, 즉 그들의 업이었다. 비록 붓다가 업이라는 단어를 통해 의지 작용을 의미한다고 말하고 있지만 사실 업은 작용과 그 작용의 결과 모두이다. 나아가 업은 모든 작용 중 가장 중요한 것이다. 업은 우리의 삶(수적으로 무한한) 동안 우리를 움직이는 원동력이며 또한 그 삶들을 관통하여 연속성과 일관성을 부여하기 때문이다. 따라서 5온 모두가 작용인 것은 사실이나, 업의 작용, 혹은 일련의 업 작용들은 그중 가장 중요한 것이다. 실제로 업은 가장 중요하다. 우리의 환경에 가장 많은 영향을 끼치며 우리의 미래를 결정짓기 때문이다. 또한 이론적으로도 업은 가장 중요한 것이다. 왜냐하면 업 작용을 이해하는 것, 업은 조건 지어지지 우연적이지 않다는 것을 이해하는 것은 세계가 작동하는 방식과 그 안에서의 우리의 의무를 이해하는 데 유일하게 견고한 토대를 마련하기 때문이다.

정설로 여겨지는 관점에 대한 세 가지 정정

1. 연기설을 이해하지 못하는 원인은 연기설의 모호함에 있는 것이 아니라 그 역사적 맥락을 잊어버린 데 있다고 생각한다. 연기설이 불교 전통 안에서 거쳐 온 여러 진화 양상이 주원인일 수 있는 것이다. 이러한 진화는 모든 단어를 의미심장하게 읽어내려는 전형적인 학문적 노력에서 시작되었다. 빨리어 경전에는 '원인'을 의미하는 단어로 hetu와 paccayo가 있는데, 두 단어는 보통 함께 사용된다. 두 가지 유의어의 동시 사용은 이러한 문헌들 특유의 구어체이다. 내가 알기로 이러한 문체적 특징을 전혀 보이지 않는 경전은 존재하지 않는다. 그러나 불교 전통에서는 두 단어를 상이한 종류의 원인과 조건을 가리키는 것으로 해석하며 용어들로부터 더 많은 의미들을 억지로 끌어내려 하였다. 그러한 해석법은 시대착오적이다.

2. 고금의 주석가들이 제시해온 여러 해석 중에는 연기설을 대우주에 관한 것으로 해석하려는 입장도 있었다. 내가 이러한 해석을 명백한 오류로 생각한다는 것이 지금쯤은 분명해졌기를 바란다. 그러나 본래 대우주를 주로 다루던 베다의 교리를 붓다가 비꼬았다는 사실에 대한 기억이 이러한 사고방식에서 보존된 것일 수 있다. 또한 유레비치의 해석을 따르면 붓다고사가 선호했던 복잡하고도 실로 왜곡된 해석, 즉 연기적 연쇄가 세 번의 삶에 걸쳐 있다는 해석을 받아들일 필요가 없어진다.

3. 인과에 대한 우리의 일반적이고도 상식적인 이해는 원인이 결과에 선행하며, 인과는 시간적 경과에 따라 작용한다는 것이다. 비유적으로 말하자면, 우리는 그러한 인과를 종적(縱的)으로 생각한다. 심지어 원인이나 결과가 다수일 때도 그러하다. 그러나 불교에 등장한 인과설은 사건들이 횡적으로도, 즉 동시에, 혹은 심지어는 미래에 일어나는 다른 일들에 의해 야기된다고 주장한다. 이러한 연기의 이해는 특히 동아시아 불교에서 우세하다. 화엄종은 모든 현상이 상호 연결되어 있다고 주장한다.

빨리어 정전에서는 이러한 교리의 흔적을 발견할 수 없다. 붓다가 가르친 바는 우리가 경험하는 모든 현상, 혹은 열반을 제외한 우리의 모든 경험은 인과적으로 조건 지어져 있다는 것이다. 바로 이러한 의미에서 경험은 독립적 현상이 아니다. 즉, 경험은 맥락 없이 발생할 수 없다. 이를 더 확장한다면 어떠한 현상도 맥락 없이는 그 정확한 의미가 확정될 수 없다고 말할 수 있다. 요컨대 이 책에서 나는 이러한 인식론적 원칙을 고수하고 있는 것이다. 그러나 모든 현상이 상호적으로 인과적 영향을 행사하게 된다는 의미는 절대 아니다. 사실 이러한 해석은 붓다의 업설을 전복시킬 수도 있다. 이 책의 처음부터 강조해왔듯, 업의 진정한 의미는 모든 개인이 자신에게 책임이 있다는 사실을 가르쳐준다는 데 있다. 붓다의 언어를 빌리자면 우리는 '자기 행동의 상속자'이다. 우리가 다른 사람이 한 행동의 상속자라면 모든 윤리적 체계는 무너지게 될 것이다.

제10장

인식 · 언어 · 열반

5장에서 확인한 바와 같이 베다 전통은 존재론, 즉 무엇이 존재하는가에 관한 질문과 인식론, 즉 우리가 무엇을 그리고 어떻게 알 수 있는가에 관한 질문을 혼합하였다. (우리의 관점에 따르면 '혼동'하였다.) 또한 8장에서는 붓다가 '존재'라는 범주를 상정하는 것을 반박했으며 '무엇이 존재하는가?'의 질문을 '우리는 무엇을 경험할 수 있는가?'라는 질문으로 완전히 대체했음을 살펴보았다.

인식[282]

붓다에게 인식이란 일반적인 오감에 마음을 더한 여섯 기능(indriya)의 운용으로 시작된다.[283] 각 기능에는 특정한 범주의 대상이 있고 마음의 대

282_ 5온의 조합이 의식적 경험을 창출하는 방식에 대한 면밀하고도 권위 있는 해설은 Sue Hamilton, *Identity and Experience: The Constitution of the Human Being According to Early Buddhism* (1996)을 보라. 나는 이 내용을 모호하지 않게 요약하려 했지만 과도한 단순화를 피할 수 없었음을 독자들에게 알린다.

283_ 이보다 더 자주 쓰이는 용어는 saḷ-āyatana, 즉 '여섯 감각 장소[六入]'이다. 그러나 이 용어는 여섯 기관과 그 대상 모두를 포함한다. 기관은 '자신에게 속하는(ajjhattika)' 것으로, 그 대상은 '외부의(bāhira)' āyatana(장소)이다. 가끔은 다섯 개의 indriya만 있으며 마음은 포함되지 않으나, 여섯 기능의 체계로 자리 잡게 되었다.

상은 법(dhamma)이라 불린다. 이 맥락에서 법은 추상을 비롯한 모든 사유를 포함한다. 어떠한 감각이 인식에서 기능하기 위해서는 감각기관(예를 들어 눈), 대상(눈의 경우 시각 현상) 그리고 해당 기관에 적용되는 특정 식(viññāṇa) 간의 협력 작용이 일어나야만 한다. 이 작용 법칙은 여섯 번째 기관인 마음에도 똑같이 적용된다. 이 체계는 다소 어설프다. 마음과 의식(意識)**284** 간의 구별은 조잡해 보이고, 마음을 다섯 감각의 상위에 두지 않고(상키야나 후대의 여타 철학적 체계에서 마음을 상위에 두었던 것과 달리) 다섯 감각과 병렬한 것은 단순해 보인다.

붓다에게 인식은 감각기관을 사용함으로써 획득하는 것이지, 어떠한 신성한 원천으로부터 오는 것이 절대 아니었으므로 어떤 이들은 이러한 종류의 인식을 일종의 경험론이라 부르기도 하였다. 그 '기관들' 중 하나가 마음이라는 점에서 나는 경험론으로 분류하는 데 회의적이다. 그러나 붓다가 인식의 예시를 들고자 할 때 외부 기관을 택하는 경향이 있었음은 사실이다.

첫 번째 성스러운 진리는 우리의 경험이 불만족스럽다는 것이므로 감각에 대해 대체로 부정적인 태도는 놀랍지 않다. 기쁨이나 고통을 불러일으킴으로써 욕망을 야기하는 것은 바로 감각과 대상 간의 접촉이며, 긍정적이든 부정적이든 욕망은 우리의 모든 문제의 근원이다. '감각의 문을 단속'할 필요가 붓다 설법에서 가장 빈번하게 등장하는 주제인 것은 당연한 일이다.

상식적 이해에 따르면 붓다는 우리의 존재를 다섯 가지 작용, 즉 온

284_ 역주: 마음이라는 기관에 대응하는 식(識)

(khandhas)으로 분석하였다. 이러한 이해가 틀렸다고 말하는 것은 무리일지 모르나, 분명 오해의 소지는 있다. 온은 우리가 무엇인가 보다는 어떻게 작동하는가를, 특히 어떻게 우리가 인지하는가를 나타낸다. 반복하자면 이는 인식론이지 존재론이 아니다. 따라서 인식이 발생하기 위해서는 첫 번째 온인 색(rūpa, 色)에 해당하는 감각(이 맥락에서는 다섯 가지 중 하나)과 그 대상, 다섯 번째 온인 식(識), 그리고 좋거나 나쁘거나, 혹은 좋지도 나쁘지도 않은 느낌인 수(受)가 필요하다. 네 번째 온인 행(行)은 필연적으로 연관된다. 왜냐하면 붓다가 주장한 바에 따르면 감각은 욕망적이기 때문이다. 감각들은 그 대상을 찾아낸다. 식(viññāṇa) 또한 행을 필요로 한다.[285] 그렇다면 내가 '분별 작용(apperception)'이라 번역하는 상(saññā, 想)이 남게 된다.

'지각'이란 감지된 대상에 이름을 부여함으로써 식별하는 것이다. (사실 산스끄리뜨어의 saññā에 해당하는 단어인 saṃjñā의 기본적 의미가 바로 '이름'이다.) 비록 빨리어 정전에서는 상(saññā)과 식(viññāṇa) 간의 혼동이 있지만,[286] 불교 전통에서 식은 인식하는 자로 하여금 저기에 무엇인가가 있다는 것만을 알아차리게 할 뿐이나 상은 그 후에 개입하여 그것이 무엇인지를 식별하게 한다는 견해를 확립하였다. 따라서 상은 개인의 경험에 대한 언어의 적용이다. 그러나 붓다는 여기에서 큰 문제를 발견하였다.

지금까지 내가 해설한 바는, 감각의 작용이 '갈애'로 흐르기 쉽기 때

285_ 식(viññāṇa)은 다른 마음의 상태가 수반될 때만 기능한다. 이 마음 상태들은 주로 비의지적 본성으로 이루어진 것이다. Hamilton, 앞의 책, p. 87, SN Ⅱ, 65f에 근거함.

286_ Hamilton, 앞의 책, pp. 54-55, 92.

문에 붓다는 감각을 위험한 것으로 보았다는 것이다. 이러한 설명은 5장에서 내가 존재론적 문제의 '감정적' 분석이라 부른 것 그리고 9장에서 밝힌 프라우발너의 견해를 따라 연기의 가장 초기 형태 모두와 부합한다. 그러나 이 문제에 대한 좀 더 세련된 접근법이 있다. 이 접근법은 '지적' 계보 및 12연기설이 이해된 바대로의 분석을 따른다. 이 계보의 논의는 감각 작용이 도덕적으로뿐만 아니라 지적으로도 우리를 그릇되게 인도한다고 주장한다.

노아 론킨(Noa Ronkin)은 이 문제에 대해 내가 할 수 있는 것보다 월등히 잘 설명해놓았으므로 이 문제에 관심 있는 독자들은 그녀의 훌륭한 저서를 참고할 것을 권한다.**287** 『범망경(梵網經, Brahma-jāla Sutta)』은 편파적인 견해들에 대해 길게 논의하고 있다. 그 견해들은 영원주의, 혹은 영혼 멸절설 중의 한 극단만을 지지하고 있다. 이 경의 마지막에 이르러 붓다는 다음과 같이 말한다. "승려들이여, 한 승려가 여섯 가지 감각 접촉이 일어나는 장소의 일어남과 사라짐, 그들의 매력과 위험 그리고 그들로부터의 벗어남을 있는 그대로 이해한다면 그 승려는 이것이 모든 견해를 뛰어넘는 것임을 이해한다."**288** 론킨은 계속해서 설명한다.

> 붓다의 통찰은 윤회의 경험을 이루는 인과적 기초가 바로 인식 기관의 작동임을 밝히고 있다. 개인의 경험 전반은 수용되는 감각 정보를 이해하려는 인식 작용으로부터 일어난다. 이 작용에

287_ Noa Ronkin, *Early Buddhist Metaphysics* (2005).

288_ DN I, 45, trans. Ronkin, 같은 책, p. 245.

있어서 기본적인 것은 개념화와 지각의 온, 즉 상(想, saññā)이다. 이 식별 작용은 필연적으로 명명(命名)을 수반한다.[289]

붓다의 언어관

인식론과 실재론의 베다적 혼합은 언어를 포괄한다. 바꿔 말하면, 어떤 것을 아는 것과 그것의 이름을 아는 것은 같은 것이다. 산스끄리뜨어에서 이름은 관습이나 우연의 문제가 아니라 오히려 내재적인 것으로, 자연에 의해 부여된 것이다. '소'에 해당하는 산스끄리뜨어 단어와 소의 진정한 본질은 불가분의 관계에 있었다. 산스끄리뜨어라는 언어는 실재의 설계도이다. 존재와 그것을 가리키는 단어들은 함께 창조된 것이었다.[290] "신들이 존재들의 이름들을 부르자, 최초의 희생제에서 그들은 존재하게 되었다." (RV X, 71, 1; X, 82,3)[291]

이러한 믿음은 쉽사리 마법적인 것으로 이어진다. 어떤 대상에 이름을 붙이는 것은 그에 대한 통제의 한 형태로 보일 수 있기 때문이다. 또한 단어의 분석[292]은 그 단어들이 가리키는 대상에 대한 진실을 드러내는 것으로 여겨졌다. 붓다는 이를 비웃었다.[293] 브라만교 사상에서 산스끄리

289_ Ronkin, 같은 책.

290_ 여기에서 일반적 합성어인 nāma-rūpa, 즉 '이름-형태'가 나왔다. 9장에서 설명한 바와 같다.

291_ Norman Brown, 'Theories of creation in Rig Veda' (1965), p. 27.

292_ S. nirukti, P. nirutti로 불리는 이와 같은 분석은 문법과는 아무런 관련이 없다.

293_ Gombrich, 'The Buddha's book of Genesis?' (1992)를 보라.

뜨어의 역할은 실로 너무나 핵심적이었기에, 이에 대한 거부 또한 붓다의 사상에 있어서 핵심적이었다.[294]

붓다는 자신의 가르침이 그가 'chandas'라 부르는 것으로 전달되어서는 안 된다고 말했다.[295] 이 용어는 다소 모호하게 보일 수 있다. 고전 산스끄리뜨어에서 chandas의 가장 일반적 의미는 '게송'이기 때문이다. 그러나 게송은 빨리어 정전에서도 널리 사용되고 있으므로 붓다가 그 제자들로 하여금 게송을 짓는 것을 금지했던 것은 분명 아닐 것이다. 붓다가 chandas라는 용어를 사용한 경우는 위대한 산스끄리뜨어 문법학자인 빠니니(Pāṇini)의 용례에 가까웠을 것이다. 빠니니는 붓다로부터 약 한두 세대 이후의 인물이다. 빠니니가 chandas를 사용할 때 그는 베다의 산스끄리뜨어를 의미했다. 베다 텍스트는 특정한 음조와 억양을 지닌 스타일로 암송되었다.[296] 붓다가 금지했던 것은 구식의, 사제의 언어였음이 분명하다. 사제의 언어는 관습상 특정한 방식으로 암송되었기에 대부분의 사람들은 이해하기가 어렵거나 불가능했고 따라서 불가피하게 그 내용으로부터 형식으로 주의를 돌리게 만들었다.

붓다가 chandas의 사용을 금하게 된 계기는 브라만 출신인 붓다의 두 제자가 다양한 출신의 승려들이 붓다의 말을 각자의 방언으로(sakāya

294_ 붓다의 언어관에 대한 나의 견해 중 일부는 Isabelle Onians의 뛰어난(미출판) 논문에 의지하고 있다. Isabelle Onians, 'Language, Speech and Words in Early Buddhism', M.Phil. thesis in Oriental Studies, Oxford, April 1996.

295_ Vin. Ⅱ, 139.

296_ Vin. Ⅱ, 108. 여기서 붓다는 질질 끄는 노래하는 투로 자신의 가르침을 암송하는 것을 금지하고 있다. Onians는 이것이 chandaso(운율적 언어)의 금지와 함께 고려되어야 함을 논증한다.

niruttiyā) 망치고 있다고 불평했기 때문이다. 붓다는 이에 대답하기를 승려들이 붓다의 가르침을 각자의 방언으로 배우도록 허락했다고 선언하였다. 'sakāya niruttiyā'라는 구절은 끝나지 않을 것처럼 보이던 논쟁의 주제였다. 다소 지나친 단순화의 위험을 무릅쓰고 설명하자면 nirutti라는 단어는 '언어, 방언'과 유사한 의미일 수도 있고 '주석, 설명' 등을 의미할 수도 있다. nirutti 앞에서 호응하는 형용사 sakāya는 '그 자신의'를 의미하지만 여기서 '그'가 붓다를 의미하는지, 혹은 붓다의 가르침을 배우는 승려를 의미하는 것인지는 불분명하다. 붓다고사는 이것을 붓다가 사용하던 마가다(Magadha)어를 뜻하는 것으로 해석한다. 바꿔 말하면 우리가 지금 빨리어라 부르는 것이다. 이는 우리가 예상할 수 있는 바이다. 왜냐하면 빨리어를 테라바다 전통 전체에 걸쳐 유일하게 권위 있는 언어로 만든 위대한 학자가 바로 붓다고사였기 때문이다.[297] 그러나 대부분의 현대 학자들은 적어도 이 문제에 있어서 붓다고사가 틀렸다는 데 합의하고 있다. '그 자신의'라는 형용사를 붓다가 아닌 제자들을 가리키는 것으로 보는 편이 문법적으로 훨씬 자연스럽다. 그러나 내가 보기에 주요 논거는 여타 문헌들로부터의 전거 및 우리에게 알려진 불교적 용례를 바탕으로 해야만 한다. 『무쟁(無諍)의 분석 경(Araṇi-vibhaṅga Sutta)』[298]에서는 붓다가 각 지방 방언의 사용을 허락했음이 드러난다. (붓다가 경험한 범위는 아마도 다수의 언어라

297_ 그렇게 그는 빨리어를 상좌부 불교 방향으로, 산스끄리뜨어는 브라만의 방향으로 이동시켰다. 그러나 그러한 이동에는 장점 또한 있었다. 나의 책 *Theravada Buddhism* (2006), pp. 153-155를 보라.

298_ 역주: 본문에서는 Araṇi-vibhaṅga Sutta라 표기하고 있으나 해당 경은 보통 Araṇavibhaṅga Sutta라 표기된다.

기보다는 다수의 방언이었을 것이다.) 더욱 중요한 점은 처음 몇 세기 동안의 불교사에서 분명히 확인되듯이 불교도들은 브라만교도들과는 대조적으로, 자신의 의도를 다른 언어로 번역하는 데 전혀 문제가 없었다는 점이다. 이야말로 우리가 생각하는 붓다의 방편다운 것이 아닌가?

그러므로 골칫거리였던 판결을 나는 다음과 같이 번역한다. "승려들이여, 나는 배우는 자 고유의 표현 방식을 빌어 붓다의 말을 배우는 것을 허락하노라." 운치는 없을지라도 번역은 분명하길 바랄 뿐이다. 우리는 승려들이 텍스트를 단어 하나하나 배우지는 않았다는 것을 알고 있으므로,**299** '그 자신의 표현 방식'은 주로 승려들 자신의 방언으로 한 주석, 혹은 부연 설명을 가리킬 것이다.

『무쟁의 분석 경』에서**300** 붓다는 중립을 취함으로써 갈등을 피하는 방법에 대한 일련의 조언을 제시한다. 여기에서 중립은 보통 중도를 취하는 일이다. 그는 여러 곳에서 접시나 대접을 가리키는 말로 다양한 단어들을 사용한다고 말한다. 그러나 이 단어들만이 정확하다 주장하고 더 대중적으로 이해되는 단어들을 거부하면서 이를 고집하지 않아야 한다.**301**

따라서 언어 사용에 대한 붓다의 입장은 실용적이었다. 그의 목적은 순수하게 의미를 전달하는 것이었으며, 소통을 방해하는 그 어떤 것도 폐기되어야 했다.

299_ Alexander Wynne, 'The oral transmission of the early Buddhist literature' (2004).

300_ MN, sutta 139.

301_ MN Ⅲ, 234. Onians, op. cit., p. 8. 그리고 여기에 인용된 K. R. Norman의 연구 또한 참고하라.

그러나 실용주의의 근저에는 이론적인 문제가 놓여있다. 붓다는 브라만교의 근본주의적 입장과 사상을 거부한 것이다. 브라만교도들에게 각각의 산스끄리뜨어 단어는 일종의 불변하는 단일체로, 영원토록 그 의미를 표현하고 실제의 존재에 부합하나 그 존재가 드러나게 되는지, 혹은 드러나지 않는지는 무관하다. 따라서 그들의 주장에 따르면 '프랑스의 왕'이라는 표현(산스끄리뜨어로)은 영원히 고정된 의미를 지닌다. 그것이 지칭하는 프랑스의 왕이 있는지 아닌지는 무관하다. 그러나 붓다에게 그러한 실재와의 부합은 상상할 수도 없는 것이었다. 현실적으로 말하자면 붓다는 산스끄리뜨어를 모르는 나라가 존재한다는 것 그리고 그들의 언어가 산스끄리뜨어로부터 파생된 천한 언어라는 주장이 부당하다는 것을 알았기에 이와 같은 결론에 도달한 것일지도 모른다.**302**

붓다의 언어관은 또한 그의 형이상학에 기초가 되었다. 불변하는 존재는 없고 오직 작용만이 있다면 어떻게 단어가 실재와 고정되고 확정적인 관계를 맺을 수 있겠는가? 붓다에 따르면 우리의 모든 지각은 공(空, suñña)하다.**303** 이는 그들이 무상하며 불만족스러움(dukkha)을 의미한다. 무상과 고는 무아(불변적 본질의 부재)와 서로 필연적 관계에 있음을 우리가 알았기 때문이다. 이러한 맥락에서 '공'이라는 용어는 이러한 불변적 본질의 부재를 뜻하며, 살아있는 개인뿐 아니라 그 모든 것에 적용된다. 즉, '무

302_ 이러한 주장은 인도 방언에 대한 브라만교의 관점이다.

303_ MN, sutta 121, *Cūla-suññatā Sutta*.

아'의 법칙을 모든 현상에 일반화하는 것이다.

그렇다면 우리에게 친숙한 '3상'에 또 다른 용어를 추가할 수 있다. '조건 지어진(saṃkhata)'이라는 단어이다. 이 단어는 앞 장의 마지막 부분에서 자세히 논한 행(saṃkhārā)과 밀접한 관계에 있다. 사실 saṃkhata는 과거분사로, 원래 동사의 명사형이 saṃkhārā이다. 그러므로 saṃkhārā가 구성, 혹은 형성 작용의 결과의 의미일 때는 이를 saṃkhata라 부르는 것과 동의어이다. 붓다는 모든 지각이 '조건 지어졌다(saṃkhata)'고 말한다.[304] 이는 지각이 무상하며 궁극적으로는 불만족스러울 수밖에 없다는 의미이다. 이 주장에서 유의할 점은 무상과 불만족이라는 속성이 명명 작용인 지각 활동과 그 지각 대상 모두에 적용된다는 점이다. 즉, 우리가 '바깥'에 있다고 개념화하는 것뿐 아니라 실제로 '바깥'에 있는 것에도 적용되는 것이다. 그러나 이 주장이 '바깥'에 완전히 아무것도 없다고 말하고 있는 것은 아니다.[305]

이 주장이 적용되지 않는 한 가지('가지'라고 표현할 수 있다면)가 있다. 열반이다. 이 점은 이장 끝부분에서 설명될 것이다.

정리하자면, 붓다는 언어가 관습일 뿐 아니라 어떠한 언어도 실재를 완전히 포착하는 것이 본질적으로 불가능하다는 결론을 내린 것이다. 우리는 우리의 인식을 언어를 통해, 즉 상(saññā)을 사용하여 표현할 수밖에 없다. 그러나 이러한 표현 방식은 경험을 언어적 범주에 가두게 된다.

304_ *Cūla-suññatā Sutta* MN Ⅱ, 108에서 붓다는 abhisaṃkata와 abhisaṃcetayita라는 동의어를 사용한다.

305_ 우리의 통찰 수준에 따라 세계를 이해하는 것이 공하다(saññā)는 주장을 제외하면 세계가 개념일 뿐이라는 주장은 어디에도 없다. Hamilton, 앞의 책, p.60.

우리가 경험을 주관적으로 고찰하든 '경험된 바대로의 세계'인 객관적 방식으로 사유하기를 선호하든, 그와 무관하게 언어적 범주는 실제 경험의 유동성을 제대로 표현할 수 없다. 론킨은 다음과 같이 주장한다.

> 붓다는 … 언어와 개념적 사유의 우세뿐 아니라 그 본질적인 불충분함을 드러내 보인다. 비록 언어가 우리 경험이 지닌 불변의 특징임에도 불구하고 평상시 우리는 인식 작용의 역설을 눈치채지 못한다. 즉, 감각정보를 알 수 있으려면 감각 정보는 모두 언어적으로 분별 되어야만 한다. 그러나 그와 같은 분별은 단지 구성물(constructions), 즉 정신적 형성물(formations)에 지나지 않는다. 언어적 분별의 신뢰도를 뒷받침하는 것은 아무것도 없다. 왜냐하면 그와는 다른 관습적 기준에 따른다면 완전히 반대로 구성될 수도 있기 때문이다. 붓다는 언어의 인습성을 겨냥하며 실체적 언어로 오해될 여지가 있는 명사의 본성을 약화시킨다. 우리가 알 수 있는 것은 부분적인 언어활동이다. 그러나 그 본성상 언어는 증명된 지식을 약화시킨다.**306**
>
> (위의 내용이 긍정적 지식을 언급하고 있음을 덧붙여 말해야 할 것이다. 긍정적 지식은 아래의 내용을 참고)

우리가 세계에 대한 지식과 이해에 있어서 발전할 수는 있으나 확실성에는 절대 도달할 수 없다는 칼 포퍼의 관점(7장에서 설명하였다)과 여기서 설

306_ Ronkin, 앞의 책

명한 붓다의 관점 사이에는 분명 많은 차이점이 존재함에도 그 유사성에 나는 놀라지 않을 수 없다.

붓다의 주장에 따르면, 그렇기 때문에 개념화라는 행위 자체는 일정한 오류를 수반한다. 붓다는 이를 가리켜 희론(papañca)이라 부른다. 이 지점에서 우리는 여러 학자들의 많은 노력에도 불구하고 번역어조차 합의를 이루지 못한 용어에 다시 직면하게 된다.**307** 노아 론킨은 번역어로 '언어적 분별', 혹은 '언어적 확산'을 제시하였는데 이 번역이 지칭하는 바는 앞선 나의 설명으로 충분히 밝혀지리라 기대한다. 그러나 저 번역 중 어느 쪽도 '희론의 문제는 그것이 틀리다는 것'이라는 의미를 영어로 전달하지 못한다. 결국 우리는 언어적으로 '개'를 여러 품종의 개로 분별할 수 있으며, 그렇게 하는 데 어떤 문제가 있는지는 분명하지 않다. 그러므로 그 용어 이면을 살펴볼 필요가 있을 것이다. 그러나 이를 위한 전문적인 논의는 빠뜨릴 수 없으므로 부록에 싣기로 한다.

307_ papañca의 이러한 용례의 표준적 전거는 MN Ⅰ, 109의 Madhupiṇḍika Sutta 이다. 이 문헌의 단어 선택은 모호하고, 주석은 절망적이기에 이 문헌이 와전되었다는 의심이 든다. 그러나 대체적인 주장은 비교적 명료하다는 점에는 동의하므로, 다른 학자들의 자세한 논의 대부분을 신뢰하지는 않지만 여기서는 이 이상의 상세한 논의를 삼가도록 하겠다.

긍정과 부정

우리가 궁극적으로 존재, 의식 그리고 축복에 지나지 않음을 깨달아야 한다는 베단따의 교리에 붓다가 대응한 방식은 5장에서 살펴보았다. 베단따의 교리 중 어떤 점은 붓다가 수용하였으나 부정한 것이 더 많았다. 그러나 혹자는 그 교리의 배후에 있다고 말할 수도 있는, 언어를 초월하고 오직 부정어법으로만 지칭될 수 있는 그 경험이 붓다에게 가장 결정적인 영향이었다고 생각한다. 언어에 대한 관점이 비로소 결정적인 역할을 하게 되는 지점이 바로 이 지점이다.

세계의 모든 주요 종교들에는 신비적 전통의 형태가 얼마간 존재하며 따라서 기독교 신학자들이 긍정(cataphatic) 표현과 부정(apophatic) 표현이라 부른 구분법 또한 모든 종교에 알려져 있다.[308] 긍정 표현이란 긍정적으로 발화하는 것, 즉 어떤 것이 무엇인지를 말하는 것이며, 부정 표현이란 오직 부정적으로만 발화하는 것, 즉 무엇이 아닌지를 말함으로써 어떤 것을 표현하려 하는 것이다.

내가 추정하기로 부정 표현의 신학 중 역사상 가장 초기의 것은 아트만이 '그러하지 않다, 그러하지 않다'고 말한 BĀU의 표현이다. 5장에서 언급하였듯 이 표현은 BĀU에서 세 차례 등장한다. 두 번은 완전히 동일한 구절이다. 다른 한 번은 이 주제를 조금 확대하며 다음과 같이 덧붙인다. "이 '그러하지 않은' 것 외에는 아무것도 존재하지 않기 때문이다."

308_ 놀랍게도 *the Oxford Shorter English Dictionary*나 Webster's 사전에도 cataphatic이나 apophatic이 등장하지 않는다. 그러나 얼마든지 구글에서 찾을 수 있다. 독자들은 cataphatic과 kataphatic 철자법 모두 가능함을 주의해야 한다.

이 구절은 마침내 긍정적인 표현을 추가한다. "그렇다면 그 이름은 실상의 실상이니, 주요 기능은 실상이기 때문이며, 그리고 이것은 그들의 실재이다."**309** 내가 '실상'과 '실재'라 번역한 단어는 모두 satyam이며, 이는 또한 '진실'로도 번역될 수 있다. (아래에서 더 자세히 다루기로 한다.)

『따이띠리야 우빠니샤드』에는 다음과 같은 유명한 게송이 등장한다.**310**

> 말들은 그것에 다다르기 전에, 정신과 함께 돌아온다.
> 브라흐만의 축복을 아는 자, 그는 절대로 두렵지 않다.

이 게송은 베단따가 주장하는 구원적 경험을 묘사하고 있다. 이 경험에서 개인적 자아는 브라만과 합치되는 것으로 느낀다. 그런데 '무엇으로부터 말들이 돌아온다는 것인가?'라는 질문으로 시작하는 짧은 게송이 빨리어 정전(SN I, 15)에 수록되어 있다는 사실은 널리 알려진 것 같지 않다. 그 대답은 (함축적으로) 열반이다. 이 게송이 주목받지 못한 이유는 아마도 이 질문이 불교 전통에서 오해되었기 때문일 것이다. 여기서 '말들'을 가리키는 빨리어는 sarā (S. svara)이다. 그러나 주석가는 이 단어를 '냇물'을 가리키는 단어의 동철이의어로 해석하여, 이 단어가 가리키는 바를 강의 물줄기가 바다로 합쳐지는 또 다른 은유(Muṇḍaka Upaniṣad 3.2.8 참고)로 추정한 것으로 보인다. 주석가들은 부정적 서술을 좋아하지 않는다. 파고들 여지가 없기 때문이다. 그러나 붓다가 부정적 서술을 좋아했던 것은 확실하다. 빨

309_ BĀU 2.3.6.

310_ Taittirīya Up. 2.4.

리어 정전의 문헌을 살펴보면 붓다는 깨달음을 얻은 이후로 자신을 줄곧 Tathāgata(如來)라 불렀다. 산스끄리뜨어와 빨리어 모두에서 동일한 이 단어는 두 부분으로 이루어진 합성어이다. 그중 tathā는 '그렇게'를 의미하고 gata는 보통 '가버린'을 의미한다. 영어로는 보통 '그렇게 간(Thus-gone)'이라 번역한다. 불교 전통에서는 이 용어의 어원을 밝히려는 다양한 시도를 해왔지만 나는 그러한 시도들이 비현실적이라 생각한다. gata는 이와 같은 종류의 합성어에서 두 번째에 위치할 때, 종종 주된 의미를 상실하고 단순히 '있음'을 의미한다. 예를 들어 citra-gatā-nārī는 '그림 속으로 가버린 여자'를 의미하는 것이 아니라 단순히 '그림 속에 있는 여자'를 의미한다.[311] 따라서 붓다는 자신을 '그러한 존재'라고 지칭하고 있는 것이다. 이는 자신의 상태를 묘사할 단어가 없다고 말하는 것과 마찬가지이다. 붓다는 오직 자신의 상태를 '암시할' 수만 있다. 나아가 여래라는 별명이 대부분의 경우 붓다를 의미하고 특히 후기 텍스트에서는 붓다만을 가리키지만, 빨리어 정전에서 여래는 누구든 깨달은 이를 가리킨다(MN I, 140). 이와 유사하게 산스끄리뜨어 tādṛś에서 파생된 tādi라는 별명 또한 원래는 '그러한', 혹은 '그와 같은'을 의미할 뿐이었으나, 주석가들은 여기서 다른 의미들을 읽어 낸다. 이 단어 또한 빨리어 문헌에서는 깨달은 자 모두에게 적용될 수 있는 단어이다. (Thg. 68) (tādi라는 단어는 다채로운 역사를 가지고 있다. tādi가 음운 변화를 통해 재구성되었기 때문이다. 혹은, 이를 재해석이라 해야 할 것이다. 대승불교의 산스끄리뜨어에서는 이 단어가 trāyin, 즉 '구원하는'으로 재해석되었기에 붓다들, 혹은 보살들의 자비를 나타내는 별명이 되었다.)

311_ 예시는 Michael Coulson, *Teach Yourself Sanskrit* (1976), p. 111에서 가져왔다.

불가설(不可說)

불교 전통에서 tathāgata와 tādi의 원래 의미가 잊혔다는 사실은 불교 전통의 반신비주의적 (혹은 적어도 비신비주의적) 입장을 증명한다. 붓다는 자신의 구원적 경험인 깨달음의 본질이 말로 표현할 수 없는 것이라고 느꼈다. 그것은 타인과 공유 가능한 지시 대상이 없는, 유일무이하고 개인적인 경험이었기에 붓다는 자신의 경험의 본질을 묘사할 수 없었다. 그러나 붓다가 발견한 진리들이 표현될 수 없는 것이었거나, 붓다가 다른 이들로 하여금 유사한 경험으로 인도할 수 없었다는 것을 의미하지는 않는다.

윌리엄 제임스는 형언할 수 없음을 신비적 경험의 주요 특징으로 여겼다. 그는 다음과 같이 쓰고 있다.

> 내가 신비적 마음 상태라 분류하는 지표들 중 가장 손쉬운 것은 부정이다. 그 경험 주체는 그러한 마음 상태의 표현이 불가능하다고 즉각적으로 말한다. 기존의 언어를 통해서는 그 내용을 적절히 전하는 것이 불가능하다는 것이다. 이로부터 그 본질은 직접 경험되어야만 하는 것이라는 결론이 도출된다. 즉, 그 본질을 타인에게 알려주거나 전달할 수 없다. 이러한 특성을 지닌 신비적 상태는 지적인 상태라기보다는 감정적 상태에 가깝다. 특정한 감정을 느껴보지 못한 사람에게는 그 감정을 이루는 본질이나 가치를 그 누구도 이해시켜줄 수 없다. 교향악의 진가를 알기 위해서는 음악을 이해할 줄 알아야 하고, 사랑에 빠진 사람의 마음을 이해하려면 그 자신도 사랑에 빠져본 적이 있어야만 한다. 사랑의 경험이나 음악에 대한 이해가 없는 사람은 음악가나 사

랑에 빠진 사람을 정확히 이해할 수 없고 오히려 사랑에 빠진 사람을 마음이 약해 빠졌거나 어리석다고 여길 가능성이 높다. 신비주의자는 대부분의 사람들이 그의 신비적 체험을 그와 같이 쓸모없는 것으로 간주한다고 생각한다.[312]

붓다가 깨달음을 얻은 직후 얼마간은 자신의 경험을 설명하는 것이 실제로 어려웠으리라 추측한다. 그러나 이 어려움은 우리가 신비적 경험이라 부르는 것에 대한 이해가 거의 없는 사람들이 기록한 문헌에서 말하는 어려움과는 다소 달랐을 것이다. 붓다가 겪은 어려움은 자신의 경험이 언어를 초월한 것이라는 점, 그 결과 타인에게 전달하는 것이 불가능하다는 사실이 처음에는 막막하게 느껴졌던 것이다. 주지하듯이 붓다는 이 어려움을 해결할 방법을 찾았고 위대한 스승이 되었다. 그러나 타인에게로의 전달이라는 목적에 있어서 언어의 절대적인 부족함은 불교에 강력한 영향을 미쳤으며, 불교는 언어의 그러한 특징 중 몇 가지를 설명하고 있다.

지시적 언어로 파악되지 않는 경험을 전달하고자 할 때 은유를 활용하는 것은 자연스러운 일이다. 이것이 붓다가 끊임없이 해온 바이다. 붓다가 발견하여 다른 이들에게도 전달하고자 했던 최고선을 가리키는 용어들은 모두 명백한 은유이다. 사실 일화의 사용은 예수의 특징이기도 하나 은유와 비유의 사용은 아마 붓다의 설법에서 더욱 두드러진 특징일 것이다. 나아가 나는 어떤 경전이 역사적 붓다의 직설인지 아닌지를 판단하는 데 있어서 이러한 특징이 좋은 기준이 될 수 있다고 생각한다. 물론 절

312_ William James, *The Varieties of Religious Experience* (1985), pp. 380-381.

대적이지는 않다. 의미가 일화를 통해 전달되고 있다면 그 경전은 진경(眞經)일 가능성이 높은 것이다.

부정적 접근의 실질적 한계

붓다가 어떠한 견해도 가지지 않는다고 말하는 문헌과 붓다가 '바른 견해'를 언급하는 수많은 문헌 간의 명백한 비일관성은 긍정 표현과 부정 표현 사이의 긴장을 드러낸다. 나는 이 문헌들이 붓다의 경험과 가르침이 지닌 여러 다른 면모들을 가리키고 있다고 생각한다. 붓다는 깨달음 그리고 그러한 경험을 이해하는 데 기여한 브라만교 전통의 영향 아래에서 자신이 언어를 초월한 실재에 도달했다고 느꼈다. 빨리어 정전 내에서 부정적 표현의 요소는 『숫따니빠따(Sutta-nipāta)』의 마지막 두 권에서 특히 두드러진다. 그러나 이 문제는 미묘한 것이다. 예를 들어 게송 798은 보통 철저한 부정 표현으로 받아들여진다. 라훌라는 앞의 반절을 다음과 같이 번역한다. "한 가지(특정한 견해)에 집착하는 것과 다른 것들(견해들)을 열등하다고 깔보는 것 — 이것은 현명한 사람들이 결박이라 부르는 것이다."**313** 그러나 내가 앞서 밝힌 바와 같이**314** 바로 전 게송인 797은 다음과 같이 번역된다. "아뜨만을 보고, 듣고, 혹은 생각하는 데서, 혹은 외부의 관습에서 이익을 보고 그것에만 매달리는 자, 그는 다른 모든 것을 열등하다 여긴다." 이 간결한 게송의 표적은 분명 야자발끼야의 가르침 및 제의에 대한 그의

313_ Walpola Rahula, *What the Buddha Taught* (1959), p. 10.

314_ Richard F. Gombrich, 'Another Buddhist criticism of Yājñavalkya' (2002).

집착이다. 따라서 붓다는 야쟈발끼야의 부정적 표현의 가르침에 마치 동의하는 것처럼, 보이고, 들리고, 생각되는 것에 의지하지 않아야 한다고 말하지만 사실은 야쟈발끼야를, 바꿔 말하면 우빠니샤드의 중심 교리를 공격하고 있는 것이다.

한편으로는 붓다가 사실이라고 느낀, 그리고 실로 핵심적 중요성을 느낀 특정 부분들은 그 또한 납득하게 되었다. 앞서 2장에서 밝힌 바와 같이 업설은 이러한 진리들 중 무엇보다도 가장 중요하였다. 그렇기 때문에 8정도의 시작이 되는 '정견'은 특히 업의 교리, 즉 우주의 도덕적 법칙을 받아들이는 것을 의미한다.

붓다가 자주 받은 질문이지만 대답을 거부한 열두 가지를 제시한 것은 그와 어쩌면 유사한 의미였을 것이다. 대답하기를 거부한 이유가 그 질문들이 깨달음의 추구에 관련이 없기 때문이었다는 점은 사실이다. 무익한 공상에 시간을 낭비해서는 안 되는 것이다. 따라서 대답하지 않은 질문의 목록은 무엇보다도 붓다의 실용주의를 입증한다. 한편 이 목록은 '여래는 죽은 후에도 존재하는가'와 같은 질문을 포함하고 있다. 니니안 스마트(Ninian Smart)가 지적한 바에 따르면 붓다가 이러한 질문에 답변을 거부한 또 다른 이유는 그 질문들의 표현 자체에 오해의 소지가 있기 때문이며, 나 또한 그 지적이 옳다고 생각한다. 그러나 어떤 경우에는 어떤 형태의 표현이든 무관하게 언어 자체에 오해의 소지가 있기도 하다. 진리는 언어를 초월하기 때문이다.[315]

315_ 붓다의 무기(無記)에 관하여는 Ninian Smart, *Doctrine and Argument in Indian Philosophy* (1964), pp. 33-37 및 p. 167을 보라.

긍정/부정 표현의 구분은 후기 교리인 두 종류의 진리**316**를 이해하는 데도 유용하다. 붓다 사후, 추종자들은 붓다의 통찰에 따라 현상을 분석한 결과를 자세히 설명하는 데 매진하였다. 그들은 붓다의 통찰을 완전히 문자 그대로의 의미로 받아들였고 그 결과 환원주의자적 성격을 띠게 되었다. 가장 널리 알려졌으며 또한 가장 중요한 예를 들자면, 그들은 붓다가 개별적 존재를 다섯 가지 요소로 분석하였다고 주장했다. 물질, 좋고 싫음의 느낌, 지각, 의지 작용 그리고 의식이 그 다섯 가지이다. 그에 따르면 '존(John)이 방을 나갔다'라는 명제가 상식적인 의미에서 참이라면 그것은 오직 관습적으로만 참인 것이다. 왜냐하면 다섯 요소의 특정한 결합이 존이라는 이름으로 불리는 것은 합의된 관습이기 때문이다. 아비담마의 주장에 따르면 궁극적으로 방을 나간 것은 이 다섯 요소의 특정 결합이다. 따라서 관습적 진리와 궁극적 진리, 두 측면의 진리가 존재하는 것이다. 위대한 철학자인 나가르주나는 두 용어를 다른 방식으로 사용한다. 나가르주나는 우리가 보통 존이라고 부르는 것에 대해 좀 더 분석적인 서술이 제공되어도 그로부터 크게 얻어지는 것이 없음을 깨달았다. 더욱 중요한 차이점은 어떤 언어가 표현에 좀 더 적합한지와 그렇지 않은지 사이에 있었다. 우빠니샤드에 있어서 그리고 실로 모든 신비주의자에게도 그러하듯, 나가르주나에게 궁극적 실재란 언어의 한계를 초월한 것이었다. 나가르주나는 이러한 관점을 정전에 기록된 붓다의 주장들 일부에 접목시킬 수 있었다. 따라서 나가르주나의 '궁극적 진리'란 단지 불교의 부정 표현의 전통을

316_ 역주: 동아시아 불교에서는 통상 이제설(二諦說)이라 부른다. 아래에서 말하는 관습적 진리를 속제(俗諦), 궁극적 진리를 진제(眞諦)라 부른다.

계승하는 것이었으며 그가 말하는 '관습적 진리'는 긍정 표현의 전통에 그대로 남겨졌다. 반면 상좌부 전통은 그 역사 내내 압도적인 긍정 표현의 전통을 고수해왔다.

열반

열반에 대한 붓다의 사유를 보여주기 위해 지금까지 그의 사상을 충분히 설명했다고 생각한다. "열반이란 무엇인가?"는 초심자들을 대상으로 한 불교 개론 수업의 첫 수업에서 가장 많이 받는 질문이다. 은유를 설명하고 열반이 욕망, 증오, 혼란을 완전히 제거하는 것이라 말하기는 쉽다. 그러나 열반의 정의가 우리의 일상적 경험의 모든 것으로부터 정확히 반대되는 것이라고 제대로 설명하는 데는 분명 인내가 요구된다. 학생들은 일상적 경험을 바라보는 붓다의 방식을 배워야 하기 때문이다.

다시 처음으로 돌아가서, 붓다에게 '존재한다'는 것은 변화 없이 존재하는 것을 의미함을 기억해야 한다. 존재하는 것과 형성되는 것은 정확히 반대이다. 우리의 세계는 우리가 경험하는 바이며, 그 세계는 변화, 형성, 작용의 세계이다. 그 세계는 우리의 인식 기관에 의해 구성되며, 조건지어져(saṃkhata) 있다. 그러나 구성된 것이 아닌 것이 단 하나 있는데 그것은 스스로 존재한다. 그것이 열반이다. 열반은 단지 '나타나는' 것이 아니다. 열반은 있다. 열반은 원인으로부터 일어나지 않는 유일한 법(dhamma)이며 따라서 9장의 처음에 제시하였던, 인과율에 대한 그 유명한 게송의 내용에 해당되지 않는다.

라훌라의 불명료성

이 책을 쓰는 데 있어서 기본적으로 지켜온 규칙은 내가 동의하지 않는 학자들의 견해에 노골적으로 반론하지 않으면서 나의 견해를 제시하는 것이었다. 대부분의 독자들은 그러한 논쟁으로 책이 길어지는 것을 원하지 않을 것이라 생각한다. 그러나 지금은 잠시 예외를 두어야 한다. 이 책은 존경하는 스님 월폴라 라훌라(Walpola Rahula) 박사의 유명한 저서 *What the Buddha Taught*에 대한 경의의 표시이다. 나는 그 책의 제목을 좀 더 정확히 바꾼다면 '붓다고사는 무엇을 가르쳤는가'일 것이라 수년간 생각해왔다. 그럼에도 이 책의 설득력, 정합성 그리고 아름다울 정도의 명료함에 대한 나의 존경심이 줄어드는 것은 아니다. 그러나 이 위대한 학승이 우리의 기대를 저버린 점이 한 가지 있기는 한다. 5장에서 열반에 관한 라훌라의 설명은 명료하지 않을뿐더러 어떤 부분은 자기모순으로 보이기도 한다.

우빠니샤드 사상은 존재론과 인식론을 구분하지 않는다. 이는 그들에겐 실재와 진리 간에 차이가 없다는 것을 의미한다. 그러나 우리에게 실재란 물적 속성인 반면 진리는 명제의 속성이다.

라훌라는 다음과 같이 쓰고 있다.

> 열반을 열망의 소멸에 따른 자연스러운 결과로 생각하는 것은 옳지 않다. 열반은 어떤 것의 결과가 아니다. 열반이 결과라면 어떠한 원인에 의해 생성된 영향일 것이다. 그것은 saṃkhata, 즉 '생겨난' 그리고 '조건 지어진' 것일 터이다. 열반은 원인도 영향도 아니다. 그것은 원인과 영향을 초월한 것이다. 그것은 선정

(dhyāna)이나 삼매(samādhi) 등의 신비적, 영적, 정신적 상태처럼 생성되는 것이 아니다. 진리는 있다. 열반은 있다. 당신이 할 수 있는 오직 한 가지는 그것을 보는 것, 그것을 깨닫는 것이다. 그러나 열반은 이 길의 결과가 아니다. 당신은 어떤 길을 따라 산에 다다를 수 있다. 그러나 그 산은 그 길의 결과도, 영향도 아니다. 당신이 빛을 보더라도 그 빛은 당신의 시각의 결과가 아니다.317

이 문제를 명확히 해보자. 우리는 어떤 것을 깨닫는 경험과 깨달은 내용을 구별할 필요가 있다. 내가 어떤 것을 이해하게 될 때, 그 이해는 아마도 상당한 노력을 들인 어떠한 과정의 결과가 맞지만 그 이해된 대상은 이해의 결과가 아니다. 그것은 언제나 거기에 있었다. 따라서 라훌라의 '열반의 깨달음으로 이르는 길이 있다. 그러나 열반은 이 길의 결과가 아니다'라는 말은 역설적으로, 따라서 심오하게 들릴지 모른다. 하지만 문제는 단순하다. 슈퍼마켓에서 거스름돈을 잘못 받는 것과 거스름돈을 잘못 받았다는 사실을 알아차리는 것의 차이를 구별하기는 매우 쉽다. 초기불교 전통에서 열반의 획득은 끈기 있는 노력, 심지어는 종종 여러 생에 걸친 노력을 엄청나게 쏟은 이후에야 성취되는 것이었다.

'진리는 있다'고 선언하며 라훌라는 잠시 우빠니샤드적 논조로 빠진다. 진리는 주어와 술부를 가진 명제의 속성만 될 수 있으며, 열반은 명제가 아니므로 열반이 진리라고 말하는 것은 영어로는 말이 되지 않는다. 혼란이 일어나는 이유는 아마도 산스끄리뜨어 단어 satyam과 이에 해당

317_ Rahula, 앞의 책, p. 40.

되는 빨리어 saccaṃ이 실제로 '진리', 혹은 '실재' 모두를 의미할 수 있기 때문일 것이다. 그러나 우리의 언어에서는 이 경우가 성립되지 않는다.

찰스 말라무드(Charles Malamoud)의 표현이 도움이 될 수도 있다. 즉, 개인의 아뜨만과 브라만을 일치시키는 것은 '진리가 발견되고 동시에 궁극이 성취되는' 것이다.[318] 물론 이 설명은 베단따에서 주장하는 구원을 묘사하고 있는 것이지만 구원적 영지에 대한 논의가 지닌 결정적인 모호함을 정확히 집어내고 있다. 영지를 깨닫는 행위는 깨달아진 바와 동일한 것인가? 그 경험을 한 사람의 관점에서 보면 대답은 '그렇다'인 것처럼 보일지 모른다. 그러나 관찰하는 사람, 즉 분석가의 관점에서 보면 그 대답은 혼란만 가져올 것이다. 비록 그 경험의 주체가 자신이 깨달은 내용을 오직 부정적으로만 기술할 수 있다 하여도, 자신이 깨달았다는 사실은 긍정적으로 말할 수 있기 때문이다.

그러므로 우리는 어떠한 경험을 (현재에) 하는 것과 어떤 경험을 (과거에) 한 것의 구별을 더욱 명확히 할 필요가 있다. 깨달은 비구와 비구니들이 빨리어 정전에 남긴 게송에서는 자신의 상태를 긍정적 언어로 묘사하고 있다. 그러나 그들은 열반의 성취를 완성한 기분에 대해 말하고 있는 것이지 열반을 성취하는 순간의 기분을 말하고 있는 것이 아니다.[319] 세간에 널리 증언되어 온 다양한 신비적 경험과 유사하게, 열반을 성취하는 바

318_ 5장 각주 134번 참고.

319_ Thera-gāthā와 Therī-gāthā의 이 게송들은 나의 논문 *Religious Experience in Early Buddhism* (1998), pp. 14-18에서 해설 및 검토되어 있다. 나는 저자들이 붓다의 깨달음과 같은 극적인 경험을 했던 것은 아니나, 좀 더 절차적인 경로를 따라 깨닫는 기분을 느끼는 데는 도달했을 가능성이 있다고 설명한다.

로 그 순간은 언어를 초월하여 있다. 그러나 그러한 경험을 한 사람들 역시 계속해서 살아간다. (계속 살아가지 않은 이들의 증언은 우리가 얻을 수 없다.) 여기에서 논점은 중대한 경험 자체를 언어적으로 표현하려는 경험자들의 방식이 아니다. 올림픽 마라톤에서 우승하는 것이 어떠한 기분인지를 표현할 적절한 말을 찾는 것은 불가능할지도 모른다. 그러나 얼마간의 시간이 흐른 후, 마라톤을 우승한 경험이 있는 사람의 기분이 어떠한지를 설명하는 것은 분명 다른 것이고, 훨씬 쉽다.

윌리엄 제임스는 신비적 경험이 사유(지적 상태)라기보다는 감정이라고 주장하지만(분명 옳은 말이다), 그는 신비적 경험의 '이지적 특성'을 언급하고 있다. 그가 말하는 이지적 특성이란 다음을 의미한다. "신비적 상태는 그것을 경험하는 이에게는 앎의 상태이기도 한 것으로 보인다. 신비적 상태는 논증적 지성으로 측량될 수 없는 진리의 깊이를 들여다보는 통찰의 상태이다. … 그리고 경험 이후에 그들은 대체로 묘한 권위의식을 띈다."**320** 비록 신비적 상태가 앎의 상태로 느껴지더라도 그 형언불가능성의 특성으로 인하여 알려진 바는 언어로 표현될 수 없다. 만약 윌리엄 제임스가 신비적 경험이 바로 이 점에 있어서 그 어떤 것과도 다르다고 생각했다면, 붓다는 여기에 이견을 보인다.

'열반'이라는 용어의 용법

이제 내가 명확히 구별하려는 지점들을 살펴보자.

320_ James, 앞의 책.

1. 붓다에 따르면 구원의 경험은 언어를 초월한 경험이다. 이 점에 있어서 붓다는 신비적 경험에 대한 보편적 전통의 입장에서 있는 것으로 보이나 좀 더 특정하게는 우빠니샤드의 발자취를 따르고 있다. 그러나 붓다에게는 이 점이 조금도 특별할 것이 없었음을 덧붙여야 한다. 왜냐하면 언어가 경험을 완전히 포착하는 것은 절대로 불가능하기 때문이다. 하지만 열반의 경험은 그 어떤 경험과도 전적으로 차별된 것으로 느껴진다. 그럼에도 불구하고 지시하는 바는 은유를 통하여 전달될 수 있다. 예를 들어 그 경험은 깨어남, 혹은 우리를 불타오르게 하던 욕망, 증오 그리고 혼란의 불이 꺼지는 느낌에 비유된다.

2. 열반을 경험한 후에는 자신이 느끼는 바에 대해 말할 수 있다. 인도의 열대 기후에서는 시원하거나 쾌적한 기분으로의 표현이 일반적인 것으로 보인다. 8장에서 논의한 바와 같이 음운상의 우연적 유사성으로 인하여 '지복의'란 의미의 빨리어 nibbuta가 열반(nirvāṇa)을 연상하게 되었다. 붓다는 열반의 경험을 돌이킬 수 없고 잊을 수 없는 것으로 생각했음이 분명하다.

3. 처음 열반을 경험하는 도중에 있는 사람은 그것을 묘사할 수 있는 상태가 아니다. 오직 그 경험의 이후에 시도해볼 수 있을 뿐이다. 반면 경험 이전에는 열반에 대한 다른 사람들의 설명을 듣고 무엇이 일어날지 예상할 수 있다. 따라서 최초 경험의 객관적 측면으로부터 주관적 측면을 분리해내는 것은 경험자

의 관점에서는 어리석어 보일 것이고, 대중의 검토에 공개한다는 의미에서는 분명 그 어떤 것도 객관적이지 않음에도 불구하고 전통은 그 내용에 관하여 자세히 말할 수 있으며, 이 경우 불교 전통은 실제로 자세히 말하고 있다. 윌리엄 제임스가 지적했듯 그 경험을 하는 사람은 자신이 경험하는 바에 객관적인 내용이 있다고 느낀다. 비록 그 내용 또한 언어를 초월한 것임에도 그러하다. 붓다는 종종 열반을 '있는 그대로 보는 것(yathā-bhuta-dassana)'으로 묘사한다. 언어는 여전히 암시적일 수밖에 없으나 이 경우에 있어서 언어는 풍부할 수 있다. 붓다가 실제로 그리하였던 것처럼, 언어는 그 외의 모든 평범한 경험에 대하여는 자세히 서술할 수 있고 게다가 열반을 성취한 사람이 경험하는 것(깨달음)은 완벽히 그 반대임을 말할 수 있기 때문이다.

언급해야 할 마지막 차이점은 불교 내에서 발생한 것이다. 지금까지 논의된 열반은 깨달음이지만 또한 깨달은 자의 죽음을 의미하기도 한다.[321] 깨달은 자는 다시 태어나지 않는다는 것은 불교의 핵심이며, 깨달은 사람들의 자기 죽음에 대한 묘사는 당연히 알려질 수 없으므로 이 지점에서는 부정 표현의 전통에 대항할 것이 없다.[322]

321_ 6장 각주 166번 위를 보라. Bhikkhu Bodhi, *The Connected Discourses of the Buddha* (2000), pp. 49-52에는 용어에 대한 유용한 자료가 실려 있다.

322_ 일부 학생들은 여기에 만족하지 못하고 무의미한 질문들을 고집한다. 그러나 내가 이해할 수 없는 부분은 죽음이 어떤 기분인지 우리는 알지 못하고 앞으로도 절대 알 수 없을 것이라는 사실은 받아들이면서, 어째서 이 내용은 그토록 다르게 받아들이는가이다.

나가르주나는 윤회와 열반에 차이가 없다고 주장함으로써 엄청난 혼란을 일으켰다. 나는 나가르주나 사상의 전문가는 아니지만, 그는 불교 승려였기에 그가 깨달음을 추구하였다고 간주할 수 있다. 나아가 그는 자신이 단지 붓다의 의도를 설명할 뿐이라고 생각하였다. 그러므로 빨리어 정전에서 붓다가 의도한 것과 동일한 바를 그가 의도했으리라 추측한다. "승려들이여, 태어나지 않고, 되어가지 않고, 합성되지 않은 것이 있다. 그것이 없다면 여기서 태어남, 되어감, 만들어짐, 합성됨으로부터의 해방은 알려진 바가 없을 것이다."**323** 바꿔 말하면 윤회와 열반이라는 두 개념은 마치 왼쪽과 오른쪽, 혹은 긍정과 부정과 같이, 서로 대립할 때만 의미가 성립하는 상보적인 한 쌍이다. 비록 혼란스럽더라도, 이러한 의미에서는 조건 지어진 것과 조건 지어지지 않은 것마저도 서로를 조건 짓는다. 바꿔 말하면 우리가 '조건 지어진'의 의미를 알고 있지 않은 이상 '조건 지어지지 않은'이라는 개념도 알 수 없는 것이다.**324** 따라서 열반을 경험하지 않은 사람이 열반이 무엇인가를 이해하는 유일한 방법에는 열반은 무엇이 아닌가를 이해하는 수밖에 없다.

323_ Ud. Ⅷ, 3 = pp. 80-81.

324_ 화엄종이 '모든 것이 모든 다른 것을 조건 짓는다'는 교리에 도달하게 된 경로가 이 지점일지도 모른다고 생각한다.

존재하는 것도 존재하지 않는 것도 아닌

나는 또 다른 혼란을 해소하며 이 장을 마무리하고자 한다. 나가르주나의 명백한 역설에 기초하여 중국에서 시작된 불교 전통이 있다. 이 전통에 따르면 붓다는 존재와 비존재 간의 중도를 가르쳤다고 한다. 이 이상한 교리의 기원은 어렵지 않게 설명된다. 『상윳따 니까야』의 「깟짜나곳따경(Kaccayana-gotto Sutta)」에서**325** 붓다는 자신의 설법이 '모든 것이 존재한다(sabbaṃ atthi)'도 '아무것도 존재하지 않는다(sabbaṃ natthi)'도 아니라고 말한다. 그가 설하고자 하는 것은 이 두 극단의 중도, 즉 연기이며 이것이 정견(sammā diṭṭhi)이다. 이 주제는 앞선 세 장에서 충분히 논한 바 있다. 존재란 불변의 존재로 정의되며 변화, 혹은 작용의 반대로 여겨진다는 것이 전제되었다. 붓다는 우리 세계, 즉 우리 경험의 모든 것이 작용이며 그것도 인과적으로 조건 지어진 작용이라는 말을 되풀이하고 있는 것일 뿐이다. 이 명제가 처한 직접적인 맥락과 붓다의 가르침의 보다 넓은 맥락을 모두 무시함으로써, 이 완벽하게 합리적인 명제는 광범위한 불합리성의 선언문이 되었고 붓다가 통상적인 논리 규칙을 무시했다는 믿음으로 변질되었다. 이것이 좋은 종교인지를 차치하더라도, 좋지 않은 역사임은 틀림없다.

325_ SN Ⅱ, 17. 『인연 상윳따(Nidāna Saṃyutta)』에 수록되어 있다. 이 제목은 해당 부분이 주로 연기법에 관한 것임을 보여준다.

제11장

붓다의
실용주의와
지적 성향

붓다의 실용주의 범위와 의미

붓다는 스승으로서의 목표가 전적으로 실용주의적임을 반복하여 강조하였다. 추종자들에게 붓다는 위대한 의사로 알려졌다. 법(dhamma)은 그가 처방한 약이었고 승단은 그 약을 투여하는 간호사들이었다. 이러한 해석에 경전적 근거가 없더라도 현대 학자들은 4성제의 표현이 당시의 의학 용어를 따르고 있다는 점을 설득력 있게 논증한 바 있다. 우선 병이 진단되고, 그 발단이나 원인이 확증된다. 그리고는 적합한 치료법이 정해지고 마침내 치료를 달성하기 위한 처치가 처방된다. 붓다는 자신을 갈애의 화살을 제거하는 의사로 묘사하였다.**326**

따라서 붓다의 가르침은 행동 처방이다. 브라만교 전통에서 dharma라는 단어는 '무엇이 어떠한가'와 동시에 '무엇이 어떠해야 하는가'를 가리킨다. 이 단어의 용례는 영어의 '자연(nature)', '자연스러운(natural)'과 매우 유사하다. 예를 들어 부모가 자신의 아이들을 사랑하는 것은 자연스

326_ MN Ⅱ, 260. 여기서 '갈애'에 해당하는 단어는 taṇha, 즉 말 그대로 '갈증'이므로 이 부분은 거슬리는 조합의 비유이다. taṇha가 전문 용어로 자리 잡게 되자 그 비유적 성격은 더 이상 분명하지 않게 된 것으로 보인다.

럽고(natural) 아이들을 학대하는 것은 비정상적(unnatural)이라고 말할 때와 같다. 빨리어 dhamma에도 이와 유사한 규범적 효력이 있다. 사실 수도원이라는 맥락에서는 단순히 '규칙'을 의미할 수 있다. 그러나 붓다의 법(dhamma)이 그의 가르침 일반을 가리키는 경우, 이것은 현 상태를 묘사하는 동시에 우리가 현 상태를 바라보는 관점 및 그에 따른 우리의 행위를 규정하는 것이기도 하다.**327**

우리가 관용적으로 사용하는 표현에 따르면 붓다는 실용주의자였으나 현대 철학적 용어의 의미에서 실용주의자였던 것은 아니다. 이에 대해 폴 윌리엄스(Paul Williams)는 다음과 같이 기술하였다.

> [가르침이] 단지 '실용적으로 참', 즉 그것이 단지 영적인 행로에 있어서 유익할 뿐이라는 주장은 찾을 수 없다. … 불교 전통에서 붓다의 가르침은 진리이기 때문에 실효가 있다고 믿어진다. (실효가 있기 때문에 진리인 것이 아니라)

나아가 다음과 같이 주장하였다.

> '해야 한다'(실용적 유익)는 '이다'(인지적 사실로서의 진리)로부터 절대 분리되지 않는다. 분리된다면 붓다는 현 상태를 있는 그대로

327_ 종교는 어떤 것의 모형과 모범을 동시에 제시한다는 클리포드 기어츠(Clifford Geertz)의 설명이 떠오른다. (Clifford Geertz, 'Religion as a cultural system', in *The Interpretation of Cultures*, 1976, p. 123). 나는 이 설명을 'Is Dharma a good thing?' (1997)에서 (브라만교의) 법(dharma)에 적용하였다.

보지 않고도 존재들에게 이로울 수 있게 될(따라서 중생들에게 깨달음을 가져올) 것이다. 그것은 불교가 아니다.[328]

붓다는 바다에 오직 한 가지 맛, 즉 짠맛만 있듯이 자신의 가르침에도 오직 한 가지 맛, 즉 해탈만이 있다고 말하였다.[329] 이 비유가 우리에겐 자연스럽게 들릴지라도 붓다와 그의 청중은 바다로부터 멀리 떨어진 곳에 살았다. 붓다가 『찬도기야 우빠니샤드』에서 영감을 받았을 가능성도 있다. 『찬도기야 우빠니샤드』 6.10에서는 강들이 바다로 흘러 들어가는 것과 진리이자 동시에 자아인 존재로 모든 생물이 합쳐지는 방식을 비교한다. 이후 6.13에서는 소금 덩어리가 물에 녹으면 그 물 전체에 소금 맛이 스며드는 것을 진리, 즉 자아가 세계에 스며드는 것에 비교한다.

따라서 나는 폴 윌리엄스가 쓴 다음의 내용을 붓다도 전적으로 인정했을 것이라 생각한다.

불교를 연구하면서 어떤 새로운 것, 혹은 심지어 이상한 것을 마주칠 때마다 자신에게 질문하라. '그것을 믿거나 실천하는 불교도가 그러한 믿음과 실천이 정신의 부정적 상태를 감소시키거나 제거하고, 정신의 긍정적 상태를 증진하거나 성취하게 한다고 생각할 것인가?'[330]

328_ Paul Williams, *Buddhist Thought* (2000), p. 40. 이 책의 항목 중 'The Buddha's attitude to his teaching: the arrow and the raft', pp. 34-40 전체를 강력히 추천한다.

329_ AN Ⅳ, 203

330_ Williams, 앞의 책, p. 245 (1장 각주 1번).

이는 붓다의 직설로 충분히 여길 만한 빨리어 정전의 문헌들 중 — 주로 율의 주요 부분과 경장(經藏, Sutta Piṭaka)의 네 가지 니까야 — 율은 비구와 비구니들의 삶의 방식을 다루고, 경장은 사람들이 열반의 성취로 나아가기 위해 할 수 있는 것과 해야 하는 것을 다루는 이유이다. 후자는 윤리와 명상의 측면에서 설명된다. 이 모든 조언의 근거가 되는 사유는 거의 언급되지 않는다. 이 책의 내용이 여타의 불교 입문서 대부분에서 발견되는 붓다의 서술과는 너무나 다를 수밖에 없는 이유이다. 근본적 사유라는 의미에서 붓다가 무엇을 생각했는지의 대부분은 자료로부터 간신히 추출될 수밖에 없는 것이다.[331] 경전에 따르면[332] 붓다가 설한 바는 설하지 않은 바에 비하면 마치 숲 전체 중 한 줌의 나뭇잎과 같다고 스스로 말한 바 있다. 붓다는 4성제만을 설명했지만 훨씬 더 많은 것들을 설명할 수도 있었던 것이다.

붓다는 전지적이었는가?

『왓차곳따 삼명경(Tevijja-vacchagotta Sutta)』에서 붓다는 그가 잠들어있을 때도 깨어있을 때도 언제나 완전한 앎과 통찰을 가졌는지 질문받는다. 붓다는 아니라고 대답한다. 붓다가 가진 것은 세 가지 앎이다. 여러 문헌으로부터 알 수 있듯이 이 세 가지는 붓다 자신의 전생들의 기억, 모든 존재가 그 업에 따라 어떻게 윤회하는지를 보는 능력 그리고 붓다가 해탈하였음

331_ 이 사실은 특히 위의 8장부터 10장에 해당한다.

332_ SN V, 437-8.

을 의미하는 타락의 절멸(āsava)이다.[333] 우리가 이 내용을 전지에 대한 부정으로 읽을지라도, 또한 그것이 오늘날의 우리가 위대한 이성적 지성으로부터 기대하는 바일지라도, 내가 아는 한 그처럼 해석하는 불교 전통은 존재하지 않는다. '상좌부의 주석 전통에 따르면, 붓다는 알려질 수 있는 모든 것을 잠재적으로 얻을 수 있다는 의미에서 전지적이었다. 그러나 붓다는 모든 것을 동시에 알 수는 없고 그가 알고자 하는 것에 주의를 기울여야만 한다.'[334]

빨리어 정전은 이 지점에서 서로 다른 결론으로 나아갈 여지를 주는 것으로 보인다. 율의 맥락에서 붓다는 분명 전지적이지 않은 것으로 그려진다는 점 그리고 붓다가 알지 못하는 척했을 뿐이라는 주장은 7장 후반에서 언급된 바와 같이 타당성을 발견할 수 없는 억지 주장이라는 점을 이 장의 마지막 부분에서 증명할 것이다. 예를 들어 정반대의 입장에 『사자후의 긴 경(Mahā Sīhanāda Sutta)』이 있다.[335] 이 경전은 붓다가 어떤 소문을 듣게 되는 것으로 시작한다. 그 소문의 내용은 붓다가 고통의 소멸을 위한 교리를 가르치고 그것이 실제로 효력이 있으나, 그 교리를 세운 것은 이성적 능력을 통해서이며 붓다가 인간의 수준을 넘어선 통찰을 지닌 것은 아니라는 것이었다. 언뜻 생각하기에는 붓다가 자신이 묘사된 방식에 꽤 만족했을 것처럼 보인다. 그러나 붓다는 자신에게 인간의 수준을 넘어선 통찰이 없다는 혐의에 강력하게 반대하고는 나아가 자신이 가진 일련의

333_ MN I, 482.

334_ Bhikkhu Ñāṇamoli and Bhikkhu Bodhi, *The Middle Length Discourses of the Buddha* (2001), p. 1276, n. 714.

335_ MN, sutta 12.

특별한 능력들을 모두 나열하는데, 이 내용은 훨씬 후대의 불교학을 연상시킨다.

다른 기회가 있다면 이 문헌이 붓다의 직설을 반영한 것일 수 없으며, 붓다가 진짜 인간으로 간주될 수 있는지에 대해 추종자들 간에 일어났던 논쟁을 반영하고 있음이 분명하다는 점을 밝히고 싶다. 붓다가 자신의 모든 전생을 기억할 수 있으며 모든 다른 생명의 윤회를 볼 수 있다고 주장했음은 확인되었다. 그러나 이러한 능력들은 깨달음이 지닌 고유의 속성이었다. 바꿔 말하자면 깨달은 모든 이들, 모든 아라한들 또한 이 능력들을 지녔다. 따라서 붓다가 자신의 길을 스스로 개척하였던 반면, 제자들은 그의 안내를 따라 좀 더 수월한 과제를 수행했다는 차이점에는 의문의 여지가 없더라도, 불교적 관점에서 흥미로운 질문은 붓다가 다른 깨달은 존재들보다 자신이 우월하다 여겼는지, 그렇다면 어느 정도까지 우월한 것인가이다.

요약하자면 붓다의 추종자들은 붓다를 전지적이라 여기고, 우리는 그렇지 않다. 그러나 붓다 자신은 어떻게 생각하였을까? 이 질문에도 또한 실용적 시각으로 접근하는 것이 최선이라 생각한다. 붓다가 신이나 영혼들의 존재를 실제로 믿었는지의 여부는 우리가 알 수 없듯이, 붓다가 알고자 하는 것은 무엇이든 알 수 있다고 스스로 생각했는지의 여부는 우리가 알 수 없다. 그러나 붓다는 그 질문 자체가 어리석다고 생각했을 것이다. 왜냐하면 붓다에게 중요했던 것은 열반의 성취에 필요한 것을 아는 것이었다.

나는 *How Buddhism Began*의 2장 첫머리에서 철학, 즉 이론화에 대한 붓다의 태도를 논의한 바 있으므로 이미 한 번 쓴 내용을 반복하지는 않을 것이다. 그러나 지금은 한 가지 중요한 문제에 대해 그때와는 다른 의견을 가지고 있다. 나는 다음과 같이 논의를 시작하였다. "내가 의심스럽게 여기는 한 가지는 철학적으로 일관적인 교리를 제시하는 데 붓다 자신이 얼마나 관심이 있었는가이다. … 어떤 위대한 이론 체계가 붓다의 것이라 여긴다면 우리는 붓다를 왜곡하고 있는 것일까?" 연구를 보충하고 좀 더 숙고한 결과, 나는 더 이상 의심하지 않는다. 한편으로는 붓다가 철학적으로 일관된 교리를 제시하는 데 관심이 있었다고 생각하지 않는다. 붓다의 고민이 청중의 행위를 이끌기 위한 실용적인 고민이었다는 증거는 강력하기 때문이다. 그러나 다른 한편으로는 붓다가 그러한 사유 체계를 발달시켰으며, 그 사유체계는 실용적 조언의 근거가 되었다는 증거 또한 못지않게 강력하다는 결론에 다다랐다.

붓다의 설명 방식

붓다의 실용주의적 태도가 띠는 주요 양상에 대하여는 이미 어느 정도 설명하였다. 실용주의적 태도의 가장 전형적인 예는 매번 청자에 따라 적합한 전달 방식을 택하는 탁월한 기술, 즉 붓다의 방편이다. 이러한 이유로 붓다의 언어관은 너무나도 현실적이었다. 붓다에게 언어는 단지 소통의 수단일 뿐이었던 것이다. 붓다는 소크라테스가 그랬던 것처럼 논쟁에서 날카로운 질문을 던짐으로써 상대방을 논리적 모순으로 빠뜨리는 데 극도로 능란했음에도 불구하고, 대부분의 문헌에서는 붓다가 자신의 고유한 견해를 제시하는 것으로 그려내고 있으며, 가장 선호하는 설명방식은 비유와 상식에의 호소였다. "나의 가르침은 뗏목과도 같다. 그렇다면 그대는 뗏목을 어떻게 다루겠는가? 나의 가르침도 그와 같이 다루어야 한다." "나의 말들은 뱀과도 같다. 그대가 그 말들을 잘못된 방향으로 잡으면 그것은 너를 해칠 것이다. 마치 뱀을 꼬리로 잡으면 너를 물게 되는 것과 같다. 그러나 그 말들을 올바르게 잡는다면 마치 뱀을 머리부터 잡는 것과 같이 너는 안전할 것이다." 이처럼 설법들은 비유, 직유, 은유로 가득하다. 언어가 힌트를 줄 수는 있지만 그 본성상 실재에 대한 진실을 정확히 표현할 수는 없다는 결론을 내린 사상가에게 실로 비유보다 더 적절한 것이 과연 있을까?

붓다의 이러한 면은 거의 논의되지 않은 것 같다. 인도의 가장 초기적 종교 문헌으로부터 그토록 상이한 경전들이 유래했음은 아무리 강조해도 지나치지 않다. 그리고 그 문헌들이 작성된 후 이어진 온갖 찬사에도 불구하고 각각의 특징들이 살아남았다는 것 또한 놀라운 일이다. 베다 문학의 대부분은 단언적 형식을 띤다. 신, 혹은 태고의 성인들이 내렸다는 선언들은 권위를 부여받고, 맥락이나 청자에 대한 흔적도 거의 보이지 않는다. 이 형식은 초기 우빠니샤드 직전까지 이어진다. 우빠니샤드부터는 스타일의 다양화가 시작되어 두 편의 공식적인 토론이 있는데 그중에는 상대방의 논증에 대한 반박도 포함된다. 또한 몇몇 재미있는 구절들로부터는 다소 괴짜 같고 지혜로운 선생들의 모습을 엿볼 수 있다. 그러나 이내 교훈적인 엄숙함의 전형이 회귀하여 몇 세기 동안 지배적으로 남아 있게 된다.

사실 빨리어 정전에서 발견되는 붓다만의 스타일의 진가를 확인하려면 몇 세기 후의 불자들이 지은 대승 경전들과 비교하는 것보다 좋은 방법은 없다. 『법화경』과 같은 대승 경전에서 붓다는 찬양받으며 막대한 권속과 함께 등장하고, 붓다의 말씀은 문자 그대로 권위 그 자체이다. 왜냐하면 붓다는 권좌에 앉혀져 숭앙 되었기 때문이다. 어투는 권위적일 뿐 아니라 심지어 가끔은 공격적이기까지 하다.

붓다가 자신의 가르침이 받아들여지기 바랐던 방식

가르침을 펴는 활동에 대한 붓다 자신의 접근 방식에 대해 알아보자. 이 방식을 메타 교리(meta-teaching)라고 부를 수 있으리라 생각한다. 그중 아마도 가장 유명하고도 중요한 『깔라마 경(Kālāma Sutta)』은 1장에서 이미 언급된 바 있다. 여기서 붓다는 청중에게 자신의 말을 그대로 믿지 말고 각자의 경험에 비추어 그 타당함을 점검할 것을 당부한다.

—

"참이며 동시에 듣기 좋은 것이 아니면 말하지 말라"는 산스끄리뜨어 속담은 널리 알려져 있다. 붓다는 아바야(Abhaya)라는 왕자에게 질문을 받고서 이 원칙을 바꾸게 된다. 붓다는 어떤 것이 참이며 유익하다는 것을 알 때, 그리고 그것이 듣기 싫더라도 말해야 할 때임을 알 때만 말할 것이라고 대답한다. 붓다는 늘 그렇듯이 일화를 통해 자신의 논리를 정당화한다. 붓다가 왕자의 품에 안긴 아이를 가리키며 아이가 입에 나뭇가지나 돌을 넣으면 어떻게 하겠냐고 왕자에게 묻자, 왕자는 아이가 다치더라도 그것을 입에서 꺼내겠다고 대답하였던 것이다. (율의 모든 규칙은 붓다가 꾸짖을 만한 어떤 행동을 비구나 비구니가 저지르는 것으로 시작하고 그 후에야 동일한 사건의 재발을 방지하기 위한 규칙이 세워진다.) 반면 붓다는 참이며 동시에 듣기 좋더라도 유익하지 않다면 말하지 않을 것이라 확언한다.[336]

자기 부정을 명령한 결과, 붓다는 실용적 가치가 없는 모든 이론화를 비판한다. 우리가 좋든 싫든, 붓다는 형이상학적 추론에 몰두하는 이들에게 굉장히 냉혹한 경향이 있었다. 빨리어 전통에서 붓다의 설법 모음 전체 중 가장 첫 번째 경전은 『범망경(梵網經, Brahma-jāla Sutta)』이다. 이 중 많은 부분은 사람들이 세계와 자아에 관련하여 몰두하는 온갖 추론의 나열로 이루어져 있다. 붓다는 그러한 추론의 현혹적 힘을 스스로 깨닫고 그로부터 탈출하였다고 말한다. 사실 온갖 이념적 관점의 목록 중 몇 가지는 붓다 자신의 관점에 해당하는 것으로 보임에도 불구하고 그러하다. 그러나 요점은 붓다가 생각하기에 그러한 관점들을 고집하는 것은 물론이고 그에 대한 논의마저도 유익하지 않았다는 점이다.

반대로 붓다의 설법 중 다수가 우리가 세상을 경험하는 방식의 분석에 열중한다는 점은 의미심장하다. 이는 오늘날 인지심리학이라 부를 만한 것이다. 이 문제에 대한 붓다의 관점은 그 유명한 말룽꺄뿟따(Māluṅkyāputta)의 질문에 대한 붓다의 대답에 간결하게 명시되어 있다. 말룽꺄뿟따는 붓다에게 찾아와 붓다가 자신의 질문에 대답할 수 없다면 자신은 환속해야 할 것 같다고 말한 승려이다. 그는 세계가 영원한지, 세계가 유한한지, 영혼이 몸과 같은지 다른지, 죽음 후에도 여래는 존재하는지 아닌지, 동시에 존재하고 존재하지 않는지, 혹은 존재하는 것도 존재하지 않

336_ MN I, 395. 마지막 발언이 아첨을 의미함을 추론할 수 있다.

는 것도 아닌지 붓다에게 질문했다. 붓다는 자신이 이 질문들에 대답하겠다고 약속한 적이 없다고 대답한다. 말룽꺄뿟따는 독화살에 맞고도 의사의 계급과 같은 여러 개인적 정보나 화살에 관한 불필요한 것들에 대해 알기 전까지는 의사가 독화살을 제거하지 못하게 하는 사람과도 같았다. 그 정보들을 알아내기 전에 죽어버릴 사람과도 같이, 붓다가 이 문제들을 설명해주기를 기다리는 사람 또한 죽을 것이다. 붓다는 말한다. "그러므로 내가 설명하지 않은 채 남겨둔 것은 설명되지 않은 대로 기억하고 내가 설명한 것은 설명한 대로 기억하라. … 어째서 내가 [너의 질문들을] 설명하지 않은 채 남겨두었는가? 왜냐하면 그것들은 유익하지 않고 열반으로 인도하지 않기 때문이다. 내가 설명한 것은 4성제이다. 왜냐하면 4성제는 유익하며 열반으로 인도하기 때문이다."**337**

우리는 붓다가 불교철학사를 어떻게 생각했을지 궁금하지 않을 수 없다. 불교철학사는 실로 행위가 어떻게 의도치 않은 결과를 낳는지의 좋은 예이다.**338**

내가 보기에 붓다는 '대답 되지 않은 질문'을 두 가지 측면에서 반대했다. '해탈에는 이 질문들에 대한 대답이 필요하지 않을 뿐이다.'**339** 그뿐만 아니라, 그 질문들은 귀중한 시간을 낭비하게 한다. 또한 어떤 질문들은 오해의 소지가 있는 용어로 표현되어 있기 때문에 이의의 여지가 있다. 즉, '세계'나 '삶'과 같이, 용어를 사용한 방식을 설명하기 전까지는 예/아니오

337_ Cūlamāluṅkyā Sutta, MN, sutta 63. 직접 인용한 부분은 MN I, 431의 간략한 버전이다.

338_ 행위가 의도치 않은 결과를 낳는다는 것은 역사와 사회에 대한 칼 포퍼의 관점에서 두드러지는 특징이다. 나의 책 *Thervada Buddhism* (2006), pp. 15-18을 참고하라.

339_ Williams, 앞의 책, p.38.

로 대답할 수 없는 질문인 것이다.

잘못된 전제에 근거하고 있거나 예/아니오의 단순한 대답을 허용하지 않기 때문에 잘못된 질문임을 증명하는 것은 사실 붓다의 가르침의 특징 중 하나이다. 예를 들어 위에서 인용한 문헌에서 아바야 왕자는 듣기 싫은 소리를 할 것인지를 질문함으로써 붓다를 덫에 빠뜨리려 하였고 (자이나교의 창시자인 마하비라의 제안이었다고도 한다.) 붓다의 첫 반응은 그 질문이 분명하게 대답 될 수 없다(ekaṃsena)는 것이었다.[340] 앞서 확인한 바와 같이, 참이자 동시에 유익한 것이라면 붓다는 말할 것이기 때문이다.

다른 곳에서도[341] 붓다는 질문에 분명하게 대답할 수 없다고 말하며,[342] 자신은 구별을 분명히 한 뒤 주장한다고 말한다. 여기서 붓다가 사용한 용어는 vibhajja-vādo이다. 빅쿠 보디(Bhikkhu Bodhi)가 지적하듯 이 용어는 후기의 승가에서 상좌부 불자를 지칭하며, 그들이 세계를 구성 요소로 분석하는 것, 즉 아비담마의 환원주의적 기획을 가리키기 위해 사용된다. 그러나 원래 의미는 '붓다가 어떤 질문의 여러 다른 함의를 구별하다'이다.[343]

이러한 사례들은 붓다가 '중도'를 취한다고 믿는 전통에 기여하기도 하였다. 붓다는 자아가 영원히 지속된다는 관점인 영혼불멸설과 자아가 소멸한다는 관점인 영혼멸절설 간의 '중도'를 가르쳤다고 전해온다. 물

340_ MN I, 394.

341_ MN Ⅱ, 197.

342_ 이 경우 붓다는 자신이 ekaṃsa-vādo가 아니라고 말한다. ekaṃsa-vādo는 '편파적으로 주장하는'으로 번역할 수 있겠다.

343_ Ñāṇamoli and Bodhi, *The Middle Length Discourse ofthe Buddha*, p. 1303, 각주 909번.

론 여기에서 '중도'는 질문이 애초에 영혼이 존재한다는 잘못된 전제에 근거하기 때문에 두 관점 모두 옳지 않다는 의미이다. 나는 여기서 '중도'라는 용어가 지닌 오해의 여지를 발견하지만 불교 전통에서는 그대로 사용되고 있다. 붓다는 질문에 대답함에 있어서 대체로 실용적 태도를 취하였다. 그는 어떤 질문들은 분명하게 대답 되어야 하고, 어떤 질문들은 질문을 분석함으로써, 어떤 질문들은 반문으로 또 어떤 질문들은 무기로 대답 되어야 한다고 말했다.**344**

> 붓다는 아무나 자신에게 던지는 그 어떤 질문에도 대답을 내놓아야 하는 연산 기계가 아니라 열정과 지혜로 가득한 실용주의적 스승이었다. 그는 자신의 지식이나 지혜를 뽐내기 위해서가 아닌, 질문한 사람이 깨달음에 이르도록 도와주기 위해 질문에 대답하였다.**345**

붓다가 자신의 가르침을 뗏목으로 비유하는 유명한 일화는 인용문에서 말하는 부처의 지향점을 십분 드러낸다. 붓다는 자신의 가르침이 사람들을 열반으로 이끌고자 하는 특정한 목적을 가지고 있으며, 일단 그 목적이 달성된 후에는 자신의 '특정한 언어적 표현'에 집착할 필요가 전혀 없다는 것을 솔직하게 말하고 있는 것이다.**346**

344_ AN Ⅱ, 46, Walpola Rahula, *What the Buddha Taught* (1959) p. 64에 인용됨.

345_ Rahula, 앞의 책, p. 63.

346_ Williams, 앞의 책, p. 39.

이는 스승으로서의 경험은 물론이고 언어에 대한 붓다의 관점과도 일맥상통한다. 붓다는 문자 그대로의 해석이 지닌 위험에 대한 날카로운 인식을 드러낸다. 감질날 정도로 짧은 어떤 텍스트에서[347] 붓다는 자신의 가르침을 듣는 사람들을 네 가지로 분류한다.[348] 흔히 그렇듯이 이 분류는 최상의 유형이 맨 처음에 등장하는 위계적 순서로 나열된다. 첫 번째 유형(ugghaṭita-ññu)[349]은 가르침이 말해진 그 순간 바로 이해한다. 두 번째 유형(vipacita-ññu)은 충분히 숙고한 뒤에 이해한다. 세 번째 유형(neyya)은 '교육 가능'하다. 그는 열심히 노력하고, 생각하고, 현명한 친구들과 돈독히 교류한 뒤에 이해한다. 네 번째는 pada-parama, 즉 '말을 우선하는' 자이다. 그는 많이 듣고, 많이 말하고, 많이 외우고, 많이 암송하지만 이생에서는 붓다의 가르침을 이해할 수 없다. 문자 그대로의 해석, 즉 내용보다 형태를 중시하는 것을 이보다 더 분명하게 비난할 수는 없을 것이다.[350]

—

지금부터는 윤리, 명상 그리고 승단의 규율에 있어서 붓다가 보인 실용주의를 살펴보자.

347_ AN Ⅱ, 155.

348_ 여기에 사용된 용어들은 Puggala-paññatti Ⅳ, 5 (=p. 41)에 설명되어 있다.

349_ 두 번째 유형을 읽는 방법은 여러 가지가 있으므로 이에 대한 상이한 해석 또한 존재한다.

350_ 직역주의에 대한 붓다의 비난에 대해 더 알고 싶다면 나의 책 *How Buddhism Began*, pp. 22-24를 보라.

윤리적 실용주의

붓다의 윤리에는 굉장히 실용적인 경향이 있다. 붓다의 업설이 보편적 가치와 법칙을 내세웠다는 사실은 합리성에서의 진일보를 의미할 뿐 아니라, 거기에는 실용적인 가치가 있었다.

> 분명 불교의 입장은 구세계의 부락 단위의 삶, 대부분 평생 알고 지내는 사람들과의 면대면 관계로 이루어졌던 삶으로부터, 좀 더 변동이 많고 다양한 경험으로 이루어진 삶 간의 과도기에 위치한다. 점점 비인격적으로 변하는 세상에서 사람들은 전혀 낯선 사람과 거래를 해야 했다. 그렇기 때문에 상대방이 옳고 그름의 정직한 윤리를 따르고 있다는 느낌, 상대방이 사기를 쳤을 때 인간의 눈은 피하더라도 우주적 법칙이 이를 굽어보고 처벌할 것이라는 믿음은 거래의 성사에 도움이 되었을지도 모른다. 이 보편적 도덕 법칙은 공동체 징계의 확실성을 대체하며, 거래자에게 신뢰의 여지가 있음을 잠정적으로 가정하는 데 기여했을 것이다. 이러한 가정은 상업 번영의 전제 조건이었다. 이 법칙은 관료와 공직자의 정직성에 대한 신뢰 또한 조장할 수 있었을 것이다.[351]

붓다가 순전히 도구적 윤리관만을 취했던 것은 아니다. 그는 선해야 할 여러 이유를 발견했다.[352] 그러나 일반 신도들에게 설교할 때는 정직이 최선

351_ *Theravada Buddhism: A Social History,* p. 79.

352_ 예를 들어 AN IV, 59-63에서 붓다는 베풂의 일곱 가지 이유에 순위를 매긴다. 그중 최고는

임을 분명히 하였다. 예를 들어 빠딸리가마(Pāṭaligāma)에서 붓다는 재가 신도에게 설법할 때 부도덕에는 다섯 가지의 단점이 있다고 말한다. 첫째, 자신의 부주의함으로 인해 부도덕한 자는 재산을 잃었다. 둘째, 평판이 나빠졌다. 셋째, 사람들과 어울릴 때마다 부끄러웠고 당당하지 못했다. 넷째, 미혹의 상태로 죽었다. 마지막으로 그는 나쁜 곳에서 다시 태어났다. 이와 대조적으로 선한 자는 이생의 부유함부터 좋은 곳에서 태어나는 것까지, 다섯 가지 장점을 누렸다.[353]

부도덕함은 종종 부주의함(pamāda)[354]과 연관된다.

> 어느 날 [빠세나디왕은] 이 세상과 다음 세상 모두의 목표를 달성케 할 한 가지가 있는지를 붓다에게 물었다. 붓다는 그렇다고 대답한다. 그것은 성실함이다. 성실함은 장수, 건강, 아름다움, 천국, 좋은 가정에서 태어나는 것과 감각의 기쁨을 가져올 수 있다. 붓다라면 현대적 인사말인 '조심해(take care)'라는 표현을 승인했을 것이다. 여기서 '성실'로 번역된 단어인 'appamāda'는 '주의깊음'으로 번역될 수도 있다. 심리학적 차원에서, 인도의(혹은 전 세계의) 구원적 실천론에 대한 불교의 가장 뚜렷한 기여는 '자각'인 것이다.[355]

'마음의 장엄과 소양을 위해서'이다.

353_ DN Ⅱ, 85-6.

354_ 역주: 동아시아 불교권에서는 방일(放逸)로 번역한다.

355_ *Theravada Buddhism: A Social History,* p. 80.

이는 삶 일반에서는 '마음챙김'이라 부르게 된 것이고,[356] 경제적 삶에서는 절약으로 나타난다.

붓다의 윤리학이 지닌 실용주의는 흥미로운 토론 주제, 즉 윤리학적 이론으로 발전하기에는 아마 불리할 것이다. 붓다는 가치 갈등이 실제적 문제를 야기할 가능성은 거의 예상하지 않는 것으로 보이며, 내가 아는 한 정전에서는 해결되지 않은 윤리적 난제가 발견되지 않는다. kusala라는 단어는 도덕적으로 좋은 것을 가리키는 가장 흔한 단어이나 (1장에서 지적하였듯이) 문자 그대로는 '능숙한'을 의미하며 그 핵심 가치는 지성이다. 따라서 선을 행하는 것은 실제 지능의 문제인 것이다. 어떤 이의 선이 다른 이의 선과 철학적 측면에서 모순될 수 있다는 점은 한 번도 예상된 적 없는 것처럼 보인다. 물론 율에서는 그러한 문제들이 실제로 빈번하게 일어나지만 붓다는 항상 대답을 갖추고 있다.

왕이 붓다에게 탈영한 병사들을 승려로 인가하지 말 것을 요구하자 붓다는 그에 따라 병사의 출가를 금지한다. 붓다가 맥락과 무관히 절대적 도덕 가치를 제시하는 일은 흔치 않다. 6장에서 언급된 바는 주요한 예외이다. 예를 들어 진실은 매우 중요한 가치이다. 그러나 아들이 잔인한 적군으로부터 숨어있을 때, 어디로 숨었는지 묻는 적군의 질문에 어머니가 진실을 답해야 하는지와 같은 일반적인 모순이라면, 진실을 말해야 한다고 붓다가 답할 것이라고는 상상할 수 없다. 붓다는 자신이 vibhajja-vādo, 즉 질문의 여러 함의를 구별한다고 말할 것이다.

356_ sati의 표준적 번역에 눈에 익지 않은 영어 표현인 'mindfulness'가 'awareness'보다 선호된 이유는 무엇일까? 동양을 더욱 신비롭게 만들려던 것일까?

명상 수행

이 책에서는 지금까지 명상이나 율을 거의 언급하지 않았고, 이는 당연한 일이다. 왜냐하면 이 책은 붓다의 사상에 관한 것이기 때문이다. 그러나 붓다의 실용주의에 초점을 맞추려면 붓다의 실천법을 어느 정도 소개하는 것이 타당하다. 우선 명상에 대해 살펴보자.[357]

명상을 지칭하는 가장 일반적인 단어는 bhāvanā로 '발전'을 의미한다. 이는 정신의 수련인 것이다. 경전의 결집이 마무리되기 전, 매우 초기 단계에서 명상은 두 부분으로 체계화되어 있었다. 어떤 텍스트에서는 집중과 이해라 불리고 다른 곳에서는 평온(samatha)과 통찰(vipassanā)이라 불린다.[358] 사마타란 감정을 훈련하는 것이고 위빠사나란 붓다가 본 방식대로 세상을 볼 때까지 이해를 갈고 닦는 것이다. 이 교리 체계에서 사마타는 결국 위빠사나를 위한 훈련이다. 정전에서 명상은 필수적으로 여겨지는 것처럼 보이나, 후기 소수 전통에서는 이와 같은 명상 없이 구원적 통찰을 획득할 수 있는 사람도 있다고 주장한 것으로 보인다.[359]

'평온'과 '통찰'이라는 한 쌍은 다른 쌍을 어느 정도 이어받은 체계, 즉 '알아차림(sati)'과 '집중(samadhi)'이다. 전통에 따르면 후자는 붓다가 초전법륜에서 선언한 8정도의 일곱째와 여덟째 요소이다. 따라서 후대 전통의 의견이 어떠하든 간에, 사띠와 사마디는 마치 8정도의 정점처럼 보인

357_ 내가 강의를 바탕으로 한 이 책을 집필하던 중에 명상을 다룬 정전 구절에 대한 사라 쇼의 존경할 만한 연구가 발표된 것을 다행스럽게 생각한다. Sarah Shaw, *Buddhist Meditation: An Anthology of Texts from the Pali Canon* (2006).

358_ 역주: 한문으로는 보통 지(止)와 관(觀)으로 번역한다.

359_ 나의 책 *How Buddhism Began* (2006), Chapter Ⅳ, 그중 특히 pp. 123-127을 참고하라.

다. 이와 유사하게 '출가생활의 결실에 관한 경'인 『사문과경(Sāmaññaphala Sutta)』[360]에서 열반에 이르는 길에 관한 상세한 설명을 보면, 명상을 시작하기 전에 우선 수행자는 매 순간 알아차림의 상태에 있도록 훈련을 해야 한다.

—

우리는 초기불교의 문화적 배경을 기억해야만 한다. 당시에는 글쓰기도, 읽기도 없었다. 현대적 의미에서의 교육 기관은 전무했다. 교육은 어떻게 이루어졌을까? 대부분의 소년들은 아버지가 살던 방식대로, 소녀들은 어머니가 살던 방식대로 살도록 배웠다. 소수의 브라만들은 신성한 텍스트를 암송하도록 배웠고, 그중에서도 극히 소수는 그 내용을 토론하는 것도 배웠다. 그러나 이들은 사회 전체에 비하면 극히 예외적 사례였다. 우리가 쉽게 망각하는 점은 우리가 학교에서 단지 특정 사실이나 기술만을 배우는 것은 아니라는 점이다. 우리는 어린아이일 때부터 우리를 둘러싼 사람들과 사물들에 주의를 기울이고 어떠한 과제나 문제에 집중할 수 있도록 배운다. 붓다가 처했던 사회적 환경에서도 자신의 작업에 몰두하도록 훈련받은 숙련된 장인들이 있었다. 『사문과경』이 그 장인들을 자신의 마음에 통제력을 성취한 명상가로 비유하는 점은 주목할 만하다. 그러나 이런 장인들마저도 인구에 비하면 소수였다. 그리고 제자들 중 브라만의 숫자가 불균형적으로 많아 보일지라도, 붓다는 모든 계층과 성별을 향하여 가

360_ DN, sutta 2

르침을 폈다.

따라서 알아차림과 집중이라는 것이 그 시점에서 의미했던 바를 오늘날의 우리는 확대해석하는 경향이 있다고 생각한다. 이러한 확대해석이 붓다의 가르침을 체계화한 전문가 승려들로부터 시작되었음에는 의심의 여지가 없다. 열반을 성취하기 위하여 알아차림과 집중이 고도의 경지로 수양되어야 한다는 사실을 부정하려는 것은 아니다. 그러나 원래 붓다가 묘사한 정신적 수련이란 오늘날 교양 있는 사람이 당연히 여기는바, 즉 도덕적 및 지적 이해의 기초였음이 분명하다.

붓다가 사람들이 함양하도록 격려한 또 다른 정신적 분야는 상상이다. 다양한 명상 수련에서는 상상의 활용을 지시한다. 예를 들어 승려는 전혀 아름답지 않은 용어들로 묘사된 서른두 가지의 요소가 자신의 몸을 이루는 것을 시각화하도록 장려된다. 이와 다소 유사한 수행은 시체가 썩는 과정을 관찰하는 것으로, 승려들은 실제 묘지를 방문하도록 장려된다. 또한 묘지에서 관찰한 바를 자신의 몸에도 적용해보도록, 즉 자신의 시체가 어떻게 썩어 없어질지를 상상하도록 장려된다. 라훌라가 지적하듯이 명상(bhāvanā)은 이성의 활용까지 연장된다.**361** 이는 당연한 일이다. 왜냐하면 붓다는 우리가 이성을 적절히 활용한다면 우리 또한 자신이 다다른 결론에 도달하게 될 것이라 주장했기 때문이다. 집중과 알아차림의 훈련 그리고 상상력의 활용은 우리의 사유 일반이 발전하는 데 실제로 필수적이다.

361_ 라훌라가 쓴 바와 같이 '명상(bhāvanā)'은 '윤리적, 정신적, 지적 대상에 대한' '우리의 공부, 독서, 토론, 대화, 토의를 모두' 포함한다. '이 책을 읽는 것 그리고 논의된 주제에 대해 깊이 생각하는 것은 명상의 한 형태이다.' (Rahula, 앞의 책, p. 74).

율, 실용적인 법체계

붓다가 율을 설립한 것이 아니라면 율은 역사적으로 설명이 불가능하다. 붓다만이 그 토대를 이루는 규칙을 제정할 만한 권위와 지혜를 가지고 있었던 것이다.

율은 실로 너무나 성공적이었기에 그에 따라 생활하는 승단은 오늘날 세계에서 가장 오래된, 그리고 가장 오랫동안 지속되어온 조직이다. 붓다의 성격과 방침에 깃든 실용주의는 율 전반에서 발견된다. 붓다가 어떤 것에 반대할 때에는 그것이 신도 수의 증가에 도움이 되지 않는다고 말한다. 그러고서 규칙을 선언하며 열 가지 이유를 열거한다.[362] 이유들은 승단의 보호와 편의, 구성원의 도덕적 순결성, 신도 수의 증가 및 비신도의 이익의 증장으로 요약될 수 있다. 이는 공허한 미사여구도 아닌 것이, 규칙을 공포하는 경우는 종종 일반 신도의 불만으로부터 비롯되기 때문이다. 사실 경전에서는 율의 형성 과정이 요구사항을 수용하고, 종종 기존 규칙으로부터 의도치 않게 문제가 발생하면 이를 해결해 나가는 지속적인 과정으로 그려진다.[363] 이는 바로 칼 포퍼가 '추측과 논박'이라 불렀던 것의 실천 사례이며, 결국은 시행착오와 동일한 것이다. 7장에서 밝혔듯, 진보가 이루어지는 방식은 이러한 과정을 그 핵심으로 한다고 생각한다.

실로 율은 뛰어난 법체계로서, 선험적 원칙들에 근거하지 않고 판례를 통해 점진적으로 성립되었다. 나는 그러한 법체계 중 율이 최고(最古)의 것이 아닐까 생각한다. 개인의 행동을 규정하는 규칙들, 이후 비구와

362_ Vin. Ⅲ, 21, etc.

363_ 위의 각주 338번을 보라.

비구니를 위한 바라제목차(pātimokkha)로 성문화되는 규칙들은 모두 기존에 발생한 특정 시국에 대처하도록 입안된 것이다. 그리고 그 규칙을 제정하는 계기가 된 사람, 즉 초범은 무죄이다. 왜냐하면 위반할 규칙이 그 전에는 존재하지 않았기 때문이다.

사소한 조항들 중 다수는 그 제정 과정에 관한 설명이 상투적이고 믿을 만하지도 않은 것이 사실이기에 붓다가 직접 공포했다고 믿기 어려운 것도 당연하다. 아마도 이러한 조항들은 붓다 입멸 후에 제정되었을 것이다. 이러한 사실은 나의 주장에 아무런 문제가 되지 않는다. 오히려 후대 또한 붓다의 방식을 성실하게 따라 어떤 규칙의 필요성을 일깨우는 계기가 있을 때만, 언제나 동일한 이유로만 규칙을 공포하였음이 증명될 뿐이다.

율에 대한 나의 관점은 7장에서 설명한 바와 같이 경전 문헌에 대한 나의 관점과 동일하다. 불교 전통이 주장하듯 모든 문헌이 1차 결집으로 거슬러 올라간다는 것이 사실일 수는 없지만, 그 골자가 대체로 그러한 방식으로 확립되지 않았더라면 경전이 어떻게 생겨났을지 상상할 수 없는 것이다. 이는 개개인을 위한 규칙인 『경분별(Sutta-vibhaṅga)』에 특히 해당된다. 엄격히 말하자면 『경분별』은 규칙에 대한 주석이고, 실제 규칙들이 경분별 내에 포함되어 있다. 율의 다른 주요 부분을 차지하는 『건도부』는 이와 다소 차이를 보인다. 『건도부』는 승단이라는 조직을 관장하는 규칙을 제시하는데, 붓다의 해탈로 시작하여 2차 결집으로 끝나는 형태의 글 안에 규칙들이 포함되어 있다.

7장에서 언급하였듯, 이러한 이유로 나는 『건도부』가 아마도 2차 결집에서 작성된 것이라고 생각한다. 그러나 『경분별』과 『건도부』의 기원이 대조되어야 할 필요성은 개인적으로 전혀 확신할 수 없다. 한편으로는 지금까지 전해오는 『경분별』의 형태가 2차 결집에서 그 모습을 갖추었을 수 있으나, 다른 한편으로는 시행착오를 통해 규칙을 제정하는 절차가 『경분별』에서 보이는 만큼 『건도부』에서도 뚜렷이 드러난다. 나아가 두 텍스트에서 공통적으로 발견되는 단락도 다수이다.

『건도부』 1권의 긴 예시를 들어 붓다의 입안 절차를 묘사하기 전에, 우선적인 장애물이 처리되어야만 한다. 앞서 설명한 바와 같이 빨리어 삼장에 대한 나의 관점은, 이 책의 나머지 모든 부분에 있어서 붓다의 사상에 대한 나의 근거로 적용되었다. 그러나 율의 경우는 다르다. 현존하는 한문 율은 다섯 종이 있으며 그중 하나는 (근본설일체유부의) 산스끄리뜨어와 티베트어로도 현존한다. (그러나 한역본은 완본이 아니다.) 빨리어본이 다른 본보다 무조건 더 오래된 것이거나 더 정본이라고 추정할 수는 없다. 이것이 바로 율을 연구하는 현대 학자의 수가 그토록 소수인 이유이다. 율을 연구하기 위해서는 세 언어로 된 텍스트를 모두 활용하고 비교할 수 있어야 하기 때문이다.

나는 한문을 모르지만 실용적인 방법을 찾아냈다. 박사 과정에 있는 지도 학생인 박정옥은 정말 친절하게도 법장부 『사분율(Dharmaguptaka Vinaya)』[364]의 해당 한문 단락을 검토해주었다. 현안에 관계된 사안은 규칙을 제정하고 개정하는 절차뿐이며 박정옥은 내가 언급한 바가 법장부본에서도 모두 동일하게 적용됨을 확인해 주었기에, 나의 의견은 율 전통 전체에 걸쳐 타당한 것으로 간주해도 좋을 것이다. 그러나 여기서 논의하

364_ T1428, 붓다고사 역(410 AD).

려는 단락들은 빨리어본과 법장부본 간에 다소 상이점이 있으므로 세부 사항에 관심이 있는 이는 에른스트 슈타인켈너(Ernst Steinkellner)의 기념 논문집에 실린 나의 글을 참조하길 바란다.[365]

다음의 예화는 승단에서 새로운 출가자를 받아들이는 관습이 형성된 과정을 묘사하고 있다.

우빨리(Upāli)라 불리는 소년이 있었는데 그는 열일곱 명의 소년의 무리(혹은 불량배 무리?)의 대장이었다.[366] 그의 부모는 자신들이 죽고 나면 아들이 어떻게 될지 걱정하였다. 그들은 불교 승려들이 제대로 먹고, 잘 곳이 있어서 편히 산다고 들은 적이 있었다. 우빨리는 부모가 이에 대해 상의하는 것을 듣고는 친구들에게 가서 이야기를 전한다. 그 결과 소년들은 모두 불교 승단에서 출가하기로 결심한다. 부모들은 모두 동의하였기에 소년들은 승단을 찾아가 출가한다. 텍스트에 따르면 그들은 단지 사미계(pabbajjā)를 요구하였으나 사미계와 동시에 구족계(upasampadā)를 받게 된다. 그러나 그들은 그날 밤 새벽이 오기 전 깨어나 울면서 음식과 마실 것을 달라고 조른다. 승려들은 소년들을 새벽까지만 참으라고 달래며 그때 탁발을 가서 얻는 것은 무엇이든 먹을 수 있다고 말한다. 그러나 소년들은 자신들의 방이 화장실인양 변을 본다.

붓다는 소란을 듣고 아난다에게 무슨 일인지 묻는다. 분명 붓다는 소년들이 있던 것을 몰랐던 것이다. 소년들이 20세 이하인 것을 알고도 승려들이 출가시켜 주었다는 것을 확인하자 붓다는 승려들을 꾸짖으며 말

365_ Gombrich, 'Popperian Vinaya: conjecture and refutation in practice' (2007).

366_ Vin. I, 77.

했다.

> 20세가 되기 전에는 더위와 추위, 배고픔과 갈증, 벌레가 물고 쏘는 것, 바람과 태양, 징그러운 벌레들, 냉혹하거나 듣기 싫은 소리를 참지 못한다. 그는 죽음에도 이를 수 있는 이 모든 신체적 불편과 고통을 견딜 수 없다. 그러나 20세가 되면 할 수 있다. 이 일은 우리를 믿지 않는 사람들이 믿음을 갖도록 할 수도 없거니와, 우리를 믿는 이들의 믿음을 강화시키지도 않는다.[367]

그리고 붓다는 다음의 규칙을 공포한다. '20세 이하의 미성년자임을 알고도 계를 주어서는 안 된다. 그러한 일을 행하는 자는 규칙에 따라 처벌받을 것이다.'

언급된 규칙은 『경분별』에 수록되어 있다.[368] 이러한 수계를 행한 승려는 바일제(波逸提, pācittiya)를 범한 죄가 있는 것으로 규정된다. 우리가 아는 한 이 내용이 의미하는 바는 그 승려가 포살 의식 전에 이를 고백해야 한다는 것이나, 이 경우의 규칙에 덧붙여진 점은 승려들(아마도 이 수계에 참여한 모든 이들)이 힐책 받게 된다는 것이다. 또한 이 조항은 해당 수계가 무효라고 말하는데, 『건도부』에서는 이 부분이 언급되지 않지만 아

367_ 이 상투적 표현을 I. B. Horner는 다음과 같이 번역한다. "이는 '아직은' 만족스러워하지 않는 이들을 만족시키기 위한 것이 아니며, 만족스러워하는 이들의 숫자를 늘리기 위한 것도 아니다." 그러나 두 결과의 의미는 동일하게 된다. 따라서 나는 여기에서 bhiyyo가 수적 상승이 아닌 질적 상승을 의미한다고 생각한다.

368_ Vin. IV, 128-30.

마도 암시되었을 것이다.369 양 문헌에서 우빨리와 친구들의 이야기는 도입부의 단어 하나하나가 정확히 일치한다.

방을 화장실로 사용했다는 것은 매우 이상하게 들린다. 이 텍스트는 우리에게 추측의 여지를 줄 이본(異本)이 전해지지 않는다. 이들은 매우 어린 아이들이었던 걸까? 혹은, 일종의 '불결 투쟁' 같은 것이었을까? 그러나 해답은 이 텍스트도 와전되었다는 것이다. 법장부본에서는 이러한 세부사항이 빠져있다. 그러나 (빨리어 본과는 달리) 이 규정 조항의 후반에서는 침실에 소변 본 행위를 문제 삼고 있다.

다음의 일화(section 1.50)에서는 어떤 가족이 병으로 몰살당하며 아버지와 어린 아들만이 남는다. 그 둘은 승단에 (사미계로) 들어간다. 탁발할 때 아버지가 어떤 것을 받자 어린 아들은 자기에게 나눠달라고 한다. 사람들은 그 어린 소년이 비구니의 아들이라 의심하고 투덜댄다. 그러자 붓다는 15세 미만의 누구도 승단에 받아서는 안 된다고 공포한다. 이전의 규칙이 구족계에 관한 것이었다면 이 규칙은 사미계에 관한 것임을 주목해야 한다. 그럼에도 이 일화와 규칙은 잘 들어맞지 않는 것 같다.

다음은(section 1.51) 기존 규칙의 수정이다. 아난다를 후원하던 가족이 전염병으로 죽자 이번에는 두 소년이 살아남는다. 이들은 승려들이 탁발하러 돌아다니는 것을 보고는 음식을 구걸하고자 다가갔다. 이전에

369_ 이는『건도부』의 법장부(Dharmaguptaka)본에 있으므로 여기서 빨리어로 누락된 것은 분명 문헌의 단순 와전 때문일 것이다. 나아가 법장부본은 이 주제가 오직 비구계에만 관련이 있음을 분명히 밝히고 있다. 논리적으로 이 주장이 옳음은 틀림없다. 'Pabba의 언급은 시대착오적'이다. 왜냐하면 이 부분은 자격 조건으로 더 낮은 연령이 요구되는 별도의 제도가 마련된 과정을 그리는 이야기의 시작이기 때문이다.

는 그렇게 하는 것이 허락되었기 때문이다. 그러나 이제는 승려들이 거절하였고 소년들은 울기 시작한다. 이들은 15세 미만이었기에 아난다는 그들을 어떻게 구제할지 궁리하다가 붓다에게 이 사안을 묻는다. 붓다는 소년들이 까마귀를 쫓아낼 수 있는지 묻는다. 소년들이 할 수 있다고 하자, 붓다는 15세 이하이지만 까마귀를 쫓아낼 수 있다면 승단에 받아도 좋다고 결정한다. 이 규정은 오늘날에도 유효하며, 스리랑카에서는 7~8세에 해당하는 것으로 해석된다.

다음 부분(1.52)은 매우 짧다. 한 승려 아래에서 새로이 출가한 석가족 소년 두 명이 서로 성관계를 갖는다. (호너(Horner)는 이를 '동성애'라 지칭하였지만 자위행위였을 가능성이 훨씬 높다.) 이 문제로 인해 붓다는 한 명의 승려가 두 명의 사미를 받는 것을 금지한다. 우리는 사미들이 그들의 출가를 승인한 승려의 책임하에 있었으며 아마도 같은 곳에서 잤을 것이라는 사실을 인지해야 한다.**370**

이후에는 다른 주제를 다루는 긴 부분(1.52)이 이어진다. 그다음 부분(1.54)에서는 붓다의 아들인 라훌라(Rahula)가 승단에 가입하는 과정에 관한 유명한 이야기가 등장한다. 붓다는 까삘라밧투(Kapilavatthu)로 향한다. 텍스트는 설명하고 있지 않지만 붓다가 깨달음을 얻은 이후 아마도 첫 방문이었을 것이다. 라훌라의 어머니는 — 텍스트에서는 그녀를 이름으로 부르지 않는다. — 라훌라에게 아버지를 찾아가 상속을 요구하라고 한다. 라훌라가 그 말대로 따르자 붓다는 사리뿟따에게 라훌라를 승단에 받

370_ 율장이 성적인 위반행위의 언급에 대해 지나치게 예민한 것은 아니나, 비구에 의한 사미의 성추행(폭행), 혹은 그러한 협의마저도 전혀 언급된 바가 없음은 주목할 만하다.

아들이라고 말한다.

그러자 사리뿟따는 어떻게 할지 묻는다. 붓다는 새로운 출가자들에게 세 가지 의지처를 줌으로써 그들은 승단에 가입된다고 설명한다. 그들은 머리를 깎고, 노란색의 가사를 입는다. 지원자는 가사를 한 어깨에 걸치고 손을 모아 예를 취하고 쪼그리고 앉아 승려들의 발에 예배해야 한다. 그리고 삼귀의를 세 번 말해야 한다. "나는 붓다에 귀의합니다. 나는 법에 귀의합니다. 나는 승단에 귀의합니다."

이어지는 내용은 굉장히 흥미롭다. 붓다의 아버지인 숫도다나(Suddhodana) 왕은 붓다를 만나러 와서 한 가지 부탁을 한다. 숫도다나는 붓다가 수행자가 되어 집을 떠났을 때 그리고 다음으로 붓다의 사촌 난다가 출가했을 때 자신이 겪은 고통을 생생히 묘사한다. 이제 라훌라마저 출가하는 것은 그중에서도 최악의 일인 것이다. 부왕은 미래에 어떠한 소년도 부모의 허락 없이는 승단에 받지 말 것을 요청한다. 붓다는 부왕의 요청을 허락한다. 그렇게 함으로써 붓다는 실제로 자신의 의견을 수정한 것이다. 자신의 출가로 아버지가 겪은 고통 그리고 방금 자신의 아들까지 출가시킴으로써 아버지가 또다시 겪은 고통이 앞으로 어떠한 부모도 겪어서는 안 된다고 결정한 것이기 때문이다.

사리뿟따는 라훌라를 자신의 사미로 받아들였다. 그러나 사리뿟따를 후원하던 어떤 가족은 자신의 아들을 사미로 받아 달라 요청한다. (1.55) 이는 앞서 금지된 일이었기에 그는 붓다의 조언을 구한다. 붓다는 자신이 이전에 결정한 규칙을 철회하고, 역량 있는 승려가 모두 교육할 수 있다면 사미를 얼마든지 받을 수 있다고 말한다. 이 부분에서 율은 그 역사적 정확성을 차치하더라도, 그것이 그려내는 붓다의 모습은 매력적일 뿐 아니라 자신의 가르침의 핵심적 특징과 일맥상통한다.

추측과 논박의 실용적 결과

우리는 규칙들의 총체인 율의 성립이 어떠한 시행착오의 과정이었으며 어떻게 이 과정이 칼 포퍼가 주장한 추측과 논박의 인식론을 예견하였는지 확인하였다. 그 유사성은 지금까지 설명한 것보다 사실 더욱 밀접하다. 정치·사회에 대한 글에서 칼 포퍼는 자신의 기본적 입장에 따르면 국가(혹은 어떠한 조직이든)의 정무는 거창한 계획이나 청사진을 세움으로써가 아니라, 자신이 '점진적 설계'라 부른 것을 통해서 그 최선이 이루어지게 된다고 설명한다. 그가 '점진적 설계'로 의미하는 바는 잘못된 점을 관찰하고 그것을 고치려 노력하는 것이다. 지금까지 확인한 바에 따르면 이는 바로 붓다가 승단 운영에 적용한 방법이다.

이 장을 마무리하며, 이로부터 우리가 주목하게 되는 바는 붓다의 사고방식에 있어서 핵심적이고도 독창적인 특징, 붓다의 스타일 및 그의 가르침 대부분을 형성한 그만의 특징이라 주장하려 한다. 칼 포퍼의 사회철학과 같이 붓다의 접근법은 위대한 이론과 이상으로부터 시작하는 것이 아니라, 잘못된 점을 직시하고 그것을 바로잡고자 노력하는 것이었다.

실제로 붓다는 어디서부터 시작하였는가? 출발점이 고통이었다는 사실 때문에 붓다의 가르침은 부정적이라거나 비관적이라는 비판을 종종 받아왔다. 그러나 삶이 완벽히 만족스럽다면 어째서 애초에 종교적 가르침을 필요로 하겠는가? 현명한 속담이 전하듯, 망가지지도 않은 것을 어째서 고치겠는가?

칼 포퍼의 철학은 사실 옳고 그름의 비대칭성에 대한 부단한 강조로 이어진다. 우리가 진리 전체를 얻을 수 있을 것이라 기대하지 않는 것처럼, 우리가 할 수 있고 해야만 하는 것은 잘못을 줄이고 실수로부터 교훈을 얻는 것이다. 이는 사회정치적 영역에서 모두를 행복하게 하려는 것이 터무니없이 비실용적인 목표임을 의미한다. 우리가 해야 하는 것은 명백하게 불행을 초래하는 것들을 제거하려 노력하는 것이다.

이와 완전히 동일한 방식으로, 텍스트의 거의 대부분에서 붓다가 이야기를 시작할 때에는 우선 부정적 측면을 제시한다. 붓다는 부정적 측면을 분명히 함으로써 긍정적 측면을 설득력 있게 추론해낸다. 혹자는 그 긍정적 측면이 단순히 쉬운 결론으로 보인다고 말할 수도 있다. 연설로는 만족스러울지 몰라도, 텍스트를 읽는 이에게는 가끔은 진부해보이기도 하는 것이다.

—

다른 여러 면에서도 그러하듯, 그 표현 방식에 있어서 붓다는 인도 사상에 막대한 영향을 끼친 것으로 보인다. 인도의 모든 규범적, 철학적 텍스트(śāstra)에서 저자는 상대방의 관점, 즉 자신이 논박하고자 하는 관점을 발단으로 삼고 자신의 의견은 마지막에 제시한다. 이러한 전통은 너무나 고정되었기에 해명할 필요도 없을 정도이다. 나는 이 전통이 불교의 경전으로부터 유래했을 것이라 추측한다.

부정적 표현은 오해의 소지가 있다

붓다의 윤리는 대부분이 '~하지 않겠다'는 식으로 표현된다. 모든 계율은 **371** "나는 생명을 해치지 않겠다"와 같이 절제의 맹세로 공식화된다. '십선행(dasa kusala kamma)'이라는 열 가지 목록이 있는데 이는 열 가지 악행(akusala)을 기반으로 형성된 것이다. 윤리적 내용을 다루는 셀 수 없이 많은 설법들은 대부분 동일한 방식이다.

물론 수많은 위대한 불교 주석가들과 설교자들은 이에 오도되지 않고 부정적 면을 긍정적 시각으로 제시해왔다. 앞서 나는 'appamāda', 즉 말 그대로 '부주의하지 않음'의 장점의 중요성을 언급한 바 있다. 성실함과 세심한 주의가 그저 부정적이지 않을 뿐만 아니라 긍정적 장점이라는 사실은 간파하기 어렵지 않다. 또한 부정 표현이 항상 특색이 없는 것만도 아니다. 붓다가 나쁜 승려를 서투른 목동에 비교하여 악한 경향성을 미연에 방지하지 않은 나쁜 승려는 파리 알을 골라내지 못하는 서투른 목동과 같다고 말한**372** 비유는 생생하고 인상적이다.

그럼에도 붓다가 윤리를 부정적 언어로 제시하는 경향성은 그 의도가 해석되는 방식에 불리한 영향을 미쳤으며, 특히 불교 전통 내에서 그러하였음을 6장에서 이미 밝혔다고 생각한다. 6장의 결론에서 언급한 바와 같이 아비담마는 실제로 사랑을 부정적 표현, 즉 증오의 결여로 정의 내렸다. 이는 너무나 냉정하다. 붓다가 진정한 우정은 심지어 목숨을 내

371_ 5계, 8계, 10계(모두 sīla로 시작한다.) (역주: sikkhāpada는 '학처'로 번역함이 옳으나 동아시아 불교에서는 계와 율 모두에 대해 계율이라는 용어를 사용하며 8학처, 10학처보다는 8계, 10계라는 용어가 더 일반적으로 사용된다.)

372_ MN I, 220 (Mahāgopālaka Sutta).

놓을 수 있는 것이라고 말했다는 것을[373] 누가 상상이나 할 수 있겠는가?

373_ DN Ⅲ, 187 (Sigālovāda Sutta).

제12장

붓다의 풍자, 비유로서의 브라만교 용어들

브라만에 대한 묘사

일반적인 불교 문학은 브라만들을 가장 비호의적 방식으로 그려내는 것이 보통이다. 붓다의 마지막 전생에 관한 『웨산따라 자따까(Vessantara Jātaka)』[374]는 상좌부 전통을 통틀어 가장 널리 알려진 이야기일 것이며, 여타 불교 전통에서 또한 중요시된다.[375] 이 이야기는 미래의 붓다에 관한 것으로, 주자까(Jūjaka)라는 늙은 브라만은 붓다의 자식들을 자신에게 달라고 요구하며 산장까지 따라 들어온다. 붓다는 그에게 자식들을 내어줌으로써 가능한 최상의 자비로움을 성취한다. 주자까는 어째서 이렇게 말도 안 되는 요구를 하게 되었을까? 주자까는 늙은 나이에 부를 쌓아 젊은 여자와 결혼했다. 그의 부인이 마을 우물로 물을 길으러 가자, 마을의 젊은 여자들은 그녀더러 너무 늙어서 침대에서 재미도 없을 남편과 산다며 놀렸다. 집으로 돌아온 부인은 저런 공개적 망신을 당하지 않도록 주자까가 하인들을 마련해주어야 한다고 말했다. 웨산따라가 자비로움 그 자체라

374_ V. Fausbøll (ed.), Jātaka, vol. vi, London, 1896, pp. 479-596. Margaret Cone와 Richard F. Gombrich의 번역 및 해설, *The Perfect Generosity of prince Vessantara* (1977).

375_ 해당 일화의 전파에 관한 연구는 다음을 참고. Cone and Gombrich, 앞의 책, pp. xxxv-xliv.

는 말을 들은 적 있는 주자까는 그를 찾아간다. 따라서 주자까의 극악한 행위의 근원은 성욕, 그것도 늙은 색골의 우스꽝스러운 성욕이었다. '주자까'라는 이름 자체에 노쇠했다는 암시가 있다.[376]

그는 다른 악행도 저질렀다. 그는 웨산따라를 찾아가는 여정에서 비겁함을 보이고, 거짓말한다. 숲 지기는 그가 나쁜 짓을 한다고 의심하여 막으려 했으나, 주자까는 웨산따라의 추방령이 철회되었다는 전갈을 갖고 왔다고 거짓말한다. 더 나쁜 점은 그의 잔인함이다. 주자까는 웨산따라를 만나 무자비한 요구를 한 것도 모자라 그 앞에서 아이들을 때리기까지 하였다. 결국 그는 탐욕과 폭식으로 최후를 맞게 되었다. 그는 웨산따라의 아들을 아이의 할아버지, 즉 웨산따라의 부왕에게 되팔아 몸무게만큼 금을 매겨 받았고, 너무나 부유해지자 과식으로 죽은 것이다.

—

빨리어 정전 대부분에서는 절대로 브라만을 그토록 노골적으로 묘사하지 않는다. 또한 붓다의 주요 제자들 중 여럿이 브라만 출신이었다는 사실도 기억해야 할 것이다. 그럼에도 브라만교의 실제 관행은 가혹히 비판받는다. 어떤 문헌에서는 이러한 비판이 직접적이며, 자이나교가 비판했던 것과 동일한 사항을 주로 비판한다. 그 대상은 희생제, 특히 동물 희생제의였다.

376_ 단어 자체에는 아무 의미가 없으나 산스끄리뜨어 동사 어근 jṝ, '나이가 들다, 쇠퇴하다'를 암시한다.

정전에 실린 32절짜리의 어떤 시는 상당히 눈에 띄는데,**377** 옛날의 브라만들이 청빈하고 부부간 정조를 지켜 모범적 삶을 살았고 건강히 장수를 누렸음을 이야기하고 있다. 옛날의 브라만은 소를 최고의 친구이자 은인으로 여겼다. 그러나 브라만들은 왕이 누리는 호화로운 삶을 질투하게 되었고 동물을 바치는 제사를 지내도록 왕을 꼬드겼다. 처음에 바치던 제물은 소가 아니었으나 브라만들의 욕심은 점점 늘어났다. "그때, 소에 칼을 내리치자 신들과 조상들, 인드라와 아수라와 나찰(S. rākṣasa, P. rakkhasa)**378**은 소리 질렀다. '사악하도다!' 예전에는 탐욕, 식량의 부족, 노령의 세 가지 병이 있었다. 소를 공격함으로써 98가지의 병이 도래하였다."**379** 이 문헌에는 이례적인 특징들이 있다. 소의 도살을 다른 종류의 살해보다 더 사악한 것으로 지목한, 내가 아는 유일한 문헌이다. 또한 죄악과 질병의 출현 간의 관계를 신화화(神話化)한 것은 『세기경(世紀經, Aggañña Sutta)』처럼 풍자를 담고 있다. 따라서 나는 이 시의 특정 맥락이 유실된 것이라 의심한다. 그러나 격렬한 비난은 그대로 남아 있다.

붓다의 비판의 핵심은 브라만들이 표방하는 이상을 스스로 실천하지 않는다는 것이다. 브라만교 용어들은 그러한 이상의 비유로 남아 있다. 따라서 붓다는 어느 설법을 마치며,**380** 수도자(samaṇa)라 불릴만한 사람은 어떤 사람인지 그리고 브라만, 즉 목욕을 마친 자(nahātaka), 진리를 아

377_ *Brāhmaṇa-dhammika Sutta,* Snip., vv. 284-315.

378_ 아수라와 나찰은 도덕 및 세상에서의 지위가 인간보다 높지 않은 두 종류의 비인(非人)이다. 사실 나찰은 악마이다.

379_ Snip., vv. 310-11.

380_ *Mahā Assapura Sutta,* MN 39; MN I, 280.

는 자(veda-gu), 잘 배운 자(sottiya), 아리야(ariya), 아라한이라 불릴 만한 사람은 어떤 사람인지 설명한다. 모든 경우에는 동일한 대답이 주어지며, 윤회를 일으키는 악한 마음 상태를 경계한다. 그러나 각각의 악한 상태에 취한 조치를 말해주는 첫 단어들은 서로 다르며 언어유희를 활용하고 있다. 예를 들어 붓다는 브라만을 지칭하는 단어가 그러한 나쁜 상태를 멀리 내친(bāhita) 사람을 의미한다고 말한다.[381] 다음의 세 용어는 브라만을 의미하는 데만 쓰이는 산스끄리뜨어 단어에 대응하는 빨리어 단어들이다. nahātaka(S. snātaka)는 근래에 정규 베다 공부를 마쳤음을 기념하여 목욕재계한 사람이다. veda-gu[382]는 베다 전체를 배운 사람이다. sottiya(S. śrotriya)는 마찬가지로 베다 학자이다. 아리아인과 연관된 아리야(ariya)라는 단어는 사회적 신분이기도 하다. 브라만들은 상위 세 종성(種姓)을 이 단어로 지칭한다(아래를 참조). '4성제'의 경우처럼 붓다는 자신과 자신의 가르침 및 추종자들을 종종 이 단어로 지칭한다. 마지막으로 아라한(P. arahant)은 특정 상태를 지칭하는 브라만교 용어가 아닌 유일한 단어이다. 그러나 4장에서 주장한 바와 같이 이 단어 또한 붓다가 자이나교로부터 차용한 것이므로 이 맥락에 잘 어울린다.

381_ 이 언어유희는 문헌학자들에게 흥미로운 사례이다. 왜냐하면 이것이 강력하게 시사하는 바는 붓다가 사용하던 방언에서 brāhmaṇa가 bāhaṇa로 발음되었다는 것이며, bāhaṇa는 아소까 비문에서 발견되는 brāhmaṇa의 여러 형태 중 하나이기 때문이다.

382_ 그 의미는 분명하지만 사실 veda-gu에 정확히 상응하는 산스끄리뜨어는 없다. 이 단어는 vedanta-gu에 대한 비유로 생겨났다. (다음 단락을 보라.)

—

빨리어 경전 율의 『건도부』는 다음과 같이 시작한다. 열반을 성취한 붓다는 보리수 아래 앉아 일주일 동안 해탈의 지복을 맛보았다. 붓다는 3일 밤을 지새우며 (아마도 매일 밤) 연기법을 관찰하고는 시구를 읊는다. 각 시구의 처음 반절은 모두 동일하다. 붓다는 이 반복적인 시에서 자신을 브라만이라 지칭한다. 일주일이 지나자 그는 벵골보리수 아래로 자리를 옮겨 비슷한 방식으로 또다시 일주일을 앉아 있었다. 그때 어떤 브라만이 그 앞을 지나치게 된다. 이 브라만은 붓다가 깨달음을 얻은 후 처음 만나는 사람이었다. 브라만의 이름은 전해지지 않으나 문헌에서는 그의 특징을 'huhuṅka'라 묘사하는데, 이 단어는 유일하게 이 단락에서만 발견된다.[383] 이 단어는 의성어로 보이며, '거만한' 따위의 의미이다. 그는 브라만이 되려면 어떤 특성이 있어야 하는지 붓다에게 묻는다.[384] 이 질문은 정전의 다른 곳에서도 발견된다. 붓다는 어떤 사람이 다음과 같은 일곱 가지 특징을 가졌다면 스스로를 브라만이라 할 자격이 있다고 대답한다. 악한 성질을 멀리 내친 자(bāhita-pāpa-dhammo), 거만하지 않은 자(huhuṅka), 도덕적 오점이 없고, 스스로를 단속하고, 앎의 끝, 즉, 완벽에 다다른 자(vedanta-gu), 경건한 삶을 산 자(vusita-brahma-cariyo), 따라서 세상의 그 누구에게도 거만하지 않은 자. 일곱 가지 특징에는 분명한 공통점이 있다. 앞의 세 가지, 즉 bāhita-pāpa-dhammo, vedanta-gu 그리고 vusita-brahma-

383_ 이 단락은 Ud. 3.에서 반복된다.

384_ Vin. I, 3.

cariyo는 브라만교 용어의 언어유희이다. 브라만에게 베단따는 우빠니샤드를 의미한다. 그러나 붓다가 말하는 베단따는 좀 더 광범위하게 적용되어, 참된 지식의 축적을 가리킨다. 이와 유사하게 붓다는 brahma-cariyā의 문자 그대로의 의미인 '브라만적 행동'에도 다른 의미를 부여한다. (부록 참고) 전체적으로 이 목록이 전달하려는 바는 분명하다. 붓다는 브라만들의 가치와 소양이라 표방하는 것들을 자신이 완전히 갖추었으므로, 브라만들이 거만하게 굴 자격이 없다고 말하고 있는 것이다. 사실 붓다는 그러한 가치들을 더욱 완전하게 완성했다고 볼 수 있다. 왜냐하면 그 용어들의 진정한 의미를 이해하기 때문이다.

다른 방식이지만 동일한 경고가 겨우 몇 단락 뒤에 뚜렷이 반복된다. 붓다는 설법을 망설이고 있다. 사람들은 너무나 탐욕으로 가득 차 있고 (ālaya) 귀 기울이지 않을 것이다. 브라만교 최상의 창조신인 브라흐마는 붓다의 마음을 읽고 깜짝 놀란다. 브라흐마는 붓다 앞에 나타나 무릎 꿇고는, 이해하는 이들이 있을 것이라며 설법의 간청을 세 번 반복한다. 브라흐마는 붓다의 동의를 얻자 그제야 자신의 천국으로 돌아간다.[385] 브라만교의 가르침에 비한 불교의 우월성을 이보다 더 노골적으로 주장할 수는 없을 것이다.

브라만교 성서에 대한 풍자

역사적 맥락을 모르는 사람이라면 브라흐마가 붓다의 설법을 간청하는

385_ Vin.I,5-7.

대목이 브라흐마를 풍자적으로 비추고 있다는 것을 알아채기 쉽지 않다. 그러나 『범망경(Brahmajāla Sutta)』에서는 풍자적 어조를 알아챌 수 있다. 『범망경』은 빨리어 전통에서 『디가 니까야』의 가장 첫 번째 경이며 따라서 경장(Sutta Piṭaka) 전체에서 가장 처음 등장하는 경이다. 이 경은 자아와 세계가 영원하다거나 소멸한다고 말하는 모든 관점을 체계적으로 제시한다. 자아와 세계가 부분적으로 영원하며 부분적으로는 그렇지 않다는 주장에 관한 부분에서 처음으로 제시되는 예는 다음과 같다.[386] 여기서는 리스 데이비즈(T. W. Rhys Davids)의 번역을 인용하기로 한다.[387] 왜냐하면 나는 그의 번역을 개선할 수도 없을뿐더러, 그 번역에 보이는 고상한 빅토리아 양식을 좋아하기 때문이다.

> 비구들이여, 길고 긴 기간이 흐른 뒤, 이 세계는 사라지는 때가 온다. 그리고 그때 대부분의 존재들은 빛의 세계에 다시 태어나게 되었다. 거기서 그들은 마음으로 이루어져 있고 기쁨을 음식으로 삼고 스스로 빛을 발하고 허공을 가로지르고 계속해서 영광 속에서 지낸다. 그들은 길고 긴 세월을 그렇게 살게 된다.

이 묘사는 곧 논의할 『세기경』에서도 발견되는데 『세기경』은 『범망경』의 바로 다음에 등장한다. 아마 그 부분은 『범망경』에서 유래했을 것이다. 경은 다음과 같이 이어진다.

386_ DN I, 17-18.

387_ T. W. Rhys Davids (trans.), *Dialogues of the Buddha*, Part I (1899), pp. 30-32.

비구들이여, 언젠가 이 세계가 다시 생겨나는 때가 온다. 그리고 그때 브라흐마의 궁전이 출현하지만 그것은 비어 있다. 어떤 존재는 자신의 수명이 다했거나, 혹은 자신의 공덕이 다하여 빛의 세계로부터 떨어져 브라흐마의 궁전에 태어나게 된다. 거기서 그는 마음으로 이루어져 있고 기쁨을 음식으로 삼고 스스로 빛을 발하고 허공을 가로지르고 계속해서 영광 속에서 지낸다. 그는 길고 긴 세월을 그렇게 살게 된다.

비구들이여, 그곳에서 오랜 세월 혼자 살면서 불만과 열망이 생겨난다. '아, 다른 존재들이 여기에 와서 나와 함께 한다면 얼마나 좋을까!' 바로 그때 어떤 중생이 수명이 다했거나, 혹은 공덕이 다하여 빛의 세계로부터 떨어져 브라흐마의 궁전에 태어나 그의 동료가 된다. 그들 역시 마음으로 이루어져 있고… 등등.[388]

비구들이여, 그러자 그곳에 다시 태어난 첫 번째 이가 이렇게 생각한다. '나는 브라흐마요, 위대한 브라흐마, 전지자, 지배자, 모든 것의 주인, 창조자, 조물주, 모두 중 최고자이며, 모든 이의 지위를 결정하고, 처음부터 있던 자이며, 모든 존재와 존재하게 될 이들의 아버지이다. 이 모든 다른 존재들은 나의 창조물이다. 어째서 그러한가? 한참 전에 나는 그들이 온다면 얼마나 좋을까라고 생각했다. 내 마음의 염원으로 존재들이 이곳에 생겨났기 때문이다.'

388_ 리스 데이비즈는 마지막 구절을 '모든 면에서 그와 같이'라 번역하나, 모호함을 피하기 위해 수정하였다.

다른 존재들은 브라흐마가 먼저 있었고 자신들이 나중에 나타난 것을 보았기 때문에 자신들을 창조했다고 착각한 브라흐마의 추론을 받아들인다. 브라흐마는 그들보다 더 오래 살았고 더 잘 생겼고 더 강력하다. 그러던 어느 날 어떤 사람이 지상에 태어나서 명상을 계속한 결과 브라흐마의 세계에 태어났던 지점까지 자신의 전생을 기억해낸다. 그는 자신이 브라흐마에 의해 창조되었으며 브라흐마는 영원하나 그를 비롯한 다른 이들은 그렇지 않다는 결론에 다다른다.

리스 데이비즈가 자신의 번역에 각주로 소견을 밝힌 바와 같이, '이 이야기는 매우 인기 있었고 3종의 사본이 전해진다. (MN I, 326331; SN I, 1424 그리고 Jātaka no. 405)'**389**

『브리하드 아란야까 우빠니샤드』의 첫 권에는 각종의 창조 신화들이 실려 있다. 다음은 4장의 도입부로 올리벨(Olivelle)의 번역을 빌린다.

> [1] 처음에 이 세계는 남자의 모습을 한 단지 하나의 몸(ātman)이었다. 그가 주위를 둘러보니 자기 자신 외에는 아무것도 보이지 않았다. 그가 처음으로 한 말은 "여기 내가 있다!"였고 그로부터 명사 '나'가 존재하게 되었다. 그러므로 오늘날까지도 누군가를 부르면 그 사람이 처음 하는 말은 "나는"이고 그 뒤에 이름을 말하는 것이다. 그 첫 존재는 '사람(puruṣa)'이라는 이름을 받았다. 왜냐하면 이 모든 일에 앞서(pūrva) 그는 모든 악마를 불태웠기(uṣ) 때문이다. [2] 첫 존재는 무서워졌다. 그러므로 사람은 혼자

389_ Rhys Davids, 앞의 책, p. 31, 1번 각주.

있을 때 무서워진다. 그러자 그는 스스로 이렇게 생각했다. '나 외엔 아무것도 없는데 내가 무엇을 무서워해야 하는가?' 그러자 두려움은 그를 떠났다. 그에게 무엇이 무서웠겠는가? 결국 우리는 다른 이를 무서워하는 것이다. [3] 그는 어떠한 기쁨도 찾을 수 없었다. 그러므로 사람은 혼자 있을 때 어떠한 기쁨도 찾을 수 없다. 그는 친구를 갖고 싶었다. 그때 그는 남자와 여자가 꼭 껴안은 만큼 컸다. 그래서 그는 자신의 몸을 두 개로 나누어(pat) 남편(pati)과 아내(patnī)를 만들었다.

이후 그는 성관계의 기쁨을 맛봤고 처음에는 인간들을 낳았다. 그리고 부부는 다른 형태를 취하여,

개미까지도 포함하여 존재하는 모든 암수 쌍들을 창조하였다. [5] 그러자 그에게 다음과 같은 생각이 들었다. '내가 이 모든 것을 창조했으므로 나만이 창조 그 자체이다.' 이로부터 '창조'가 존재하게 되었다. 이를 아는 누구라도 그의 창조 안에서 번영한다. **390**

『범망경』에서 브라흐마가 자신이 창조자라 착각하는 과정에 대한 이야기는 분명히 이 단락의 패러디이다.

390_ 올리벨이 '번영하다'라 번역하는 단어는 bhavati이다. 따라서 나는 모순적으로 들릴지라도, 좀 더 직역하여 '생겨나다'로 번역하는 것을 선호한다.

『갈애 멸진의 긴 경(Mahā Taṇhā-Saṇkhaya Sutta)』에서 붓다는 불에 대해 논한 후 다음과 같이 말한다. "비구들이여 그대들은 이것[중성]이 생겨났음을 보는가?" 앞서 8장에서는 '이것'이 지칭하는 바가 불분명함을 지적하였고 붓다가 자신 앞의 무언가를 가리켰을 것이라 추측하였다. 그리고 다음과 같이 설명한 바 있다.

> 패트릭 올리벨이 설득력 있게 논증한 바에 따르면 초기 우빠니샤드 중 지시대명사가 사용된 일련의 단락들은 이와 같은 방식으로 해석되어야 한다.[391] 심지어 세계의 창조를 이야기하는 BĀU 초반(1.4.6)의 어떤 구절은 다음과 같이 말하고 있다. '그러자 그는 이와 같이 거세게 요동쳤고, 손으로 불을 만들어냈다….'

사실 경전에서 불을 만들어내는 부분은 위에서 인용한 부분 바로 뒤에 등장한다. 붓다가 이 경전을 알고 있었다는 것에 더 이상 의심의 여지가 있을까?

—

또 다른 문헌인 『세기경』에서[392] 붓다는 베다의 창조 신화를 훨씬 더 큰 규모에서, 더 광범위한 결과를 가져오도록 패러디한다. 나는 이 주제에 대

391_ *The Early Upaniṣads* (1998), pp. xxi-xxii, p. 8 및 인용 단락의 주석.

392_ *Digha Nikāya,* sutta xxvii.

해 이미 자세한 논문을 쓴 적이 있으므로393 여기서는 결론만 요약할 것이다. 이 결론은 붓다 그리고 그의 재치와 반어법에 대한 우리의 관점에 있어서 상당히 중요하다. 『세기경』은 세계와 사회, 특히 왕권과 카스트 제도의 기원에 대한 설명을 그 취지로 한다. 불교 전통에서는 이 경전을 심각하게 받아들여, 경에서 말하는 최초의 왕 마하 삼마따(Mahā Sammata)로부터 모든 왕족의 혈통을 추적한 기원론적 설명으로 여겨왔다. 이를 통해 불교 전통은 붓다가 그러한 문제에 관여하는 것을 강력히 반대했다는 사실을 무시한다. 붓다의 이러한 입장은 앞 장에서 충분히 증명한 바 있다. 나아가 인과에 대한 붓다의 가르침은 이 세계에 하나의 기원이 있을 수 있다는 생각을 부정한다. 그러나 『세기경』은 세계가 수축과 팽창이라 불리는 시기들을 지난다는 이론에 기대어 이 문제를 해결한다. 여기서 이 이론은 적극적 주장이라기보다는 암시에 가깝다. 신들이 사는 곳보다도 훨씬 더 높은 곳에 있는 최상의 천국을 제외하고 그 아래의 모든 것은 세계가 수축될 때 파괴된다. 그러나 가장 높은 천국들은 천상의 존재들의 거처가 되는데, 앞서 인용한 『범망경』에서 묘사된 바와 같다. 이 존재들은 마음으로 이루어져있으나, 즉 비물질적이나 기쁨을 먹고살며 공중을 날아다닌다. 그들은 비물질적임에도 움직임과 먹기 등의 지극히 물질적 특징을 지닌 역설적 존재의 예시이다. 5장에서 논의한 바와 같이 그들은 인도 종교의 유산이며 우리 종교의 귀신과도 같은 것이다. 그러나 붓다가 그들이 존재한다고 믿었을지는 의구심이 든다. 그럼에도 불구하고 붓다는 그러한 존재들을 활용하여, 베다 문학이 의도한 '우주기원의 진리'를 '어째서 그런 것이 우

393_ 'Aggañña Sutta: the Buddha's book of Genesis?' (1992).

주의 기원인 것처럼 보이는지'에 대한 설명으로 탈바꿈시킨다. 올바로 이해한다면 베다의 진리는 진리가 아닌 것이다.

위에서 인용한 BĀU의 단락은 언어의 기원에 대해서도 상세히 설명하고 있다. 텍스트는 처음부터 '나'와 '사람'에 해당하는 산스끄리뜨어 단어들이 어떻게 존재하게 되었는지 설명한다. '사람'이라는 단어 puruṣa는 동음이의어에 착안한 어설픈 언어유희를 통해 그 어원이 밝혀진다. 『세기경』은 이러한 종류의 어원추적으로 가득하다. 반면 붓다는 단순하고 소박한 단어와 표현들의 어원을 설명하려 한다. 붓다는 내가 '우리는 그것을 가졌다(ahū vata no)'라고 번역하는 표현의 어원을 설명하기 위해, '사람들이 한때 가졌다가 잃어버린 것'에 대한 신화를 만들어낸다. 그리고 그 방식은 BĀU의 '나'의 어원 설명 방식과 동일하다.

이 얼마나 재치 있는가? 실로 멋진 농담이라 생각한다. 예를 들어 붓다는 브라만교 교리에서 사회를 구성하는 네 가지 신분(varṇa)의 명칭을 분석하는 데 puruṣa의 어원 추적 방식을 적용한다. 이러한 종류의 재담 중 최고는 '베다를 가르치는 선생'을 가리키는 브라만교 용어인 adhyāyaka(S)와 ajjhāyaka(P)를 붓다가 분석하여 '명상하지 않는 사람'의 의미를 도출한 사례이다.

이것이 사소하거나 단지 우연적인 문제가 아니라는 점은 강조될 필요가 있다. 『브라흐마나(Brāhmanas)』나 초기 우빠니샤드를 읽어 보면 누구도 그냥 지나칠 수 없는 점이 있다. 이 경전들은 산스끄리뜨어 표현들을 설명할 때 상당히 자주 동음이의어에 착안한 — 종종 어설프기 짝이 없는 — 언어유희를 활용하며, 따라서 이러한 표현들이 실재의 본질에 대한 비전(秘傳)의 진리를 드러낸다고 주장한다. 앞서 확인하였듯, 붓다는 이와 대조적으로 자신의 가르침을 표현하는 언어에 큰 의미를 두지 않았다. 붓다는 언어의 관습적 성질을 간파하였고, 이는 카스트 제도의 관습적 성질을 간파하였던 것과 마찬가지였다. 이 책에서는 붓다가 동음이의어의 언어유희와 농담을 통해 자신의 새로운 사유를 설명한 방식의 예시를 다수 다룬 바 있다. 혹자는 붓다가 '업'과 같은 상대방의 용어를 수용한 후 그것이 전혀 다른 것을 의미하도록 뒤집어버리는 전략에 대해, 단순히 붓다의 설명 방식을 한계까지 끌어올린 것이라 말할 수도 있을 것이다.

언어 사용이 붓다의 교육법에서 얼마나 중요했는지를 깨닫고 나면 붓다의 가르침을 빨리어로 연구하는 데서 얻을 유용성을 확신하게 된다. 붓다가 원래 사용하였던 방언은 빨리어와는 조금 달랐던 것으로 보이나, 그럼에도 빨리어 정전은 접근 가능한 한 붓다의 원어에 가장 가까운 것이다. 그러나 몇 세기에 걸쳐 여러 다른 방언으로 기억하고 기록하려던 과정에서, 분명 다수의 언어유희는 불가피하게 그 의미가 모호해졌고 그중 일부는 오늘날 우리가 모호하다고 느끼는 부분들을 해명하고 있었으리라는 점은 틀림없다. 나는 앞으로도 학자들이 계속해서 밝혀내길 바라지만 그중 다수가 영원히 소실되었다는 사실은 물론 받아들여야 한다. 모든 형성된 것들은 항상 하지 않다.

—

붓다가 사회의 기원에 대한 브라만적 관점을 부정하고 또 동시에 조롱했다는 사실은 『세기경』의 첫 부분부터 분명히 드러난다. 브라만에서 개종한 두 승려는 브라만 계급을 떠나 수드라 계급인 수행자들에 합류했다는 이유로 다른 브라만들이 자신들을 가혹하게 괴롭히고 있다고 붓다에게 말한다. 이 단락의 완전한 의미는 그다음의 내용과 마찬가지로 빨리어의 종성(種姓, vaṇṇa)이라는 단어가 지닌 모호함에 달려있다. 「배경 지식」에서 설명한 바와 같이 vaṇṇa는 산스끄리뜨어의 varṇa처럼 사회의 네 가지 계급(brahmin, kṣatriya, vaiśya, śūdra)을 가리키나 기본적으로는 '색깔'을 의미하고, 그 연장 선상에서 '피부색', 혹은 '잘생긴 용모'의 의미도 있다. 네 계급에는 상징적으로 흰색, 빨간색, 노란색, 검은색이 각각 배당되었다. (내가 아는 한 『마하바라따』보다 이전의 산스끄리뜨어 문헌에서는 이 내용이 언급된 적은 없으나, 빨리어 정전에는 언급된 바가 있을 것이라 생각한다.**394**) 일반적으로 브라만은 전형적인 수드라보다 피부색이 밝았거나, 혹은 밝다고 여겨졌을 가능성이 있다. 따라서 브라만들은 자신들의 종성이 하얀색이며 수드라는 검은색이라 주장한다고 한다. 불교 승단은 순혈주의의 카스트 규범을 따르지 않고 모든 계급의 사람들이 함께 살며 모든 사람으로부터 음식을 보시 받았기에, 브라만들은 승단에 합류한 사람을 수드라의 신분으로 여겼을 것이라 추측할 수 있을 것이다. 더욱이 승려들은 피부가 금세 햇볕에 탔으므로 수드라 계급의 노동자들처럼 피부색이 훨씬 어두웠을 것이라 추측할 수 있다.

동시에 브라만들은 "브라만들은 순수하고 비브라만은 순수하지 않다. 브라만들은 브라흐마의 자식들로 브라흐마의 입에서 태어난, 브라흐마로부터 태어난, 브라흐마에 의해서 창조된, 브라흐마의 후손들이다"라고 말한 것으로 전해진다. (para. 3) 브라만들은 승단을 '삭발한 보잘것없

394_ AN I, 162.

는 고행자, 천하고, 검은 피부에, 동족의 발에서 태어난' 것으로 묘사한다. 여기서 동족은 브라만들의 동족, 즉 브라흐마를 가리킨다. 이 부분에 대한 주석은[395] 매우 간략하고 주석가가 어떤 구절에 착안한 것인지 드러나지 않는다. 다만 마지막의 발은 브라흐마의 발이라고만 말할 뿐이다. 그러나 복주(復註)의 저자는 이 단락이 「원인가(源人歌, Puruṣa-sūkta)」(『리그베다』 X, 90)를 지칭하는 것임을 명확히 밝히고 있다. 그에 따르면[396] 브라만교 전통에서는 브라만들은 브라흐마의 입에서, 끄샤뜨리야는 가슴, 와이샤는 허벅지 그리고 수드라는 브라흐마의 발에서 태어난다고 주장한다. 그가 정확하게 기술하고 있는 또 다른 점은 브라만들이 브라흐마의 입에서 태어난 이유는 브라만들이 베다의 언어(veda-vacanato)로부터 태어나기 때문이며, 그들이 브라흐마의 후손인 이유는 그들이 베다와 베당가(Vedāṅga)[397]를 접할 자격이 있기 때문이라는 것이다.

붓다는 이에 응수하여 브라만들이 이토록 모욕적인 언사를 하는 것은 자신들의 전통을 잊어버렸기 때문이라는 말로 시작한다. 앞서 확인한 바와 같이 붓다가 재차 주장하는 바는 브라만은 특정 사회 집단에서 태어나서 되는 것이 아니라, 덕이 높은 사람이 진정한 브라만이라는 점을 그들이 잊어버렸다는 것이다. 그러고서 붓다는 브라만 출신의 제자들을 농담으로 위로한다. 브라만들이 월경하고 임신하고 출산하고 수유해주는 여자의 자궁으로부터 태어나는 것을 우리 모두가 아는데 어떻게 자신들

395_ *Sumaṅgala-vilāsinī,* P.T.S. edn, Ⅲ, 861-2.

396_ *Dīganikāyaṭṭhakathāṭīkā Līnatthavaṇṇanā,* P.T.S. edn, Ⅲ, 47.

397_ 베당가는 베다의 보조적 문헌군으로, 산스끄리뜨어로 쓰였으며 음성학 등의 주제를 다루고 있다.

이 브라흐마의 입에서 태어났다고 말할 수 있는가? 이는 브라만의 출생에도 다른 인간들의 출생과 다름없이 불순함이 있음을 의미한다는 것을 붓다가 일일이 설명할 필요는 없다.

나아가 붓다는 세간에서 최고의 명성을 누릴 사람은 해탈한 이들이며, 그들은 어떠한 사회적 출신으로부터도 나올 수 있음을 지적한다. 카스트의 네 계급 중 어떤 출신이든, 사람은 사악할 수도(para. 5) 덕이 높을 수도(para. 6) 있다. 브라만교에서 종성을 묘사하는 데 사용한 검은색과 흰색에 해당하는 단어를 붓다는 선악을 논하는 데 사용한다. 그러고서(para. 7) 네 계급 모두에 선한 이도 악한 이도 있으나 해탈한 자라면 누구든 최고로 간주되어야 한다고 말하며 브라만들의 주장에 반박한다. 붓다는 고결한 행위가 최고로 간주되어야 함을 증명하며 빠세나디왕을 예로 든다(para. 8). 사키야족 사람들은 빠세나디왕에게 공손히 행동해야 하지만, 그는 다른 사키야족 사람들이 자신에게 표하는 경의를 똑같이 붓다에게 표했던 것이다.

마지막 논의는 전형적인 붓다의 실용주의를 보여준다. 예를 들어 수행자가 되는 것의 장점을 상세히 설명할 때 가장 처음 언급하는 장점은 어떤 노예가 수행자가 됨으로써 겪은 상황의 변화이다. 그는 언제나 주인의 시중을 들어야 했으나 수행자가 되자 이전 주인으로부터 오히려 경의와 물질적 도움을 받게 된 것이다.**398**

그리고 붓다는 한 걸음 더 나아가 다음과 같이 말한다(para. 9). "너희들은 다양한 출생 환경, 이름, 부족과 가족을 가졌고, 집도 없이 지내기

398_ *Sāmaññaphala Sutta*, DN I, 60-1.

위해 출가하였다." (여기서 '너희들'은 말 그대로 두 브라만 출신 제자를 가리키지만 붓다는 그들 너머 승단 전체를 보고 있다.) "사람들이 너희가 누군지 묻는다면 수행자이며 사키야의 아들이라 답해라." 그러나 굳건한 믿음을 지닌 사람은 정당하게 대답할 것이다. "나는 축복받은 자의 친자식이고, 그의 입에서 태어났고, 법(Dhamma)에서 태어났고, 법에 의해 창조되었으며, 법의 후손이다." 붓다는 "법으로 그 몸이 이루어졌고, 브라흐마로 그 몸이 이루어졌고, 법이 되고, 브라흐마가 된다"고 말해지기 때문이다. 이는 위에서 언급된 브라만교의 표현에서 브라흐마를 붓다로, 그리고는 법을 붓다의 가르침으로 대체하며 글자 그대로 되풀이하고 있다. 붓다는 여기서 중대한 주장을 하고 있다. 그러나 붓다의 표현은 제자들에게는 적어도 익살맞게, 브라만들에게는 괘씸하게 들렸을 것이다. 처음에 붓다는 마치 자신을 창조신 브라흐마와 동일시하는 것처럼 들린다. 그러나 몇 마디 후 붓다가 진정으로 자신을 동일시하는 것은 사람이 아닌 가르침이다. 신도들에게는 붓다의 가르침이 진정한 베다인 것이다. 이 단락의 마지막 문장은 붓다에 관하여 중요한 것은 그 개체성이 아닌 그의 가르침이라는 것을 분명히 강조한다. 붓다는 다른 곳에서도 정형화된 표현으로 동일한 주장을 펼친다. '나를 보는 자는 법을 보고 법을 보는 자는 나를 본다.'**399** 여기서 제시된 표현은 추가적 의미를 함축할 여지가 있다. 왜냐하면 합성어인 Brahma-kāyo와 Brahma-bhūto에서 brahma-는 남성일 수도 있고 (앞선 문장의 동일시에서 제시된 것과 같다. 브라만이 브라흐마의 아들들인 것과 마찬가지로 승단은

399_ SN Ⅲ, 120.

붓다의 아들들이다.) 또는 중성일 수도 있다.[400] (베다, 즉 궁극의 진리라는 의미에서 붓다의 법과 브라만을 동일시하는 점에서)

이 지점에서(para. 10) 붓다는 기원론적 신화를 설하기 시작하는데 이 내용은 이후 텍스트 반 이상을 차지하고 있다. 이 신화에서는 세계 일반의 상태 그리고 특히 인간 사회의 상태가 도덕적 결함, 그중에서도 특히 탐욕과 게으름의 탓인 것으로 그려진다. 관심 있는 독자들은 번역본으로라도 텍스트를[401] 읽고, 논문으로 발표한 나의 해석을 참고하길 바란다.

자이나교도에 대한 풍자

붓다가 조롱한 것은 결코 브라만뿐이 아니다. 자이나교를 비판할 때도 붓다는 익살맞을 줄 알았다. 브라만들이 무엇보다도 여러 도덕적 결함을 은폐하는 위선과 허세로 비판받은 반면 자이나교인은 무의미한 고행으로 비판받는다. 붓다는 『괴로움의 무더기의 짧은 경(Cula-dukkhakkhandha Sutta)』[402]이라 불리는 경에서 어느 날 저녁 라자가하의 산으로 산책을 갔다가 전혀 꼼짝도 하지 않고 서 있는 수많은 자이나교도들을 만난 이야기를 들려준다. 그들은 전생 동안 쌓아 온 악업을 없애려 하고 있었다.[403] 붓

400_ brahma-라는 단어의 모호함에 대해서는 3장에서 논의되었다.

401_ T. W. Rhys Davids and C. A. F. Rhys Davids, *Dialogues of the Buddha,* Part Ⅲ (1921), pp. 77-94.

402_ Cūla Dukkha-kkhandha Sutta, MN, sutta 14. khandha는 일반적으로 그저 '덩어리'라 번역되지만 8장에서 설명한 바와 같이 타오르는 불덩어리를 의미하는 aggi-kkhandha의 축약형으로도 자주 쓰인다.

403_ 이는 자이나교의 nijjarā 수행에 대한 정확한 묘사이다. 4장을 보라.

다의 당시 청중은 이 수행이 철저한 금식과 여러 극단적 수행을 수반함을 알고 있었을 것이다. 붓다는 꼼짝도 않고 자기 자신을 고문하는 이 수행자들에게 상세히 질문하고 얻게 된 확신은 그들이 쌓아 온 악업이 무엇인지, 또한 제거해야 할 악업이 얼마나 남았는지를 그들 자신도 모르고 있다는 것이었다. 따라서 붓다가 자이나교도들에게 말하길, 그들의 현재 고행으로부터 추론할 수 있는 점은 유혈 행위와 잔혹함을 저지른 이들이 다시 인간으로 윤회할 때 자이나교 고행자로 태어나게 된다는 것이다.[404]

그러므로 자이나교도의 판단은 완전히 잘못된 것이다. 그러나 전반적으로는 브라만들만큼 나쁘지는 않다. 『깐다라까 경(Kandaraka Sutta)』에서[405] 붓다는 자기 자신과 타인을 고문하는 이들에 대해 이야기 한다. 자신을 학대하는 자들의 광경은 자이나교도를 묘사하는 흔한 방식이다. 그러나 그들은 오직 자기 자신만을 학대한다. 자기 자신과 타인 모두를 고문하는 건 누구일까? 왕, 혹은 부유한 브라만이다. 이러한 사람들은 대규모의 동물 희생제를 시행한다. 이 희생제를 준비할 때 그 후원자[406]와 그의 본처, 브라만 사제는 고행을 견뎌야 한다. 옷을 걸칠 수 없고 땅바닥에서 잠을 청하고 아주 작은 양의 우유만으로 버텨야 한다. 그리고는 정말 많은 동물들이 학살당하고 나무가 찍혀 넘어가고 풀이 베어지고 막대한 노동력은 지독한 환경을 견뎌야 한다.[407]

404_ MN I, 93.

405_ MN, sutta 51.

406_ 이 부분에서 텍스트는 왕과 정실 왕비만을 언급하고 있다. 후원자(yajamāna)가 부유한 브라만이었다면 그와 그의 정실부인이 이 역할을 맡았을 것이라 생각한다.

407_ 브라만교의 희생제에 대한 동일한 비판은 Kūṭadanta Sutta, DN, sutta 5에서 대단히 자세

비유로서의 '브라만', 그 확장된 활용형

붓다가 브라만을 언급하는 여러 사례가 모두 풍자적이지는 않을뿐더러 부정적이기만 한 것도 아니다. 또한 그러한 언급이 언제나 문자 그대로의 의미인 것도 아니다. 브라만 및 그들이 주장하는 계급적 우월성은 붓다가 처한 환경의 대단히 주요한 특징이었기에 '브라만'이라는 용어를 비유적으로 사용하는 것은 자연스러운 일이었다. 코끼리는 우리 사회에서 모든 이의 상상적 레퍼토리에 상당히 중요한 위치를 차지하기에, 어떤 햄버거가 '점보'라고 광고되면 햄버거가 코끼리 고기로 만들어졌다는 것이 아니라 매우 크다고 말하려는 것뿐임을 우리는 즉각적으로 알아차린다. 붓다의 브라만 마을 방문을 다루는 경전을 예로 들어 보자.**408** 어떤 브라만은 붓다가 너무나 건강해 보이므로 여러 안락함을 나열하며 붓다는 그중에서도 특히 크고 안락한 침대를 누리고 있음이 틀림없다고 말한다.

붓다는 그렇지 않다고 대답하며 수행자들은 그러한 침대의 사용이 허락되지 않는다고 말한다. 실제로 열 가지 규칙 중 아홉이 금하고 있는 것은 말 그대로 '높고 큰 침대(uccā-sayana-mahā-sayana)'의 사용이다. sayana라는 단어는 '침대', 혹은 단순히 '눕는' 자세를 의미하기도 한다. 따라서 다음 번역에 등장하는 '침대'는 빨리어에서는 동음이의어의 언어유희이다.

그리고 붓다는 자기 뜻대로 세 가지의 높고 큰 침대에 들 수 있다고 말한다. 바로 성스러운(dibba), 브라흐마의(brahma) 그리고 고귀한(aria) 침대들이다. 탁발을 다녀온 후 붓다는 숲이 우거진 곳으로 들어가 풀과 잎들

하게 설명된다. 특히 DN I, 141-2.35. AN I, 180-5를 보라.

408_ AN I, 180-5.

을 모아놓고 그 위에 가부좌를 틀고 앉아 등을 꼿꼿이 펴고 선정에 완전히 든다. 이 부분은 세 가지 침대의 설명 모두에서 공통적으로 나타난다. 이 부분 이후 첫 번째 침대의 경우, 붓다는 4선(四禪)을 모두 수행한다. 그리고 붓다가 걷거나 서거나 앉거나 눕거나 그 자세는 성스럽다. 따라서 누울 때도 붓다는 성스러운 '높고 큰 침대'를 자기 뜻대로 갖춘 것이다.

두 번째 침대의 경우, 붓다는 선정에 들어 '브라흐마와 함께하는' 네 단계(6장의 주제), 즉 친질, 연민, 공감의 기쁨 그리고 평정을 수행한다. 그리고서는 붓다가 걷거나 서거나 앉거나 눕거나 그 자세는 브라흐마와 같다. 따라서 누울 때도 붓다는 브라흐마의 '높고 큰 침대'를 — 브라흐마에 어울릴만한 침대라 말할 수 있는 — 갖춘 것이다. 세 번째 침대의 경우, 붓다는 자신이 욕정과 증오 그리고 미혹을 완전히 파괴하여 다시는 그것들이 일어나지 않음을 깨닫는다. 그러자 붓다의 자세는 어떤 자세에서든 고귀(ariya)하다. 앞서 확인하였듯 '고귀함'의 경우와 같이 '아리야(ariya)'는 또 다른 사회적 비유이다. 이 경에서 '브라흐마의'는 '성스러운'을 이기고, '고귀한'은 '브라흐마의'를 이긴다. 이 문제를 문자 그대로 한 자 한 자 검토하려 하면 엉망이 될 것이다. 그러나 이 경의 의도는 아주 단순하고 분명하므로 이 이상 논의는 불필요 하다. 내가 경을 인용하여 증명하려는 점은 붓다가 단순한 방식으로 사회적 비유를 사용한 것이 아니라 익살맞게 활용했다는 것이다. 브라만들에게는 붓다가 브라만교 용어를 차용한 방식이 기독교의 신성모독과 유사하게 보였을 것이다. 붓다는 자신이 개혁가라는 구실로, 그들의 원래 이상향을 상기시키며 그들의 용어를 차용하였다. 그럼에도 불구하고 브라만들 다수는 붓다의 조롱에 적어도 분개했던 것이 분명하며, 이는 붓다에게 강력한 보호자와 후원자들이 있었음을 방증한다.

제13장

이 책은
믿을 만한가

이 책의 발단은 강의에서 출발하였다. 내가 막 강의를 끝마칠 무렵 회원으로 가입되어 있던 '인돌로지 넷(Indology Net)'에 어떤 외국 학자가 질문을 올렸다. 그는 붓다와 『브리하드 아란야까 우빠니샤드(BĀU)』 중 어느 쪽이 시대적으로 우선하는지를 밝힌 연구가 발표되었는지 물었다. 이에 나는 빨리어 정전에서 붓다가 우빠니샤드의 현존 단락들, 그것도 대부분 BĀU의 내용을 언급하고 있는 것으로 판단되는 부분을 다룬 나의 연구 일곱 편을 제시하였다. 그리고 다음과 같이 덧붙였다.

> 붓다가 모든 것을 알았기에 미래에 작성될 텍스트에도 대응할 수 있었다는 관점을 따르는 것이 아닌 한, 붓다가 BĀU 등의 주요 단락을 언급했다는 사실이 붓다 설법 시 그러한 텍스트들이 이미 존재했음을 어째서 증명할 수 없는지 이해할 수 없다.

이에 미국 명문대의 어느 불교학 교수는 다음과 같은 댓글을 남겼다.[409]

409_ 인돌로지 넷의 다른 글에 관련된 짧은 언급 두 가지만 빠뜨렸을 뿐, 전문을 그대로 인용하였다.

잠시만요! 물론 몇몇 경전에서는 붓다가 (문학적 주인공으로서) 우빠니샤드 내용을 언급하고 있을지라도, 그 '붓다'(혹은 그 변형들)는 적어도 15세기까지는 인도에서 저술된 여러 문학 작품에 등장합니다.

짐작하건대 곰브리치 교수가 언급하는 작품들은 빨리어본일 것이나 여전히 그 작품들은 확실히 4세기 이전에 위치하게 되며 기원전 1세기경 편집되었을 가능성이 있고 나아가 부분적으로는 몇 세기 이전으로 거슬러 올라갈 가능성도 있습니다. 제가 아는 한, 그 작품들을 고따마와 연결할 확정적 증거는 없습니다. 따라서 제가 판단하기에는 문제의 우빠니샤드가 단지 빨리어 문헌에 인용되었다는 이유만으로 고따마가 '설법한' 시대보다 이전에 시작되었다고 주장하는 것은 ('빨리어 연구자들**410**'과 같이) 자기 마음대로 증거의 범위를 넘어서는 것으로 보입니다.

물론 이는 제 편에서도 새로운 반박이 아니며 곰브리치 교수 또한 이 반론을 충분히 인식하고 있다고 알고 있기에, 그가 게시물에서 그토록 얼버무리는 것을 보고 놀랐습니다. 그렇다면 붓다가 무엇을 알았고 무엇을 알지 못했는지에 대하여 그토록 특정적으로, 그토록 태평하게 말할 수 있을 정도로 우리는 무비판적이 된 것입니까?

410_ Sic. 이 교수가 의미하려던 것은 아마도 'palisants', 즉 빨리어를 연구하는 사람들일 것이다.

—

앞에서 나는 붓다의 주요 사상들이 강력하며 일관성 있다는 사실을 증명하려 노력해왔다. 빨리어 정전에 대해 지금 주장할 수 있는 것보다 훨씬 더 철저한 지식이 내게 있었더라면, 더 잘 증명할 수 있었을 것이다. 그러나 이러한 일관성이 내 상상력의 산물이 아니라 실제로 텍스트에 존재함을 충분히 증명하였다. 그럼에도 불구하고 적어도 수적인 면에서는 인류 사상사를 통틀어 '가장 거대한 움직임'임이 틀림없는 불교는, 나를 비판하는 쪽의 최신 유행 관점에 따르자면 그 시초가 된 사람의 사상은 알려지지 않았으며 — 그 비판가가 쓴 내용을 바탕으로 추측하자면 — 절대 알려질 수 없는 것이다. 따라서 내가 앞서 묘사한 지적 체계는 축적 과정을 통해서, 마치 산사태처럼 모이게 된 것이다. 눈을 가린 원숭이들이 마구잡이로 노력하니 어쩌다가 셰익스피어 전집의 타자본을 만들어냈다는 이야기가 떠오른다.

역사적 맥락에서의 업

붓다의 사상을 내가 서 있는 지점에서 해설하기 시작할 필요는 없다. 그러나 붓다의 업설부터 시작하려면 자료의 이해가 도움이 되리라 생각한다. 업설은 한편으로는 제의를 윤리로 대체하였고 이 지점에서 붓다는 말하자면 브라만들에 대적하고 있다. 이 점에 있어서 자이나교는 붓다를 앞섰겠지만 그들의 이론은 철학적으로 부족했다. 붓다의 가장 위대한 지적 업적 중 하나는 추상화 능력이었다. 업에 대한 붓다의 논의를 자이나교와 비교하면 이 점은 분명해진다.

3장에서 설명한 바와 같이 베단따에 나타난 브라만교의 형이상학은 실제의 모든 아뜨만이 세계 아뜨만(즉 브라만)과 동일하며 그 결과 모든 개체적 아뜨만은 동일하다고 주장한다. 그러므로 개체성은 환상이며, 따라서 개체적 책임성 또한 환상이다. 붓다는 자신의 업설에서 개체적 책임성을 확립하였을 뿐 아니라 좀 더 광범위하게는 개체성의 원칙을 주장하였다.

붓다는 윤리로 제의를 대체했을 뿐 아니라, 개인적 문제인 의도를 윤리적 가치 판단의 최종적 기준으로 만들었다. 이것은 인류 문명사에서 일대 진보였다. 왜냐하면 타당한 도덕적 판단을 할 능력에 각자 차이가 있더라도,**411** 윤리의 차원에서 전 인류는 보편적으로 동등하다는 것을 의미하기 때문이다. 붓다는 한 걸음 더 나아가 극히 대담한 주장, 즉 우리가 자기 운명의 주인이며, 각자 자기 운명에 책임이 있다는 주장을 펼쳤다. 앞서 주장하였듯, 이러한 주장은 당시의 사회적 환경에서 그의 청중에게 타당성을 갖기에는 매우 생소한 것이었음이 틀림없다. 인류 역사상, 꽤 최근까지도 이러한 개인적 책임을 주장하는 교리가 널리 수용된 적은 거의 없다.

사상의 이러한 기원뿐 아니라 그 특징 또한 역사적 맥락에서 고려할 때 이해하기 더 용이하다는 점이 증명되었기를 바란다. 해당 맥락의 두드러진 특징 중 자이나교와 사회경제적 환경은 분명 중요한 영향을 끼쳤다. 그러나 여타 요소보다 훨씬 강력한 영향을 끼친 두 가지가 있다.

411_ 이러한 차이가 근본적인 불평등인 것은 아니다. 그 차이는 그들의 과거, 특히 전생들에서의 도덕성에 기인하기 때문이다.

첫째는 브라만교이다. 후대의 불교는 붓다와 브라만교의 관계, 그리고 무엇보다도 붓다가 브라만교 용어를 사용한 상징적 방식을 이해하지 못하였기에 막대한 오해가 초래되었다고 생각한다. 사실 그러한 오해들은 심지어 붓다 재세 시에 시작되었을지도 모른다. 6장의 주제이기도 했던 가장 주요한 오해는 자비심이 그 마음을 최고조로 함양하는 이에게는 구원적일 수 있다는 붓다의 가르침을 파악하지 못한 것이다.

내가 생각하기에 중대한 영향 중 두 번째는 붓다가 타 문화에 대해 알고 있었다는 점이다. 이 때문에 붓다는 카스트 제도와 그에 따른 브라만교의 사회 이론 전체가 인간이 만들어낸 것이며 다른 사회에는 전혀 해당되지 않는다는 사실을 깨달을 수 있었다. 이는 유사한 방식으로 붓다의 언어관에도 영향을 미쳤음이 틀림없다. 붓다는 산스끄리뜨어가 실재와 유일무이한 관계에 있다는 브라만적 시각을 은연중에 그러나 충분히 분명하게 부정하였다. 제자들이 가르침을 간직할 수 있도록 자신이 말한 그대로를 정확히 기억하도록 권장한 것은 당연한 일이지만, 붓다는 자신의 뜻이 여러 다른 언어와 방언으로 전달될 수 있다고 보았다.

비우연적 작용412

붓다가 업을 작용으로 여겼다는 점은 철학적으로 지극히 중대하다. 나아

412_ 역주: 본문에 쓰인 'indeterminate'와 'random'은 붓다 당시의 사회에 유행했던 결정론과 우연론을 염두에 두고 쓴 표현으로 보이기에 random을 결정론의 필연에 대조되는 '우연'이라는 말로 번역하였다. 그러나 현대 학문에서는 우연성(chance)과 무작위성(non-randomness)의 개념을 구분하여 쓰는 것이 보통이다.

가 주체에게 자유의지가 없다면 윤리는 작동하지 않으므로 업은 비결정적 작용이다. 다른 한편으로 업은 우연적일 수도 없다. 만약 우연적 작용이라면 행위와 결과 간의 연관성을 보장할 수 없을 것이다.

보통은 개체로 간주되는 것을 붓다가 작용으로 재해석하게 된 계기는 단지 업설뿐이 아니다. 붓다는 불에 관한 베다의 고찰로부터 영감을 얻어 불을 욕망적이지만 주체 없이도 작동하는, 연료가 떨어지면 단순히 꺼져버리는 비우연적 작용으로 보았다. 그는 불에 대한 사유를 의식에 대한 표본, 좀 더 광범위하게는 삶 및 살아있는 존재의 경험이 어떻게 자기 발생적 작용일 수 있는지에 대한 표본으로 삼았다. 붓다는 주체로서 기능하는 불변의 실체를 부가적으로 상정하는 것이 불필요하다고 생각했기 때문이다.

우리를 둘러싼 세계에서 일반적으로 개체로 여기는 것이 실제로는 안정적이지 않고 다만 작용일 뿐이며, 느리든 빠르든 모두 변화하는 것이라면 비록 우연적으로는 아닐지라도 감각의 인지 내용에 대한 우리의 해석은 절대로 완벽히 정확할 수 없다. 여기서 주범은 언어이다. 우리는 우리가 인지하는 것에 이름을 부여하기 때문이다. 우리를 오해로 이끄는 가장 큰 원인은 이 이름들의 고정성이다.

따라서 개념 기관을 낳는 언어를 통해서만 작동한다면, 우리는 항상 진실로부터 얼마간 떨어진 곳에서 자신을 발견하게 될 것이다. 따라서 붓다의 비유가 아닌, 내가 언어의 장막이라 부르는 것을 붓다는 스스로 돌파하는 데 성공하였고, 그 결과 무상(無常)과 고(苦)를 뛰어넘었다. 자기 계시의 이 경험은 윤회와 그 결과로 불가피하게 수반되는 모든 고통을 멈추게 할 것이었다. 따라서 그 경험은 진정 성취할 가치가 있는 것이었다. 어떤 이는 스스로도 성취할 수 있겠지만 스승이 있다면 그 방향을 제시해줄 수 있을 것이다. 동시에 지시적 언어의 부적절함은 그러한 방향 제시에 유추와 비유를 사용하는 강력한 원인이 되었다.

현대 심리학의 주요 발견들을 붓다가 모두 예견했다고 주장하려는 것은 절대 아니다. 심리학적 발견 또한 그 자체로 가설이며 시간이 흐르면 대체될지도 모른다. 붓다가 중추 신경계와 대뇌 피질의 차이점과 같은 것을 알았을 리가 없다. 그러므로 지각과 행위에 관한 붓다의 설명은 매우 감탄할 만하지만 오늘날 논의되는 만큼 세부적으로 발전할 수는 없었다. 그럼에도 불구하고 붓다의 일부 사상과 현대 인지 심리학의 설명 간에 발견되는 유사성은 확실히 인상적이다. 오늘날 지각은 활동, 일종의 행위로 간주된다. 나아가 '지각은 본질적으로 선택적이다.'**413** 이는 지각이 의지 작용으로부터 분리될 수 없음을 의미한다. 10장에서 설명된 바와 같이 두 명제 모두는 붓다의 완전한 동의를 얻었을 것이다.

나아가 현대 심리학은 모든 행위가 세계와의 상호작용이며 동시에 행위자에게도 영향을 끼친다고 주장한다.**414** 붓다가 지각이나 인지에 대해 정확히 동일하게 말했던 것은 아니겠지만, 분명 행위자와 — 붓다에 따르면 다섯 가지 작용의 협동작용인 — 환경을 경계 짓는 것을 문제시하였다. 첫 번째 온인 색온에 감각뿐 아니라 그 대상 또한 포함된다는 점을 기억할 것이다. 붓다의 인지 이론이 사실주의와 이상주의 간의 문제를 해결

413_ Ulric Neisser, Cognition and Reality (1976), p. 55.

414_ '일반적으로 지각과 인지는 머릿속에서만 이루어지는 작동이 아니라 세계와의 교류이다. 이 교류는 단지 지각하는 자에게 일방적으로 통지하는 것이 아니라 그를 변화시킨다. 우리 각각은 자신이 관여하는 인지적 활동에 의해 창조된다.' Neisser, op. cit., p. 11.

하지 않을뿐더러 실제로 어느 쪽으로도 해석될 수 있다는 수 해밀턴(Sue Hamilton)의 주장이 옳다고 생각하지만, 이 주장은 붓다의 구원론을 무시하고 — 구원론이야말로 붓다에겐 가장 중요했던 것임에도 — 그로부터 붓다의 인지 이론을 분리시켜 고려할 때만 참이다. 정확히 알 수는 없더라도 저 바깥에 세계가 진짜로 있다고 믿는 이상주의를 거부한다는 점에서 붓다는 현대 심리학자들에 동의하였을 것이다. 우리 대부분에게도 그렇듯 붓다에게 이 문제는 핵심이었다. 타인을 포함한 세계와 '주체' 간의 구분이 없다면 붓다의 구원론은 전혀 이치에 맞지 않을 것이기 때문이다. 마찬가지로 당신은 열반을 성취하고 나는 그렇지 못했다면, 윤회를 계속하는 것은 나이지 당신은 아닐 것이다. 대승불교 사상에서는 이러한 구분이 흐려지면서 초기불교 연구자 다수에게 오해를 초래하였다.

그러나 어떤 면에서 붓다는 모든 행위가 행위자에게 영향을 끼친다는 사실을 자신의 가르침의 초석으로 삼았다. 앞서 확인한 바와 같이 모든 악한 의도는 행위자를 더 나쁘게 만들고 모든 선한 의도는 행위자를 더 나아지게 만든다. 2장에서 설명한 것과 같이 업, 즉 도덕적으로 유의미한 의지 작용은 우리의 삶(수적으로 무한한)을 걸쳐 우리를 움직이는 원동력이며 그러한 삶들 간에 연속성과 일관성을 부여한다. 그 원동력의 맥락에서 업은 행(saṃkhārā)과 동일하다. 여기서 '행'은 구성 작용(가능성으로서의 삶)과 그 작용의 결과(회상으로서의 삶) 모두를 가리킨다.

1장에서 설명하였듯 사람들은 무아론을 완전히 오해하여 붓다가 도덕적 책임성이나 개인의 연속성을 믿지 않았다고 생각하였으나, 사실 붓다의 주장은 오늘날 그 어떠한 비불교도가 수용할 수 있는 것보다도 훨씬 더 강력한 도덕성과 개인성의 이론이었다. 이와 마찬가지로 붓다는 도덕의 문제에 있어서도 행위자가 자신의 행위로부터 영향을 받는다는 사유를 매우 강력히 체계화하여 반박할 수 없는 형태로 제시하였다. 도덕적 행위의 영향이 이생에서 발현하지 않더라도 그 이론은 반박을 받아들이기보다는, 그 영향이 내생에 미칠 것이라고 주장한다.[415]

대승으로의, 대승에서의 발전

많은 불교도가 이 책을 읽으면 놀라리라는 것을 알고 있다. 아마도 이 주제 또한 업설의 기초로부터 접근되어야 할 것이다. 나의 첫 번째 책에서 밝힌 바와 같이, 자신의 운명에 대한 책임성을 주장하는 교리가 지닌 엄격함은 상좌부 전통 내에서도 유지되기 힘들었다는 것이 분명하며, 매우 이른 시기부터(아마도 붓다가 입멸한 시기 즈음부터) '공덕의 이동(pattidāna)'[416]이라고 번역되는 교리를 통해 약화되었다.[417] 이 내용을 여기서 다룰 수는 없으니 관심 있는 독자들은 나의 책을 참고하길 바란다. 업설이 불교 전통의 중심에서 벗어남에 따라 교리와 수행의 다른 요소에도 또한 변화의 여지가 늘어났다. 업에 대한 붓다의 가르침이 지핀 불꽃은 모든 불교 전통 및

415_ 여기에는 다음과 같은 예외가 있다: 선하든 악하든 비교적 사소한 행위는 절대 결실을 맺지 않게 된다. 왜냐하면 그러한 행위는 더 의미 있는 행위들에 의해 밀려날 뿐이기 때문이다. 상좌부에서 이와 같은 대체 행위를 가리키는 전문 용어는 ahosi kamma이다.

416_ 역주: 회향(迴向)

417_ Richard F. Gombrich, *Precept and Practice* (1971); 2nd edn (with changed title), Buddhist Precept and Practice (1991), Chapter 5, 특히 pp. 226-240. 이는 나의 논문 '"Merit transference" in Sinhalese Buddhism: a case of the interaction between doctrine and practice,' History of Religions, 11(2), 1971: 203-19와 상당 부분 겹친다.

전통적 불교 국가에서 서서히 잦아들었지만 단 한 번도 완전히 꺼진 적은 없다. 근대 이전의 불교 세계에서 가장 변방이었던 일본은 적절한 한 쌍의 용어를 고안해냈다. 즉, '자력'과 '타력'이다. 대체로 불교도들은, 특히 세련된 불교도들은 불교가 자신의 구원이 자기 자신의 힘에 달려있다고 가르친다는 것을 알았다. 그러나 또한 다른 힘, 특히 그들에게 도움의 손길을 내미는 붓다와 보살들의 자비심에 의지했다.

산스끄리뜨어로 대승(Mahā-yāna)은 (구원으로의) '위대한 길'을 의미한다. 대승불교도 중 다수에게는 '보살도(Bodhisattva-yāna)'로 알려져 있다. 따라서 보살로써, 혹은 보살의 도움을 통해 구원을 추구해야 한다는 믿음은 대승의 대표적, 혹은 결정적 특징이다. 보살은 공덕을 다른 이들에게 회향한다. 대승의 진정한 특성인 보살 개념은 공덕의 회향 위에 성립되었다고 말할 수 있을 것이다.[418] '승(乘, yāna)'은 동음이의어로 '길' 외에도' 탈 것'의 의미가 있다.[419] 따라서 '승'은 보살에게는 길이며, 보살이 공덕을 회향하는 이들에게는 탈 것이 된다.

널리 알려져 있듯이 대승불교는 두 가지 면에서 초기불교와 차이를 보인다. 한편으로 대승은 초기불교가 무아론을 살아있는 존재에만 적용한 반면, 대승은 모든 존재에 적용한다고 주장된다. (산스끄리뜨어로 전자는 pudgala-nairātmya, 후자는 dharma-nairātmya이다. 후자의 경우 영어로는 '자아의 부재'보다는 '본질의 부재'로 말하는 것이 더 명확하다.) 또 다른 차이점으로 제

418_ *How Buddhism Began* (1996), pp. 56-57.

419_ 나의 다른 글을 참고하라: 'A momentous effect of translation: the "vehicles" of Buddhism' (1996), 1992.

시되는 것은 대승이 이타주의를 훨씬 더 강조했다는 것이다. 이 주장들이 대승 흥기 당시의 여타 불교 전통에 대한 비판으로 정당화되어야 할지, 혹은 빨리어 정전 내의 붓다의 가르침에 대한 비판으로 해명되어야 할지는 불분명하다. 감히 제안하자면 이 결론은 상좌 전통과 대승 전통의 현대 신도들 간의 사이를 개선할 것이다.

내가 생각하기에 대승이 초기 전통과 가장 큰 차이를 보이는 지점은 붓다에 대한 엄청난 찬양, 수많은 붓다의 증가, 미래의 붓다들(보살들) 그리고 비교적 관점에서 신적 존재라 일컬어야 할, 기도와 숭배의 대상이 된 여러 존재의 창조이다. 이는 업의 역할을 경시한 필연적 결과였다.

불교도의 신앙: 의도하지 않은 결과?[420]

경전에 따르면 입멸 직전에 붓다는 승단을 이끌 후계자의 지명을 거부했다. 붓다가 말하길 승려들은 다른 누구도 아닌 자신에게 의지하고, 다른 무엇도 아닌 법에 의지해야 한다.[421] 이는 붓다가 깔라마인(Kālāmas)에게 했던 것처럼 사람들로 하여금 스스로 생각할 것을 촉구했음을 보여줄 뿐 아니라, 사람들이 자신의 가르침을 최상으로 여길 것이라는 붓다의 확신 또한 보여준다.

붓다에 대한 찬양 및 붓다를 초인의 경지에 위치시키는 것은 붓다 재세 시에 이미 시작되었던 것이 분명하다. 종교와 사상의 역사는 모순으

420_ 11장 각주 338번을 보라.

421_ DN Ⅱ, 100.

로 가득 차 있다. 기독교와 마르크스주의가 가난하고 힘없는 자들에 대한 연민으로부터 싹텄다고 주장할 수 있으나, 가끔은 무자비한 통치자의 손에서 압제의 도구로 사용되기도 하였다. 이러한 변화의 창시자들이 아무리 숭고하고 지적이었더라도 자신의 말과 행동으로부터 의도치 않은 결과가 초래하는 것을 막기는커녕 예상할 수도 없다. 복종에 너무나 익숙한 사람들이 기계적으로 따라 말하는 것처럼, 붓다의 추종자들은 항상 되풀이해왔다. "나는 붓다에 귀의합니다. 나는 법에 귀의합니다. 나는 승단에 귀의합니다." 이 세 문구는 정전 여러 곳에서 발견된다. 이 문구는 감정을 표현하지만, 생각의 거부를 암시하는 것은 아니다. 그럼에도 불구하고 많은 것을 생각게 한다.

내가 불교사에 대해 쓰면서 불교의 신앙적 및 제의적 측면과 그것이 초래한 신비를 무시했다면 그것은 편파적일 것이다. 앞서 언급된 문구를 세 차례 반복하는 귀의의 예는 정전에서 여러 차례 등장하며 그 외의 여러 단락에서도 동일한 경향의 증거가 발견된다. 죽음이 닥친 것을 깨달은 노쇠한 노인이었던 붓다가 비구들에게 자기 자신에 의지하라는 범상치 않은 표현으로**422** 말할 때, 그 표현이 의도한 바는 이미 널리 퍼져있던 문구에 대한 반박이었다고 생각한다. 그럼에도 불구하고 동일한 텍스트의 겨우 두 페이지 뒤에서 붓다는 자신이 원한다면 자신의 생명을 영원히 늘릴 수 있다고 주장한다. 상반된 두 단락 모두가 붓다의 의향을 정확히 기록하고 있다고는 믿을 수 없으며, 붓다의 신격화가 이미 재세 시에 시작되어 심지어 융성했다는 것은 분명해 보인다.

422_ P. atta-saraṇa.

붓다는 제의가 쓸모없는 것, 혹은 그보다도 더 나쁜 것이라 선언하였다. 불교적 제의와 예배의 성장은 붓다의 설법이 전혀 의도하지 않았던 결과임이 틀림없다. 이 책은 붓다의 사상에 관한 것이므로 불교적 제의와 신앙심은 여기서 다룰 주제가 아니다.

깔라마인처럼 스스로 찾아 나서라

책의 마지막에 접어들며 나는 붓다가 깔라마인들에게 준 조언을 돌이켜보게 된다. 이보다 더 나은 결론은 상상할 수 없다. 처음에 설명하였듯, 동기부여에 도움이 되었던 격분을 이 책에서는 내내 억눌러왔다. 실로 세상은 무지와 어리석음으로 가득 차 있다. 지식인들이 불교에 대해 떠들어댈 뿐 아니라 출판까지 하는 어리석음에 대적할 만한 것이 무엇이 있을까? 매일 새로운 사례가 발견된다. 심지어 오늘은 이 책을 작업하다가 점심을 마치고 쉬던 중 '타임스 문예 부록(Times Literary Supplement)'을 읽으며 다음의 내용을 발견했다. '불교는 대명사가 없는 경지를 제시한다. 왜냐하면 '내'가 없기 때문이다. 꿈과 다를 것 없는 세상에서 남성형이나 여성형 또한 착각일 뿐이다.'**423** 사방이 이러한 광기로 둘러 쌓여있는데 불쌍한 연구자가 할 수 있는 것이 무엇일까?

독자들은 내가 쓴 내용이 거의 정확하다는 것을 잠정적 가설, 실용적 토대로써 일단 받아들인 후, 논거가 되는 빨리어 정전의 텍스트를 직접 강독하여 그것을 기준으로 나의 주장을 점검하길 바란다. 그리고 만약 경

423_ TLS, no. 5479, 4 April 2008, p. 18.

전적 근거가 나의 주장에 반대된다고 생각하면 공식적으로 반박해야 할 것이고, 그 결과 우리는 모두 더욱 지혜로워질 것이다. 번역본은 쓸모없다고 말하는 완벽주의자나, 지적 우월의식을 가진 이들에 기죽을 필요는 전혀 없다. 아예 읽지 않는 것보다는 번역으로라도 텍스트를 직접 읽는 것이 훨씬 낫다는 것은 말할 필요도 없다.

그러나 문헌이 흥미롭다면 빨리어를 배워 보는 것은 어떨까? 내가 지적한 바와 같이 문헌의 내용은 그 방식으로부터 완전히 분리될 수 없다. 그 방식의 가장 중요한 특징은 언어이며, 그 언어에는 고유한 문화와 역사가 담겨 있다. 오늘날 영어권의 학생들 대부분은 더 이상 학교에서 라틴어를 배우지 않는 것이 약점이다. 사실 그들 대부분은 어떤 언어든 문법을 거의 배우지 않는다. 이러한 이유로 빨리어와 같은 굴절어(屈折語)를 배우는 것이 전보다 더 어려워졌다. 그러나 서구 대부분에서 사용되는 언어는 인도유럽어족이므로 빨리어와 연관되어 있다. 그리고 '빨리성전협회(Pali Text Society, PTS)'가 이미 모든 텍스트뿐 아니라 문법서와 사전까지 모두 로마자로 출판하였으므로 새로운 문자를 배울 필요는 없다.

서구에서는 빨리어 연구가 거의 자취를 감추었고 아직도 빨리어 강좌가 열리는 대학은 극소수이다. 천 명 중 단 한 명의 독자라도 빨리어 연구를 이어간다면 우리는 빨리어 연구의 놀라운 부활을 보게 될 뿐 아니라, 붓다의 사상과 실천 중 지금까지 알려진 적 없는 부분에 대한 견문과 관심을 갖게 될 것이다.

부록

붓다의 브라만교 용어의 차용 네 가지 (혹은 다섯 가지)

이 책에서는 붓다가 브라만교의 전문 용어를 차용하고 또한 왜곡하는 방식을 보여준다. 나에게는 중요하게 보이는 다섯 용어가 있는데 핵심적이지는 않으므로 별도로 부록에 수록하여 나의 논의가 너무 전문적이라 느끼는 독자들이 이 부분을 건너뜀으로써 부담을 줄일 수 있도록 하였다.

1. Brahma-cariyā (6장)

이 용어는 산스끄리뜨어의 brahma-caryā, 즉 문자 그대로 '브라흐마-행위'라는 단어에 해당하는 빨리어이다. 이 전문 용어는 브라만, 혹은 다른 높은 계급의 소년을 위해 정해진 삶의 첫 단계를 가리켰다. 소년은 베다 공부를 시작해야 하고 이 공부의 시작이 그를 사회의 일원으로 만든다. 적어도 이론상으로 그는 결혼할 때까지 이 상태에 머물며 정해진 삶의 길을 따른다. 이제는 적어도 기본적인 매일의 의식을 스스로 치를 자격이 있다. 그의 삶에서 이 기간의 존재 이유는 신성한 텍스트를 배우기 위함인 반면, 생활 방식의 두드러진 특징은 순결이다. 그러므로 우리가 의미와 지칭(meaning and reference) 간의 엇갈림이라 부를 만한 사태로 인해 브라흐마 행위는 완전한 성적 금욕이라는 의미에서 일반적으로 '순결'을 뜻하게 되었다.

종종 붓다는 브라흐마 행위라는 용어를 더 광범위한, 혹은 더 협소한 의미로 사용한다. 협소한 의미는 브라만교에서와 동일하다. 즉, 순결이다. 또한 브라만교에서처럼 이 용어를 광범위한 의미로 사용할 때는 언제나 협소한 의미를 포함한다. 그러나 붓다가 광범위한 의미로 이 용어를 사용할 때는 상위 카스트 남성의 인생에 특정 단계를 가리키는 것이 아니라 승단의 모든 일원의 삶을 지칭한다. 우리는 보통 이 용어를 '경건한 삶'으로 번역하며 이는 지극히 타당한 번역이지만, 인도 사회에서 이 단어가 지녔던 의의는 당연히 소실되었다. 이 표현은 붓다가 자주 주장하였던, 진정한 브라만은 불교의 길을 따르는 사람이라는 표현과 마찬가지이다. (12장을 보라) 그러나 가끔 붓다는 경건한 삶보다는 그 삶의 목표를 가리키는 데 이 표현을 사용하기도 한다. 따라서 6장에서 인용된 텍스트에서 어떤 브라만이 붓다가 자위행위를 했다고 주장하며 비난할 때, 앞서 언급하였듯 붓다는 자신의 제자들이 브라만적 행위(brahma-cariyā)에 있어서 최상으로 전심한(ogadha) 상태에 머무를 것이라 대답한다. 다른 곳에서 붓다는 동일한 단어와 전심(ogadha)을 열반(nibbāna)과 함께 사용하므로 붓다가 브라만 행위를 열반의 유의어로 사용하고 있음은 분명하다. 브라만 행위의 기본적 의미로 돌아가자. 실제로 그 의미는 브라흐마와의 머무름(brahma-vihāra)의 기본적 의미에 매우 가깝다. 따라서 붓다가 부여한 비유적 의미 또한 그에 매우 근접하다는 것은 놀랄 일이 아니지만 완전히 동일한 의미는 아니다.

2. Saṃkappa (7장)

8정도의 두 번째 단계는 정사유(正思惟, sammā saṃkappa)로 보통은 '옳은 결의', 혹은 '옳은 의도'로 번역된다. 이는 꽤 타당한 번역이다. 윤리적 행위의 올바른 길은 결과적으로는 마음의 올바른 사용으로 나아가게 될 것이며, 이 길에 오르기 위해서는 타당한 믿음과 타당한 동기부여 모두가 필요하기 때문이다. saṃkappa에 상응하는 산스끄리뜨어 saṃkalpa에는 여러 의미가 있으나, 내가 아는 한 브라만교 제례의 전문 용어로 지적된 바는 없다.[001] 제의를 시작할 때 제의를 올리는 이는 자신의 의도를 명시적으로 밝히도록 되어 있다. 보통 그 내용은 그의 이름, 날짜 및 제의의 목적이 세속적인지 종교적인지를 밝히는 것이다. 붓다의 가르침에 있어서 제의를 윤리로 대체하는 것은 핵심적이기에 처음부터 그러한 치환이 있어야 하는 것은 지극히 적절하다. 성공적인 수행에는 정확한 정신적 태도가 전제되기 때문이다. 물론 이는 초전법륜에서와 같이 8정도의 원래 형태에서만 이치에 맞다. 8정도가 도덕성, 집중, 이해의 세 단계로 이루어지는 발전적 형태로 개정되고 그 순서가 그 단계에 맞게 재조정될 때 바른 의도를 마지막에 두는 것은 전혀 말이 되지 않는다.

3. Ekodi-bhāva

4장에서는 주요 용어 āsava가 비록 붓다의 추상능력으로도 응용할 수 없는 함축적 의미를 내포함에도 불구하고 붓다가 자신의 가르침을 표현하기 위해 자이나교 전통으로부터 차용하였음을 밝힌 바 있다. 내가 생각하기에 붓다는 이와 유사하게 베단따 전통으로부터도 특정 단어들을 차용하였으며 그 이래로 이 단어들은 해석자들을 곤혹스럽게 해왔다. jhāna라 불리는 명상의 각 단계 중 두 번째에서 붓다는 모든 산만한 생각을 잠

001_ Baudhāyana Śrauta Sūtra 2.1. 이 참고 자료를 알게 된 것은 Joel Brereton과 Patrick Olivelle 덕분이다.

재우고 그 마음의 ekodi-bhāva라 불리는 것을 얻는다.[002] 정전에는 이로부터 파생된 다른 형태 또한 발견되는데 그중에는 ekodi-karoti, 즉 'ekodi를 만들다'와 ekodi-bhavati, 즉 'ekodi가 되다' 등이 있다. 이것이 의미하는 바가 다른 곳에서는 cittassa ekaggatā라고도 불리는 '생각의 집중'을 의미한다는 것에는 모두가 동의할 것이다. 그러나 ekodi의 파생형과 그에 따른 정확한 의미는 여전히 불명확하다. 불교 산스끄리뜨어에서 ekodi는 ekoti라 쓰인다. 이후 전통에 의한 산스끄리뜨어화는 그중 다수가 부정확하지만, 이 경우는 타당한 해법이라고 생각한다. 이 단계에서 붓다는 (혹은 그를 본받은 명상 수행자) 남성 단수형으로 '하나', 즉 eko라는 단어로 표현될 수 있는 어떤 감정을 느꼈다고 알려져 있다.

그리고 이는 세상의 다양한 신비적 경험의 특징을 표현할 때 지칭되며, 더 특정하게는 BĀU에서 "나는 브라만이다"라고 할 때 지칭되는 것과 동일한 일체화의 느낌을 가리킨다고 생각한다. 물론 나는 붓다가 베단따의 구원론이 추구하는 이상향을 추구했다고 말하려는 것이 아니다. 내가 주장하려는 바는 붓다가 karman이라는 단어에서도 그리하였듯, 새로운 의미를 부여하기 위해 그들의 언어를 빌렸다는 것이다.[003]

002_ 표준적 전거는 DN I, 74이다.

003_ di는 산스끄리뜨어 iti의 쁘라끄리뜨 형태인 ti로부터 파생되며, iti는 '인용부를 닫음'을 의미한다. 나는 t의 대체로서의 d를 쁘라끄리뜨에서 폐쇄음의 모음 간 유성음화로 해석한다. 초기 교정자들은 이를 알아차리지 못했기에 수정되지 않은 채 그대로 남게 되었다.

4. Puthujjana

나는 이 단어에 대해서도 유사한 이론을 제시한다. 이 단어는 깨달음의 길에서 수다원이 되지 못한 사람들(jana)을 가리키기 위해 종종 전문 용어로 사용된다. 바꿔 말하면 그들은 영적으로는 출발점에 있다. Puthu라는 단어는 종종 그 자체로 발견되며 이 단어가 산스끄리뜨어에서 '많은', 혹은 '넓은'이라는 의미의 pṛthu, 혹은 '분리된, 개별적인'이라는 의미의 pṛthak에 대응할 수 있다는 PED s.v.의 주장은 타당하다.**004** 그러나 아마도 주석가들의 영향을 받았을 puthujjana라는 개별 항목에서는 두 번째 의미를 무시하고 있다. 따라서 현대 학자들은 '많은 이들 중 하나', 혹은 '일반 대중' 등의 번역을 선호한다. 그러나 이 경우 두 개의 j가 문제가 된다. 불교 산스끄리뜨어에서 이에 해당하는 표현은 pṛthag-jana이고 다시 한번 나는 이 역어가 옳다고 생각한다. 음성상 이중의 j는 그렇게 설명된다. 합일의 감각을 경험하지 못한 이는 분명 '분리된' 것으로 언급될 수 있을 것이다. 사실 정전에는 puthu attā라는 흔치 않은 표현이 들어간 게송이 등장한다. 6장에서 이미 논의하였지만 전체적인 논의를 알고자 하는 독자들에게는 나의 *How Buddhism Began*(pp. 62-64)을 읽도록 권하였다. 그 책에서는 해당 부분을 다음과 같이 번역하였다. '다른 이들에게 또한 떨어진 자아는 소중하다.' 그리고 다음과 같이 해설하였다. '이는 개인, 즉 도덕적 주체에 대한 통상적인 관점을 언급하고 있다. 그러나 그 단어는 함축적으로 자아에 대한 대조적 관점, 즉 '분리되지 않은' 자아, 우빠니샤드의 우주적 자아를 암시하는 것처럼 보인다.'

004_ 두 번째 모음 u는 단순히 모음 동화이다.

5. Papañca (10장)

산스끄리뜨어와 빨리어에서 pañca는 '다섯'을 의미한다. 따라서 papañca는 마치 '다섯 배 하기'를 뜻할 것처럼 보인다. 이것이 타당한가? 샹키야 철학과 『마하바라따』의 해탈법(Mokṣadharma) 부분에 따르면 세계는 태초의 일자(一者)에서 다섯 가지 감각, 다섯 가지 일반 요소(mahābhūta) 등의 다섯 가지로 구성된 것들로 발전한다.005 그러므로 개체의 증식은 '다섯 배 하기'로 적절히 설명될 수 있을 것이다. 그러나 시간적으로 그 텍스트들은 붓다로부터 몇 세기 이후의 것이며 어차피 불교의 경우는 여섯 가지 감각과 네 가지 요소가 있다. papañca라는 단어는 붓다에게 알려졌을 만큼 충분히 이른 시기에 작성된 베다 문학에서는 등장하지 않는 것으로 보인다. 그러나 붓다가 『브리하드 아란야까 우빠니샤드』의 첫 권을 잘 알고 있었을 것이라는 충분한 증거가 있다. BĀU의 첫 권에서는 인간의 신체에 깃들어 있다는 다섯 가지의 숨(āna)이 나열된다. 이 목록은 이후의 브라만교사 전체에서 정론이 되었다. BĀU는 이 모든 것들이 prāṇa일 뿐이라고 말한다. Prāṇa는 우리가 '호흡'이라고 부르는 것, 즉 생명의 숨결을 가리키는 표준적 단어이다. 그러므로 우빠니샤드는 우리가 사실은 하나뿐인 것으로부터 다섯 가지를 만들어낸다고 말하는 것이다. 나아가 그 한 가지는 생명의 숨결이다. '여러 우빠니샤드는 호흡을 생명 그리고 심지어 한 사람의 자아와도 동일시한다.'006 아뜨만이 원래는 '호흡'을 의미했을 것임을 기억해

005_ 다섯 가지 요소는 흙, 공기, 불, 물 그리고 허공이다. 불교에서는 허공을 제외한다. Aitareya Upaniṣad (3.3)의 마지막 부분에 이르러 또 다른 다섯 가지 요소의 목록이 등장하지만 이 문제는 지금의 논의와는 무관하다.

006_ Patrick Olivelle, *The Early Upaniṣads* (1998), p. 23. 자세한 논의는 Erich Frauwallner,

야 한다.

우리에게 전해지는 텍스트는 '다섯 배 하기'에 해당하는 어떤 단어도 사용하지 않는다. 그러나 텍스트 전체에서 핵심적 의미는 본질적 단일성, 즉 아뜨만에 대한 무지로 인해 우리가 윤회에 갇혀있다는 것이다. 이 말은, 우리는 단 하나만 존재하는 지점에서 증식(이 경우 다섯 가지의 개체)을 개념화한다.

이를 오해해서는 안 된다. 붓다가 베단따처럼 분명해 보이지만 실제로는 망상일 뿐인 다양성 이면에 존재하는 본질적 단일성을 역설했던 것은 아니다. 사실 붓다는 그 교리에 반대하였다. 그러나 내가 제시하는 바는 (다소 빈약한 증거이나) 여기서도 또한 ekodi-bhāva 및 puthujjana로 했던 것처럼 붓다가 브라만교의 용어를 차용했다는 것이다. 붓다의 주장은 언어를 사용함으로써 우리가 너무 많은 개념들을 갖게 된다는 것이 아니라 오히려 그중 어떤 것도 진리를 완전히 밝힐 수 없다는 것이었다.

오해의 소지가 있는 또 다른 문제가 있다. 붓다는 우리가 지각이나 언어적으로 물질들을 명백히 구별해낼 수 있다는 생각을 부정하였다. 그러나 붓다는 우리가 작용들을 구별할 수 있다는 점을 부정하지 않는다. 예를 들어 감각 작용은 의지 작용과는 다른 것이다. 그리고 그 무엇보다도 중요한 예시는 당신의 업과 나의 업은 절대로 같지 않다는 것이다!

History of Indian Philosophy (1973), pp. 55-60.를 보라.

참고 문헌

원전 자료

불교 문헌

(빨리어 문헌 원전은 빨리성전협회(Pali Text Society)에서 간행한 텍스트를 참조했다.)

- *Aṣṭasāhasrikā prajñāpāramitā*, ed. P.L. Vaidya. Darbhanga: Mithilāvidyāpīṭha, 1960.
- *Dharmaguptaka Vinaya* T1428. Tokyo: Taisho Shinshu Daizokyo Kankokai, 1962.
- Senart, É. (ed.) .1882-1897. Le Mahāvastu. 3 vols. Paris: L'Imprimérie nationale.

문헌 번역

- Bodhi, Bhikkhu. 2000. *The Connected Discourses of the Buddha* [trans. of Samyutta Nikāya]. Oxford: Pali Text Society; Somerville, MA: Wisdom.
- Conze, E. 1973. *The Perfection of Wisdom in Eight Thousand Lines and Its Verse Summary*. Bolinas, CA.
- Davids, T. W. Rhys. 1899. *Dialogues of the Buddha*, Part Ⅰ [trans. of Dīgha Nikāya Ⅰ]. London: Oxford University Press.
- Davids, T. W. Rhys, and C. A. F. Rhys Davids. 1921. *Dialogues of the Buddha*, Part Ⅲ [trans. of Dīgha Nikāya Ⅲ. London: Oxford University Press.
- Ñāṇamoḷi, Bhikkhu. 1956. *The Path of Purification* [trans. of Visuddhi-magg by Buddhaghosa]. Colombo: R. Semage.
- Ñāṇamoḷi, Bhikkhu., and Bhikkhu Bodhi. 2001. *The Middle Length Discourses of the Buddha* [trans. of Majjhima Nikāya], rev. edn. Oxford: Pali Text Society.

• Norman, K. R. 2007. Elders' Verses, Vol. 2. [trans. of Theīrigāthā], 2nd edn. Lancaster: Pali Text Society.
• Pruden, Leo M. 1988-1990. Abhidharmakośabhāṣyam by Vasubandhu [English trans. from the French trans. by Louis de la Vallée Poussin]. Berkeley: Asian Humanities Press.

브라만 문헌
• Doniger, Wendy O'Flaherty (trans.). 1981. The Rig Veda: An Anthology. Harimondsworth: Penguin.
• Olivelle, Patrick (ed. and trans.). 1998. *The Early Upniṣads*. New York: Oxford University Press.
• Olivelle, Patrick (ed. and trans.). 1999. *The Dharmasūtras: the Law Codes of e Lnzu Codes of Āpastamba, Gautama, Baudhāyana, and Vasiṣṭha*. Oxford and New York: Oxford University Press.

자이나교 문헌
• For *Sūyngaḍaṅga* and *Dasaveyāliya*, see W. J. Johnson below.
• Jaini, J. L. (ed. and trans.). 1920. *Tattvārthādhigamasūtra* by Umāsvāti. (Sacred Books of the Jains, vol. Ⅱ), Arrah.

논문 및 저술
• Adikaram, E. W. 1953. *Early History of Buddhism in Ceylon*, 2nd edn. Colombo: Gunasena.
• Bailey, Greg, and Ian Mabbett. 2003. *The Sociology of Early Buddhism*, Cambridge: Cambridge University Press.
• Bailey, Nalini. 2000. 'Jain-Buddhist dialogue: material from the Pali scriptures,' *Journal of the Pali Text Society*, 26: 1-42.
• Biardeau, Madeleine. 2002. *Le Mahābhārata: un récit fondnteur du brahmanisme et son interprétation*, 2 vols. Paris: Éditions du Seuil.
• Bollée, W. B. 1974. 'Buddhists and Buddhism in the early literature of the Śvetāmbara Jains', in L . S. Cousins *et al.* (eds), Buddhist Studies in Honour of I. B. Horner. Dordrecht: D. Reidel, pp. 27-39.
• Brereton, Joel. 1986. '"Tat Turctn Asi" in context,' *Zeitschrift der Deutschen Morgenländischen Gesellschaft*, 136: 98-109.
• Bronkhorst, Johannes. 1993. *The Two Traditions of Meditation in Ancient India*, 2nd edn. Delhi: Motilal Banarsidass.
• Bronkhorst, Johannes. 1995. 'The Buddha and the Jains reconsidered,' *Asiatische Studien/Études Asiatiques*, 49(2):

330–50.
- Brown, Norman. 1965. 'Theories of creation in Rig Vedn', *Journal of American Oriental Society*, 85 (1): 23–34.
- Caillat, Colette. 1965. *Les expiations dans le rituel ancien des religieux jaina*. Paris: E. de Boccard.
- Colebrooke, Henry Thomas. 1807. 'Observations on the Sect of Jains'. Calcutta: *Asiatic Researches IX*
- Collins, Steven. 1982. *Selfless Persons*. Cambridge: Cambridge University Press.
- Cone, Margaret. 2001. *A Dictionary of Pāli: Part I*. Oxford: Pali Text Society.
- Cone, Margaret, and Richard Gombrich. 1977. *The Perfect Generosity of Prince Vessantara*. Oxford: Clarendon Press.
- Coulson, Michael. 1976. *Teach Yourself Sanskrit*. London: Hodder & Stoughton.
- Cousins, Lance S. 1996. 'Good or skillful? — Kusala in Canon and commentary,' *Journnl of Buddhist Ethics*, 3: 136–64.
- Davids, T. W. Rhys. 1899. 'Introduction to the *Kassapa-Sīhanāda Sutta*,' in *Dialogues of the Buddha*, Part 1. London: Pali Text Society.
- Davids, T. W. Rhys, and William Stede. 1921–25. *The Pali Text Society's Pali-English Dictionary*. Chipstead, Surrey: Pali Text Society.
- Dundas, Paul. 1992. *The Jains*. London and New York: Routledge.
- Frauwallner, Erich. 1953. *Geschichte der indischen Philosphie*, 2 vols. Salzburg: Otto Mueller.
- Frauwallner, Erich. 1956. *The Earliest Vinaya and the Beginnings of Buddhist Lierature*. Serie Orientale Roma Ⅷ. Rome: IsMEO.
- Frauwallner, Erich. 1973. *History of Indian Philosophy* (trans. V. M. Bedekar), 2 vols. Delhi: Motilal Banarsidass.
- Geertz, Clifford. 1976. *The Interpretation of Cultures*. London: Hutchinson.
- Gombrich, Richard F. 1971. *Precept and Practice*. Oxford: Clarendon Press.
- Gombrich, Richard F. 1971. '"Merit transference" in Sinhalese Buddhism: a case of the interaction between doctrine and practice', *History of Religions*, 11 (2), 203–19.
- Gombrich, Richard F. 1980. 'The significance of former Buddhas in Theravādin tradition', in S. Balasooriya *et al.* (eds), *Buddhist Studies in Honour of Walpola Rahula*. London: Gordon

Fraser, pp. 62-72.
- Gombrich, Richard F. 1987. 'Old bodies like carts', *Journal of the Pali Text Society*, 11: 1-4.
- Gombrich, Richard F. 1987. 'Three souls, one or none: the vagaries of a Pali pericope', *Journal of the Pali Text Society*, 11: 73-8.
- Gombrich, Richard F. 1988. 'The history of early Buddhism: major advances since 1950', in A. Das (ed.), *Indological Studies and South Asia Bibliography: A Conference 1986*. Calcutta: National Library Calcutta.
- Gombrich, Richard F. 1990. 'How the Mahāyāna began', in Tadeusz Skorupski (ed.), *The Buddhist Forum*, Vol. 1. London: School of Oriental and African Studies, University of London, pp. 21-30.
- Gombrich, Richard F. 1991. *Buddhist Precept and Practice*, 2nd edn. Delhi: Motilal Banarsidass.
- Gombrich, Richard F. 1991. '*Pātimokkha*: purgative', in The Editorial Committee of the Felicitation Volume for Professor Dr. Egaku Mayeda (eds), *Studies in Buddhism and Culture in Honour Of Professor Dr. Egaku Majedd on His Sixty-fifth Birthday*. Tokyo: Sankibo Busshorin, pp. 33-38.
- Gombrich, Richard F. 1992. 'The Buddha's book of Genesis?' *Indo-Iranian Jourmal*, 35: 159-78.
- Gombrich, Richard F. 1992. 'Dating the Buddha: a red herring revealed,' in Heinz Bechert (ed.), *The Dating of the Historical Buddha/Die Datierung des historischen Buddha*, Part 2 (*Symposien zur Buddhismusforschung*, IV, 2). Göttingen: Vandenhoeck & Ruprecht, pp. 237-259.
- Gombrich, Richard F. 1992. 'A momentous effect of translation: the "vehicles" of Buddhism', in *Apodosis: Essays Presented to Dr. W. W. Cruickshank to Mark His 80th Birthday*. London: St Paul's School, pp. 34-46.
- Gombrich, Richard F. 1993. 'Understanding early Buddhist terminology in its context', in *Pali Daejangkang Urimal Olmgim Nonmon Moum II [A Korean Translation of Pali Tipitaka, Vol. II]*. Seoul, pp. 74-101.
- Gombrich, Richard F. 1994. 'What is Pali?' in W. Geiger, *A Pali Grammar*, trans. B. Ghosh, rev. and ed. K. R. Norman. Oxford: Pali Text Society, pp. xxiii-xxix.
- Gombrich, Richard F. 1994. 'The Buddha and the Jains: a reply to Professor Bronkhorst', *Asiatische Studien/Études Asiatiques*,

48(4): 1069-96.

- Gombrich, Richard F. 1997. 'The Buddhist attitude to thaumaturgy', in Petra Kieffer-Pülz and Jens-Uwe Hartmann (eds), *Bauddhavidyāsudhākaraḥ: Studies in Honour of Heinz Bechert on the Occasion of His 65th Birthday*. Swisttal-Odendorf: Indica et Tibetica, pp. 166-184.
- Gombrich, Richard F. 1997. 'Is Dharma a good thing?', *Dialogue and Universalism*, 11-12: 147-63.
- Gombrich, Richard F. 1998. *Religious Experience in Early Buddhism* Eighth Annual BASR Lecture, 1997 (*British Association for the Study of Religions Occasional Paper* 17), printed by the University of Leeds Printing Service, Leeds.
- Gombrich, Richard F. 1998. *Kindness and Compassion as Means to Nirvana* (1997 Gonda Lecture). Amsterdam: Royal Netherlands Academy of Arts and Sciences.
- Gombrich, Richard F. 2001. 'A visit to Brahmā the heron', *Journal of Indian Philosophy*, 29 (April): 95-108.
- Gombrich, Richard F. 2002. 'Another Buddhist criticism of Yājñavalkya', in *Buddhist and Indian Studies in Honour Professor Sodo Mori*. Hammatsu: Kokusai Bukkyoto Kyokai, pp. 21-23.
- Gombrich, Richard F. 2003. 'Vedānta stood on its head: *sakkāya* and *sakkāyadiṭṭhi*', in Renata Czekalska and Halina Marlewicz (eds), *Second International Conference on Indian Studies: Proceedings* (*Cracow Indological Series*: Ⅳ-Ⅴ). Krakow: Ksiegarnia Akademicka, pp. 227-238.
- Gombrich, Richard F. 2006. *How Buddhism Began: The Conditioned Genesis of the Early Teachings*, 2nd edn. London: Routledge (first published by the Athlone Press in 1996).
- Gombrich, Richard F. 2006. *Theravada Buddhism: A Social History*, 2nd edn., London & New York: Routledge.
- Gombrich, Richard F. 2007. 'Popperian Vinaya: conjecture and refutation in practice', in Birgit Kellner *et al*. (eds), *Pramāṇakīrtiḥ: Papers Dedicated to Ernst Steinkellner on the Occasion of His 70th Birthday*. Vienna: Arbeitskreis für Tibetische und Buddhistische Studien Universität Wien, pp. 203-211.
- Hamilton, Sue. 1996. *Identity and Experience: The Constitution of the Human Being According to Early Buddhism*. London: Luzac Oriental.

- Hamilton, Sue. 2000. *Early Buddhism: A New Approach*. Richmond, Surrey: Curzon.
- Hinüber, Oskar von. 1991. *The Oldest Pali Manuscript*. Wiesbaden: Akademie der Wissenschaften und der Literatur, Mainz, Abhandlungen der Geistesand Sozialwissenschaftlichen Klasse, 6.
- Hüsken, Ute. 2000. 'The legend of the establishment of the Buddhist order of nuns *in the Theravāda Vinayn-Piṭaka', Journal of the Pali Text Society*, 26: 43-69.
- Hwang, Soon-il. 2006. *Metaphor and Literalism in Buddhism: The Doctrinal History of Nirvana*. London and New York: Routledge.
- Jaini, Padnlanabh S. 1979. *The Jaina Path of Purification* Berkeley and Delhi: University of California Press and Motilal Banarsidass.
- James, William. 1985. *The Varieties of Religious Experience*. London: Penguin Classics.
- Johnson, W. J. 1995. *Harmless Souls: Karmic Bondage and Religious Change in Early Jainism*. Delhi: Motilal Banarsidass.
- Jurewicz, Joanna. 1995. 'The *Ṛgveda* 10.129: an attempt of interpretation', in Przemyslaw Piekarski *et al.* (eds), *Proceedings of the International Conference on Sanskrit and Related Studies*. Kraków: Enigma Press, pp. 141-150.
- Jurewicz, Joanna. 2000. 'Playing with fire: the *pratītyasamutpāda* from the perspective of Vedic thought'. *Journal of the Pali Text Society*, 26: 77-103.
- Jurewicz, Joanna. 2001. Kosmogonia Rygwedy: Myśl *i Metnfora [Cosmogony of the Ṛgveda: Thought and Metaphor]*. Warsaw: Wydawnictwo Naukowe Semper.
- Jurewicz, Joanna. 2004. 'Prajāpati, the fire and the *pancāgni-vidyā*', in Piotr Balcerowicz and Marek Mejor (eds), *Essays in Indian Philosophy, Religion and Literature*. Delhi: Motilal Banarsidass, pp. 45-60.
- Keown, Damien. 2000. *Buddhism: A Very Short Introduction*. Oxford and New York: Oxford University Press.
- Kim, Wan Doo. 1999. 'The Theravādin Doctrine of Momentariness: A Survey of Its Origins and Development,' D.Phil. thesis, Oxford University.
- Kosambi, D. D. 1965. *The Culture and Civilisation of Ancient India in Historical Outline*. London: Routledge and Kegan Paul.

- Lloyd, G. E. R. 1990. *Demystifying Mentalities*. Cambridge: Canl bridge Univesity Press.
- Malamoud, Charles. 1981. 'Inde vkdique. Religion et mythologie', in *Dictionnaire des mythologies*. Paris: Flammarion, p. 3.
- Neisser, Ulric. 1976. *Cognition and Reality*. San Francisco: W. H. Freeman.
- Norman, K. R. 1982. 'The Four Noble Truths,' in *Indological and Buddhist Studies* (*Volume in Honour of Professor J. W. de Jong*). Canberra, pp. 377-391: reprinted in *Collected Papers*, vol. Ⅱ. Oxford: Pali Text Society, 1991, pp. 210-223.
- Obeyesekere, Gananath. 2002. *Imagining Karma: Ethical Transformation in Amerindian, Buddhist, and Greek Rebirth*. Berkeley: University of California Press.
- Onians, Isabelle. 1996. 'Language, Speech and Words in Early Buddhism,' M.Phil. thesis, Oxford University.
- Popper, Karl R. 1963. *Conjectures and Refutations*. London: Routledge and Kegan Paul.
- Rahula, Walpola. 1959. *What the Buddha Taught*. Bedford: Gordon Fraser.
- Ronkin, Noa. 2005. *Early Buddhist Metaphysics*. London and New York: Routledge.
- Schmithausen, Lambert. 1991. *The Problem of the Sentience of Plants in Earliest Buddhism. Studia Philologica Buddhica, Monograph series VI*. Tokyo: International Institute for Buddhist Studies.
- Seaford, R. 2004. *Money and the Early Greek Mind*. Cambridge: Cambridge University Press.
- Shaw, Sarah. 2006. *Buddhist Meditation: An Anthology of Texts from the Pali Canon*. London and New York: Routledge.
- Smart, Ninian. 1964. *Doctrine and Argument in Indian Philosophy*. London: Allen & Unwin.
- Szczurek, Przemyslaw. 2008. 'Prajñāvādāṃś ca bhāṣase: Bhagavadgītā: *polemics with Buddhism in the early parts of the Bhagavadgītā*', in Richard F. Gombrich and Cristina Scherrer-Schaub (eds), *Buddhist Studies, Papers of the 12th World Sanskrit Conference*. Delhi: Motilal Banarsidass.
- Waldschmidt, Ernst. 1944-48. *Die Ueberlieferung vom Lebensende des Buddha*. Göttingen: Vandenhoeck & Ruprecht.
- Williams, Paul. 2000. *Buddhist Thought*. London: Routledge.
- Willis, Michael. 2007. 'From relics to rice: early Buddhism and the

Buddhist landscape of central India', unpublished paper given at School of Oriental and African Studies, University of London, 23 January.

- Wynne, Alexander. 2004. 'The oral transmission of the early Buddhist literature', *Journal of the International Association of Buddhist Studies*, 27(1): 97-127.
- Wynne, Alexander. 2004. 'The Brahmavihāras reconsidered', unpublished paper given at The Richard Gombrich Celebratory Conference, St Hugh's College, Oxford, July.
- Wynne, Alexander. 2007. *The Origin of Buddhist Meditation*. London and New York: Routledge.

색인

ㅇ

ㅋ

ㅌ

ㅍ

ㅎ

붓다의 철학 _____ 이중표 지음 | 464쪽 | 27,000원

한국 불교학의 고전 『아함의 중도체계』를 27년 만에 『붓다의 철학』으로 새롭게 개정증보 하여 발간했다. 붓다가 깨닫고 증명한 진리 안에서 철학이 추구하는 제(諸) 문제를 다룬다. 붓다 철학의 핵심인 '중도(中道)'를 통해 모순된 명제를 떠나 사유하는 방법을 제시한다. 명쾌한 초기경전 해설을 바탕으로 규명한 붓다의 중도체계는 현대철학이 안고 있는 한계를 넘어서는 새로운 가능성을 보여준다. 붓다만의 독창적인 철학을 담은 이 책은 혼돈의 시대, 우리가 의지할 구심점을 찾도록 도와줄 것이다.

불교의 탄생 _____ 미야모토 케이이치 지음 | 한상희 옮김 | 240쪽 | 16,000원

위대한 사상가이자 실용주의자 붓다는 기존 인도 사상 속에서 무엇을 받아들이고 무엇을 거부했는가! 붓다 재세 당시 불교 교단은 인도의 다양한 종교와 뒤섞여 갈등하며 성장을 지속했다. 이 과정에서 붓다는 다른 사상에 어떻게 대응했는지 초기불교 문헌을 근거로 자세히 들여다본다. 이를 통해 기존 인도 사상과 불교 사이의 결정적인 차이점은 무엇인지 명확히 알 수 있다. 불교가 형성되어 가던 최초기 교단의 모습을 실감 나게 담아냈다.